Beiträge

zur

Kenntniß der Landwirthschaft

in den

Königl. Preuß. Staaten.

Vom

Prof. Dr. Alexander von Lengerke,
Königl. Preußischem Landes-Oeconomie-Rathe, ordentlichem Mitgliede und General-Secretair des Königl. Landes-Oeconomie-Collegiums, Ritter 2c.

Zweiter Band.

Berlin.
Verlag von Veit und Comp.
1847.

Beiträge

zur

landwirthschaftlichen Statistik

des

Preußischen Staates.

Vom

Prof. Dr. Alexander von Lengerke,
Königl. Preußischem Landes-Oeconomie-Rathe, ordentlichem Mitgliede und General-Secretair des Königl. Landes-Oeconomie-Collegiums, Ritter ꝛc.

1. Abtheil. Entwurf einer Agricultur-Statistik des Preußischen Staates.
2. Abtheil. Beiträge zur Kenntniß der Westfälischen Landwirthschaft.

Berlin.
Verlag von Veit und Comp.
1847.

Vorrede.

In Bezug auf die erste Abtheilung dieser Fortsetzung unserer „Beiträge" haben wir Folgendes vorauszuschicken:

In dem Circular-Rescripte Sr. Excellenz des Herrn Ministers des Innern an sämmtliche Herren Ober-Präsidenten, das Königliche Landes-Oeconomie-Collegium betreffend, vom 2. März 1842, ist als ein Theil des Inhalts der zu erstattenden Berichte auch eine kurze Uebersicht über den Zustand der landwirthschaftlichen Verhältnisse in den einzelnen Provinzen überhaupt, namentlich in Beziehung auf die gegenwärtigen (also damaligen) Haupt-Interessen derselben, nebst einer Zusammenstellung derjenigen Bedürfnisse, die als die nächsten und dringendsten erscheinen, und Vorschläge zu deren Abhülfe rc. genannt worden. Die hierauf eingegangenen Berichte sind seiner Zeit dem Königlichen

Landes-Oeconomie-Collegium vom hohen vorgeordneten Ministerio successive zugefertigt, um sie zur Erlangung einer vollständigen Uebersicht der landwirthschaftlichen Zustände der Monarchie zu benutzen. Nachdem die sämmtlichen Mitglieder des Collegiums sich im Einzelnen mit diesen Berichten bekannt gemacht hatten, wurde dem Unterzeichneten der Auftrag ertheilt, den die obige Aufgabe betreffenden Inhalt derselben in ein statistisches Tableau zusammenzufügen.

Beim Angriff dieser Arbeit fand sich bald, daß hierzu die Materialien in sehr ungleichem Maaße vorhanden waren, ja, daß es vielfach an denselben völlig gebrach. Andererseits lag aber auch so manches Schätzbare vor, daß die Grundlage des Ganzen im Wesentlichen gegeben esschien. Unter diesen Umständen schlug der Herausgeber vor, statt einer einfachen durchweg mehr oder minder lückenhaften Zusammenstellung der vorliegenden amtlichen Berichte, dieselben zu einer gedrängten Uebersicht der Zustände und Bedürfnisse des Landbaues in den Provinzen der Preußischen Monarchie in den Jahren 1842 und 1843 in der Weise zu benutzen — wenn man lieber will, zu verarbeiten, — daß das darin Fehlende aus andern sicheren Quellen, mit steter genauer Berücksichtigung des für die Schilderung in Betracht kommenden Zeitpunctes, hinzugethan würde, um solchergestalt mindestens den Anfang zu einer allgemeinen Agriculturstatistik unseres Staates — wo Ackerbau und Viehzucht überall die Grundlage der Nahrungsverhältnisse bilden — zu machen — einen ersten Entwurf zu einem Werke zu geben, welches ebensowohl dem ganzen gebildeteren Theil der Nation das willkommenste Geschenk sein mußte, als freilich nur vereinte Kräfte und der Zeitraum längerer Jahre solches zu Stande zu bringen vermögen werden.

Das Königliche Landes-Oeconomie-Collegium genehmigte nicht nur diesen meinen Vorschlag, sondern mehrere seiner Mitglieder hatten auch die Güte, mir ihre Unterstützung wegen der letzten Ergänzung und Berichtigung der Arbeit zuzusagen; und so entstand denn ein Abriß, dessen nächster Zweck es ist, eine allgemeine kurze und übersichtliche Kunde von dem Standpuncte der Landwirthschaft in der Preußischen Monarchie zur Zeit der Gründung des Königlichen Landes-Oeconomie-Collegiums zu geben.

Daß Letzteres, namentlich in den eigentlich landwirthschaftlichen Abschnitten, auf erschöpfendere Weise, mittelst reichlicherer Benutzung einschlagender und zum Theil ausgezeichneter Druckschriften — es darf nur an „Koppe's Darstellung der landwirthschaftlichen Verhältnisse der Mark Brandenburg" (Berlin, 1839) erinnert werden — hätte bewerkstelligt werden können, erwähne ich hiernach wohl nur zum Ueberfluß. Dadurch würde aber von dem ursprünglichen Plane und Zwecke der Arbeit zu weit abgegangen, eine beiden nicht entsprechende Ungleichmäßigkeit in anderer Weise wieder hineingebracht, und die Eigenthümlichkeit derselben — auf welche wir wohl mit Recht Werth legen — stärker verwischt worden sein, als die an das Ganze zu stellenden Anforderungen der Vollständigkeit, Correctheit und Klarheit wirklich erheischen.

Das Gute, was jetzt im Ganzen und Einzelnen an unserer Skizze ist, verdankt sie wesentlich mit der berichtigenden, glättenden und vielfach ergänzenden Hand des Herrn Geh. Ober-Regierungsraths, Directors Dieterici, sodann im Besonderen, was die Provinz Pommern betrifft, dem Herrn Präsidenten v. Beckedorff, was die westlichen Provinzen anlangt, dem Herrn Geh. Ober-Finanzrath von Viebahn. Die Abtheilung Schlesien hat der Herr Justizrath von Görtz in Breslau auf meine diesfällige Bitte die Güte gehabt, einer Revision zu unterwerfen.

Unter diesen Umständen, und da bei Benutzung der gedruckten (und an den betreffenden Orten angegebenen) Quellen möglichst die Authenticität derselben berücksichtigt ist, hofft der Herausgeber, mindestens kein wesentlich unrichtiges Bild zusammengestellt zu haben, wiewohl dasselbe, der Natur der Sache nach, in Zeichnung und Colorit dem urtheilsfähigen Leser noch ungleichartig genug erscheinen dürfte; diesem aber trauen wir auch die Billigkeit der Erwägung zu, daß unsere Agricultur-Statistik nichts weniger als etwas Fertiges, vielmehr lediglich ein Vorentwurf, ein Umriß sein soll, zu dessen Ausführung sich jetzt namentlich in unsern landwirthschaftlichen Vereinen so geeignete Mittel und Kräfte befinden. —

Die, die zweite Abtheilung des Buches bildenden,

„Beiträge zur Kenntniß der Westfälischen Landwirthschaft" sind nur zum kleineren Theile die unmittelbare Frucht einer im vorigen Jahre nach der Provinz Westfalen unternommenen, jedoch nur auf einen verhältnißmäßig kurzen Zeitraum beschränkten Reise; dieselben bestehen weit überwiegend in Mittheilungen, welche mir auf meinen diesfälligen Wunsch heimische Sachvertraute über die Zustände der dortigen Landwirthschaft gemacht haben.

Von den Männern, welche die Beantwortung meiner betreffenden zahlreichen Fragen theils selbst übernahmen, theils mehr oder minder vermittelten, ist es mir vergönnt, hier dankbar zu nennen: Cäsar-Rothenhof (für den Kreis Minden); Walkenhorst-Lübbecke (für den Kreis Lübbecke); von Borries-Herford, Junkermann-Bielefeld, von Bessel-Bielefeld, Krahe-Bielefeld, Meyer-Heepen, Upmeyer-Borgholzhausen (für die Grafschaft Ravensberg); Schulze-Dellwig (für den Hellweg); von Bockum-Dolffs-Soest, von Werthern-Ellinghausen (für den Kreis Soest); von Brandenstein-Münster, Schriever-Burtrup, Forkenbeck-Lüdinghausen, Brüning-Botzlar, von Martels-Horst (für das Münsterland).*)

Die Ausfüllung einzelner Lücken auf literarischem Wege hat nur in zwei Fällen — bei den Darstellungen der Verhältnisse in den Kreisen Minden und Münster, und zwar mittelst Benutzung der von den dortigen landwirthschaftlichen Kreisvereinen herausgegebenen agriculturstatistischen Tableaus, stattgefunden.

Der größere Theil der „Beiträge" ist vor dem Drucke von dem Herrn Geheimen Ober-Finanzrath von Viebahn einer Revision unterzogen, in einzelnen Partieen, z. B. bei Ravensberg und dem Hellweg, auch auf schätzbare Weise ergänzt worden.

Eine Arbeit, die mit so ausgezeichneter Unterstützung zu Stande gebracht ist, wird hoffentlich der Vorwurf der Unglaubwürdigkeit ihrer Daten nicht treffen;

*) Weitere, für den folgenden Band unserer Beiträge bestimmte Mittheilungen über die landwirthschaftlichen Verhältnisse des Regierungsbezirks Münster liegen uns vor von den Herren: v. Böselager-Heessen (den Kreis Beckum betreffend); von Basse-Steinfurt (d. Kr. Steinfurt betr.); Rave-Rammsdorf (den Kr. Borken betr.); Frhr. v. Diepenbroick-Grüter-Mark (den Kreis Tecklenburg betreffend).

und so übergiebt der Herausgeber dieselbe dem landwirthschaftlichen Publicum in der angenehmen Hoffnung, daß ihr eine gleich erfreuliche Theilnahme, wie ihrem Vorgänger geworden, zugewendet und sie nicht minder als ein wirklich nützlicher Beitrag zur landwirthschaftlichen Statistik unseres Vaterlandes von Männern der Praxis sowohl als der Wissenschaft begrüßt werden möge.

Berlin, im Maimond 1847.

von Lengerke.

Inhalt.

Erste Abtheilung.

Entwurf einer Agricultur-Statistik des Preußischen Staates.

Erste Abtheilung.

Entwurf

einer

Agricultur-Statistik

des

Preußischen Staates.

I. Die Provinz Preußen.

§. 1.

Allgemeine Areal-, physicalische und Populationsverhältnisse.

Die Provinz Preußen ist unter sämmtlichen acht Hauptgebieten der Monarchie das umfangreichste, denn sie enthält mehr als den fünften Theil des Gesammt-Areals. Von ihren 1178,03 Quadratmeilen fallen auf den:

Regierungsbezirk	Königsberg	408,13
"	Gumbinnen	298,21
"	Danzig	152,28
"	Marienwerder	319,41.

Das Land liegt auf dem, hier, namentlich in Ostpreußen, mit Seen bedeckten baltischen Küsten-Plateau, wo sich die Memel, der Pregel, die Weichsel, in die Ostsee ergießen, und dessen mittlere Höhe zu 420 Fuß angenommen wird, während sich einzelne Puncte bis gegen und über 600 Fuß (bei Goldapp, über dem frischen Haff), über 700 Fuß (bei Wildenhof, im

Regierungsbezirk Königsberg) und selbst bis zu mehr als 1000 Fuß (bei Schönberg) erheben.

Diese Lage und der nördlichere Breitengrad zwischen 53° und 55° 22′ 40″ N. B. bedingt ein namhaft ungünstigeres *Clima*, als in den anderen Hauptlandestheilen der Monarchie.

Die mittlere Temperatur beträgt hier, so weit sich eine bestimmte Zahl von den vorliegenden Temperaturangaben abstrahiren läßt, nur + 6°,5, wenn in dem mittleren Landesgebiete 8°,8, und in dem westlichen 9°,8.

Man schätzt, daß von dem gesammten Flächeninhalte Preußens benutzt werden, als:

Ackerland	9,200,000	Morgen*)
Gartenland	160,000	„
Waldung	5,700,000	„
Wiesen	3,600,000	„
Weide	4,470,000	„

Auf die *Gewässer* kommen 1,700,000 Morgen und das *Unland* wird auf 670,000 Morgen berechnet.

Bei ausgedehnten Strecken des trefflichsten *Weizenbodens*, namentlich längs der Memel, des Pregels und des Weichselstromes, herrscht doch auch in ganzen, weiten Districten, besonders im westlichen Preußen, *Sandboden* vor.

*) Hiervon waren 1842 dem *Tabacksbau* $2349\frac{3}{5}$ Mg. gewidmet.

Zu Ende des Jahres 1843 war die Bevölkerung auf 2,406,380 Seelen gestiegen, und zwar fielen hiervon auf Ostpreußen 1,441,499, auf Westpreußen 964,881.

Ostpreußen und Westpreußen waren früher auch in administrativer Beziehung als zwei Oberpräsidialbezirke geschieden, und umfing Ostpreußen die jetzigen Regierungsbezirke Königsberg und Gumbinnen, Westpreußen die Regierungsbezirke Marienwerder und Danzig. Seit 1824*) sind beide in administrativer Beziehung zu einer Provinz vereinigt, unter dem Namen Preußen, für welche ein Oberpräsident in Königsberg ist; doch ist die frühere Eintheilung noch in manchen Beziehungen von Gültigkeit, so z. B. in Betreff der ritterschaftlichen Creditverbände, des Zollwesens, auch zum Theil in geistlichen und Schulsachen.

Im großen Durchschnitte wohnen auf dem platten Lande bald viermal so viel Menschen, als in den Städten. Doch ist in dieser Beziehung ein wesentlicher Unterschied zwischen den Gebieten der verschiedenen Regierungsbezirke. Es wurden gezählt:

1) Königsberg	206,901	Stadtb.	u.	615,045	Landb.
2) Gumbinnen	67,165	"	"	552,388	"
3) Danzig	111,685	"	"	275,621	"
4) Marienwerder	115,911	"	"	461,664	"

Es kommen auf 100 Stadtbewohner im Regie-

*) Durch Cabinetsordre vom 13. April 1824.

rungsbezirk Königsberg 297, Regierungsbezirk Gumbinnen 822, Regierungsbezirk Danzig 247, Regierungsbezirk Marienwerder 398 Landbewohner.

Der Regierungsbezirk Gumbinnen insbesondere hat die allergrößeste ländliche Bevölkerung in der ganzen Monarchie; nach ihm folgt merkwürdiger Weise, wie hier im Osten, so der im äußersten Westen gelegene Regierungsbezirk Trier. Im Regierungsbezirk Gumbinnen sind sehr wenige Städte; schon ein Kirchdorf ist ein Sammelplatz der Umgegend. Das ganze Gebiet gehört wesentlich den Agriculturverhältnissen an.

Das Verhältniß des Viehstandes zur Bevölkerung aber war zu Ende des Jahres 1843, wie die Beilage A. darthut.

Während im ganzen Staate durchschnittlich auf $5\frac{1}{4}$ Q.-Meilen eine Stadt liegt, kommt deren in Preußen erst auf $9\frac{1}{2}$ Meilen eine.

Der Landbau bildet, wie zur Genüge aus obigen Zahlen-Verhältnissen hervorgeht, die Hauptbeschäftigung der Bevölkerung.

§. 2.

Absatz-, Communications- und Betriebsmittel.

Mangel an Absatz — wesentlich veranlaßt durch die russische Grenzsperre und die weite Entfernung größerer Consumtionsdistricte, — an Communicationsmitteln und an Capitalien setzet der Verbesse-

Viehstand in der

Regierungsbezirke.	Kreise.	Pferde. Ueberhaupt.	Pferde. Auf der geogr. Quadr. Meile.	Pferde. Auf 10 Menschen.
Königsberg.	1. Memel	7,832	534	1,75
	2. Fischhausen	10,610	533	2,88
	3. Königsberg, Stadt	1,890	1800	0,25
	4. Königsberg, Land	11,338	605	3,00
	5. Labiau	7,206	360	1,64
	6. Wehlau	9,280	511	2,21
	7. Gerdauen	8,955	580	2,79
	8. Rastenburg	9,747	633	2,68
	9. Friedland	8,860	564	2,58
	10. Pr. Eylau	11,386	520	2,72
	11. Heiligenbeil	9,585	589	2,75
	12. Braunsberg	11,409	663	2,65
	13. Heilsberg	12,267	605	2,89
	14. Rößel	9,468	638	2,57
	15. Allenstein	8,639	362	2,29
	16. Ortelsburg	8,210	288	1,77
	17. Neidenburg	5,323	180	1,50
	18. Osterode	6,065	217	1,44
	19. Mohrungen	9,558	430	2,23
	20. Pr. Holland	10,741	675	3,03
	Summe	178,369	437	2,17
Gumbinnen.	1. Heidekrug	6,010	430	1,92
	2. Niederung	11,787	677	2,46
	3. Tilsit	11,637	774	2,17
	4. Ragnit	13,067	600	2,99
	5. Pilkallen	11,609	614	2,93
	6. Stallupönen	10,171	819	2,75
	7. Gumbinnen	8,674	663	2,11
	8. Insterburg	12,995	590	2,20
	9. Darkehmen	8,693	643	2,73
	10. Angerburg	7,975	454	2,51
	11. Goldap	7,806	423	2,16
	12. Olezko	7,182	459	2,28
	13. Lyk	9,405	474	2,69
	14. Lözen	7,197	435	2,61
	15. Seusburg	7,857	350	2,10
	16. Johannisburg	7,244	228	2,13
	Summe	149,309	501	2,41
Danzig.	1. Elbing	8,500	790	1,65
	2. Marienburg	13,631	901	2,65
	3. Danzig, Stadt	1,181	644	1,16
	4. Danzig, Land	13,362		
	5. Stargardt	8,163	320	1,76
	6. Berent	3,909	170	1,32
	7. Karthaus	4,194	161	1,12
	8. Neustadt	5,432	206	1,19
	Summe	58,372	383	1,51
Marienwerder.	1. Stuhm	7,496	651	2,25
	2. Marienwerder	9,845	569	1,84
	3. Rosenberg	6,723	303	1,61
	4. Löbau	5,409	299	1,56
	5. Straßburg	7,116	291	1,54
	6. Thorn	6,442	314	1,38
	7. Kulm	6,250	384	1,52
	8. Graudenz	7,242	458	1,63
	9. Schwetz	7,517	259	1,40
	10. Konitz	5,379	129	1,15
	11. Schlochau	4,603	118	1,10
	12. Flatow	7,349	263	1,59
	13. Deutsch-Krone	6,250	160	1,33
	Summe	87,621	274	1,52
	Summe der Provinz	473,671	402	1,97

Beilage A.

...reußen zu Ende 1843.

...ieh.		Schaafe.			Schweine.		
...er ...r. ...r. ...le.	Auf 10 Menschen.	Ueberhaupt.	Auf der geogr. Quadr. Meile.	Auf 10 Menschen.	Ueberhaupt.	Auf der geogr. Quadr. Meile.	Auf 10 Menschen.
3	3,60	20,006	1364	4,48	8,572	584	1,92
4	5,31	43,515	2187	11,80	9,793	492	2,65
5	0,24	1,108	1055	0,15	1,057	1007	0,14
5	5,42	16,074	858	4,25	12,841	686	3,39
9	3,15	15,010	749	3,42	9,856	492	2,25
8	3,76	40,475	2230	9,65	11,582	633	2,76
6	4,42	52,742	3414	16,45	11,371	736	3,55
1	4,45	76,584	4940	21,03	13,492	876	3,71
0	4,02	61,152	3895	17,79	10,050	640	2,92
0	4,84	67,354	3076	16,11	15,760	720	3,77
7	4,99	50,560	3108	14,53	12,055	741	3,46
8	3,47	17,791	1034	4,13	11,706	680	2,72
1	4,44	28,644	1413	6,74	14,135	697	3,32
5	4,01	23,709	1598	6,41	9,953	671	2,70
3	4,81	29,184	1223	7,72	11,067	464	2,93
0	5,99	34,453	1208	7,43	12,138	426	2,62
30	6,50	50,099	1692	1,41	10,570	357	2,97
36	4,70	60,343	2155	14,32	10,659	381	2,53
75	4,53	93,136	4190	21,70	14,622	658	3,41
16	4,57	61,865	3886	17,48	14,351	901	4,05
8	4,16	843,804	2068	10,27	225,630	533	2,75
8	4,50	10,802	772	3,45	6,320	452	2,02
1	5,88	12,355	710	2,58	20,503	1178	4,27
1	3,84	24,683	1639	4,60	17,881	1190	3,33
8	5,57	41,792	1918	9,55	18,002	826	4,11
4	5,41	35,488	1877	8,96	13,734	726	3,47
9	4,90	32,005	2577	8,65	13,984	1126	3,78
6	4,32	35,102	2605	8,54	14,765	1128	3,59
79	4,02	46,967	2133	7,95	18,619	845	3,15
4	4,84	48,223	3575	15,16	12,557	931	3,95
71	4,26	32,579	1853	10,24	9,824	559	3,09
4	4,81	28,901	1566	7,98	12,405	672	3,48
7	4,70	29,148	1865	9,25	11,011	704	3,49
4	5,42	33,161	1671	9,48	14,658	738	4,19
3	4,40	30,343	1832	10,99	8,730	527	3,16
75	4,05	38,730	1724	10,34	10,525	469	2,81
1	5,51	23,870	751	7,00	11,507	362	3,37
7	4,75	504,149	1691	8,13	215,025	721	3,47
5	2,60	8,177	760	1,59	7,205	670	1,40
5	2,54	3,750	248	0,73	8,446	558	1,64
25	1,57	127 46,142	2223	3,70	691 12,914	622	1,09
30	3,18	76,816	3012	16,52	9,097	357	1,96
7	4,39	40,645	1771	13,70	3,842	167	1,30
9	4,52	36,884	1415	9,87	4,633	178	1,24
7	4,02	49,781	1891	10,91	6,823	259	1,49
7	2,82	262,322	1823	6,77	53,651	352	1,39
8	3,52	38,263	3324	11,49	10,793	938	3,24
1	2,88	66,187	3824	12,34	13,293	768	2,48
5	3,47	93,302	4931	22,36	10,747	568	2,58
9	4,28	49,067	2709	14,17	8,519	470	2,46
9	4,56	77,079	3150	16,72	14,886	608	3,23
20	3,62	79,537	3872	17,08	11,108	541	2,39
30	3,86	84,456	5191	20,48	9,588	589	2,32
0	3,32	80,923	5118	18,25	11,882	752	2,68
7	3,88	71,448	2463	13,33	10,816	373	2,02
3	3,86	82,096	1973	17,60	7,013	169	1,50
2	4,75	95,294	2451	22,71	5,686	146	1,36
5	4,86	115,947	4151	25,05	8,616	308	1,86
3	4,00	143,963	3689	30,54	8,307	213	1,76
4	3,90	1,077,562	3374	18,66	131,254	417	2,27
4	4,03	2,687,837	2282	11,17	625,560	531	2,60

rung der Agricultur und der Hebung des ländlichen Wohlstandes der Provinz große Hindernisse in den Weg. Die in Ostpreußen von den Kunststraßen entfernt liegenden Gegenden haben entweder die beschwerlichsten Sandwege, wie in dem südlichen Landestheile, oder, wie in den nördlicheren Districten, Straßen, die vermöge ihrer strengen Bodenbeschaffenheit bei anhaltend nasser Witterung mitunter völlig unfahrbar werden. In Westpreußen findet Aehnliches statt, insonderheit sind die unchaussirten Straßen in den lehmigen Niederungen nur mit großer Beschwerde zu passiren. Im Einzelnen zeigt sich übrigens, auch in dieser Beziehung wie in Betreff der Bodenbeschaffenheit, der Bevölkerung u. s. w., mannigfache Verschiedenheit und gemäß dieser wieder ein ganz abweichender Höhestand der Landwirthschaft. Wenn der letztere z. B. im nördlichen Theile des Regierungsbezirks Gumbinnen in Lithauen keineswegs ein niedriger zu nennen ist, so rührt dies, außer von den bereits gedachten natürlichen Begünstigungen des Landes, auch davon her, daß dasselbe Abzugswege in den Wasserstraßen, besonders der Memel und wenigstens von Insterburg ab des Pregels und beider Ströme Nebenflüsse, so wie in der die Landschaft durchschneidenden Chaussee besitzt, daß es eine ziemlich zahlreiche und wohlhabende Bevölkerung (durchschnittlich 2500 Seelen pro Q.-Meile) ernährt. Hat auch der Regierungsbezirk im Ganzen wenig Städte, so sind doch die größeren dieser, Tilsit, Insterburg, Gumbinnen für den Verkehr nicht unwichtig, und sämmtlich in der nördlicheren Hälfte des Regierungsbezirks Gumbinnen belegen. Insterburg's Korn- und Productenhandel nähert sich dem Tilsit's; Gumbinnen dagegen verkehrt sehr wenig in Rohproducten, mehr in Artikeln des Luxus und höherer Lebensbedürfnisse.

Wenn in dem anderen Theile dieses Bezirkes, in Masuren, der Landbau sich noch, mindestens bei den Bauern, in einem weniger entwickelten Zustande befindet: so ist diese entgegengesetzte Erscheinung ebenso, außer aus der gleichfallsigen Ungunst climatischer und agronomischer Verhältnisse, aus den stattfindenden nachtheiligen Einflüssen einer unverhältnißmäßigen Größe der bäuerlichen Besitzungen, wodurch eine vollständige Zersplitterung der Arbeitskräfte und Betriebsmittel herbeigeführt wird, aus dem Mangel an Kunststraßen*) und ausreichenden Wasserwegen und der sehr

*) Ende des Jahres 1842 waren in Preußen zusammen Kunststraßen fertig: . . . . 150,38 Meilen.

davon waren in	Königsberg	47,06	"
	Danzig	37,08	"
	Marienwerder	46,46	"
	Gumbinnen	20,78	"

und im Ganzen nicht volle 6 Meilen auf Actien erbaut, die übrigen sämmtlich aus Staatsfonds hergestellt. S. Schubert's Handbuch der Allgemeinen Staatskunde von Europa. 2. Abtheil. 2. Thl. S. 312.

dünnen (nur 1600 Seelen pro Q.-Meile betragenden) dürftigen Bevölkerung erklärbar.

§. 3.

Der landwirthschaftlich benutzte Boden.

Die Beschaffenheit des landwirthschaftlich benutzten Bodens im Besonderen anlangend: so bildet der Regierungsbezirk Königsberg im Ganzen ein fruchtbares Land, das seinen besten Boden im Königsberger Landkreis, so wie in den Kreisen Fischhausen, Wehlau, Friedland, Rastenburg, Preuß. Eylau, Heiligenbeil, Braunsberg und Preuß. Holland hat. Im Regierungsbezirk Gumbinnen ist Lithauen der ergiebige Theil, dagegen Masuren ein, an einem kalten und feuchten Clima laborirender, zumeist sandiger und steiniger District, in welchem nur vereinzelt fruchtbare Partieen vorkommen.

In Westpreußen hat der Danziger Bezirk bekanntlich seine schöne Bodenpartie an den Ufern der Weichsel; der westliche Theil desselben ist im Ganzen karg von der Natur bedacht.

Eine sehr große Verschiedenheit in agronomischer Beziehung bietet der Marienwerdersche Regierungsbezirk dar. Im Marienwerderschen Kreis ist der Boden in den Weichsel-Niederungen, auch im Allgemeinen vortrefflich. Der Stuhmer Kreis hat vorherrschend strengen Boden mit einem glücklichen Wiesenverhältniß

Aehnliches findet sich im westlichen Theile des Rosenberger Kreises, wo meist strengerer Weizenboden mit größeren Flußwiesen vorherrscht, wohingegen in dem östlichen Kreistheile zumeist nur leichter Roggenboden angetroffen wird. Straßburg ist zur einen Hälfte sandig und unergiebig, zur andern Hälfte mit Weizen-, Gerste- und Roggenboden, jedoch nur mit wenigen und schlechten Wiesen versehen. Thorn erfreut sich in dem bei weitem größten Theile des vorzüglichen Weizenbodens des Culmer Landes und Culm selbst überwiegend eines schwärzlichen milden, warmen Erdreichs, während die 1½ Quadratmeilen große, ebene Partie des Graudenzer Kreises größtentheils sandiger Natur, aber mit ansehnlichen ergiebigen Wiesen dotirt ist. Im Schwetzer Kreise besteht die Niederung in einem fruchtbaren, nur häufigen Versandungen ausgesetzten, Marschboden. Der Conitzer Kreis wird durch den Brahefluß in Bezug auf seine Bodenbeschaffenheit in zwei Häfften getheilt: der westlich von diesem Gewässer belegene Theil ist ein gutes Roggenland, die andere Halbscheid aber durchgängig sehr sandig, vornehmlich nur zur Forstcultur geeignet, mit einer sehr armen Bevölkerung. Im Schlochauer Kreis bilden sich folgende Bodenabstufungen: a. um Pr. Friedland: durchweg strenger Lehm, zum regelmäßigen Weizenbau qualificirt; b. ein Theil der Umgebung von Schlochau, die Gegend vom Ausfluß der Brahe aus dem Ziethenschen See bis nach Gr. Kornarzyn, die

Güter Cummensee, Breitenfelde 2c. guter Gerstenboden; c. die Gegend von Hammerstein und Landeck, der größte Theil des Baldenburger Amts-Bezirks: Boden, in welchem der Sand vorherrscht; d. in Kassuben: tragbarer Boden nur in einzelnen kleinen Oasen. — Die Bewohner des Flatower Kreises bebauen durchgehends einen sandigen, aber gut Roggen tragenden Boden. Der Löbauer Kreis ist größtentheils kaltgründiger Beschaffenheit Der Deutsch-Croner Kreis endlich hat im südlichen Theile sehr guten, im nördlichen mittelmäßigen und in dem östlichen und westlichen Theile sehr schlechten Boden.

Wie die Verschiedenartigkeit des Bodens in natürlicher Beziehung ein Hauptmoment der mannigfachen Abweichungen in den landwirthschaftlichen Zuständen der Provinz bildet: so erhalten diese andrerseits auf künstlichem Wege das Hauptgepräge ihrer dermaligen Gestaltung durch die Art der Land-Auftheilung und das dadurch zum großen Theile bedingte Bevölkerungs-Verhältniß, durch die Menge und Beschaffenheit der Communications- und Absatz-Wege, und durch die vorhandenen Geldcapitalien.

§. 4.

Art und Grösze der ländlichen Besitzungen.

In Preußen besitzen, gleichwie in Brandenburg, die größeren Güter nur die Hälfte des Antheils an der nutzbaren Bodenfläche gegen Posen und Pommern, nur zwischen einem Viertel und Drittel derselben, der Regierungsbezirk Gumbinnen steht hierbei im Minimum, der zunächst benachbarte Regierungsbezirk Königsberg im Maximum: ungefähr zwei solche größere Besitzungen kommen durchschnittlich auf eine Quadratmeile.

Die Zahl der Rittergüter rc. (1840—1843), den Antheil derselben an dem Flächeninhalt der ländlichen Besitzungen überhaupt und die numerisch proportionelle Vertheilung dieser Güter auf 1 Q.-Meile, weist die nachstehende Tabelle speciell nach:

Provinz und Regierungsbezirk.	Rittergüter und größere ländl. Besitzung. über 10 Hufen (Magdb.)	Antheil an dem Flächeninhalt aller ländl. Besitzungen.	Auf 1 Q.M. größere ländl. Besitzungen.
Preußen	2,077	27,1 pCt.	1,76
1) Königsberg	981	35,0 „	2,40
2) Gumbinnen*)	279	18,5 „	0,94
3) Danzig	249	25,4 „	1,64
4) Marienwerder	568	29,2 „	1,78

*) Der Flächeninhalt der adligen Güter und Vorwerke betrug in diesem Regierungsbezirk 20,818 Hufen Culm., der cöllmischen Güter 32,661 Hufen Culm.; verhältnißmäßig waren jene am stärksten und ausgedehntesten in den beiden Kreisen Darkehmen und Sensburg. Unter der genannten Zahl der 279 größeren Landgüter waren 146 Cöllmische.

Die kleineren ländlichen Wirthschaften anlangend: so finden sich in Preußen unter allen Provinzen der Monarchie die meisten größeren Bauerngüter und zwar am zahlreichsten in dem Regierungsbezirk Gumbinnen. Das Weitere und Nähere bezüglich dieses Verhältnisses ergiebt die folgende tabellarische Uebersicht:

Provinz und Regierungsbezirk.	A. Landbesitzer, die von 240 M. herab bis zu 50 M. besitzen.	B. Landbesitzer, die mit einem Pferde a. mit 2 Pferden auf einer Besitzung unter 50 Morg. wirthschaften.	Zusammen.	Antheil dieser Besitzung. an der urbaren Fl. der Landbesitzer.	C. Landleute, die in der Regel kein Gespann halten (Häusler, Eigenkäthner Instleute rc.)	Antheil ihrer Besitzung. an der urbaren Fläche der Landbesitz.	Summe der Wirthschaft. A. B. C.	Auf 1 Q.-M. kommen.
Preußen	72,601	23,132	95,733	77,8 pCt.	30,175	1,1 pCt.	125,908	106,9
1) Königsberg	14,783	12,941	27,724	64,5 "	8,039	0,5 "	35,763	87,7
2) Gumbinnen*)	31,876	1,929	33,805	80,9 "	7,238	0,6 "	41,043	137,7
3) Danzig	7,957	3,402	11,359	73,3 "	4,790	1,3 "	16,149	106,2
4) Marienwerder	17,985	4,860	22,845	69,1 "	10,108	1,7 "	32,953	103,3

*) In diesem Bezirke sind auch die Halbbauern mit einem Gespann von 2 Pferden noch zu dieser Classe gerechnet.

Wir haben diese vorstehenden Angaben in Ermangelung eigener Nachweisungen aus dem bereits allegirten „Handbuche der Allgemeinen Staatskunde des Preußischen Staats von Schubert“ (Königsberg 1846) entnommen.

§. 5.

Zustand der Landwirthschaft im Allgemeinen.

Im großen Ganzen will man, namentlich in Folge der Separationen, auch hier einen Aufschwung der Landwirthschaft bemerken. Die Hinneigung zu rationelleren Principien soll sich auf den besseren Bodenarten selbst bei den kleineren Grundbesitzern bethätigen. Nur der ärmere Landwirth in den dürftigen Sandgegenden, welche bekanntlich in allen Departements dieser Provinz in nicht unbeträchtlichem Umfange vorkommen, ist, nach dem Urtheile der Sachvertrauten, unter dem Drucke der Noth zu entmuthigt und zu beschränkt in seinen Mitteln, um an Fortschritte, wenn sie auch möglich wären, genügend zu denken.

Trotz der dem Landbau entgegenstehenden allgemeinen Hindernisse haben sich im Königsberger Bezirk neuerer Zeit die Cultur und der Wohlstand unter den Gutsbesitzern bedeutend gehoben, vorzugsweise in denjenigen Districten, deren geographische Lage eine leichte Communication mit den Handelsplätzen der Provinz gestattet, und die sich eines fruchtbaren Bodens erfreuen.

Auch die Bauern befinden sich hier in einem sichtbar fortschreitenden Wohlstande*) und haben keineswegs das Bestreben, nur ihre alte Wirthschaftsweise beizubehalten, ohne sich um das zu bekümmern, was neben ihnen vorgeht.

Daß auch in Lithauen der Zustand der Landwirthschaft im Allgemeinen bei aller Verbesserungs-Fähigkeit kein ganz unerfreulicher zu nennen ist, haben wir bereits angedeutet. Selbst der bäuerliche Grundbesitzer fängt an das gewohnte Geleis uralter Wirthschaftsform zu verlassen. Seine Besitzung ist im eigentlichen Lithauen bereits in der Regel aus dem Gemenge geschieden; er baut sich häufig aus dem Dorfe auf seinen Ackerplan hinaus; er thut sich hervor durch Grabenziehen, Urbarmachungen, Baumpflanzungen; er betreibt den Futterbau, zieht zum Theil tüchtige Pferde u. s. w.

Wenngleich auch in Masuren die größeren Landgüter begonnen haben, sich aus dem althergebrachten Betriebe der Landwirthschaft zu erheben; wenn sie an die Stelle der reinen Dreifelder-Wirthschaften Schlag-Wirthschaften eingeführt, den Futterbau, namentlich den Bau des Klees und Timothegrases, ferner den Wiesenbau in Aufnahme gebracht haben; wenn dort auch die alten, nie vom Pfluge berührten Außenweiden theilweise verschwinden, künstliche, d. h. Compost-, Mergel-, Moder-

*) Vielleicht zum Ueberfluß wollen wir hier daran erinnern, daß die Calamitäten der Jahre 1844 und 1845 bei dieser Uebersicht ohne Einfluß geblieben sind.

Düngungen, Verbesserungen in der Mischung der Bodenarten hin und wieder üblich werden — Alles dieses, soweit die natürliche Mangelhaftigkeit der Bodenbeschaffenheit und die Ungunst des Climas gestatten: — so wirthschaftet doch der Masurische Bauer noch größtentheils nach wie vor in der allerschlechtesten Weise der Dreifelder-Wirthschaft, und ohne einen Gedanken des Fortschritts.

In dem Danziger Bezirk zeigt sich bei den größeren Gutsbesitzern auch ein fruchtbringendes Streben nach Verbesserungen. Ausnahmsweise läßt sich von den kleineren Landwirthen — wir reden hier nämlich von den Höhegegenden — dasselbe anführen; im Allgemeinen aber kleben dieselben am Alten und verlassen es nur, wenn sie ausgezeichnete Wirthschaften größerer Besitzer ganz in der Nähe haben und die Resultate derselben anhaltend vor Augen sehen. Besonders auffallend ist noch die Uncultur unter den kleinen Ackerwirthen in den Domainen-Dörfern, die dem polnischen Volksstamm angehören. Auch die von der Natur schlecht dotirte Elbinger Höhe rechts der Nogat steht in der Landcultur noch sehr zurück. In der Danziger Niederung, wo die Ackerwirthe durchaus Deutsche sind, herrscht freilich ein namhaft besserer Zustand; indessen theilen die Bewohner, unter einzelnen ehrenvollen Ausnahmen, das Schicksal aller von der Natur begünstigten Landbewohner; sie halten einseitig an der von ihren Vätern ererbten Weise, ihren Boden zu nutzen und folgen den Fortschritten ihres Gewerbes nicht.

Die Cultur-Verhältnisse des Marienwerderschen Bezirks sind nach den vorliegenden mannigfachen Notizen vielfach abweichend. Zeigt in einzelnen Kreisen sich ein erfreulicher Aufschwung zum Besseren; so finden wir dagegen in anderen Kreisen unser Gewerbe noch in seiner vollsten Kindheit; letzteres ist namentlich der Fall: im Straßburger Kreise, und hier leider eine Folge der Entsittlichung des Bauernvolkes durch den übermäßigen Branntweingenuß; in den eigentlich polnischen Wirthschaften des Conitzer Kreises, in Kassuben u. s. w., wogegen in anderen Districten, wie in Graudenz, Deutsch-Crone rc., ein wirkliches Fortschreiten, zum Theil veranlaßt durch das Beispiel eingewanderter fremder Landwirthe, welche Vorbilder auch in anderen fremden Gegenden z. B. im Conitzer Kreise, ihren Einfluß übten, immer sicht- und fühlbarer wird.

§. 6.

Der Ackerbau im Besonderen.

Die Cultur-Verhältnisse der Ackerwirthschaft stehen natürlich mit den allgemeinen landwirthschaftlichen Zuständen im Einklange. Als hervorstechende, zum Theil eigenthümliche Productionen, dürfen hier vorab wohl genannt werden: die in den dem Strande näher liegenden Kreisen Ostpreußens vorherrschende, in Lithauen fast überall sehr bedeutende, Weizen-Cultur; der Bau der grauen Erbse, die freilich neuerer Zeit in Lithauen sehr durch die weiße Erbse verdrängt worden ist; der Gewinn vorzüglichen Leinsaamens, welcher von Tilsit nach Riga schwimmt und dann von letzterem Orte wiederum als russische Leinsaat in deutsche Häfen zurückwandert, u. s. w.

Im ganzen Königsberger Bezirk sind Cerealien- und Hülsenfruchtbau die Hauptgegenstände des Feldbaues. Im Ermlande wird auch Flachs im bedeutenden Umfange gebauet. Andere Handelsgewächse findet man nur auf einzelnen Gütern cultivirt.

Während auf den besser bewirthschafteten Gütern die Beackerung mit Sorgfalt vorgenommen wird, während hier durch zweckmäßigen Fruchtwechsel der Bau der Futterkräuter und Hackfrüchte und die Cultur künstlicher Wiesen mit dem Getreidebau in ein richtiges Verhältniß gestellt, und zugleich durch kräftigen Dung die Ertragsfähigkeit des Ackers bedeutend vermehrt worden ist: werden andere, und besonders die kleineren Güter in den südlichen Gegenden, noch im höchsten Grade mangelhaft bewirthschaftet — in Dreifelder-Wirthschaft, selten, auch da, wo natürliche Weide fehlt, mit dem Anbau der Brache. — Zur Ausdehnung des Kartoffelbaues, welche sehr verschieden im Bezirke ist, haben die Branntweinbrennereien beigetragen. In einigen Gegenden, wie in den Kreisen Labiau, Ortelsburg und Allenstein, werden auf den kleineren Gütern, zum großen Nachtheile der Scholle und nicht minder der Besitzer, die nicht selten das Kaufgeld für ihre Producte in Branntwein erhalten und dadurch zum Trunke verleitet werden, Kartoffeln in bedeutender Menge für die Brennereien der größeren Güter aufgekauft. — Die Wiesencultur ist im Allgemeinen noch sehr mangelhaft. An den Ufern des Pregels und der Alle liegen bedeutende Wiesenflächen, von denen es wünschenswerth wäre, daß sie durch Dämme vor unzeitigen Ueberschwemmungen geschützt würden.

Auch in Lithauen hat man auf den größeren Gütern das alte Dreifelder-System verlassen. Neue Feldeintheilungen und Fruchtfolgen sind, den Boden-Verhältnissen entsprechend, eingeführt; die Wiesen und Weiden werden nicht selten künstlichen Culturen unterworfen, Futterkräuter reichlich gebauet, bessere Wirthschafts-Instrumente mehr und mehr eingeführt. Ein entgegengesetzter Zustand in Masuren, namentlich bei den bäuerlichen Wirthen, wurde schon oben angedeutet. Der größte Theil der Besitzthümer dieser Felderwirthe liegt als wüster Außenschlag, ist vielleicht nie unter dem Pfluge gewesen, oder doch nur selten zur Hergabe einer Roggen- oder Hafererndte nach langer Ruhe einmal wieder bestellt, ohne Dung, um kaum 3 Körner von der Saat wiederzugeben, und dann von Neuem eine Reihe von Jahren auch als die magerste Weide zu dienen. Die meiste Fürsorge wird noch demjenigen Theile der Sommerfelder gewidmet, in welchem der Lein und insbesondere die Kartoffel gebauet wird; aber selbst diese letztere Cultur vermag der Wirthschaft keinen einigermaaßen sichern Halt zu geben, da das Product, entweder gegen baares Geld oder auch, und mehr noch, gegen Branntwein an die benachbarten Brennereibesitzer verkauft, durch dessen Bau also größtentheils die beste Kraft des Grundstücks verschlungen wird.

In den beträchtlichen Torfbrüchen Masurens liegt ein großer Schatz verborgen; gegenwärtig aber werden selbige ohne alle Rücksicht auf nachhaltige Nutzung ausgebeutet, nicht entwässert, nicht geebnet.

Es ist oben auch schon gesagt, daß die größeren Gutsbesitzer der Höfe im Danziger Bezirk mit der Zeit fortzuschreiten streben. Die Dreifelderwirthschaft wird hier mehr und mehr verlassen, eine zweckmäßige Schlageintheilung und Fruchtfolge eingerichtet; besseres Saatgetreide, Gyps und Mergel, das Rieseln der Wiesen wird immer mehr angewendet, der Kleebau zusehends erweitert, wo Brennereien sind, auch der Kartoffelbau im großen Maaßstabe betrieben. Den kleineren Wirthen dieser Gegend fehlt aber eben sowohl das Wissen als das Können, um ihren Zustand zu verbessern. Bei dem raschen Fortschreiten der Separationen wird Belehrung hier doppelt nöthig, indem dieselben sonst dem allgemeinen Schicksale so vieler kleiner separirter Landbesitzer verfallen werden, daß sie nämlich ein freies Eigenthum erhalten haben, es aber nicht zu gebrauchen wissen.

Aus den uns vorliegenden Special-Topographieen des Marienwerderschen Bezirks ergiebt sich, daß auch hier auf den größeren Gütern vielfach die Schlag- und Fruchtwechsel-Wirthschaft vorherrscht, während der Bauer sich noch überwiegend in den Schranken der Dreifelder bewegt. In dem Betriebe der einzelnen Culturen ist viel Abweichendes. Im Marienwerderschen Kreise werden in den Weichsel-Niederungen vorzugsweise Gerste und Raps, dann Kartoffeln; Flachs nur etwas und zwar von den Mennoniten; Taback lediglich von kleinen Grundbesitzern, jedoch bis zu einem jährlichen Steuer-Betrage von 4000 Thlr. gebaut, obwohl nur Grundflächen von 6 und mehr Q.-Ruthen besteuert werden.*)

Auf dem linken Weichselufer ist die Wirthschaft größtentheils auf Kartoffelbau, verbunden mit Bren-

---

*) In Westpreußen betrug 1842 die steuerbare Fläche zum Tabacksbau:

II.	Classe	246	Morg.	72	Q.-R.	
III.	"	1426	"	5	"	
IV.	"	75	"	100	"	
	=	1748	Morg.	57	Q.-R.	und
		150	"	100	"	

in nicht steuerpflichtigem Umfange mit Taback bepflanzte Fläche. Die Steuer belief sich auf 6653 Thlr.

nerei und Schaafzucht, basirt. Auf den Gütern, wo keine Brennereien vorhanden, wird die Ackerwirthschaft in 12—16 Schlägen betrieben und die Fruchtfolge den Local-Verhältnissen entsprechend, durchgeführt.

Auf dem rechten Weichselufer betreibt man die Wirthschaften im Allgemeinen nach sehr verschiedenen Systemen; die meisten größeren werden indessen ziemlich gleichmäßig in 12 Schlägen mit 3 Wintersaaten, 2 Sommerungen, Erbsen, Kartoffeln, Mähklee, Weideklee, Kleebrache und 2 Schwarzbrachen bewirthschaftet. Die Bewirthschaftung der bäuerlichen Grundstücke auf den Höhen beider Weichselufer, welche ein Areal von einigen Morgen bis zu 12 Hufen umfassen, erfolgt meist ohne Plan und Regel. Getreide- und Flachsbau, hin und wieder auch der Anbau von Oelgewächsen, sind die Hauptgegenstände der bäuerlichen Betriebsamkeit. Kartoffeln werden nur zum Bedarf erzielt. Im Stuhmer Kreise zeichnet der Landwirth sich rühmlich durch eine sorgfältige Ackerung aus. Die Güter erfreuen sich meistens eines glücklichen Wiesen-Verhältnisses; im Allgemeinen bedarf aber der Futterbau noch einer erheblichen Erweiterung. Flachs wird nur zum Bedarf gebauet, der Obstbau sehr vernachlässigt. Brennereien giebt es wegen der Strenge des Bodens und des Mangels an Feuerungsmaterial nur wenige. Der entgegengesetzte Fall findet in dem Rosenberger Kreise statt, wo der Kartoffelbau in Folge der Brennereien so ausgedehnt betrieben wird, daß diese Frucht auf einzelnen Gütern den 5ten, 6ten Theil des ganzen Ackerfeldes einnimmt. Nicht unbedeutend ist hier auch, bei den kleineren Besitzern, namentlich im östlichen Theile der Flachsbau; es werden hier auf dem Markte zu Deutsch-Eylau jährlich für etwa 45000 Thlr. an Flachs und Leinwand umgesetzt. Der längere Zeit vernachlässigte Obstbau kommt auch wieder in Aufnahme. Wie dies Alles anders im Straßburger Kreise ist, haben wir oben schon angedeutet; bei den meist wenigen und schlechten Wiesen wird die Vernachlässigung des Futterbaues doppelt fühlbar. — Im Thorner Kreis ist auf dem zumeist gebornen Weizenboden die Cultur des Weizens der Hauptbetrieb; Handelsgewächse aber werden hier, außer etwa Oelfrüchten, gar nicht gebaut. In Folge der neuerer Zeit stattgefundenen Vermehrung der Brennereien, hat auch der Kartoffelbau zugenommen. Im Uebrigen findet auch hier ein Mangel an Wiesen statt. — Berühmt durch die Erzeugnisse seines Getreidebaues (Weizen, Gerste, gelbe oder Wachserbsen) ist der Culmer Kreis. In den gesegneten Landstrichen wird hier ein namhafter Kleebau betrieben. Erheblich ist auch der Kartoffelbau dessen Gesammt-Erzeugniß man auf 450,000 Scheffel veranschlagt. Dahingegen ist der Handels-Gewächs-, namentlich Oelfruchtbau, wegen der herrschenden Insecten-Verheerungen, der Frühlingsfröste und der Zufuhr dergleichen Früchte aus dem Oberlande zu billigen Preisen, unbedeutend. Obstbaumzucht findet man hauptsächlich in den Niederungen. Der Kreis zählt 11 Brennereien und 5 Brauereien. — Auf dem Niederungsboden des Graudenzer Kreises bilden neben dem Getreidebau die Kartoffelcultur (in Verbindung mit Brennereien), Tabacks- und Gemüsebau die Hauptzweige der Feldcultur. Uebrigens ist in diesem Kreise Weizen die Hauptfrucht, wenngleich die Aussaat des Roggens eine stärkere ist. Gerste wird als die unsicherste Frucht angesehen, wohl, weil man ihrer Bestellung nicht die gehörige Sorgfalt schenkt; man bauet dieselbe nicht zum Bedarf. Sehr bedeutend ist der Erbsenbau. Die Cultur der Oelfrüchte dagegen auch, in Folge um sich greifenden Insectenfraßes und des Ausfrierens, neuerer Zeit sehr beschränkt worden. Der Tabacksbau, welchem man besonders in der Umgegend von Graudenz und Rehden obliegt, würde sich noch mehr ausdehnen, wenn es nicht an Menschenhänden gebräche. Flachs zieht man nur zum Bedarf. Kleebau findet sich hauptsächlich, jedoch auch nicht in großer Ausdehnung, auf dem rechten Ufer der Ossa. Das Wiesen-Verhältniß ist überall ein sehr günstiges, die Wiesenwirthschaft aber im Ganzen noch sehr vernachlässigt. Climatische und agronomische Hindernisse, auch niedrige Obstpreise, wirken dem Aufschwunge der Obstbaumzucht entgegen.

Da die Bevölkerung im Verhältniß zu der Fruchtbarkeit des Bodens nur eine geringe genannt werden kann, so fehlt es noch immer an Menschenhänden. Die Löhne sind für: Mägde 10—16 Thl., 1 Paar Stiefel und 1 Schürze; Pferdeknechte 18—24 Thlr.; Ochsenknechte 24, Schäferknechte 20—30, Hirten 15—20 Thlr. nebst Deputat; Hofleute, Schmiede und Schirrknechte 24—36 Thlr. nebst freier Wohnung, Garten von ½—1½ Morgen, Haltung zweier Kühe, mehrerer Schweine und Gänse, Aussaat von ¼—½ Scheffel Lein und eben so viel Erbsen, dem nöthigen Brennmaterial, 12—18 Scheffel Roggen, 3—5 Scheffel Gerste, 3—5 Scheffel Erbsen, 2—3 Scheffel Hafer.

Die Klage über die Liederlichkeit des Gesindes ist auch hier vorherrschend und begründet. Die sogenannten Instleute erhalten bei freier Wohnung, Garten, 1 Fuder Heu, Aussaat von 1 Scheffel Roggen, 1 dito Gerste, ¼ dito Erbsen, ¼ dito Lein, mehrentheils für die Erndte-Arbeit 4—5 Sgr., und außerdem vom 1. Mai bis 1. October 3 Sgr., vom 1. October bis 1. Mai aber 2 Sgr. Tagelohn.

Das Dreschen aller Getreidearten wird von denselben auf den mehrsten Gütern um den 11. oder 12. Scheffel verrichtet. Uebrigens werden den Instleuten für ihre Emolumente gewisse Geldbeträge, z. B. an einigen Orten (die allerdings bedeutenden) für die Wohnung 2—4 Thlr., für 1 Scheffel Roggen Beisaat 1 Thlr. 15

Sgr., für einen desgl. Gerste 1 Thlr., für einen desgl. Erbsen und Lein 10 Sgr., für 1 Fuder Heu von 8—10 Ctr. 1—2 Thlr., für die Weide einer Kuh 1—1½ Thlr., für 1 Schwein 5—10 Sgr., in Abrechnung gebracht. —

Wie überall in diesen Gegenden, zeigt auch im Schwetzer Kreise die Feldwirthschaft der Bauern gegen die der größeren Landwirthe einen auffallenden Abstand, und zwar als Folge mangelnder Einsicht und Mittel vornehmlich auf der Höhe. Die Wirthschaft in drei Feldern, schlechtes Inventar und Angespann sind an der Tagesordnung und der Bau der Futterkräuter gehört zu den Seltenheiten. Dahingegen ist auf den größeren Gütern fast überall die Schlagwirthschaft eingeführt, neben dem Roggen bildet die Kartoffel die Hauptfrucht und der Kleebau wird eifrig betrieben. Der Bauer der Niederungen muß sich, der Ueberschwemmungen wegen, zumeist auf Gerste- und Kartoffelbau beschränken. — Waldungen fehlen hier ganz, während die größeren Grundbesitzer der Höhe sich angelegen sein lassen, die durch frühere schlechte Wirthschaft sehr herunter gekommenen dortigen Wälder wieder herzustellen. — Brennereien bestehen in diesem Kreise 14, welche im Jahre 1842 163,248 Scheffel Kartoffeln consumirten. — Im Conitzer Kreise ist ein eigentliches rationelles Wirthschafts-System nur auf wenigen Gütern bemerkbar; wie bereits früher angedeutet, wirthschaften die eigentlichen polnischen Wirthschaften durchgehends noch in drei Feldern. In dem westlich vom Brahefluß gelegenen Theile herrscht überall der Roggenbau vor, während in dem östlichen Theile der Boden sich durch Kienen-Anbau höher bezahlt machen würde, wenn die Besitzer bessere Forstwirthe wären. Die Obstbaumzucht beschränkt sich hauptsächlich auf die Cultur in Gärten. Auch die Brennereien, in den Händen von deutschen Westpreußen und Schlesiern, bilden nur einen untergeordneten Betriebszweig. — Ein vielfach erfreulicheres Bild bietet die Landwirthschaft des Schlochauer Kreises auf seinem besseren Boden dar. Hier findet man auf den Gütern Schlag- und Wechselwirthschaft; selbst bei den Bauern einen angemesseneren Fruchtwechsel, als ihn die Dreifelderwirthschaft gewährt, eingeführt; eine sorgfältige Ackercultur; steigende Verbreitung des Futterkräuterbaues, wiewohl das kalte Clima den Kleebau erschwert; als Hauptgegenstände der Production: Roggen, Gerste (zur Ausfuhr), Hafer, Erbsen (etwas zur Ausfuhr), Buchweizen, namentlich in Baldenburg. Auf den Roggen, den die größeren Landwirthe fast durchweg in frischem Dung säen, verwendet man die meiste Sorgfalt. In der That bildet derselbe auch die Haupteinnahme der Wirthschaft, und seine Ausfuhr ist bei steigender Bevölkerung beständig im Wachsen geblieben, wozu freilich der in gleicher Proportion weit vorwärts geschrittene Kartoffelbau sehr viel mit beigetragen hat. —

Flachs wird nur zum eigenen Bedarf gebauet; Obstbau existirt nur dem Namen nach, und Brennereien bestehen nur 6. — Im Flatower Kreise hat zwar die Cultur in den letzteren zwölf Jahren einen günstigen Fortgang gehabt, dennoch bleibt, namentlich in Betreff der Wiesen, die hier in einem sehr günstigen Verhältnisse zu dem Ackerlande stehen, noch Vieles zu wünschen übrig. Auf den meisten Gütern wirthschaftet man in Schlägen und in Fruchtwechsel, wobei jedoch der Cerealienbau die Oberhand hat. Flachs wird auch hier nur zum Bedarf gebauet. Die bestehenden 9 Brennereien haben in den Jahren 1840—42 incl. 266,731 Scheffel Kartoffeln verbraucht, deren Bau eben aus dieser Veranlassung neuester Zeit bedeutend zugenommen hat. Der Obstbau ist noch sehr zurück und trotz der noch bedeutenden Waldflächen erweckt eine irrationelle Forstwirthschaft die Furcht einstigen Holzmangels. — Die Wirthschaften des Löbauer, Neumarker und Deutsch-Croner Kreises bieten viel Analoges dar. Getreidebau macht auch die Hauptproduction aus. In beiden Kreisen wird ein erheblicher Kartoffelbau, dort (in Neumark) von den kleinen Ackerbesitzern auch ein nicht unbeträchtlicher Flachsbau, und zwar vorzugsweise auf dem besseren Boden und zum Bedarf betrieben. Neumark hat in Ostrowitz, Bielitz 2c. ansehnliche Brauereien, Deutsch-Crone dagegen 24

Brennereien. — Die Privat-Waldungen gewähren dort größtentheils nur den Bedarf des Brennmaterials.

§. 7.

Die Viehzucht und Haltung im Besonderen.

Von diesem zweiten Hauptzweige der Landwirthschaft werden wir am besten einen specielleren Ueberblick gewinnen, wenn wir die Sonderschilderung derselben nach den einzelnen Vieharten trennen.

Was zuerst die Rindviehzucht betrifft, so läßt dieselbe im Königsberger Bezirke, wenn man hier auch in den wohlhabenden Gegenden gut gehaltene Stämme von trefflicher Race antrifft, doch im Allgemeinen viel zu wünschen übrig; namentlich trifft man nicht selten mittelmäßiges Vieh in großer Anzahl, während eine geringe Zahl guten Viehes weit mehr Vortheil brächte.

Auch in Lithauen bleibt in diesem Zweige noch Manches zu thun übrig. Aber man findet hier eine große Rindviehzucht in den Memel-Niederungen; der Tilsiter Käse ist berühmt, ähnelt dem Limburger und wird weit versandt. Auch sind manche Milch- und Käsewirthschaften nach Schweizer und Holländer Weise eingerichtet.

In einem großen Theile Marienwerder's liegt die Rindviehzucht, sowohl in Bezug auf die Race als wegen häufig mangelnden Futterbaues, auch auf die Haltung und Nutzung, noch sehr darnieder, letzterer namentlich in: Straßburg, Culm, Graudenz, Conitz

Flatow, Dtsch. Crone rc., während sie wieder in anderen Gegenden einen Hauptnahrungszweig abgiebt, z. B. im Schwetzer Kreise, wo Butter und Käse Handelsartikel von bedeutendem Belange bilden. Im Danziger Bezirk ist in den am tiefsten gelegenen Gegenden der Niederungen, wo die Viehzucht vorherrscht, die heimische Race der Kühe eine ausgezeichnete, ungemein milchergiebige, und ist hier die Verfertigung tadelfreier Butter einheimisch.

Es fehlte vor 20 Jahren noch fast ganz an Schaafzucht in Preußen. Sie ist erst seitdem entstanden, und neuerlich allerdings im großen Aufschwung, doch nirgend so, daß sie die Rindviehzucht zurückdrängte, die immer noch die Hauptsache ist. Im Königsberger Regierungsbezirke haben die größeren Gutsbesitzer zum Theil vortreffliche Schäfereien, wohingegen die kleineren Eigenthümer in den hiesigen Kreisen und im Kreise Memel fast nur grobe Schaafe halten. Häufig noch ist hier Mangel an guten Weiden ein Hemmniß der Schaafzucht. In Lithauen rühmt man die großen Fortschritte der Schaafzucht; auch besonders im Marienwerderschen Kreise hat dieselbe sich quantitativ und qualitativ gehoben, wie z. B. in Rosenberg, wo sich viele Heerden von ausgezeichnetem Rufe befinden, in Culm, in Flatow rc., indessen bleibt hier, wie anderswo noch viel zu verbessern übrig, was daraus hervorgeht, daß auch in den wegen ihrer Schäfereien renommirteren Gegenden weniger derselben von wirklichen Sachverständigen zugetrauet wird, so edle und constante Böcke zu ziehen, daß daraus ohne Bedenken Böcke benutzt werden könnten. — Bekannt sind die großen Schaafe — Vagas der Danziger und Elbinger Niederung, welche gewöhnlich jährlich zwei Lämmer geben und den großen Vorzug haben, daß sie auf nassen und übrigens ungesunden Weiden sich nicht faul fressen.

Preußen ist bekanntlich das Land der Pferde, aber auch in dieser Beziehung waltet keinesweges ein vollkommener Zustand ob; es ist der bestehende vielmehr einer vielfachen Verbesserung fähig. Im Königsberger Bezirk wird die Pferdezucht freilich mit weit mehr Sorgfalt gepflegt, als die Rindviehzucht. Die Königlichen Beschäler-Stationen versehen einen großen Theil des Landes mit edlen Hengsten und auch von einigen Privaten geschieht viel für die Pferdezucht. Allein im Allgemeinen wird doch nur der Bedarf an Pferden gezogen und selbst dieser in manchen Gegenden nicht vollständig. Der Verkauf an die Remonte-Commission und andere Ankäufer ist nur in einigen Kreisen beträchtlich. Nicht selten ist auch die schlechte Futterung und die frühe zu große Anstrengung der Erzielung eines kräftigen Schlages hinderlich. — Der Regierungsbezirk Gumbinnen ist derjenige Bezirk im Preußischen Staate, der die allermeisten Pferde zieht. Trakehmen liegt in diesem Landestheile und von hier aus verbreitet sich die Cultur über denselben; der größere verständige Bauer setzt seine Ehre in den Besitz starker Pferde, während der Schlendrianist auf die Güte der Stute wenig Werth legt und zufrieden ist, wenn er nur ein Paar Fohlen zieht, die man nach der Entwöhnung verkauft. Im Danziger Bezirk leidet die Pferdezucht im Allgemeinen an einem zu großen Bestande, namentlich der Arbeitspferde, und es wird der Zucht edlerer Thiere bis auf die neuere Zeit, wo einzelne Gutsbesitzer mit einem anregenden Beispiele vorangegangen, zu wenig Aufmerksamkeit geschenkt. In Marienwerder bedarf die Pferdezucht noch vorzugsweise der Verbesserung; indessen ist die Verfassung derselben hier, wie die fast aller öconomischen Zweige, sehr verschieden. Nicht unerheblich ist die Pferdezucht im gleichnamigen Kreise in den Weichsel-Niederungen, wohingegen sie mit gleichem Eifer auf der Höhe nur einzeln, z. B. auf der Domaine Brodden betrieben wird. Im Rosenberger Kreise findet Pferdezucht fast nur auf den bäuerlichen Gütern statt. Auch in Graudenz ist sie nicht hervorzuheben; fehlerhafte Züchtung und zu frühzeitiger Gebrauch haben den dortigen Pferdeschlag (theils pommerscher, theils polnischer Abstammung) neuerer Zeit immer mehr verkrüppelt. Im Schwetzer Kreise, wo die Pferde-, gleichwie die Rindviehzucht auf den Höheländern aus Mangel an Wiesen und Weiden nicht mit Erfolg betrieben werden kann, beschäftigt der Niederungswirth sich mit der ersteren Behufs des Fohlenverkaufes, welcher alljährlich in großer Menge, und zwar, wenn die Thiere das Alter von zwei Jahren erreicht haben, stattfindet. Im Conitzer Kreise wird die Pferdezucht vernachlässigt; dagegen wächst im Flatower Kreise die Liebe zur Pferdezucht und die practische Einsicht darin auch bei dem bäuerlichen Besitzer.

Die Schweinezucht florirt namentlich in manchen Gegenden Westpreußens. Insbesondere ist durch die Versorgung der Schiffe in Danzig dieser Theil der Viehzucht in der dortigen Gegend bei dem kleinen Mann gestiegen; jedoch ist sie auch in gewissen Districten des östlichen Preußens, z. B. im südlichen Königsberg von gewisser Erheblichkeit. Im Allgemeinen wäre der Verbesserung der Race wohl mehr Aufmerksamkeit zuzuwenden.

Gänsezucht ist vornehmlich da zu Hause, wo das Vorhandensein zahlreicher Gewässer sie begünstigt, wie z. B. im Graudenzschen.

§. 8.

Hauptmängel und Bedürfnisse der Landwirthschaft.

Diese liegen bereits in dem Vorhergegangenen zu Tage. Sie laufen im Allgemeinen überall auf dieselben hinaus, auf die vom Clima — welches in sofern die

Agricultur-Verhältnisse erschwert, als vom Pflügen bis Erndten nur ein Zeitraum von meist 5 Monaten gegeben ist, welche Kürze der Bestellungszeit größeren Aufwand an Arbeitskraft in dieser Zeit nothwendig macht — vom Mangel an Absatz- und Communications-Mitteln, an Capitalien, namentlich aber auch von Unkunde im rationellen Betriebe der Landwirthschaft hervorgerufenen.

Die Abhülfe des letzteren Uebelstandes wird ohnstreitig die radicalste Umänderung der bestehenden Verhältnisse hervorbringen. In der That steht sie auch unter den für die Hebung des Landbaues in Preußen verlautbar gewordenen Wünschen vielfach oben an, nimmt mindestens nirgends eine der letzteren Stellen unter diesen ein. Nur über die desfallsigen Mittel und Wege herrscht nach Maaßgabe der abweichenden örtlichen Verhältnisse eine Verschiedenheit der Ansichten.

Im Königsberger Regierungsbezirk erachtet man dafür, daß dem kleineren Landwirth allerdings Vorbilder in dem Institute der Musterwirthschaften, aber nicht in auf außerordentlichem Wege, wie in Westpreußen, unterhaltenen, sondern in solchen Wirthschaften gegeben werden müßten, welche ihre vorleuchtende Verfassung lediglich der besseren Einsicht des vorstehenden Wirthes verdanken. Um dieses aber zu erreichen, will man sich zuerst die Erziehung hierzu geeigneter Leute angelegen sein lassen, zu welchem Ende man beabsichtigt, Söhne solcher ausgezeichneter Landwirthe, denen später das väterliche Erbe zufällt, für einige Zeit nach Gegenden zu senden, wo schon jetzt anerkannt vortreffliche Bauernwirthschaften bestehen.

Außer auf bäuerliche Musterhöfe und Gründung einer höheren Lehranstalt zielen die Wünsche für Lithauens und Masurens Landwirthschaft: auf verbesserte Communications-Mittel, Vermehrung von Schauen und öffentlichen Ausstellungen, fortgesetzte materielle Unterstützungen Seitens der Domainen-Verwaltung an die ausbauenden Domainen-Bauern, Vermehrung der Beschäl-Stationen, Benutzung derselben auch für Stuten kleineren Schlages, Erniedrigung des Sprunggeldes, angemessene Betheiligung des Staates an den zur Einführung besserer Rindvieh-Racen zusammengetretenen und ferner zusammentretenden Actien-Vereinen, Aufhülfe des hier Tausende von Weberstühlen beschäftigenden Flachsbaues, da die Leinwandweberei im Ermland und ganz Preußen meist als Nebenbeschäftigung der Landleute betrieben wird, mittelst Austheilung nützlicher Werkzeuge verbesserter Art an die Leinbauer 2c., endlich auf mittelbare Förderung der Agricultur-Interessen Seitens des Staates durch Unterstützung der Manufactur und Handelsgewerbe.

In Westpreußen giebt in dem practischen Betriebe der Landwirthschaft selbst ganz besonders der Zustand der Viehzucht zu Klagen und Wünschen der Abänderung Veranlassung. — Dem Regierungsbezirk. Marienwerder sollen speciell noch Noth thun: bäuerliche Unterrichts-Anstalten und Musterbilder, Verbesserung der Pferdezucht, namentlich auch durch Vermehrung der Beschäl-Stationen.

II. Die Provinz Posen.

§. 1.

Allgemeine Areal-, physicalische und Populationsverhältnisse.

Posen hat nicht die Hälfte des Flächeninhalts der angrenzenden Provinz Preußen. Das Gesammt-Areal beträgt nur 536,51 Quadratmeilen, wovon auf den:

Regierungsbezirk Posen	. . .	321,68
" Bromberg	. .	214,83

fallen.

Das ganze Land ist eine große, meist sehr fruchtbare, theilweis jedoch auch mit sandigem Boden vermischte Ebene, hier und da wellenförmiges Terrain oder von einzeln stehenden Hügeln unterbrochen. Jedoch ist der Character der ebenen Fläche durchaus vorherrschend. — Es ist recht eigentlich ein Agriculturland. — Der Regierungsbezirk Posen ist von der Warthe, einem größeren Flusse von einem Laufe von etwa 100 Meilen, durchströmt, der eine Menge Zuflüsse hat. Dieser Bezirk kann als das Flußgebiet der Warthe bezeichnet werden. — Den Regierungsbezirk Bromberg durchfließt die Netze, ein kleinerer Fluß von höchstens 40 Meilen Lauf, der an der Grenze unterhalb des Gopplosees entspringt. Der Regierungsbezirk Bromberg kann als das Flußgebeit der Netze bezeichnet werden. Die Ufer und Bruchgegenden der Warthe und Netze sind besonders fruchtbar.

Das Clima ist nicht immer und nicht durchweg ein der Landwirthschaft günstiges.

Eine längere Erfahrung hat ergeben, daß die Winterfrüchte hier dreimal gut gerathen, während die Sommerfrüchte kaum einmal einschlagen; es ist dies nicht in der nördlichen Lage der Provinz, sondern in dem trocknen Character der Witterung begründet. Bis Johannis herrschen häufig tägliche Winde, die des Landmanns Hoffnungen oft trüben. Das erste Frühjahr ist gewöhnlich sehr kalt, jedoch auch meist nur vermöge des Windes, denn selten bleibt der Frost bis Ende März tief in der Erde; gemeiniglich können um diese Zeit schon Erbsen gesäet werden. Reif und Nachtfröste dauern bis in den Mai hinein; man hat Beispiele, daß ein großer Theil der Winterung noch gegen Ende dieses Monats erfror. Frühe Buchweizensaat schlägt jedesmal fehl. Die Vegetation entscheidet sich in 8 Tagen, nicht selten sichtbar in 48 Stunden. Selten ist die Erde im Winter drei Monde hintereinander fest zu, und mit Schnee bedeckt. Thauen und Frieren wechseln oft zwei-

Zu Seite 39.

Viehstand in der P

Regierungsbezirke.	Kreise.	Pferde. Ueberhaupt.	Pferde. Auf der geogr. Quadr. Meile.	Pferde. Auf 10 Menschen.	Ue
Posen.	1. Wreschen	5,324	422	1,49	
	2. Pleschen	6,283	329	1,13	
	3. Schrodda	6,856	369	1,56	
	4. Schrimm	6,049	325	1,25	
	5. Kosten	7,356	347	1,46	
	6. Buk	5,463	326	1,16	
	7. Posen	6,736	342	0,79	
	8. Obornick	5,786	289	1,39	
	9. Samter	5,356	280	1,32	
	10. Birnbaum	4,280	171	1,06	
	11. Meseriz	3,191	140	0,84	
	12. Bomst	4,443	231	0,97	
	13. Fraustadt	4,411	246	0,80	
	14. Kröben	7,553	396	1,14	
	15. Krotoschin	6,944	395	1,19	
	16. Adelnau	5,707	339	1,16	
	17. Schildberg	6,480	372	1,17	
	Summe	98,218	305	1,16	3
Bromberg.	1. Czarnikow	6,537	233	1,20	
	2. Chodziesen	5,234	260	1,21	
	3. Wirsitz	6,905	321	1,59	
	4. Bromberg	5,836	215	1,12	
	5. Schubin	5,790	273	1,27	
	6. Inowrazlaw	9,283	305	1,58	
	7. Mogilno	5,838	325	1,70	
	8. Gnesen	7,104	297	1,34	
	9. Wongrowitz	7,825	320	1,63	
	Summe	60,352	281	1,39	1
	Summe der Provinz	158,570	296	1,23	5

…sen zu Ende 1843.

…h.	Schaafe.			Schweine.		
Auf 10 Menschen.	Ueberhaupt.	Auf der geogr. Quadr. Meile.	Auf 10 Menschen.	Ueberhaupt.	Auf der geogr. Quadr. Meile.	Auf 10 Menschen.
4,39	90,094	7139	25,30	11,466	909	3,22
4,06	115,237	6027	20,65	9,646	504	1,73
4,51	125,847	6773	28,68	8,265	445	1,90
3,81	89,468	4802	18,55	9,099	488	1,89
4,57	112,212	5293	22,27	9,253	436	1,84
3,81	73,101	4299	15,55	9,138	545	1,94
1,95	109,031	5540	12,86	7,546	383	0,89
3,88	108,098	5400	25,92	7,581	379	1,82
3,52	108,427	5677	26,71	7,008	367	1,72
3,66	77,765	3109	19,22	5,983	239	1,48
3,83	66,325	2912	17,45	4,730	208	1,24
4,50	53,542	2780	11,67	6,733	350	1,47
3,91	79,505	4427	14,43	6,041	336	1,10
3,72	134,729	7058	20,26	7,699	403	1,16
3,74	92,327	5252	15,86	9,262	526	1,59
4,64	62,198	3696	12,66	11,281	670	2,30
4,26	59,717	3426	10,77	13,755	789	2,48
3,84	1,557,623	4842	18,17	144,486	449	1,69
3,77	77,620	2764	14,27	6,145	219	1,13
3,80	72,633	3606	16,83	6,303	313	1,46
4,48	125,726	5848	28,95	8,155	379	1,89
3,31	81,900	3021	15,65	8,512	314	1,63
3,96	100,339	4733	22,04	7,683	362	1,69
4,60	160,815	5286	27,40	15,981	525	2,72
4,08	89,856	5000	26,18	7,303	406	2,13
3,89	126,419	5281	23,81	8,891	371	1,67
4,34	150,250	6140	31,35	9,780	400	2,04
4,02	985,558	4588	22,76	78,753	367	1,82
3,89	2,543,181	4740	19,71	223,239	416	1,73

bis dreimal am Tage. Auf gesegnete Sommerfrucht-Erndten würde man ganz verzichten müssen, wenn nicht die auffallend früh erscheinenden Gewitter zu Hülfe kämen. Diese folgen nicht selten auf eine einzige warme Stunde. Sie sind bis zum Juli weniger stark als häufig, im Juli und August stärker aber seltner. Sogenannter Landregen fällt nicht oft. Einmal im Frühjahr und einmal im Herbst kann man auf orkanähnlichen Sturm rechnen. Er hält dann 24 Stunden an, um in den Zwischenzeiten ziemlich das ganze Jahr als Wind fortzudauern. Dieser dreht sich dann rasch, und daher auffallend schnell wechselnde Temperatur der Luft, die namentlich auf die Gesundheit der Menschen und Thiere, welche hier auch aus anderen Ursachen, als: spätes Weiden im Herbste, tiefe dunkle, niedrige Ställe, ungesunde Thaue (die hiesige Aerzte zuweilen als Ursach der Maul- und Klauenseuche bezeichnen) gefährdeter ist, von nachtheiligem Einflusse sich zeigt.

Von der ganzen Fläche sollen benutzt werden zu:

Ackerbau	4,700,000	Morgen.*)
Wiesen	1,650,000	"
Weiden	2,350,000	"
Gärten	50,000	"
Wald	2,400,000	"

*) Dem Tabacksbau sind gewidmet 3,141 Morgen.

100,000 Morgen fallen auf die Gewässer und 450,000 Morgen auf das Unland.

Im Jahre 1843 betrug die Bevölkerung der Provinz: 1,290,187 Seelen, wovon 857,230 in Posen, 432,957 in Bromberg lebten. Das Verhältniß der Stadt- und Landbewohner war:

1) Posen:	242,621 Stadtbew.	614,609 Landbew.
2) Bromberg:	101,269 "	331,668 "

Das Verhältniß des Viehstandes zur Bevölkerung aber ist wie die Beilage B. ergiebt.

Posen hat nur 1 große, dagegen aber, gleich Preußen, 5 Mittelstädte erster Classe*) und außerdem 9 Mittelstädte zweiter Classe. Von zusammen 145 Städten — ein Siebentheil aller Städte im ganzen Preußischen Staate — sind 66, die weniger als 1500 Einwohner haben, und darunter befinden sich wieder 37 Städte, die noch unter 1000 Einwohner zählen und größtentheils von Ackerbau leben. Keine Provinz im Preußischen Staate hat so viel kleine Städte als Posen; in diesen kleinen Städten ist häufig eine starke jüdische Bevölkerung, welche sich in Bezug auf Productionsverhältnisse oft ungünstig zwischen Consumenten und Producenten stellt. Durchaus aber bildet die Landwirthschaft den Hauptgegenstand der Thätigkeit der Bewohner.

*) Mit mehr als 6000 Einwohnern.

§. 2.

Absatz- und Communicationsmittel.

Die dünne Bevölkerung, der Mangel an Fabriken 2c. verweist Posen mit dem Absatze eines namhaften Theils seiner landwirthschaftlichen Producte nach Gebieten außerhalb der Provinz. Die nächsten Abnehmer, im Fall des Mißrathens der eigenen Erndten, sind für Getreide: Schlesien, Sachsen, auch Brandenburg, namentlich Berlin; die Wolle geht nach Brandenburg und Schlesien; fettes Schwarzvieh in großen Heerden nach Berlin u. s. w. Mit inneren Verbindungsmitteln ist das Land verhältnißmäßig nur dürfug bedacht. Die Provinz ist noch immer die chausseeärmste. Sie hat im Ganzen 55,63 Meilen Chaussee, d. h. gegen die Größe der Provinz gerechnet; es kommt ohngefähr auf 10 Q.-Meilen eine Meile Chaussee; während in der ganzen Monarchie 1384 Meilen Chausseen sind, so daß man im Gesammt-Durchschnitt schon auf nicht volle 4 Meilen eine Meile Länge Chaussee rechnen kann. Im Uebrigen erfreut sie sich bekanntlich des Vorzugs eines Canals (des Bromberger), welcher die Weichsel mit dem Odergebiet in Verbindung setzt und (bei der Stadt Bromberg) die Brahe unmittelbar an den Netzefluß (bei Nakel) knüpft.

§. 3.

Der Boden.

Der Character der Oberfläche ist bereits kurz angedeutet. Flache Ebenen, so weit das Auge reicht, sind das gewöhnliche Schauspiel. Der Gesichtskreis wird nur von Wäldern und Büschen unterbrochen. Am Fuße der überall sanft abhängigen Hügel bilden sich zuweilen angenehme Thäler, die häufig genug durch zweckmäßige Berieselung in die fruchtbarsten Wiesen umgeschaffen werden könnten, jetzt aber überwiegenden Theils vernachlässigt sind und nur als mittelmäßige Hütungen benutzt werden. Die natürliche Beschaffenheit des Bodens ist übrigens im Ganzen eine dem Landbau keineswegs ungünstige. Weizenboden, der in Bromberg nur vereinzelt vorkommt, nimmt im Bezirke Posen wohl die Hälfte des ganzen Areals ein; dagegen herrscht dort (in Bromberg) der Mittelboden vor. Wenn sich längs der Netze, Warthe, Obra große Flächen sterilen Sandbodens ausbreiten: so sind dagegen die gleichnamigen Flußbrücher größtentheils zu vortrefflichen Fruchtfeldern und Wiesen umgeschaffen. Vor 200 Jahren muß das Land reich an Eichenwäldern gewesen sein; das beweisen die vielen Eichen, die noch häufig auf den Hauländer-Aeckern stehen und den Schutz der Schäfer gegen die drückende Sommerhitze bilden. Zusammenhängende Laubholzwälder finden sich jetzt meist nur längs den Ufern der Flüsse,

Erlenbestände in den vielen Brüchen des Landes und große Kiefernforste auf seinen ausgedehnten Landplänen. Bis in die zweite Hälfte des vorigen Jahrhunderts hinein muß eine förmliche Ausrodewuth geherrscht, müssen die größeren Gutsbesitzer geglaubt haben, im Einzelverkauf des Bodens seinen höchsten Ertrag zu finden. Dennoch sind nur wenige Gegenden ganz holzarm. Am drückendsten tritt dieser Mangel in Kujavien hervor.

§. 4.

Die verschiedenen Classen der Landbauer.

Die eigentlichen Landbauer zerfallen hier in:

a. Gutsbesitzer und Gutspächter;

b. die jetzt meistentheils bereits regulirten vormaligen polnischen Lastbauern;

c. die sogenannten polnischen Freibauern, Eigenthümer oder Erbzinsleute, welche zu geringen Diensten so wie zu Geld- und Naturalleistungen verpflichtet zu sein pflegen;

d. die deutschen Freibauern;

e. die meist deutschen Hauländer, Eigenthümer, vor 100 bis 200 Jahren in ausgerodeten Waldungen, ursprünglich dienstfrei etablirt;

f. die Ackerbürger in den vielen kleineren Städten.

Die Zahl der Rittergüter und größeren ländlichen Besitzungen über 10 Hufen beträgt in Posen 1,435; der Antheil derselben an dem Flächeninhalt aller ländlichen

Besitzungen wird auf 55,5 pCt. und auf 1 Q.-M. werden 2,67 größere ländliche Besitzungen gerechnet.*)

Unter allen Provinzen der Monarchie hat Posen neben Pommern verhältnißmäßig nicht nur die meisten — 50 in einem landräthlichen Kreise von 20 Q.-M. — sondern auch ihrem Flächeninhalte nach die größten Rittergüter.

Von den übrigen Besitzverhältnissen giebt die folgende Tabelle eine Uebersicht.

*) Vgl. hier und ferner Schubert a. a. O.

Regierungsbezirk.	A. Landbesitzer, die von 240 M. herab bis zu 50 M. besitzen.	B. Landbesitzer, die mit einem Pferde a. mit 2 Pferden auf einer Besitzung unter 50 Morg. wirthschaften.	Zusammen.	Antheil dieser Besitzung. an der urbaren Fl. der Landbesitzer.	C. Landleute, die in der Regel kein Gespann halten (Häusler, Eigenkäthner Instleute ꝛc.)	Antheil ihrer Besitzung. an der urbaren Fläche der Landbesitz.	Summe der Wirthschaft. A. B. C.	Auf 1 Q.-M. kommen.
1) Posen	20,601	14,205	34,806	41,3	34,806	0,7	69,612	216,2
2) Bromberg	12,821	9,150	21,971	39,5	22,720	0,7	44,691	207,9

§. 5.

Zustand der Landwirthschaft im Allgemeinen.

Was zuerst die größeren Güter betrifft: so sind die Wirthschaftszustände auf denselben zwar mancher, ja vieler wesentlicher Verbesserungen bedürftig und fähig: im Ganzen aber sollen hier, im Vergleich mit früheren Zeiten, mannigfache Fortschritte nicht zu verkennen sein. Auch bezüglich der Grundeigenthümer des bäuerlichen Standes — welche innerhalb des überwiegenden Theils der Provinz durch die Auseinandersetzung mit den Gutsherrschaften, die Ablösung der Dienste und Natural-Prästationen und die Gemeinheitstheilungen einen nun begründeten Spielraum für selbstständige Thäthigkeit gewonnen, oder wenigstens in Begriff stehen, solchen zu erwerben — will man nicht in Abrede stellen, daß im Allgemeinen ein Streben nach fleißigem Anbau des Grund und Bodens obwaltet, aber die Beschränktheit ihrer Begriffe und die niedrige Bildungsstufe, welcher sie angehören, erschweren es ihnen, sich aus den Fesseln althergebrachter Gewohnheiten emporzuheben, die sie an ein Cultursystem binden, welches selten dazu geeignet ist, aus dem Betriebe des landwirthschaftlichen Gewerbes den höchstmöglichsten Ertrag zu ziehen.

Die Rindviehzucht liegt fast überall auf den bäuerlichen Stellen danieder; die auf denselben gehaltenen Ochsen sind klein und schwach, die Kühe milcharm,

Zug- und Nutzvieh im Winter größtentheils auf Siede, im Sommer auf meist schlechte und unzureichende Weide angewiesen. Der Acker wird beinahe durchgehends in drei Feldern bearbeitet, reine Brache des Einen ist gewöhnlicher als der Anbau von Brachfrüchten. Für das Vieh werden — wie schon aus Obigem hervorgeht — in der Regel weder Wurzelgewächse, noch Klee, noch sonstiges Grünfutter gebaut. Die Bestellung der Felder geschieht aber keineswegs ohne Sorgfalt. Dies hängt mit dem wohl zu beachtenden Umstande zusammen, daß der Bauer der hiesigen Provinz da, wo ihm zur Thätigkeit Anreiz geboten wird und er sich überzeugt, daß seine Mühe sich belohnen werde, keineswegs indolent oder arbeitsscheu ist. Man kann ihm gesunden, oft überraschenden Verstand nicht absprechen. Nachahmungstrieb, Anstelligkeit, Gewandtheit und Aufmerksamkeit zeichnen ihn aus. Diese persönlichen Eigenschaften und die Anregung, welche ihm durch die neuerlich eingetretenen und theilweise noch im Werke begriffenen Veränderungen seiner früheren Verhältnisse zu erhöheter Thätigkeit gegeben ist, würden gewiß alle Maaßregeln ungemein begünstigen, welche man zur Herbeiführung einer besseren wirthschaftlichen Einrichtung der bäuerlichen Wirthschaften zu ergreifen um so dringendere Veranlassung hat, als sich unmöglich verkennen läßt, welch' wesentlichen Einfluß das wachsende Gedeihen dieses zahlreichen und wichtigen Standes auf das kräftige

Aufblühen aller Classen der Bevölkerung üben muß. Kommt es nun hierbei besonders darauf an, dahin zu wirken, daß der Bauer seinen Sinn auf besseres Vieh und dessen Aufzucht richte: so erkennt man doch gar wohl, daß dieser Bestrebung, um zum gedeihlichen Ergebniß zu führen, das Bemühen vorangehen muß, eine andere Einrichtung des Ackerbaues selbst herbeizuführen, vermöge derselben die Cultur von Futtergewächsen zu befördern und dem Landmanne solchergestalt und in Verbindung mit angemessener Wiesennutzung die Möglichkeit zu zeigen, gutes Vieh dauernd und im zunehmenden Verhältnisse zu ziehen und zu ernähren.

§. 6.

Betrieb der Landwirthschaft im Besonderen.

Die Hauptunterschiede des öconomischen Gewerbes stufen sich im Wesentlichen nach den einzelnen Categorieen der Grundbesitzer ab.

Was zuerst die größeren Besitzungen anlangt: so tritt hier als ein häufiger Uebelstand bei der Bewirthschaftung die Kürze der Pachtperioden hervor. Es giebt große Magnaten, denen man einen hohen Grad Intelligenz und allgemeine Bildung nicht absprechen kann, welche aber dennoch ihre zahlreichen Güter nicht anders, als auf drei Jahre verpachten. Wie sehr die Cultur des Landes hierunter leiden muß, leuchtet ohne nähere Ausführung von selbst ein. Hoffentlich wird das Beispiel des Staats, auf dessen Domainen in neuester Zeit fast überall mit sehr gutem Erfolge langjährige Pachtcontracte eingeführt sind, in dieser wie in anderer Hinsicht wohlthätig wirken. — Zum Glück haben außerdem sehr viele Gutsbesitzer seit einiger Zeit begonnen, sich selbst mit der Verwaltung ihres Besitzthums zu befassen. Auch unterliegt es keinem Zweifel, daß im Allgemeinen die von den Eigenthümern bewirthschafteten Privatgüter in besserem Stande sind, als die verpachteten. Seit der Reoccupation der Provinz sind auf den vormals meist nur das traurige Bild der Oede und Vernachlässigung darbietenden herrschaftlichen Vorwerken sehr wesentliche Fortschritte gemacht. Vor Allem hat man in der Schaafzucht außerordentlich viel geleistet. Auch der Geschmack für Veredelung der Pferde ist gestiegen. Am meisten steht die Rindviehzucht noch zurück. Was den Ackerbau betrifft: so bildet auch auf den größeren Gütern die Dreifelderwirthschaft noch immer die Regel. Doch sind in neuerer Zeit unter dem Vortritt mehrerer, meist neu etablirter deutscher Rittergutsbesitzer rationellere Wirthschaftsarten eingeführt worden. Am weitesten ist man hierin in den nördlichen Grenzkreisen — Inowraclaw, Mogilno, Gnesen und Wreschen — zurück. Sehr vorgeschritten sind dagegen die Kreise Kröben, Kosten, Meseritz, Birnbaum und Obornik. Ein reges Leben scheint auch in den Kreisen Pleschen, Adelnau, Posen, Krotoschin, Bombst, Chodziesen und Czarnikau begonnen zu haben. In den übrigen Theilen der Provinz scheint man sich langsamer von der einmal hergebrachten Methode zu trennen.

Dasjenige, was bereits oben von dem Zustande der kleineren Landwirthe in der Provinz in allgemeineren Beziehungen gesagt ist, findet bei dem vormaligen polnischen Lastbauer im Wesentlichen seine volle Anwendung. Insbesondere liegt bei ihm die Viehzucht in der Kindheit. Die Pferde werden schlecht gefuttert und gehalten, zu jung angespannt und überhaupt über ihre Kräfte angestrengt. Das Rindvieh wird ohne Unterschied des Alters in einer Heerde von dem Gemeinhirten getrieben. Der Wirth selbst bekümmert sich darum in der Regel gar nicht. Es gehört dies zur Frauenwirthschaft, die außerdem das Krautpflanzen, den Kartoffel- und den Flachsbau umfaßt. Diese Erzeugnisse nehmen den besten Acker, die vorzüglichsten Niederungen, den meisten Dünger weg. — Der polnische Bauer betreibt — wie gesagt — Dreifelderwirthschaft. Ausnahmsweise werden mitunter Erbsen in die Brache gesäet, welche sonst stets rein bleibt. Die Aecker sind, was sich auch aus Obigem erklärt, meist kaum in zwölfjähriger Düngung. Die Ackerwerkzeuge — der bekannte schlecht zusammengesetzte polnische Pflug, der Haken und die hölzerne Egge — lassen viel zu wünschen übrig. —

Schmale, bis sechsfurchige Beete sind für die Winterung gewöhnlich. Zur Sommerung werden dann zwei bis drei zusammengeworfen. Man findet aber auch dergleichen mit Wintersaat bestellte. Gewiß ist, daß darüber mehr Gewohnheit als Ueberlegung entscheidet. An einigen Orten wird auf-, an anderen untergesäet, ebenfalls mehr nach Herkommen als nach Gründen. Das Hacken wird weniger sorgfältig besorgt, als das Pflügen; das Unkraut nicht gehörig ausgejätet. Kraut und Kartoffeln werden mit der Handhacke behäufelt, was aber nur unvollkommen geschehen kann, weil man Knolle an Knolle, Pflanze an Pflanze bringt. Doch wird das Legen der Kartoffeln hinter dem Pfluge jetzt schon häufiger. Bei der Getreide-Aussaat folgt man dem Grundsatze, dick auf starkem, dünn auf leichtem Boden zu säen, ohne besonders achtsam darauf zu sein, wie viel man auf den Morgen bringt. Ausgezeichnete Erndten hat der polnische Bauer nicht zu erwarten. Mit dem vierten Korn ist er zufrieden. Das Getreide wird in der Regel mit der Sichel geschnitten, Hafer theilweise, Erbsen gewöhnlich gehauen. Oft läßt man das Getreide überreif werden und würde daher beim Hauen schlecht fahren. — Die Wiesen werden nur in seltenen Fällen vom Strauchwerk gereiniget. Die Trockenlegung der Aecker beschränkt sich hauptsächlich auf die Wasserfurchen, die in jedem Felde heute da sind, wo sie vor 100 Jahren waren.

Wie unvortheilhaft sich dies Bild einer polnischen Bauerwirthschaft auch darstellen mag, so muß doch dabei beruhigend bemerkt werden, daß dasselbe sich bezüglich auf dasjenige Eigenthum, welches unter übrigens nicht allzu ungünstigen Verhältnissen nun aus der Regulirung hervorgegangen ist, allmählig günstiger gestaltet.

Die frei gewordenen Bauern wenden mehr Sorgfalt auf die Gebäude, auf Vieh und Geräthe, auf die bessere und sorgfältigere Bestellung der Aecker, auf die Cultivirung der Wiesen an, als sie und ihre Vorfahren dies früher zu thun gewohnt und im Stande waren.

Schon von älterer Zeit her unterscheidet sich von der so eben beschriebenen Wirthschaftsart auf vortheilhafte Weise diejenige, der oben auch bereits genannten, polnischen Freibauern. Ihre Gebäude, ihre Vieh-, Feld- und Wirthschafts-Inventarien-Stücke sind besser gehalten, als die der Lastbauern. Auch auf den Ackerbau selbst haben sie von jeher mehr Fleiß verwendet, weil sie mehr Zeit dazu hatten. Das Detail derselben ist im Uebrigen ziemlich dasselbe. Ihre Lebensweise ist nüchterner und geregelter, wiewohl immer noch weniger, als es die der deutschen Frei bauern ist, welche, wie die vorgedachten Categorieen, Dreifelderwirthschaft treiben, wobei sie die Brache, jedoch ohne große Freiheit, benutzen, weil die Grundherrschaften gewöhnlich das Schaaf-Aufhütungsrecht auf ihren Ländereien haben. In ihren Häusern, auf ihren Höfen, in ihren Ställen, in Schiff und Geschirr herrscht Ordnung. Doch sind sie noch immer für die Vortheile nicht sehr empfänglich, welche der Anbau von Futterkräutern und eine bessere Viehhaltung dem Ertrage ihrer Wirthschaften zuwenden würde. In geschlossenen Dörfern, unter näherer Aufsicht ihrer Communal-Vorsteher lebend, sind sie in ihrem Wesen weniger rauh und den Fortschritten der Intelligenz weniger unzugänglich, als die obengenannten Hauländer, welche gewöhnlich, jeder auf seiner Hufe wohnend, Zweifelder-, auch wohl noch freiere Wirthschaft, wenn und soweit es ihnen an Dünger nicht fehlt, treiben. Grünfutterland sieht man sehr selten. Wo sie keine Weide im herrschaftlichen Walde haben, lassen sie Weidekoppeln liegen und benutzen hin und her einen Fleck Brache. Ihre Gebäude sind in Ordnung, ihr Vieh im Stande. Sie selbst sind nicht fleißiger, als es zu ihrer Arbeit nöthig ist, und deren haben sie nicht zu viel. — Aehnlich wie die polnischen Lastbauern, nur mit geringerem persönlichen Fleiß, endlich wirthschaften die:

Ackerbürger, eine eben so armselige als sich überhebende Volksclasse, der eine Wohlthat erwiesen sein würde, wenn sie dem Bauerstande einverleibt und dadurch zugleich von den Ansprüchen und von den Lasten des städtischen Lebens befreit werden könnte.

§. 7.

Die vornehmlichsten Bedürfnisse der Landwirthschaft.

Als eins der nächsten Bedürfnisse der Posenschen Landwirthschaft erkennt man die Abhülfe des Mangels an tüchtigen Wirthschafts-Beamten, besonders aber an brauchbaren Aufsehern, Vögten rc. an. Dabei wird bemerkt: daß diese Abhülfe nur auf dem Wege einer allgemeineren höheren Bildung und besonders eines Fortschrittes des Volksunterrichts-Wesens stattfinden könne und werde, daß für die dortigen Verhältnisse geeignete Wirthschafts-Gehülfen so wenig auf Academieen, als Vögte und Meier in Ackerbauschulen gebildet werden könnten. — Die bäuerlichen Wirthschaftszustände anlangend: so erachtet man zu deren Hebung die Anlegung von bäuerlichen Musterwirthschaften auch nicht für räthlich: „Vorläufig dürfe, wegen der niedrigen Bildungsstufe, worauf der hiesige Landmann stehe, das Bessere nur durch eine empirische Nachfolge des unter möglichst gleichen Verhältnissen und in der Nähe gegebenen guten Beispiels erwartet werden."

Die Vorschläge in Betreff der Einwirkung des Staats auf den Fortschritt der landwirthschaftlichen Betriebsamkeit gehen Seitens des Herrn Oberpräsidenten auf:
a) fernere Belassung und beziehungsweise Wiederergänzung derjenigen Fonds; welche dem Oberpräsidium seit-

her für die Förderung des Anbaues von Futtergewächsen auf den bäuerlichen Besitzungen zur Disposition gestellt werden; b) die baldige Emanirung der (zur Zeit der Berichterstattung in der Berathung befindlichen) legislatorischen Maaßregeln in Beziehung auf Ent- und Bewässerungen; c) die Aufhebung des Einzelnhütens des Viehes, hinsichtlich welcher bereits Anträge formirt seien.

III. Die Provinz Brandenburg.

§. 1.

Allgemeine Areal-, physicalische und Populations-, Productions- und Fabrications-Verhältnisse.

Die Provinz Brandenburg enthält zusammen nicht weniger als 734,14 Q.-Meilen und ist durch ihre beiden Regierungsbezirke Potsdam und Frankfurt in ziemlich gleiche Hälften getheilt, denn es beträgt das Areal des ersteren mit Berlin 382,51, der Flächeninhalt des letzteren aber 351,63 Q.-Meilen.

Auch dieser Landestheil ist in der Hauptsache durchweg eine oft sandige Ebene, nichtsdestoweniger kommen hier schon mehr, als in Pommern, Posen und Preußen, Höhen und bergmännische Productionen vor. — Bei Prenzlau, an der Mecklenburgischen Grenze, durch die Ukermark zieht sich ein, dem Auge meist nicht auffallend sichtbarer Landrücken; dies ist erkenntlich aus den Flüssen, die theils, wie die Uker und andere, nach

Norden, theils wie die Havel und andere nach Süden gehen; auch erkennt sich dieser Höhenzug an dem von der Ukermark nach Norden entschieden etwas kälteren climatischen Verhältniß, so daß z. B. der Wein nördlich von Prenzlau viel schwieriger reift als südlich von da ab. Ferner sind an den Ufern der Oder bei Freienwalde Berge bis 300 Fuß hoch, und findet sich hier Alaun, rothe Erde ꝛc. Südlich steigt bis Buckow hin die Gegend bis auf 400 Fuß. Hier in der Nähe sind die Rauenschen Berge, reich an Braunkohlen. Nordwestlich von diesen, drei bis vier Meilen östlich von Berlin, liegt Rüdersdorf, wo ergiebige Kalkberge sind, sehr wichtig für die Bauanlagen in Berlin. Südlich von Berlin liegt bei Sperenberg in der Nähe von Zossen ein Berg mit Gyps, einem um so wichtigern Naturproducte, als in neuerer Zeit Gypsdüngung allgemeiner geworden ist, und östlich von Sperenberg trifft man ähnliche Lagen von Gyps in solcher Reichhaltigkeit, wie, mit Ausnahme einiger Fundgruben im Posenschen, fast bis Riga hin nicht. — Von Sperenberg ab ziehen sich Anhöhen über Trebbin bis Potsdam.

Sehr wichtig sind ferner in dieser Provinz die vielen Seen, Flüsse, Bäche, welche auf Production und Clima einen namhaften Einfluß äußern.

Bei einem im Ganzen gemäßigten Clima — die mittlere Jahres-Temperatur beträgt in Berlin + 8,9 — ist der Witterungs-Character doch im Ganzen ein veränderlicher.

In Berlin regnet es jährlich an 159 bis 160 Tagen, Nebeltage finden daselbst 33 bis 34 statt, Gewitter kommen nur 17 — wenn in den östlichen Provinzen, namentlich an der Preußischen Küste, bis 30 — Hagelschauer etwa 4 vor.

Die gegen 15,800,000 Morgen betragende Gesammtfläche der Provinz soll sich ohngefähr auf folgende Weise vertheilen:

Auf die Gewässer	kommen	300,000	Morgen.
„ „ Wälder	„	3,500,000	„
„ „ Aecker	„	6,700,000	„
„ „ Gärten	„	65,000	„
„ „ Wiesen	„	1,435,000	„
„ „ Weiden	„	3,250,000	„
„ „ Unland	„	550,000	„

(auch der Raum, den die Gebäude, Plätze, Wege, Moore ꝛc. einnehmen).

In hydrographischer Beziehung repräsentirt die Central-Provinz Brandenburg (bei Selow in der Nähe von Berlin liegt der geographische Mittelpunct der ganzen Monarchie), wenn man so will, den Character der ganzen Monarchie, der viel mehr zwischen Osten und Westen, als zwischen Norden und Süden sich verschiedenartig trennt. Die mächtige Oder fließt an der östlichen Seite der Provinz Brandenburg, und giebt die unmittelbare Verbindung mit der Ostsee; die Elbe fließt an der westlichen Grenze, und giebt über Hamburg die

Viehstand in der Prov

Regierungsbezirke.	Kreise.	Pferde. Ueberhaupt.	Auf der geogr. Quadr. Meile.	Auf 10 Menschen.
Potsdam.	1. Berlin mit d. Weichbilde	7,028		
	2. Prenzlow	10,048	484	1,98
	3. Templin	5,255	198	1,30
	4. Angermünde	7,307	311	1,38
	5. Ober-Barnim	6,386	290	1,17
	6. Nieder-Barnim	8,244	255	1,31
	7. Teltow	8,403	273	1,46
	8. Beeskow-Storkow	3,638	157	1,01
	9. Jüterbok-Luckenwalde	5,986	246	1,33
	10. Zauch-Belzig	8,735	246	1,53
	11. Stadt Potsdam	610		
	12. Ost-Havelland	7,938	350	1,62
	13. West-Havelland	6,549	268	1,44
	14. Ruppin	8,437	263	1,27
	15. Ost-Priegnitz	9,054	256	1,50
	16. West-Priegnitz	9,522	347	1,59
	Summe	113,140	296	1,00
Frankfurt.	1. Königsberg	8,932	322	1,16
	2. Soldin	4,853	232	1,24
	3. Arnswalde	4,698	201	1,32
	4. Friedeberg	4,954	247	1,08
	5. Landsberg	6,831	303	1,11
	6. Lebus	10,590	361	1,20
	7. Stadt Frankfurt	969		
	8. Sternberg	6,431	153	0,89
	9. Züllichau	2,407	143	0,63
	10. Krossen	4,598	196	0,92
	11. Guben	3,889	190	0,91
	12. Lübben	3,061	162	1,07
	13. Luckau	5,584	234	1,16
	14. Kalau	3,498	192	0,86
	15. Kottbus	3,720	234	0,78
	16. Sorau	2,962	133	0,49
	17. Spremberg	802	140	0,56
	Summe	78,779	224	0,99
	Summe der Provinz	191,919	260	0,99

…nburg zu Ende 1843.

…	Schaafe.			Schweine.		
Auf 10 Menschen.	Ueberhaupt.	Auf der geogr. Quadr. Meile.	Auf 10 Menschen.	Ueberhaupt.	Auf der geogr. Quadr. Meile.	Auf 10 Menschen.
	797			350		
3,01	178,326	8590	35,05	12,781	616	2,51
2,86	101,380	3816	25,04	8,581	327	1,00
2,24	116,075	4943	21,94	8,497	362	1,56
2,42	95,859	4349	17,51	5,501	250	1,00
3,32	80,953	2506	13,13	7,606	235	1,23
3,00	56,174	1825	9,74	6,956	226	1,21
3,97	57,548	2482	16,03	4,053	175	1,13
3,82	65,610	2698	14,55	8,403	346	1,64
4,20	101,890	2868	17,88	12,142	342	2,13
	30			266		
4,14	83,736	3601	17,14	5,580	246	1,14
3,35	108,440	4441	20,71	7,767	318	1,49
4,03	136,268	4244	20,56	10,056	313	1,52
4,60	130,136	3681	21,56	9,351	265	1,55
4,16	79,058	2882	13,20	5,907	215	0,99
2,33	1,392,280	3640	12,26	113,797	298	1,00
2,60	125,010	4421	16,27	8,938	322	1,16
3,32	124,273	5932	31,73	7,442	355	1,90
3,42	119,963	5138	33,84	6,923	297	1,95
2,81	77,900	3889	16,99	5,808	290	1,27
3,74	69,095	3070	11,27	5,237	235	0,85
2,72	129,168 2,501	4398	13,61	11,654 568	397	1,26
4,57	138,068	3287	19,06	11,220	267	1,55
3,26	73,650	4387	19,23	4,624	275	1,21
4,02	53,219	2267	10,70	8,590	366	1,73
4,44	33,401	1633	7,80	4,643	222	1,09
5,10	31,113	1643	10,84	4,105	217	1,43
4,92	54,419	2281	11,33	8,387	352	1,75
5,14	44,474	2446	10,90	6,361	350	1,56
3,80	11,791	742	2,46	5,127	322	1,07
4,00	41,868	1876	6,87	4,048	181	0,66
3,44	11,715	2052	8,24	959	168	0,68
3,74	1,141,628	3247	14,27	104,634	298	1,31
2,91	2,533,908	3452	13,09	218,431	298	1,13

Verbindung mit der Nordsee. — Sehr wichtig für Landwirthschaft und Verkehr sind die übrigen Wasser-Verbindungen: die Havel, aus Seen im Mecklenburgischen entspringend, geht im langsameren, vielfach sich windenden Laufe südlich bis Spandau und wendet sich dann westlich zur Elbe; die Spree, bei Bautzen in der Lausitz entspringend, im Spreethale sich in eine Menge von Bächen zertrennend, in einer ganz von Wenden bewohnten Gegend, wo Zwiebeln und Gartenfrüchte anderer Art in großer Zahl producirt und auf den Berliner Markt geführt werden, geht bei Spandau in die Havel; — eine große Menge kleiner Flüsse sind zwischen diesen verschiedenen Wassergebieten: die Nuthe, die Dahme, die schwarze Elster, der Rhin, die Dosse, die Jägelitz und viele andere, und außerdem sind Oder und Elbe, unter Benutzung der Havel und Spree, durch den Plauenschen, den Finow, den Müllroser Canal mit einander verbunden. Die Provinz Brandenburg und Berlin haben Wasserverbindung mit dem ganzen Osten der Monarchie, durch Havel, Spree, Finow und Müllroser Canal, Oder, Warthe, Netze, Bromberger Canal und Weichsel; mit Schlesien und dem Süden durch die Oder; mit Sachsen im Süden durch die Spree und die Elbe; mit dem Westen mit Magdeburg, durch Elbe, Plauenschen Canal und Havel, und Hamburg wird der Hafen von Berlin durch die Elbe. — Zu so außerordentlich erleichterter Wasserverbindung tritt in neuester Zeit, wie hier sogleich angeführt werden mag, die Verbindung Berlin's mit Osten, Norden, Westen, Süden als Knotenpunct der Eisenbahnen, von Stettin, Magdeburg, Leipzig und Dresden, Hamburg, Frankfurt und Breslau; — und diese großen Communicationsmittel sind höchst wichtig auch für die Landwirthschaft, welche ihre Producte in leichter und schneller Weise, theils auf den Markt der großen Verzehrung in Berlin, theils nach Hamburg, Magdeburg rc. befördern kann.

Zu Ende des Jahres 1843 wurden 1,935,107 Einwohner gezählt. Die Verhältnisse der städtischen zur ländlichen Bevölkerung und des Viehstandes zur Population waren, wie folgt:

	Stadtbewohner.	Landbewohner.	auf 100 Stadtbewohner kommen Landbewohn.
	864,470	1,070,637	124
Potsdam*)	626,386	508,949	81
Frankfurt	238,084	561,688	236.

Eine nähere Uebersicht giebt die Beilage C.

Die städtische Bevölkerung ist in der Provinz Brandenburg verhältnißmäßig sehr bedeutend, im Regierungs-Bezirk Potsdam wohnen mehr Menschen in den Städten als auf dem Lande; dies hat seinen Grund hauptsächlich in Berlin, einer Stadt von jetzt etwa 400,000 Menschen, die mit ihren Bedürfnissen und Verkehrs-Verhält-

*) Der Regierungs-Bezirk Potsdam ohne Berlin hat nur 273,237 Städter, auf 100 Städter kommen 186 Landleute.

nissen die ganze Provinz beherrscht, und weit über diese hinaus von Einfluß ist. Außerdem hat Brandenburg sehr viel kleine Städte; die Mark war sehr bevölkert schon zur Zeit der Askanier, und die Germanisirung der ganzen Provinz ging von den vielen Städten aus, die zum Theil nach damaliger Art befestigt waren. — Seit der Staat europäische Bedeutung erhielt, seit dem großen Churfürsten, wuchs Berlin unaufhaltsam, und die politischen Verhältnisse des Staats werden sichtbar auch an den Erfolgen in Berlin und der Provinz.

Bei einer vielseitigen industriellen Thätigkeit bildet doch auch hier die Landwirthschaft das Hauptgewerbe, und in den östlichen Gegenden beschränkt die Bevölkerung sich zum Theil auf die Production der Urstoffe des Pflanzen- und Thierreichs; doch ist nicht zu verkennen, daß in dieser Provinz die Verhältnisse der Industrie wesentlich auch auf die Landwirthschaft einwirken.

Zu den erheblichsten Fabrications-Gegenständen gehören: Tuch (zu Luckenwalde, Luckau, Brandenburg ꝛc.), Baumwollenwaaren, Cattundruckereien, Zuckerraffinerieen, Seide (zu Berlin, Potsdam ꝛc.), Maschinenbau in Berlin; Eisen, Stahl, überhaupt metallische Fabricate, Leder (zu Berlin, Brandenburg, Frankfurt ꝛc.), Papier, Bier, Branntwein, kurze Waaren u. s. w.

Schon unter den alten Wenden blühte in der Mark die Tuchfabrication; diese und andere waren wichtig, bis der 30jährige Krieg die Mark, wie fast kein anderes Land Deutschlands, verheerte. Vom großen Churfürsten an haben die Monarchen durch vielfache positive Begünstigungen die Fabrication zu heben sich bemüht; die Einwanderung französischer Refugiés 1685 bildet den Anfangspunct dieser Maaßregeln, die unter Friedrich II. fast bis zur äußersten Grenze getrieben wurde. Später hat, zum Theil von Berlin ausgehend, die eigene Thätigkeit der Bewohner und die Sammlung von Capitalien der Fabrication, wie sie naturgemäß sich entwickelte, neuen Aufschwung gegeben. Beuth's Verdienste sind in der Beziehung unverkennbar; es ist Intelligenz und Technik, die durch ihn gehoben ist. — Jetzt blühen in Berlin und der Provinz durch Aufwand großer Capitalkräfte und bedeutende industrielle Kenntniß die großartigsten Fabrik-Unternehmungen in Tuch, Baumwollenwaaren, Zuckerraffinerieen, Seidenzeug, Maschinenbau, Branntwein, auch Töpfereien, Fayence, Porzellan, Metallarbeiten. — Bier und vorzugsweise Branntwein haben ihren Sitz bei den Landgütern, sind landwirthschaftliche Gewerbe, und für den Aufschwung der Agricultur in dieser Provinz höchst wichtig.

§. 2.

Boden-Beschaffenheit.

Kann dieselbe auch im Allgemeinen keinesweges als ausgezeichnet anerkannt werden, besteht der größte Theil der Provinz vielmehr aus einem mehr oder minder mit

Lehm vermischten Sandboden: so finden sich doch auch ganze nicht unbedeutende Districte schönen Weizenackers, wie z. B. in dem Oderbruche, in den Niederungen der Elbe und Havel, vorzugsweise in einem großen Theile der Ukermark. Man pflegt der nicht seltenen natürlichen Dürftigkeit des hiesigen Bodens dadurch noch eine größere Bedeutung beizulegen, daß man ein starkes Mißverhältniß zwischen den natürlichen Grasländern und dem eigentlichen Ackerlande annimmt. Auch der vor uns liegende Bericht, wonach wir dieses Tableau bearbeiten, behauptet jenes und rechtfertigt selbiges daraus: daß die vielen kleinen Flüsse des Landes häufig in tiefen Terrain-Einschnitten fortlaufen, wenig Gefälle haben und deshalb für Entstehung von Wiesen und Weiden kein Raum gegeben sei; so wie, daß an einzelnen Flüssen, wo sich größere Niederungen befinden, der Boden von torf- und moorartiger Beschaffenheit ist und deshalb zur Zeit nur sehr unvollkommen genutzt werden könne. In den Elbe-, Havel- und Oder-Niederungen würden zwar größere Strecken solcher natürlicher Futterländer angetroffen, indeß sei gerade das der Uebelstand, daß sie in größeren Strecken zusammenlägen, während sich andererseits auch der trockene Höheboden in größeren Strecken ausdehne, ohne daß beide mit einander vermischt lägen.

Nach Schätzungen, welche mindestens bis dahin durch keine sicherere ersetzt sind, ist aber Brandenburg gerade diejenige Provinz, welche sowohl in Bezug auf seine Wiesen, als Hütungsländer unter allen Landestheilen der Monarchie am reichlichsten bedacht ist. Bewanderte Landeskundige räumen auch ein, daß wenige Gegenden ein solches Verhältniß der Wiesen und niedrigen Hütungen haben, als bedeutende Theile der Mark; — in beiden Havelländischen Kreisen ist von beiden Arten mehr als an Acker vorhanden.

Die großen Unternehmungen Friedrich's II. in Urbarmachungen von Ufer- und Bruchgegenden sind in der Provinz Brandenburg von nachhaltigen, bleibenden, glücklichen Folgen gewesen. Reich ist der Heugewinn im Oderbruch, im Havelland, den urbar gemachten Bruchgegenden, an Rhin, Dosse, Jägelitz ꝛc. Schon die oben näher berührten Fluß- und Wasserverhältnisse müssen nothwendig vielfache Gelegenheit zur Wiesencultur und dahin gehörige landwirthschaftliche Gewinnung herbeiführen.

Daß es auch viele schlechte Wiesengründe giebt, wird von diesen Landeskundigen auch nicht in Abrede gestellt; indessen noch mehr erachtet man dieselben für vernachlässigt. — Mag nun auch das Mißverhältniß an Wiesen- und Ackerfutter in dem Maaße, worin es wirklich besteht, seinen Grund mehr in dem Mangel an Wiesen selbst oder in deren mangelhaften Behandlung haben — so viel steht jedenfalls fest, daß der Brandenburger Wirth es im Allgemeinen verstanden hat, sich dem nachtheiligen Einflusse desselben mittelst Ueberganges von der alten

Dreifelder-Wirthschaft zu rationelleren Anbau-Systemen, aufs glücklichste zu entziehen.

§. 3.

Größe der Besitzthümer.

Schubert berechnet die Zahl der Rittergüter und größeren ländlichen Besitzungen über 10 Hufen in Brandenburg auf 1,530; selbige sollen 30,2 pCt. aller ländlichen Besitzungen ausmachen und auf 1 Q.-Meile sollen 2,08 größere Besitzungen liegen. Von jener Gesammtzahl der Rittergüter fallen auf Potsdam 825, auf Frankfurt 705; der Antheil derselben an dem Flächeninhalt des ganzen ländlichen Grundeigenthums beträgt dort 33,0 pCt., hier 26,7 pCt. In Brandenburg wie in Preußen besitzen die größeren Güter nur die Hälfte des Antheils an der nutzbaren Bodenfläche gegen Posen und Pommern. Landbesitzer, die von 240 Morgen herab bis 50 Morgen besitzen, zählt man 30,642, Halbspänner, Cossäthen, kleine Halbbauern u. s. w. 15,897, also zusammen 46,539, 68,2 pCt. Antheil dieser Besitzungen an der urbaren Fläche der Landbesitzungen; Landleute, die in der Regel kein Gespann halten (Häusler, Büdner, Instleute 2c.), soll es 33,876, 1,6 pCt. von der urbaren Fläche der Landbesitzungen geben; die Gesammtsumme dieser kleinen Grundeigenthümer beläuft sich auf 80,415, und auf 1 Q.-Meile kommen 109,5 solcher Wirthschaften.

§. 4.

Der Landwirthschaftsbetrieb in dem gröszeren, namentlich nördlichen, Theile der Provinz und speciell auf den Rittergütern und Domainen.

Hier, in der Nähe von Berlin, in Möglin war es bekanntlich, wo lange Jahre Albrecht Thaer seine Bahn brechenden, reichen Ideen, einer „rationellen Landwirthschaft" zu Tage förderte. Dieselben mußten auch in der Mark ihre Früchte, um so mehr tragen, als vielfache Berührungen der sich oft in der Hauptstadt versammelnden näher wohnenden Gutsbesitzer die Verbreitung landwirthschaftlicher Industrie überhaupt unterstützten. Eine der ersten Folgen davon war das Mergeln, sodann die Veredlung der Schaafzucht, bessere Ackerbausysteme, Kartoffelbau, Brennereien u. s. w.

Die Möglichkeit zur Veränderung der bisherigen Wirthschaftsart bot vor allen der Mergel dar, welcher sich fast überall in größeren Lagern unter dem Sandgrunde vorfindet und statt des fehlenden Düngers mit dem glänzendsten Erfolge zur Melioration des Bodens benutzt wurde, so daß nicht nur künstliche Weideschläge erzeugt sind, sondern auch der Boden zum Anbau der Futterkräuter geeignet gemacht ist, zu welchem letzteren Zwecke in neuerer Zeit aber außerdem auch der Gyps aus den Rüdersdorffer und Sperenberger Brüchen mit vielem Erfolge angewandt ist.

Noch wesentlichere Resultate haben sich aber ergeben, seitdem man mehr und mehr die Ueberzeugung von dem Nutzen des Kartoffelbaues gewonnen hat, welcher jetzt in so ausgedehntem Umfange getrieben wird, daß man denselben mit Recht als das eigenthümlich Characteristische der Märkischen Landwirthschaft bezeichnen kann, für welche diese Frucht in der That nicht allein wegen der größeren Quantität Viehfutter, welche sie gewährt, sondern auch um deshalb von großem Nutzen gewesen ist und bleiben wird, weil die Bearbeitung des Bodens für die Hackfrüchte die beste Vorbereitung desselben, sowohl für den Körnerbau als die Futterkräuter ist.

Unter den Cerealien wird der Weizen nur in den obengedachten fruchtbarsten Districten angebaut. Futterkräuter, mit Ausnahme der wenig vorkommenden Esparsette, sind überall; unter den Erdfrüchten ganz vorherrschend die Kartoffeln; Oelfrüchte gleich dem Weizen, nur auf den schwereren humoseren Bodenarten Gegenstände der Cultur. Taback wird in einem Theile der Uckermark sehr stark gebaut. Von 38,772 Morgen 167 Q.-R., die im ganzen Preußischen Staat mit Taback bepflanzt sind, fallen 13,487 Morgen 70 Q.-R. auf die Provinz Brandenburg, d. h. 34,8 pCt. Diese 13,487 Morgen liegen fast sämmtlich in der Uckermark und deren Umgegend. Der Tabacksbau ist hier durch französische Refugiés entstanden, der Boden ist für die Cultur geeignet, und giebt den Landwirthen guten Ertrag. In manchen Strecken beherrscht der Tabacksbau die Gegend. Der Ukermärker Taback ist unter den, nach der Güte des Gewächses geordneten 4 Steuerclassen meist zur 3ten Classe gehörig, hat aber auch im Handel neben dem Wasunger und Pfälzer als Handelsartikel Geltung. Hopfen wird bei dem Städtchen Buckow und am rechten Oderufer zwischen Cüstrin und Zehden viel, nur nicht von zufriedenstellender Beschaffenheit erzeugt.

Auch etwas Wein-Cultur ist in der Provinz Brandenburg. Guben, Züllichau und Potsdam sind die Stellen, um welche er am bedeutendsten ist; auch Crossen und Frankfurt sind zu nennen. Der Gubener Wein hat vorzüglich gutes Gewächs für ein so nördliches Clima. Von 62,311 Morg. 95 Q.-R., die in der ganzen Preußischen Monarchie mit Wein bepflanzt sind, und von denen 48,968 Morg. 148 Q.-R. der Rheinprovinz zugehören, fallen auf Brandenburg 4037 Morg. 125 Q.-R., also etwa 6,5 pCt.

Der Obstbau könnte in der Provinz unzweifelhaft noch mehr betrieben werden, da Berlin bei seiner starken Verzehrung noch eines namhaften Zuschusses von fernher bedarf und stellenweis das Obst in der Mark sehr gut gedeiht. Die Bepflanzung der Chausseen und Landwege mit Obstbäumen darf empfohlen werden.

Garten-Cultur ist in einigen Gegenden ausgezeichnet. Der Spreewald, die Ruppiner Gegend, insbesondere Berlin selbst müssen in dieser Beziehung hervorgehoben werden. Im Spreewalde sind Meerrettig, Zwiebeln, Gurken im vielfachen Anbau, in Berlin und Umgegend ist der Sellerie ein vorzügliches Product, das nach Hamburg und weithin gesandt wird. — Auch darf wohl erwähnt werden, daß feine Blumenzucht — Hyacinthenzucht z. B. in einer Ausdehnung, wie sie nirgends vorkommt — in Berlin auf hoher Stufe steht, und auch für Gärten in kleinen Städten der Provinz einen sehr angenehmen Einfluß übt. — In der Nähe von Berlin zeichnet sich unter kleineren Gewächsen die fast nur in der Umgegend von Teltow, von eigenthümlicher Beschaffenheit und Güte wachsende Rübe aus, die weithin bekannt ist, selbst bis Amerika geht.

Die Folge, worin die Feldfrüchte gebaut werden, unterliegt keinem allgemein durchgreifenden Principe, wird vielmehr mit Rücksicht auf Bodenbeschaffenheit, Düngervorrath ꝛc., den sehr von einander abweichenden Verhältnissen der verschiednen Güter angepaßt. Da aber, wo die Nachtheile der früher durch Düngermangel hervorgerufenen sogenannten Aussenland-Wirthschaft noch nicht ausgeglichen sind, werden sogar für die verschiedenen Theile der Feldmark verschiedene Fruchtfolgen beobachtet. Uebrigens bedarf es wohl nicht der Erwähnung, daß die verschiedenen Richtungen, welche die einzelnen Wirthschaften in der Provinz genommen, wesentlich durch die größere Nähe und Ferne der Residenz bedingt werden, wie denn z. B. die nahe gelegenen Güter sich entschieden zur Milcherzeugung und Viehmästerei hinneigen.

Die Viehzucht anlangend: so ergeben manche der oben berührten Verhältnisse, daß dieselbe früher in der Mark nur auf geringer Stufe stehen konnte. Rindvieh- und Pferde-Zucht wurde zwar in den Flußniederungen betrieben, aber doch nur mit geringem Erfolge; die in neuerer Zeit so wichtig gewordene Schaafzucht dagegen war gänzlich vernachlässigt, obgleich der trockene Höheboden der Mark an sich dazu geeignet war. Nachdem jedoch das Verbot der Wollausfuhr 1809 aufgehoben und durch den Mergel künstliche Weideschläge geschaffen waren, hat die Schaafzucht unendliche Fortschritte gemacht und in einzelnen Kreisen, zu welchen namentlich der Oberbarnimsche gehört, einen bedeutenden Umfang erlangt, wie sich daraus ergiebt, daß die Zahl der Schaafe sich seit dem Jahre 1816 beinahe verdoppelt und ihre Qualität sich so sehr verbessert hat, daß die Märkische Wolle die Concurrenz der Nachbarländer nicht länger zu scheuen hat. Die Rindviehzucht hat sich dagegen weniger gehoben. Unser Bericht giebt an, daß selbst auf den in der Nähe der Residenz gelegenen Gütern, in welchen Viehmästerei getrieben wird, das erforderliche Vieh mehr durch Ankauf als Zuzucht beigeschafft werde. Dennoch wird im großen Durchschnitt wohl die Ergänzung durch Zuzucht bewerkstelligt, z. B.

in allen Bauernwirthschaften, überhaupt wohl nicht der funfzigste Theil angekauft. — Auch hat sich nach den Ergebnissen der Mahl- und Schlachtsteuer in den Städten wohl unzweifelhaft die Qualität des Rindviehes gebessert. Es wird stärkeres Rindvieh jetzt als früher gezogen; noch 1839 wurde nur in 4 Städten der Ochse zu 550 Pfund geschätzt, 1842 schon in 8 Städten.

Auf die Pferdezucht ist zwar die Einrichtung der Landgestüte und die Versorgung der Armee mit inländischen Pferden nicht ohne Einfluß geblieben, so wie sich denn auch durch die Vereine für Pferderennen bei den Landwirthen ein regeres Interesse für die Förderung der hochedlen Pferdezucht an den Tag gelegt hat; indeß wird doch alles dies dem wesentlicheren Bedürfnisse an Ackerpferden nicht abhelfen, deren Mangel jetzt anfängt, lebhaft empfunden zu werden.

Von den ländlichen Nebengewerben wird fast nur die Brennerei und zwar hauptsächlich aus Kartoffeln in bedeutendem Umfange und mit vieler Industrie betrieben, namentlich in dem näher an der Residenz liegenden Theile der Provinz, wo die Brennereien häufig mit den Viehmästereien Hand in Hand gehen. Daß der Spiritus in bedeutenden Quantitäten ins Ausland abgesetzt worden und noch jetzt viel dahin geht, ist bekannt; es scheint jedoch wohl, daß die Brennereien den Culminationspunct erreicht haben, wozu der Umstand wesentlich beitragen mag, daß auch die Ausländer dem Beispiel nachzustreben bemüht sind, welches ihnen die Industrie der Märkischen Landwirthe gegeben hat.

Außerdem bestehen auf dem Lande Fabriken für Kartoffelstärke-Syrup und selbst Zucker. Mit Erfolg werden auch einige Runkelrübenzucker-Fabriken betrieben.

Es kann dieser Abschnitt aber nicht geschlossen werden, ohne noch der Fischereien zu erwähnen. Die obengedachten interessanten Wasserverhältnisse der Provinz, denen noch hinzuzufügen ist, daß nicht blos am Laufe der Havel, sondern auch in der Gegend von Zossen sehr viele große Seen vorhanden sind, geben neben dem bisweilen sehr bedeutenden Rohrgewinn einen außerordentlichen Reichthum an Fischen und Wasserthieren. Es ist überall, namentlich in Berlin, eine sehr große Verzehrung von Fischen; einzelne Arten derselben, Zander und auch Hechte werden weithin versandt, und die größesten Flußkrebse, wie bei Sonnenburg, sind für viele Landbewohner ein beträchtlicher Erwerbszweig. Auch Neunaugen werden in der Oder bei Freienwalde, Oderberg viel gefangen, wenngleich in der allerneuesten Zeit der Ertrag abzunehmen scheint.

§. 5.

Der Landwirthschaftsbetrieb in den dürftigern Gegenden, namentlich bei den Bauern.

Alles Obengesagte gilt vorzugsweise von den in natürlicher Beziehung besser ausgestatteten Districten und im Besonderen von den Gutswirthschaften. Im Beeskow-Storkowschen, im südlichen Theile des Teltowschen, in dem Jüterbogk-Luckenwaldeschen und Zauch-Belzigschen Kreise, welche zu den unfruchtbareren gehören, steht die Landwirthschaft im Allgemeinen noch auf einer niedrigen Stufe, überall aber ist dies bei den eigentlichen Bauerwirthschaften der Fall, da ihnen nicht nur die Vortheile entgehen, welche die Combination der verschiedenen ländlichen Indurstiezweige gewährt, sondern auch die Bauern bekanntlich bei ihrer geringeren Intelligenz, mehr wie gut ist, am Alten kleben und sich nicht leicht zu neuen Wirthschaftsmethoden bequemen. Ganz besonders gilt dies von den vorgenannten Kreisen, wo der Schlendrian der Dreifelderwirthschaft, welcher allerdings bei so schlechter Beschaffenheit des Bodens schwierig zu verlassen ist, mehr oder weniger noch stattfindet und den Landleuten eine kärgliche Einnahme gewährt, die sie durch Holz- und andere Lohnfuhren zu vermehren suchen. Ein Glück ist es, daß sie mitunter nicht unbedeutende Forste besitzen, welche ihnen ihren Brennbedarf und auch wohl etwas baares Einkommen liefern, und es bleibt deshalb, so wie überhaupt im Interesse der Landescultur höchlichst zu bedauern, daß die ländlichen Gemeindeforsten mehr und mehr separirt und heruntergeschlagen werden.

Ein gründlicher Sachverständiger, der Landes-Oeconomierath Koppe bemerkt hierzu und hierüber Folgendes:

In der That: „Ueberschätzung der natürlichen Weiden und Wiesen; das darauf begründete Feldwirthschaftssystem, nach welchem der Getreidebau fast das einzige Ziel der Thätigkeit ist — das sind die Hauptgebrechen des bäuerlichen Ackerbaubetriebes.

Hier ist auch keine andere Hülfe zu erdenken, als Beförderung der Special-Separationen und Gründung von Musterwirthschaften, damit die Leute ihre Arbeit fruchtbringender auf die Abwässerung der Niederungen verwenden, die bisherigen versumpften Weiden und Wiesen umbrechen, und auf ihnen das Zehnfache an thierischer Nahrung als in dem jetzigen Zustande gewinnen.

Die Bewohner dieser Provinz, besonders die des südlichen Theiles, wo der schlechteste Boden angetroffen wird, sind außerordentlich fleißig. Sie erbauen sich den Flachs zu ihrer Winterbeschäftigung mit Hülfe des Grabscheits; nicht weniger Hirsen, Kartoffeln, Kohl und viele Rübenarten. Sie bringen die Quecken mit Gabeln aus dem Lande; sie holen die Nadelstreu oft aus der Entfernung von mehr als einer Meile. Diese große Rührigkeit der bäuerlichen Grundbesitzer hat aber keinen anderen Erfolg als die Beschäftigung der Danaiden. Der dürre unfruchtbare Sand, an welchen sie die viele Arbeit verschwenden, giebt ihnen nur soviel

Getreide, daß sie sich das Leben fristen; die Flächen dagegen, die Arbeit und Mühe reichlich lohnen und die wohlhabend machen könnten, liegen im Sumpf oder werden für das Vieh als Weide benutzt, weil man keine Ahnung davon hat, welcher Verbesserung sie fähig sind.

Hier kommt es zunächst auf die Untersuchung an, ob von Staatswegen der Havel, der Spree und ihren Nebenflüssen und Bächen nicht ein stärkeres Gefälle zu geben ist? durch Geradlegung ist dies gewiß theilweise zu bewirken ꝛc.

Aber noch schneller und sicherer wird das Viehfutter durch Anwendung richtiger Fruchtfolgen in bäuerlichen Wirthschaften vermehrt werden. In ihnen fehlt es in der Regel nicht an Händen; es kommt nur darauf an, sie auf eine zweckmäßige Weise zu beschäftigen.

Was kann einfacher zu begreifen sein, als die Thatsache, daß der Dünger, welcher im April und Mai zu Kartoffeln oder Rüben gegeben wird, noch im Laufe des Jahres sich zum großen Theil selbst wieder erzeugt und daß es also ganz unzweckmäßig für eine dünger- und futterarme Wirthschaft sei, denselben Dünger im Juni und Juli zu Roggen und Weizen zu fahren, welche um ein ganzes Jahr später den auf sie verwendeten Dünger wieder erstatten? — Daß der in großen Haufen bis um die heißeste Jahreszeit aufbewahrte Dünger in Quantität und Qualität nebenbei verliere, soll nur obenhin berührt werden. Kann es aber ein verkehrteres Verfahren geben als das erwähnte, und doch wird es in den blos Getreide bauenden Wirthschaften gewöhnlich angetroffen."

§. 6.

Die Bedürfnisse der hiesigen Landwirthschaft.

In dieser Beziehung sind von den Königlichen Regierungen die folgenden Anträge gemacht worden:

A. in legislativer Hinsicht:

1) Die Beschleunigung des Gesetzes über die Sandschellendeckung, ein Antrag, dem der Herr Oberpräsident adhärirt; 2) die Aufhebung der Verschuldungs-Beschränkung der Bauerhöfe, wofür der Herr Oberpräsident gleichfalls stimmt; 3) die Aufhebung der Bestimmung des Vorfluth-Edicts vom 15. November 1811, wonach der Provocant alle Kosten und Entschädigungen allein zu tragen hat; auch diese hält der Herr Oberpräsident für wünschenswerth.*)

B. in administrativer und financieller Hinsicht:

1) der allgemeine Antrag auf Anstellung von landwirthschaftlichen Versuchen und Gewährung

*) Ist inzwischen durch Verordnung vom 29sten Sept. 1843 erfolgt. S. Gesetzsammlung d. J. 1844, Seite 17.

von Zuschüssen dazu, welchen der Herr Oberpräsident auch für gerechtfertigt erachtet; 2) der Antrag auf Prämienbewilligungen für ausgezeichnete Beantwortung zweifelhafter Fragen; 3) die fernere (bevorwortete) Bewilligung des Prämien-Fonds von 500 Thlr.; welcher der Königl. Regierung zu Frankfurt bis 1843 zur Vertheilung an ausgezeichnete bäuerliche Wirthe überwiesen worden ist; 4) die Verbesserung und Verbreitung der Pferdezucht durch Aufstellung einer größeren Anzahl edler Hengste mit Rücksicht auf die Erzielung starker Arbeitspferde; 5) die Proposition der Frankfurter Regierung, Behufs Aufhülfe, der danieder liegenden Rindviehzucht, das Staatsgut Frankenfelde, welches nunmehr seine Bestimmung als Stammschäferei erreicht habe, künftig der Rindviehzucht mit Käsewirthschaft nach verbesserten Methoden zu widmen und dort Zuchtstiere und Kälber verschiedener Racen zum Verkauf an Privaten und Gemeinden, nach Umständen zu billigen Preisen zu stellen; 6) der Antrag der Königlichen Regierung zu Potsdam, eine Stamm-Schaafheerde zum Verkauf an die bäuerlichen Wirthe, welcher dem Herrn Oberpräsidenten nicht gerechtfertigt erscheint; 7) die Beförderung der Hopfencultur, und 8) des Flachsbaues, welche beide in den Interessen und Bedürfnissen der Provinz lägen; wogegen 9) die beantragte

Einrichtung von Musterwirthschaften hier, wo es an guten Beispielen und Vorbildern auf den großen Gütern, so wie auch unter den bäuerlichen Wirthen nirgends (?) gebreche, und 10) Prämien zur Verbreitung des Mergels, welche Seitens der Potsdamer Regierung beantragt wurden, für überflüßig erachtet werden.

Practischer und concreter Natur sind nach der Ansicht des Herrn Oberpräsidenten die folgenden Vorschläge: 11) die Anlage von Eindeichungen und Schöpfmühlen an der Havel, um fruchtbare Flächen der Versumpfung zu entziehen; 12) die Verbesserung der Schifffahrt auf der Notte, um den Gyps aus den Sperenberger Brüchen regelmäßig und in größeren Massen herbeizuschaffen; 13) das Project der Melioration des Nieder-Oderbruchs, dessen Ausarbeitung mit Bericht der Königl. Regierung zu Frankfurt vom 31. December 1842 des Herrn Finanzministers Excellenz zur Prüfung und Feststellung eingereicht worden ist; 14) die Vermehrung der Communicationsmittel, welchem Bedürfnisse durch die Bewilligung einer höheren Prämie als der 3000 Thlr., welche seither pro Meile an bauende Gemeinden oder Privaten gezahlt wurden, zu genügen sein würde. So reichlich die Provinz im Großen mit Communicationsmitteln ausgestattet ist, so fehlt doch noch Manches im Innern des Landes zur Verbindung des einen Dorfes mit dem andern. Die sogenannten Vicinal-Wege bedürfen noch einer größeren Vervollkommnung. Endlich: 15) die **wohlfeilere Beschaffung** verbesserter, namentlich neu erfundener **landwirthschaftlicher** Maschinen.

IV. Die Provinz Pommern.

§. 1.

Allgemeine Areal-, physicalische und Populationsverhältnisse.

Pommern nimmt hinsichtlich des Areals den vierten Platz unter den 8 Provinzen der Monarchie ein. Es umfaßt zusammen 574,33 Q.-Meilen. Nach einer früheren und natürlichen Eintheilung zerfällt das Land in zwei ungleiche Theile: Hinterpommern, auf dem rechten Ufer der Oder, d. i. Herzogthum Pommern, der Kassuben und Wenden und Bisthum Cammin; und Vorpommern, auf dem linken Oderufer d. i. Alt-Vorpommern, oder das Fürstenthum Stettin, und Neu-Vorpommern — das vormalige schwedische Pommern.

In administrativer Beziehung aber, in welcher auch die Kreise Schievelbein und Dramburg, Theile der Neumark, der sie auch in ständischer Beziehung noch angehören, anjetzt zu Pommern gerechnet werden, theilt sich die Provinz in die drei Regierungsbezirke: Stettin, Cöslin und Stralsund. Hiervon hat:

der erstgenannte Regierungsbezirk	236,88	Q.-Meilen,
„ Cösliner	258,43	„
„ Stralsunder	79,02	„

Hinterpommern aber nimmt von der Gesammt-Fläche gerade zwei Drittheile ein.

Pommern lagert sich von 30°7′ bis 35°47′ östlicher Länge, als ein langes erst südöstlich, dann nordöstlich sich wendendes Küstenland von etwa 50 Meilen gerader Länge mit mehr als 60 Meilen Küsten-Entwickelung und in verschiedener aber mäßiger Breite von 5 bis 14 Meilen um einen rechtwinkligen Busen der Ostsee, die Pommersche Bucht genannt, deren meist flacher, stellenweise auch steiler Strand reich an Sanddünen ist, die zum Theil in das Land vorrücken.

Dem Lande liegt nordwestlich die reich gegliederte fruchtbare Insel Rügen mit 16 Q.-Meilen Inhalt vor, die aber wenig brauchbare Häfen hat. Südöstlich von ihr ziehen sich die Inseln Usedom und Wollin vor den Binnengewässern des Achter Wassers und des kleinen und großen Haffs her, von dem Festlande und unter sich durch die drei Ströme getrennt, in denen die Oder sich in das Meer ergießt.

Pommern hat nur die beiden Häfen Stralsund und Greifswald am Meeresstrande; die übrigen liegen an den Mündungen von Flüssen, Wolgast an der Peene,

Swinemünde, der bedeutendste, an der Swine, Cammin an der Divenow, Colberg an der Persante, Rügenwalde an der Wipper und Stolpemünde an der Stolpe; doch sind die genannten Ströme bis auf die Peene und die Oder landeinwärts nicht schiffbar. Außer ihnen ergießen sich noch als bedeutendere Flüsse die Rega, die Lupow und die Leba unmittelbar in das Meer.

Eine Eigenthümlichkeit sind die Landseen, welche, dicht an der Meeresküste und von der See nur durch schmale Landzungen getrennt, sich in einer fast stetigen Reihe fortsetzen und von denen in Hinterpommern der Lebasee der bedeutendste ist; aber auch im Binnenlande giebt es viele und zum Theil große Landseen; ihr Gesammt-Flächeninhalt beträgt über 26 Q.-Meilen.

Der niedrigste Strich des Landes ist das Oderbecken selbst mit seinen breiten und ergiebigen Wiesenrändern. Der Spiegel der Oder bei Stettin soll nur wenige Zolle über der Meeresfläche liegen. Im Uebrigen ist das Land nur bis auf einige Entfernung von der Küste ein flaches, im Ganzen hügelig und sogar bergig. Jener hohe Landrücken, der sich im nördlichen Europa vom Ural bis nach Jütland erstreckt, erreicht an der Pommerschen Ostgrenze in Westpreußen seine bedeutendste Höhe — gegen 1100 Fuß — und setzt sich von Osten nach Westen streichend, an der Südgrenze der Provinz, und mit Ausläufern nach der Küste, in beträchtlicher Höhe bis zu 800 Fuß sich erhebend fort, bald bewaldete Kuppen bildend, die einen Gebirgscharacter zeigen (im Bütower und Lauenburger Kreise), bald mit kahlen, von tiefen Schluchten zerrissenen Bergwänden (um Rummelsburg), bald in wellenförmige, oft sehr anmuthige Hügel (wie um Polzin und Labes und besonders bei Stettin) sich fortsetzend.

Das Erdreich ist aufgeschwemmter Boden aus späterer Zeit. Bei Cammin tritt eine einzelne Formation von Jurakalk zu Tage, auf Rügen sind Kreidegebirge. Die mit großen Granitblöcken und anderem Geschiebe und Gerölle reichlich übersäete Oberfläche zeugt von mächtigen Ueberfluthungen früherer Zeiten; in mäßiger Tiefe aber findet sich das Bernsteinland, dessen Schichten in die See hineinreichen. Salzquellen versorgen die Saline von Colberg und an vielen Orten sind Quellen und Brunnen nicht ohne Salzgehalt.

Der Boden zeigt eine reiche Flora und ist in Vorpommern, an der Oder und in manchen Theilen Hinterpommerns recht fruchtbares Land, allerdings aber auch mit sandigen und unfruchtbareren Gegenden, Mooren und Heiden vermischt.

Das **Clima** wird bedingt durch die Lage zwischen 53° und 54° 50′ nördlicher Breite, durch die Nähe der See und die lange Ausdehnung nach Osten. Im südlichen Theile, um Stargard und Pyritz herrscht wohl das mildere Clima; je näher aber dem Strande und je weiter nach Osten, desto rauher wird es. Man wird in dieser Hinsicht Pommern in drei Theile theilen können mit deutlich verminderter Milde: nämlich von der Mecklenburgischen Grenze bis zur Oder, von da bis zum Meridian von Cöslin und von hier endlich bis zur Westpreußischen Grenze.

In den beiden letzten Theilen ist der Winter anhaltender, die Witterung rauher und selbst die Fruchtbarkeit bei gleicher Bodenqualität geringer.

Die Witterung characterisirt sich hier besonders durch späte, kalte Frühjahre und zeitiges Eintreten der Nachtfröste im Herbste; die Zeit der Bestellung und Erndte wird demnach auf ein geringeres Maaß zusammengedrängt, mithin verhältnißmäßig mehr Concentration der Arbeit auf einen kürzeren Zeitraum, namentlich also zahlreicheres Angespann erfordert.

Wenn das Maximum der durchschnittlichen mittlern Temperatur im ganzen Jahre im Preußischen Staate + 11° R., das Minimum + 6° R. beträgt, so ergab sich jene in Swinemünde (unter 53° 45′ B. und 11° 56′ L.) zu 8° 62 R., in Stralsund (unter 54° 19′ B. und 10° 45′ L.) zu 8° 16 R.

Von dem Gesammtareal der Provinz dürfte fallen, auf

Aecker . . .	4,600,000	Morgen
Gärten . .	60,000	„
Wiesen . .	1,800,000	„
Weiden . .	2,220,000	„
Wälder . .	2,500,000	„

Viehstand in der Pro[...]

Regierungsbezirke	Kreise.	Pferde: Ueberhaupt.	Pferde: Auf der geogr. Quadr. Meile.	Pferde: Auf 10 Menschen.
Stettin.	1. Demmin	8,091	459	1,83
	2. Anklam	4,117	362	1,55
	3. Usedom=Wollin	3,408	261	1,16
	4. Ueckermünde	3,535	242	0,97
	5. Randow	8,896	351	0,90
	6. Greiffenhagen	5,255	302	1,26
	7 Pyritz	5,532	292	1,53
	8 Saazig	6,177	275	1,18
	9. Naugard	5,356	228	1,19
	10. Kammin	4,713	226	1,32
	11 Greiffenberg	6,181	452	1,87
	12. Regenwalde	5,200	239	1,38
	Summe	66,461	281	1,29
Köslin	1. Schiefelbein	2,188	230	1,45
	2. Dramburg	3,334	155	1,19
	3. Neustettin	6,699	180	1,28
	4. Belgard	4,770	228	1,52
	5. Fürstenthum	11,504	266	1,34
	6. Schlawe	9,485	311	1,56
	7. Rummelsburg	2,302	114	0,99
	8. Stolpe	8,142	209	1,22
	9. Lauenburg	3,553	160	1,08
	10. Bütow	1,776		
	Summe	53,753	208	1,30
Stralsund.	1 Bergen (Insel Rügen)	8,814	507	2,23
	2. Franzburg	7,264	359	1,25
	3. Greifswald	6,385	365	1,41
	4. Grimme	6,345	362	1,90
	Summe	28,808	365	1,64
Summe der Provinz		149,022	259	1,35

...mern zu Ende 1843.

...	Schaafe			Schweine		
Auf 10 Menschen.	Ueberhaupt.	Auf der geogr. Quadr. Meile.	Auf 10 Menschen.	Ueberhaupt.	Auf der geogr. Quadr. Meile.	Auf 10 Menschen.
4,32	120,685	6845	27,31	8,949	502	2,02
4,25	66,373	5832	25,06	4,234	372	1,60
4,05	37,557	2880	12,78	5,216	400	1,78
3,17	20,245	1389	5,56	7,218	495	1,98
1,95	121,250	4779	13,29	13,200	520	1,34
3,41	90,995	5230	21,81	9,332	536	2,24
4,42	178,335	9426	49,21	10,223	540	2,82
3,39	146,717	6521	28,16	8,018	356	1,54
4,19	83,870	3564	18,12	3,394	144	0,75
5,51	79,925	3841	22,35	5,381	259	1,51
4,73	69,124	5053	20,90	5,947	435	1,80
4,10	138,725	6364	36,68	5,540	254	1,46
3,69	1,153,801	4871	22,29	86,652	367	1,68
4,70	50,848	5352	33,76	3,186	335	2,11
3,79	69,123	3223	24,61	4,260	199	1,52
4,60	114,860	3090	21,86	7,371	198	1,40
4,75	98,709	4714	31,53	5,252	251	1,68
4,01	174,559	4029	20,40	9,413	217	1,10
3,60	85,638	2806	14,06	5,405	177	0,89
3,39	45,145	2240	19,43	1,718	85	0,74
3,27	117,296	3010	17,57	6,274	161	0,94
3,72	53,077 17,020	2099	14,17	5,139 928	182	1,23
3,87	826,275	3197	20,00	48,946	189	1,19
4,92	107,744	6199	27,55	5,603	322	1,43
3,79	95,698	4730	16,50	6,011	297	1,04
3,95	113,288	6474	25,09	7,132	408	1,58
6,07	110,481	6295	33,12	5,456	311	1,64
4,52	427,211	5406	23,74	24,202	306	1,38
3,90	2,407,287	4191	21,76	159,800	278	1,44

Den Rest nehmen die Gewässer — wohl über 620,000 Morgen — und das Unland ein.

Pommern bildet bekanntlich die volkarmste Provinz der Preußischen Monarchie. *) Die Zunahme der Bevölkerung, statt daß solche wie in anderen Provinzen von Jahr zu Jahr hätte steigen sollen, hat sich von Beendigung des siebenjährigen Krieges an bis zur Promulgation der agrarischen Gesetze vom 14. September 1811 stufenweise immer verringert. In den Jahren 1828—37 betrug auf die Q.-Meile die Zunahme der:

	Einwohner.	Privat-Wohnh.	Pferde.	Füllen.	Rinder.	Schaafe.
im Regb. Stettin	$216,^{82}$	$12,^{19}$	22^{48}	—	$20,^{10}$	$964,^{72}$
" " Cöslin	$211,^{89}$	13	$17,^{13}$	—	$60,^{16}$	$615,^{89}$.

Hiernach hatten sich weder die Wohnhäuser, noch die Pferde und das Rindvieh im richtigen Verhältnisse zu der gestiegenen Bevölkerung vermehrt; eine Erscheinung, die sich allerdings wohl zum Theil aus der gleichzeitig mit zugenommenen qualitativen Beschaffenheit des Viehstandes erklären dürfte, immer aber die Beweisführung eines mit der gestiegenen Population gradatim gewachsenen Wohlstandes erschwert.

Im Jahre 1843 stellten sich obige Verhältnisse des Viehstandes, wie die Beilage D. angiebt.

---

*) Die Volksdichtigkeit betrug im Jahre 1837 nur 1,724 Seelen, im Regierungsbezirk Cöslin nur 1,413, wenn dagegen in Düsseldorf 7,799.

Das Verhältniß der städtischen zur ländlichen Bevölkerung aber war:

	Stadtbewohner.	Landbewohner.	Auf 100 Stadtbewohner kommen Landbewohner.
	311,441	794,909	255
Stettin . .	165,866	351,656	212
Cöslin . .	85,249	327,857	385
Stralsund .	60,326	115,396	191.

Auf $7\frac{3}{4}$ Q.-Meilen liegt nur Eine Stadt.

§. 2.

Betriebs- und Verkehrsverhältnisse.

Die gewerblichen Beschäftigungen der Bewohner variiren einigermaaßen nach den abweichenden Eigenthümlichkeiten der einzelnen Bezirke; überall aber spielt Landwirthschaft die Hauptrolle. Die Hauptplätze für Handel und Schifffahrt bilden bekanntlich Stettin und Stralsund. Getreide und Wolle sind die Haupt-Ausfuhrproducte. Unter den technischen und Fabrikbetrieben sind als erheblichere nur anzuführen: die Branntweinbrennereien, Brauereien, Oelmühlen und Kalkbrennnereien; dagegen sind die wenigen Tuch- und Wollenzeugmanufacturen, die Leinewebereien, einige Lederfabriken, Eisen- und Kupferhämmer und Tabacks- und Seifefabriken von untergeordneter Bedeutung, doch sind die Colonial-Zuckersiedereien in Stettin gleichfalls erheblich. Außer obigen Gegenständen des Exports führt Pommern an rohen Producten aus: Holz, Schlachtvieh, namentlich Schweine und Gänse, Butter, Oel und Kleesaat, Häute, Honig, wenig Wachs,

Fische rc. Es muß bezweifelt werden, daß diese wenigen Ausfuhrgegenstände genügen, alle die zahlreichen Bedürfnisse der Einwohner zu decken und deren Wohlstand zu heben. Hierzu kommt, daß unter den nöthigen Einfuhrgegenständen, namentlich in Hinterpommern, auch noch manche Dinge gehören, die die Provinz billig in genügenden Quantitäten selbst produciren sollte, als: Hopfen, Lein, Taback, Pferde, Schaafe, Rindvieh, Käse, ja vielleicht noch Butter.

Die Communicationsmittel anlangend: so geht zwar eine große Kunststraße von Stettin über Cöslin durch ganz Pommern, auch eine solche von Stettin bis Stargard, doch ist der Mangel an solchen Chausseen für das Innere der Provinz noch sehr fühlbar.

Ein Haupthemmniß des Aufschwunges der Landwirthschaft ist aber auch hier in einem großen Landestheile (Hinterpommern) der Mangel an Credit und Capitalien.

Die Durchschnitts-Productenpreise liegen uns für den Regierungsbezirk Stettin vor. Darnach kostet hier:

1 Scheffel Weizen		. . . .				1 Thlr.		20	Sgr.
"	" Roggen	1 Thlr.	7½	Sgr.	—	1	"	15	"
"	" Gerste	—	"	25	"	— 1	"	—	"
"	" Hafer	—	"	20	"	——	"	25	"
"	" Erbsen	1	"	10	"	— 1	"	15	"
"	" Kartoff.	—	"	7½	"	——	"	15	"

Spiritus 23 pCt. für 1 Sgr.

Der 30jährige Durchschnittspreis des **Roggens** wird sich in Pommern zwischen 1 Thlr. und 1 Thlr. 12½ Sgr., je nach den verschiedenen Gegenden, stellen.

Holz liefern hinreichend die Königlichen und Privatforsten zu sehr verschiedenen Preisen. Wenn in den Gegenden von Stralsund, Stettin, Stargard das Brennholz mit 3½ bis 5 Thlr. pro Klafter bezahlt wird, so giebt es Gegenden in Hinterpommern, wo es um 1 Thlr. nicht abgesetzt werden kann. **Torf** geben die Brücher ebenfalls zu höchst verschiedenen Preisen. **Eisen** wird aus den benachbarten Städten entnommen, das Pfund zu 2½ Sgr.; **Kalk** aus Magazinen oder Kalkbrennereien bis zu 2⅔ Thlr. die Tonne; **Steine** und **Ziegelsteine** von 7 bis 11 Thlr. pro mille; **Theer** aus Theeröfen à 5 bis 6 Thlr. die Tonne. **Salz** wird meist auf den Königlichen Salinen fabricirt und der Scheffel bisher zu ca. 3 Thlr. 10 Sgr. verkauft. Die Tonne **Hering** kostet etwa 6 Thlr.; ein Quart **Oel** raffinirt 10 Sgr.; 1 desgl. **Leinöl** 8 Sgr.; 1 desgl. **Thran** 8 Sgr.; 1 desgl. **Bier** 1 Sgr. — Die Bedürfnisse des Landmannes sind, wenn man das Salz ausschließen will, nicht wohlfeil zu nennen.

§. 3.

Bodenbeschaffenheit.

Ungeachtet Pommern nicht zu den unfruchtbaren Ländern gehört, fehlt es ihm doch auch nicht an sandigen Flächen. Reiner Flugsand, dessen Bindung nur an einigen Orten mittelst Anpflanzungen von Sandhafer, Gebüsch rc. gelungen, findet sich an der Küste von Hinterpommern, und überall sind die Strandgegenden der Versandung sehr ausgesetzt. Zu den fruchtbarsten Districten gehört die Insel Rügen, vornehmlich die Halbinsel Wittow und Jasmund, ein Theil von Vorpommern, mehrere Striche am Strande, wie um Treptow a. d. R. und der sogenannte Weizenacker an der Madüe und am Plönestrom.

Ueber die Beschaffenheit des Bodens Hinterpommerns im Besonderen heißt es in unserem Berichte: den größten Theil des hiesigen Ackerlandes macht der sandige Lehmboden aus. Auch Letten, sogenannter „Schluff" kommt sehr viel vor; Flugsand am häufigsten am Meeresstrande, Grandboden nur in verhältnißmäßig geringer Ausdehnung, Lehmboden auf sehr vielen Hügeln, hauptsächlich in der Nähe des Strandes und der Gegend von Pyritz und Stargard (Weizenboden 2. Classe), Thonboden im Ganzen selten, in der Gegend von Pyritz und in der Nähe des Strandes, Mergelboden an den Abhängen der Hügel. In den vielen Flußthälern und muldenförmigen Vertiefungen finden sich ausgedehnte, oft 20,000 Morgen große Flächen Bruchländer, desgl. Moore. Heideland wird zwar noch häufig angetroffen, weicht aber mit jedem Jahre der zunehmenden Cultur.

§. 4.

Landauftheilung. Art und Beschaffenheit der Besitzungen.

Pommern ist ein groß aufgetheiltes Land. Die Besitzthümer zerfallen in Domainen-Vorwerke, die in Erbpacht gegeben oder Eigenthum des Staats geblieben sind; in Rittergüter, in Bauerhöfe, Halb-, Viertel- ꝛc. Höfe, Kossäten, in Colonen oder Büdnerstellen. Die Dominialgüter sind mehrentheils von ansehnlicher Größe und ihre Bewirthschaftung ist mehr extensiver als intensiver Natur. Es werden auf diese Weise größere Massen erzeugt, mehr Arbeitskräfte beschäftigt, mithin auch mehr Arbeiter ernährt, während in nicht wenigen Fällen für die Besitzer selbst eine Beschränkung der eigentlichen Ackerfläche vortheilhafter sein und einen größeren Reinertrag abwerfen möchte. Das Areal der Rittergüter umfaßt in der Regel zwischen 1000 und 5000 Morgen; doch giebt es deren auch von beträchtlich größerem Flächeninhalte. Der Umfang der bäuerlichen Grundbesitzungen als selbstständiger Ackerwirthschaften beträgt zwischen 20—200 Morgen Acker nebst Zubehör, in allen Abstufungen, und eben so sind auch Lage, Lasten und Werth sehr verschieden.

Wir haben schon früher (s. Posen) bemerkt, daß Pommern eine der Provinzen ist, welche die meisten und verhältnißmäßig größten Rittergüter ꝛc. besitzt. Es finden sich 60 bis 80 solcher größeren Besitzungen in einem landräthlichen Kreise von 20 Q.-Meilen; im Regierungsbezirk Cöslin bestehen nahe sieben Zehntheile aus großen Besitzthümern und doch treffen durchschnittlich nur 2,67 bis 3,45 solcher Güter auf den Raum einer Q.-Meile.

Von den kleineren Besitzungen beträgt der Antheil an der urbaren Fläche der Landbesitzungen, excl. der kein Gespann haltenden Landwirthschaften 36,6 pCt. Die Summe jener überhaupt wird zu 52,115 angegeben, und es kommen darnach auf jede Q.-Meile 90,3 kleine Wirthschaften (von 240 Morgen bis herab auf die Häusler-, Insten- rc. Stellen).

An Staatsabgaben hat der Landmann die Grundsteuer und Classensteuer zu entrichten. Die gewöhnlichen Lasten eines Vollbauern bestehen — außer den grundherrlichen Abgaben, die sich bei denjenigen Höfen, welche Domainen angehörten und ihre Lasten nicht durch Landabtretung abgelöst haben, auf 50 — 80 Thlr. Rente oder Dienstgeld, bei den Rittergutsbauern auf etwa 24—36 Thlr. Dienstgeld belaufen — jährlich:

in Grundsteuer .	12 — 24	Thlr.
„ Classensteuer .	8 — 12	„
„ Communallasten	12 — 18	„
	32 — 54	Thlr.

Die größeren Besitzungen zwischen 1000 und 5000 Morgen zahlen an Stelle der Grundsteuer Lehnpferdegeld, von welchem verhältnißmäßige Antheile auf die frei gewordenen bäuerlichen Besitzungen repartirt werden. Die Rittergüter sind theils Lehne, theils Allodium; sie sind auch den Communal- und Societäts-Abgaben unterworfen. — In den jüngst verflossenen Jahren, wo reiche und gesegnete Erndten und die durch bedeutende Ausfuhr hervorgerufenen hohen Kornpreise unverhoffte Geldmittel in die Provinz führten, ist der Werth der ländlichen Grundstücke in einzelnen Fällen um das Doppelte gestiegen. Zu dieser Preissteigerung hat bei den kleineren Besitzthümern freilich auch die fortschreitende Separation das ihrige beigetragen.

Die Gebäulichkeiten sind zwar im Allgemeinen den Bedürfnissen entsprechend und zweckmäßig eingerichtet, zeugen aber im Ganzen nicht von Wohlstand. Die gewöhnliche Bauart des Bauern ist in Holz, mit Rohr- oder Strohdächern und Lehmwänden; die gemeinübliche Stielhöhe 6—8 Fuß, weshalb die Wohnstuben niedrig, und der Gesundheit gerade nicht zuträglich sind. — Oft ist das Wohnhaus mit dem Stall für Pferde und Rindvieh verbunden und das Federvieh befindet sich auf dem Flur.

§. 5.

Die landwirthschaftlichen Zustände Pommerns im Allgemeinen.

Zunächst ist die nicht unbedeutende Verschiedenheit in's Auge zu fassen, die im Allgemeinen zwischen den landwirthschaftlichen Zuständen von Vor- und Hinterpommern sich bemerklich macht. Vorpommern hat im Ganzen nicht nur ergiebigeren Boden und ein günstigeres Clima, sondern es zeichnet sich auch durch ältere Cultur und größeren Wohlstand aus. In Vorpommern ist bei weitem nicht mehr so viel zu thun übrig, als in Hinterpommern, wo vielleicht noch ein Drittheil des Areals erst in Cultur zu setzen ist, die wirklich bebaute Fläche aber großentheils der alten Bodenkraft entbehrt, die für die Erträge so entscheidend ist.

Uebrigens fehlt es in beiden Theilen nicht an Betriebsamkeit; auch hat sich Pommerns Landbau seit den letzten 30 Jahren namhaft gehoben, wenngleich noch immer viel zu thun übrig bleibt.

Gleich den größeren Landwirthen Vorpommerns wird denen Hinterpommerns nachgerühmt, daß sie den Fortschritten, welche die Landwirthschaft neuerer Zeit sowohl in Theorie als Praxis gemacht, mit Antheil gefolgt und nach Kräften bemüht gewesen sind, das durch sie Gewonnene anzuwenden und den Verhältnissen angemessen auszuführen; wovon unter andern die vielen, zum Theil beträchtlichen und mit glücklichem Erfolge ausgeführten Meliorationen aller Art, so wie die herrschende große Mannigfaltigkeit der Feldsysteme und Fruchtfolgen redendes Zeugniß ablegen. Und gewiß würde von ihnen noch weit mehr geleistet werden, wenn nicht gerade in Hinterpommern der nur zu häufige Mangel an ausreichendem Betriebscapital den mit so viel Intelligenz verbundenen guten Willen der Landwirthe die Ausführung ihrer nützlichen Pläne so hemmend beschwerte.

Dahingegen haben sich, nach allgemeinem Urtheile, die Bauern bis vor kurzem vorzugsweise in einem starren Haften am Alten und Hergebrachten gefallen, was auch in der That die noch fast durchgängig herrschende Dreifelderwirthschaft, das geringe Inventarium und die überall zu findende flache und schlechte Bestellung zur Genüge darthun. Jedoch — auch unter dieser, dem Staate so nützlichen, ja unentbehrlichen Classe der Landwirthe soll es neuerdings zu tagen beginnen. Der Fortgang der Special-Separationen in den letzten Jahren, verbunden mit dem Abbau der Gehöfte, selbst Meliorationen, die sich freilich bis jetzt vorzugsweise auf das Entfernen der Steine und Anfahren von Mergel und Moder beschränken, nur hier und da auf Cultivirung der Brücher erstrecken, werden als Beweise aufgeführt.

Bezüglich der eigentlichen sogenannten Ackerbürger, d. h. solcher städtischer Einwohner, welche sich nur von Ackerbau ernähren, und deren es in den hinterpommerschen kleineren Landstädten verhältnißmäßig nicht wenige giebt, dürfte ganz das oben über den Betrieb der bäuerlichen Wirthschaften Gesagte gelten.

Ein störendes Mißverhältniß zwischen dem Gewerbtreibenden und Landwirthe bilden die vielen, dem Feldbau mit so mangelhafter Sachkenntniß und schlechtem Erfolge obliegenden städtischen Professionisten.

Vielfältig wird geklagt über Sitten und Gesinnung der dienenden Classe, sowohl des Gesindes wie der Tagelöhner.

Stellenweise fehlt es auch auf den größeren Gütern an arbeitenden Händen. Auf 100 Morgen Acker eine Tagelöhner-Familie würde das passendste Verhältniß sein, welches auch wohl bei den Bauern, aber nicht immer bei den größeren Gütern stattfindet. Die Tagelöhner, welche auf den Gütern freie Wohnung und etwas Land erhalten, arbeiten durchschnittlich der Mann für 4—7 Sgr., die Frau für $2\frac{1}{2}$—5 Sgr., im Sommerhalbjahre von 6 Uhr Morgens, im Winterhalbjahre von Sonnenaufgang bis Sonnenuntergang. Ueber Feld herbeigezogene Arbeiter erhalten $7\frac{1}{2}$—$12\frac{1}{2}$ Sgr. pro Tag. Wo zur Erndte Arbeiter angenommen werden, erhält der Mäher täglich $7\frac{1}{2}$—10 Sgr., die Binderin 5—$7\frac{1}{2}$ Sgr. bei freier Kost. — Das Gesindelohn bei freier Beköstigung ist für:

den Pferdeknecht . . .	16 — 24	Thlr.	und	etwas	Naturalien
„ Ochsen- und Hausknecht	12 — 22	„	„	„	„
„ Pflugjungen. . . .	10 — 18	„	„	„	„
die Magd	10 — 15	„	„	„	„

Hirten erhalten gewöhnlich Deputat, bei 12—20 Thlr. Lohn; Schäfer stehen entweder im Gemenge oder erhalten angemessenen Lohn und reichliches Deputat. Accord-Arbeiten kommen bei eigenen Tagelöhnern selten vor; den Dreschern wird der 15.—21. Scheffel gegeben.

§. 6.

Der Landwirthschaftsbetrieb im Besonderen.

a. Hinterpommern.

Was hier zunächst den Betrieb des Ackerbaues anlangt: so läßt die Bearbeitung des Bodens im Ganzen noch Manches zu wünschen übrig. Ein ziemlich allgemeiner Fehler ist die zu flache Ackerung — oft ist die Krume nicht tiefer als 4 Zoll. — Die gebräuchlichsten Ackergeräthe sind: der gewöhnliche, mehr Zugkraft als der vorpommersche Haken erheischende Pflug; die gemeine vierbalkige hölzerne Egge; die ordinaire und die Stachelwalze. Auf den größeren Gütern sind neuerer Zeit in Anwendung gekommen: der Exstirpator, der Flandernsche und Baileysche Pflug; die Schaaregge, mehrere Arten Behäufelungspflüge und Scarificatoren, die Albansche Säemaschine, Rüben- und Raps-Drillmaschinen u. dgl. m. Die von dem Dr. Sprengel in Regenwalde errichtete Ackergeräthe-Fabrik wirkt auf die allgemeinere und raschere Verbreitung besser Felderbestellungs-Werkzeuge sehr wesentlich ein.

Auf sehr thonigem nassen Boden, wie er in der Gegend des Strandes vorkommt, bestellt man die Winterfrüchte auf schmalen, 8—10 Furchen breiten Beeten. Durchschnittlich erhalten Oelfrüchte 4—5, Winterkorn 3—4, Sommerfrüchte 2—3 Furchen. Die gewöhnliche Bestellung zu Sommerfrüchten ist bei dem kleineren Landwirthe: im Herbst einmal gepflügt oder gestreckt, im Frühjahr auf 2 Furchen; bei Gütern mit viel Kartoffelbau: 1 Frühjahrsfurche und Unterbringen mit dem Exstirpator. Erbsen und Wicken erhalten auch wohl nur eine (Frühlings-) Furche.

Die Entwässerung der Länder ist bei dem kleineren Landwirthe häufig sehr mangelhaft.

Die gewöhnlichen Düngerarten sind animalisch-vegetabilische, d. h. Stallmist, welcher mit Stroh, mit Moder, Heide-, Moor- und Rasenplaggen (Palten, Post), auch mit Kiefernadeln, Moos versetzt und zubereitet wird; und mineralische, d. h. Mergel und Gyps. Dem Mergel und Moder verdanken viele Gegenden wohl hauptsächlich einen Aufschwung in den Erträgen der Ländereien. Mit Gyps wird der Klee gedüngt. Sand, Asche, Hornspäne, Knochen werden zur Düngung der Wiesen angewendet.

In größeren Wirthschaften wird gepfercht. *)

*) Manche nicht separirte Bauergemeinden besitzen in einer Gesammt-Heerde über 2000 Schaafe, und es wird damit nicht gehordet, wenn selbst die Schaafe im Stalle ohne Stroh liegen.

Jauchedüngung ist im Ganzen selten, grüne oder vegetabilische Düngung sieht man fast gar nicht angewendet. — Der Zustand der Düngerstätten ist häufig noch sehr mangelhaft, besonders bei den bäuerlichen Besitzern. — Auf den Gütern düngt man am häufigsten zu Wintergetreide oder dessen Vorfrucht, oder zu Kartoffeln nach 3—5 Trachten und mit Weide- und Futterkräuter-Benutzung dazwischen. Die Bauern düngen in der Regel stärker — bis 200 Ctr. auf den Magd. Morgen, aber dafür auch in größeren Zwischenräumen von 6, 9 und 12 Jahren. Der größere Wirth hält es für besser, weniger, aber öfter zu düngen. Bei starker Düngung wie zu Kartoffeln oder Oelfrüchten werden gewöhnlich 10 dreispännige Fuhren oder 150 Ctr. Dung pro Morgen gerechnet; bei geringerer, zu Winterkorn oder dessen Vorfrucht, 4—6 vierspännige Fuder à 20 Ctr., also 80—120 Ctr.; in der Brache zu Taback pro Morgen 8—10 Fuder (zu Raps desgl.); zu Winterung 5—7 Fuhren; zu Kartoffeln und Erbsen 8—10, zu Rübsen 11 Fuder, alles einspännig.

Der herrschenden großen Mannigfaltigkeit der Feldsysteme und Fruchtfolgen wurde bereits früher gedacht. Sie legt ein Zeugniß von dem rationellen Betriebe der Wirthschaften ab; indem jeder sich bemüht, das seinen Verhältnissen angemessenste System einzuführen, ohne sich auf buchstäbliche Nachahmung anderer Systeme einzulassen. Die alte Dreifelderwirthschaft trifft man nur noch auf wenigen Gütern an; desto häufiger besteht sie bei den bäuerlichen Wirthen; nach der Separation fangen indessen auch diese eine größere vier- oder fünfjährige Feldwirthschaft an, durch Einschub von Klee und Kartoffeln. Auf manchen Gütern kommt die Mecklenburgische Koppelwirthschaft mit 6—12 Schlägen vor; auf der Mehrzahl derselben aber findet Fruchtwechselwirthschaft mit starkem Hackfruchtbau, Klee- und Erbsenbau, so wie Weideschlägen statt. Ueberhaupt haben fast nie zwei auch ganz nahe zusammenliegende Güter gleiche Fruchtfolgen. Die Mehrzahl der Güter wird so bewirthschaftet, wie deren Eigenthümlichkeit solches erfordert, im Allgemeinen mit Berücksichtigung auf Bodenbereicherung. —

Auf mittlerem Boden und in der Dreifelderwirthschaft ist der Durchschnittsertrag anzunehmen:

bei	Weizen . .	zum	6. —	8.	Korn;
"	Roggen . .	"	5. —	7.	"
"	Gerste . .	"	6. —	8.	"
"	Hafer . .	"	5. —	8.	"
"	Erbsen . .	"	4. —	6.	"
"	Kartoffeln .	"	5. —	10.	"

Jedoch wechselt der Ertrag nach den verschiedenen Bodenclassen. Für den Pyritzer Kreis ist der Mittelertrag angegeben zu pro Morgen: 8 Scheffel Weizen; 6 Scheffel Roggen; 6—8 Scheffel Gerste; 4—5 Scheffel Hafer;

3 Wispel Kartoffeln; 4—8 Scheffel Erbsen; 6—8 Scheffel Raps oder Rübsen. Für den Kreis Greifenhagen: 8 Scheffel Weizen; 6 Scheffel Roggen; 8 Scheffel Gerste; 6 Scheffel Hafer; 60 Scheffel Kartoffeln; 6 Scheffel Erbsen; 7 Scheffel Raps; 80 Scheffel Zuckerrüben; 15 Ctr. Kleeheu.

Im Allgemeinen findet man, daß der Ertrag bei der Mehrfelderwirthschaft größer ist.

Roggen ist die Hauptfrucht. Hafer leidet häufig durch Befallen. Erbsen säet man oft mit Sommerroggen vermischt aus. Mit dem Bau der Oelfrüchte beginnen auch nach und nach die Bauern. Winterraps würde mehr gebauet werden, wenn er nicht so oft mißriethe. Man giebt häufig dem Rübsen — der unter andern auch auf den großen meliorirten Mooren der Chinow-Schluschow'schen Güter im Lauenburg-Bütower Kreise (dem nordöstlichsten Districte Deutschlands) in namhafter Ausdehnung gebaut wird — den Vorzug, cultivirt auch wohl zur Aushülfe Sommerraps und Sommerrübsen. Flachs wird im Allgemeinen nur zum hauswirthschaftlichen Bedarfe gezogen. Leinanbau wird besonders von den bäuerlichen Wirthen betrieben und das Product größtentheils zu Leinwand verarbeitet. Vom Hanf gilt dasselbe und noch im geringeren Maaßstabe, indem die kleineren Wirthe denselben fast gar nicht und die größeren nur hin und wieder zum eigenen Bedarfe bauen; desgleichen die Fischerdörfer. Taback wird namentlich im Greifenhagener und Randower

Kreise von kleineren Wirthen ziemlich viel producirt. Die besteuerte Ackerfläche, welche mit Taback beflanzt ist, beträgt für ganz Pommern 6700 Morg. 57 Q.-R. (in der Monarchie 36,979 Morg. 80 Q.-R.). Der Hopfenbau beschränkt sich zumeist auf die Einsammlung und Benutzung des wilden Hopfens. Sehr wünschenswerth erscheint es, daß die landwirthschaftliche Betriebsamkeit, insonderheit bei den Städten, sich einem vermehrten Baue des genannten Gewächses zuwendete.

Der Anbau der Futterkräuter erstreckt sich vorzugsweise auf rothen und weißen Klee und Timothe. Lucernebau ist nur einzeln, z. B. im Kreise Randow, allgemeiner verbreitet, der Anbau der Esparsette ganz unbedeutend. Weißer Klee nimmt wohl von allen angebauten Pflanzen die größte Fläche des ganzen cultivirten Areals ein.

Wiesen finden sich in Hinterpommern in sehr ungleicher Vertheilung; in manchen Gegenden, wie im Lauenburgischen, Bütow'schen, Rummelsburg'schen ist daran ein so großer Mangel, daß häufig auf 100 Morgen Ackerland kaum ein Morgen Wiese fällt. Andere Gegenden sind reichlicher damit ausgestattet, wiewohl ihre natürliche Beschaffenheit viel zu wünschen übrig läßt. Die besseren Wiesen finden sich an den größeren Flüssen und in der Nähe des Meeresstrandes. Die meisten Bach- und Flußwiesen enthalten Bruchboden und produciren von Natur nur ein Futter geringer Qualität.

Durch Entsumpfung, Brennen, Beerdung, Besandung, Düngung, Ueberrieselung ist in neuerer Zeit bereits Vieles für die Verbesserung solcher saurer Grasgründe geschehen, besonders aber ist durch das Beispiel der großartigen Anlagen von Gramenz der Sinn für Wiesenmeliorationen allgemein geweckt worden, so daß in dieser Hinsicht sich von der nächsten Zukunft ein bedeutender Fortschritt erwarten läßt. — Wilde Weiden besitzt Hinterpommern noch in so ansehnlicher Menge, daß deren Urbarmachung wohl noch ein viertel Jahrhundert in Anspruch nehmen wird.

Die Viehzucht, die sich mit zu einseitiger Vorliebe in den letzten 20 bis 30 Jahren der Schaafzucht zuwandte, beginnt sich besser zu gestalten. Man wendet sich vielfach der bis dahin allzuvernachlässigten Rindviehhaltung zu. Die eingeborne Landrace, welche sich noch überall bei den kleineren Wirthen und Bauern findet, ist ein kleiner kräftiger Schlag, der es nicht verschmäht, Berge und Sümpfe zu durchsteigen, um sein Leben zu fristen. Im Durchschnitt liefert die Landkuh 2—4 Quart Milch, wenn sie neben der Weide einiges Futter erhält. Auf den Rittergütern trifft man meist Kühe, die von Holländischer, Oldenburgischer, Danziger, Niederungs- und Schweizer-Race, mit dem Landviehe gepaart, abstammen, jedoch kommen die genannten Racen auch unvermischt oder in reinem Zustande erhalten vor. Neuerer Zeit ist besonders Schottisches (Ayrshirer),

Holsteiner (Breitenburger) und Jütländer Vieh eingeführt, und sämmtliche Racen werden sehr gerühmt.

Sommerstallfütterung ist nicht häufig; indessen hat sie sich doch, in Folge der speciellen Separationen, vergrößert. Gut eingerichtete Molkereien dürften bis jetzt nur hier und da anzutreffen sein. — Mit der Aufzucht von Ochsen zum Verkauf beschäftigen sich meist nur die kleinen Grundbesitzer. Als Zugthier ist der Ochse in Hinterpommern sehr geachtet. Um mehr Arbeit von ihm zu haben, füttert man ihn in mehreren Wirthschaften den Sommer über im Stalle. Auch die Kühe werden (in kleinen Wirthschaften) zum Ziehen gebraucht.

Die Schaafzucht steht gegen deren Betrieb in Schlesien und Sachsen im Allgemeinen zurück, doch giebt es auch in Hinterpommern werthvolle edle Schäfereien. Der Bauer hält nur das grobwollige Landvieh, um die Spinnwolle zum eigenen Bedarfe zu erhalten; auf größeren Gütern findet man dagegen sehr viele hochveredelte Schaafheerden. Die Mehrzahl der Schäfereibesitzer sucht indessen eine feine Mittelwolle zu erzielen, da das Vieh stark gefuttert wird, um mehr Wolle zu gewinnen und um starke und fette Hammel absetzen zu können.

Die Verhältnisse der Pommerschen Schaafzucht zur Schlesischen treten in nachfolgenden Zahlen am deutlichsten hervor:

Von 100 Schaafen sind:	Merinos.	Halbvered. Schaafe.	Landschaafe.
in Pommern . .	30,22.	45,10.	24,68
in Schlesien . .	27,88.	62,49.	9,63.

Auch die Pferdezucht wird in Hinterpommern betrieben, sowohl von den Besitzern der größeren Landgüter, als von den Bauern. Namentlich läßt die Zucht der letzteren zwar in Bezug auf ihre Ausdehnung wohl kaum Etwas, leider aber desto mehr in Bezug auf ihre Qualität zu wünschen übrig; der Bauer benutzt im Allgemeinen entweder Hengste von der Landesrace ohne alles Blut, wobei nicht einmal die besseren Individuen zu Zuchthengsten genommen werden, sondern Farbe, Abzeichen oder sonstige Eigenschaften mit Uebersehung der wesentlichsten Fehler den Ausschlag geben; oder er bedient sich der aus den Königlichen Landgestüten geschickten Landbeschäler, welche, nach dem Urtheile der Sachverständigen, ihrer Abstammung nach den Orientalen noch zu nahe stehen, um auf die Verbesserung der Landesrace durchgreifend einwirken zu können. — Ueber die Pferdezucht der Gutsbesitzer läßt sich gerade das Gegentheil von dem sagen, was eben über die der Bauern geäußert worden ist. Zwar ist in Hinterpommern die Pferdezucht unter den Gutsbesitzern und Pächtern keinesweges allgemein verbreitet, diejenigen aber, welche überhaupt Pferde ziehen, verfahren größtentheils nach richtigen Principien, und haben ihre Zucht entweder auf englisches Voll- oder Halbblut basirt. Die Zahl der edlen Zuchtpferde, welche demjenigen Theile von Pommern, der östlich von der Oder liegt, in den letzten Jahren theils durch Actienvereine, theils durch Privatunternehmungen zugeführt worden sind, dürfte auf 10 bis 15 öffentlich deckende Vollbluthengste, 80 — 100 Vollblut-Mutterstuten und 100 — 150 mehr oder wenig edle Halbblut-Stuten — die junge Zucht ungerechnet — anzunehmen sein. — Anerkannt wird übrigens, daß auch die Bauern in den Gegenden, wo die Gutsbesitzer etwas für die Pferdezucht thun, zu richtigeren Ansichten gelangen.

Die Schweinezucht befindet sich mehr in den Händen der kleineren als der größeren Besitzer; jedoch fangen auch diese in neuerer Zeit an, sich häufiger damit zu beschäftigen. Auf gar manchen Gütern nimmt der kleine Mann 20 und 30 Thlr. aus der Schweinezucht ein, während er kaum so viel Tagelohn verdient. In mehreren Landstädten der Provinz werden während des Sommers wöchentlich 1 — 2 stark besuchte Schweinemärkte gehalten. Schweinehändler durchziehen nach allen Richtungen fortwährend die Provinz und führen große Heerden sowohl magerer als auch fetter und halbfetter Schweine nach Danzig und Berlin und weiter. Die gewöhnliche Landrace ist von mittlerer Größe, langem Kopfe, kurz im Leibe, sehr fruchtbar und läßt sich leicht mästen. Auf einigen Gütern findet man auch die große

Moldauer Race mit Hängeohren, und die kleine spitzohrige englische Race.

Federviehzucht ist nur mittelmäßig, erwähnenswerth blos die Gänsezucht, worin besonders die kleinen Grundbesitzer und Tagelöhner excelliren. Die Pommerschen Spickgänse sind Handelsartikel. — Auch die Bienenzucht erstreckt sich im Allgemeinen nicht weiter, als daß an jedem Orte einige Stöcke bei den kleinen Wirthen vorkommen. — Die vor 50—60 Jahren ziemlich im Großen betriebene Seidenraupenzucht ist neuerer Zeit wieder bei mehreren Predigern und Schullehrern in Aufnahme gekommen. — Die wilde Fischerei ist in Pommern bedeutender, als in irgend einer anderen Provinz, besonders in der Oder, dem Haff ꝛc. und in einzelnen Seen. Die Aufsicht dabei könnte wohl besser sein. Teichanlagen trifft man nur selten.

Die Gartencultur ist durchschnittlich noch sehr zurück und im Allgemeinen nur auf den häuslichen Bedarf beschränkt, indem, theils, wegen Entfernung der größeren Städte, der Ertrag der Gärten wenig Absatz findet, theils auch in manchen Gegenden der Boden zu anderen Zwecken vortheilhafter benutzt wird. Eine Ausnahme bilden die Gegenden an der Oder, wo die Colonisten ihre Gemüse ꝛc. mit Vortheil nach Stettin absetzen; auch die Umgegend von Stargard. An einigen Orten, namentlich auf den Gütern, haben Geschmack und Liebhaberei die Gartencultur gehoben; es fehlen aber tüchtige Gärtner.

Der Obstbau hält ziemlich gleichen Schritt mit der Gartencultur und wird meist nur als Nebensache in ordinairen Sorten und zum eigenen Bedarf getrieben. In neuerer Zeit ist zur Verbesserung desselben durch Bepflanzen der Wege, besonders mit Kirschen und Pflaumen (Kreis Randow und Greifenhagen) und durch Anlage von Baumschulen etwas geschehen; im Allgemeinen ist aber der Obstbau zurückgegangen. Oft finden Fortschritte in der Unkenntniß der Besitzer von Gärten rc. mit der Behandlung der Bäume ein Hinderniß, welchem durch die Schullehrer auf den Dörfern am besten abgeholfen werden könnte. — Vor 40 Jahren wurde Obst exportirt, jetzt findet das entgegengesetzte Verhältniß statt; jedoch giebt es auch einzelne Güter, z. B. im Kreise Greifenhagen, welche in guten Obstjahren für Obst 700—750 Thlr. einnehmen, und doch sind meist nur die Straßen bepflanzt. Eine Schärfung der Strafen gegen die Baumfrevel dürfte wesentliche Verbesserungen versprechen.

Forstcultur ist im Allgemeinen mehr zu wünschen, als zu finden. Im Ganzen ist Hinterpommern ein waldreiches Land; aber die früheren herrlichen Eichen- und Buchenwälder sind sehr gelichtet, zum Theil verschwunden; doch giebt es hin und wieder noch werthvolle Bestände. Die nützliche Kiefer nimmt den größten

Theil der Waldungen ein und gedeiht hier vortrefflich, entbehrt aber meistens einer besseren forstwirthschaftlichen Behandlung. In den besseren Brüchen findet man gemischte Bestände von Erlen, Birken und Kiefern. Flächen mit Gestrüpp und verkrüppeltem Holzbestande, die nur als schlechte Weide einigen Nutzen gewähren, verschwinden immer mehr, auch in Folge der Separationen, indem dieselben dadurch in Theilung gegangen sind, und besonders der den Bauern zugefallene Antheil zum Ackerbau verwendet wird.

In der ganzen Gegend soll nur ein einziger Rothtannenwald existiren. Pflanzungen nutzbarer Holzarten kommen nur einzeln vor; so sind z. B. im Pyritzer Weizenacker rund um alle Dörfer viele Weiden angepflanzt. — Regelmäßiger Holzabtrieb dürfte wohl nur in sehr wenigen Privatforsten stattfinden; doch wird in neuerer Zeit auf Anlegung guter Kieferschonungen und Besaamung der Blößen mehr Aufmerksamkeit verwendet und es giebt auch in Hinterpommern schon einzelne recht sorgfältige Forstwirthe.

Torfnutzung wird mehr nach dem Systeme des Raubes als eines geregelten Ausstiches geübt. Allgemein fast fehlt die Erkenntniß, daß die Qualität gar sehr die Quantität ersetzt. Torfschmiedekohlen bereitet man nur selten.

Der Bernsteingräberei ist in der jüngsten Zeit etwas mehr Aufmerksamkeit zugewendet, jedoch fehlt die

Belehrung, wie man den Bernsteinlagern nachspüren kann, noch zu sehr und manche Schätze bleiben gewiß selbst beim Graben mit technisch geübten Arbeitern verborgen.

Unter den im Ganzen nur sparsam betriebenen Fabriken und technischen Gewerben stehen die vielen, sehr schön eingerichteten und gut betriebenen Spiritusfabriken und die ebenfalls sehr zweckmäßig angelegten Oelmühlen oben an. Die Runkelzukkerfabrication macht wegen Mangels an Rüben keinen Succeß. Mit noch unentschiedenem Erfolg arbeiten mehrere Kartoffelstärkefabriken. Die Zahl der Ziegeleien ist für den Bedarf ausreichend; das Fabricat, obgleich neuerlich verbessert, selten von bester Qualität, da die Erde oft mergelhaltig ist und auf Bearbeitung des Materials zu wenig Fleiß verwandt wird. Außerdem kommen: Gypsmühlen, Töpfereien, Kreideschlemmen, Kalkbrennereien vor.

b. Vorpommern.

Der bedeutenden Verschiedenheit dieses Landestheils ist schon vorhin Erwähnung geschehen. Vorpommern hat weniger Waldungen und Brüche, entbehrt der fließenden Wasser, an denen Hinterpommern so reich ist, hat einen gleichartigeren Boden als jenes, wo die Bodenbeschaffenheit oft von Morgen zu Morgen wechselt, läßt den nachbarlichen Einfluß von Mecklenburg auch in der größeren Gleichförmigkeit seiner Wirthschaftssysteme und in verwandter Art des Betriebes erkennen, und hat jedenfalls den Vorzug werthvollerer Inventarien, reichlicherer Erträge und größeren Wohlstandes.

Der Boden ist im Durchschnitt ein dankbarer und bekanntlich auch hier in mehr große als kleine Güter vertheilt; doch fehlt es auch hier eher an arbeitenden Händen, als daß irgendwo Ueberfluß wäre.

Das vorherrschende Wirthschaftssystem ist die Koppel-Wirthschaft, und Getreide, Oelsaamen, etwas Taback, Wolle, Schlachtvieh und Butter sind die Haupt- und Absatzproducte des Landwirths.

Der Branntweinbrennerei-Betrieb ist mehr Ausnahme als Regel und in Neuvorpommern durch jene Real-Berechtigungen, wonach außer in den Städten nur auf wenigen Gütern Branntwein gebrannt und Bier gebrauet werden darf, gehemmt. Es wird daher noch bedeutend viel Spiritus aus Stettin eingeführt.

Im Allgemeinen dürfte man der Wirthschaftsmethode vorwerfen können, daß der Getreidebau zu sehr dominirt, die Weide nicht kraftvoll genug niedergelegt, zu wenig Stallfütterung getrieben und zu wenig Winterfutter gebaut wird, namentlich auch zu wenig Wurzelwerk.

Die Küherei lohnt daher bei diesem Betriebe nicht hinlänglich; unter den Schäfereien giebt es einige werthvolle; doch wird der Schaafzucht hier im

Ganzen weniger Aufmerksamkeit gewidmet als in Hinterpommern. Vielfältig wird der Viehstand zu geringe und periodisch, besonders im Winter, zu schwach genährt. Es ist aber ein eifriges Streben der intelligenteren Wirthe, und Viele sind mit Beispiel vorangegangen, ihre Fruchtfolgen und ihre Viehzucht zu verbessern. Diese Gegenstände bleiben auch noch auf lange hin eine Hauptaufgabe für die Wirksamkeit der hiesigen landwirthschaftlichen Vereine. Dazu kommt die Verbesserung der Wiesen, als ein gleich wichtiger Gegenstand, worin auch manche schon Gutes geleistet. Das Mergeln wurde bereits lange eifrig betrieben und auch das Modern nimmt zu. Die Pferdezucht ist beträchtlich und gewinnt an Flor; auch die Schweinezucht ist gut und ziemlich stark.

§. 7.

Was der Pommerschen Landwirthschaft vornehmlich Noth thut.

Als dringendste Hauptbedürfnisse der Pommerschen Landwirthschaft treten nach den Anträgen in den eingegangenen amtlichen Berichten und als Wünsche der Landwirthe hervor:

I. Eine ernste und durchgreifende Berücksichtigung des Zustandes der Bauern, des Gesindes und der Tagelöhner in legislativer Beziehung:

1) den Bauernstand anlangend, so scheint, um

denselben stabiler, wohlhabender und productiver zu machen, vor allen nöthig:

a. eine zweckmäßige Erbfolgeordnung, um die schon kleinen Bauergüter nicht noch einer größeren Parcellirung unterworfen zu sehen. (Hier und da giebt es in Hinterpommern bereits achtel, ja in einem einzelnen bekannten Falle schon zwei und dreißigstel Bauern.)

b. Eine Erweiterung zur Befugniß ihrer Verschuldung, da der Mangel an Capital jetzt gleichfalls zu kleinen Abzweigungen nöthigt.*)

c. Einführung von Maaßregeln, wodurch den Specialseparationen ein rascherer Fortgang verschafft und Zeit, namentlich aber Kosten erspart werden. Hierzu käme dann:

d. noch die administrative Maaßregel der Errichtung von bäuerlichen Musterwirthschaften, d. h. in solchen Gegenden, wo der Sinn für bessere Wirthschaft durch die Specialseparationen eine Anregung erhalten hat.

2) Eine Revision der Gesindeordnung vom 8. November 1810, in welcher mehr die städtischen als die ländlichen Zustände beachtet worden sind, wobei gleichzeitig die gegenseitigen Rechte und Pflichten der Herren und Tagelöhner näher ins Auge zu fassen wären.

3) Abhülfe der willkührlichen Handlungs-

*) Die Beschränkung ist inzwischen durch die Verordnung vom 29. September 1843 (Gesetzsammlung 1844. S. 17.) aufgehoben.

weise und des unstäten Lebenswandels der Tagelöhner, welche, so wie sie dermalen stattfinden, zu einer gänzlichen Demoralisation dieser Volksclasse führen müssen und gegen welche bis jetzt nur die militairische Dienstzeit einigermaaßen als moralisches Correctiv dienen konnte.

II. Freie Benutzung des Wassers zu gewerblichen und landwirthschaftlichen Zwecken;

III. Regulirung des Hypothekenwesens;

IV. Aufstellung fester Taxgrundsätze.

In administrativer Hinsicht:

V. Maaßregeln zur Verminderung der Trunksucht und der Branntweinconsumtion (als: Beschaffung eines wohlfeilen, guten und gesunden Bieres, geschärfte Verordnung gegen die Gastwirthe, Bewirkung der Einführung einer Consumtionssteuer auf den Branntwein — abgesehen von der bereits in der Branntweinsteuer nach dem Maischraum bestehenden — u. dergl. mehr).

VI. Errichtung von Armencolonieen, mindestens Erwägung ihrer Einführung.

VII. Strengere Handhabung, oder besser, neue Redaction des Wegereglements.

VIII. Creirung einer Bildungsanstalt für Inspectoren und sogenannte Hofmeister.

IX. Einführung geschärfter Maaßregeln Behufs Vorbeugung des Ueberhandnehmens der Rotzkrankheit unter den Pferden.

In financieller Beziehung:

X. Beschaffung der überall noch sehr mangelnden Communicationsmittel.

XI. Erlaß oder Erstattung des Eingangszolles für einzuführende bessere Viehracen.

XII. Erlaß der Malzsteuer.

XIII. Directe Unterstützung vermittelst Staatszuschüsse oder Prämien für gemeinnützige Unternehmungen der Vereine, die den Zweck haben, die landwirthschaftliche Industrie zu heben.

XIV. Vergrößerung des bereits bestehenden Meliorationsfonds für Zuschüsse und Unterstützungen zu ausgedehnten vortheilhaften Verbesserungen und zugleich:

XV. Bildung einer neuen Institution, durch welche den Privaten, auch ohne eigentliche Unterstützungen, die Verbesserungen ihrer bisher wenig genutzten Flächen erleichtert werden könnten.

V. Die Provinz Schlesien.

---

§. 1.

Allgemeine Areal-, physicalische und Populationsverhältnisse.

Schlesien nähert sich bezüglich seines Flächeninhalts am mehrsten der angrenzenden Provinz Brandenburg. Das Gesammt-Areal beträgt genau 741,74 Quadratmeilen und von diesen fallen auf den:

Regierungsbezirk	Breslau . .	248,14	Q.-M.
„	Oppeln . .	243,06	„
„	Liegnitz . .	250,54	„ .

Also die Regierungsbezirke unter sich sind auch hinsichtlich ihrer Ausdehnung sehr conform. Von denselben bildet der erstgenannte Mittel-, der zweite Ober- und der dritte Nieder-Schlesien.

Schlesien liegt bekanntlich auf dem Uebergange vom Hochlande zum Flachlande; das Land bildet eine natürliche Terrasse und jene drei Abtheilungen bilden die drei Stufen derselben, wovon Mittelschlesien in der Grafschaft Glatz die absolut höchste Gegend von größerer Ausdehnung in der ganzen Preußischen Monarchie (1960 Par. Fuß mittlerer Höhe) darbietet. Ueberall fallen die Gebirge mit ihren Treppen gegen das Thal der Oder herab. Die höchsten Erhebungen steigen bis über 4000′ (Schneekoppe 4960′) über der Meeresfläche hinan. Die durchschnittliche Mittelhöhe derselben, wird von Berghaus auf 1720 Fuß angegeben. Das Flachland, welches nahebei zwei Drittheile des ganzen Landes umfaßt, wird in der ganzen Länge von S. O. nach N. W. von der Oder mit ihren zahlreichen Nebenströmen (über 20) durchflossen und sinkt von einer Meereshöhe von 588′ (Eintritt der Oder) bis zu 175′ (Austritt derselben) herab. Die Provinz ist sonst so reich als an Bergen, so arm an stehenden Gewässern.

Das Clima derselben wird wesentlich durch die südliche Stellung der Gebirge bedingt, welche die erwärmenden Sudwinde aufhalten und im Frühling gar oft auf ihrem schneebedeckten Rücken abkühlen, während kalte Ost- und Nordwinde ungehindert eindringen. Daher oft strenger und langanhaltender Winter. Im Uebrigen modificirt sich das Clima natürlich nach der Bodenbeschaffenheit. Oberschlesien hat eine namhaft strengere Temperatur, härtere Kälte und längere Winter, als Mittel- und Nieder-Schlesien. Man nimmt in Beziehung auf die größte Wärme und Kälte für die erstere 28° und für die letztere 27° an. Die mittlere Jah-

Viehstand in der Pr

Regierungsbezirke.	Kreise.	Pferde.		
		Ueberhaupt.	Auf der geogr. Quadr. Meile.	Auf 10 Menschen.
Breslau.	1. Namslau	3,574	331	1,13
	2. Wartenberg	3,155	213	0,67
	3. Oels	5,221	323	0,91
	4. Trebnitz	4,541	303	0,92
	5. Militsch	3,812	220	0,76
	6. Gurau	2,806	220	0,76
	7. Steinau	1,626	215	0,70
	8. Wolau	3,267	220	0,71
	9. Neumarkt	4,460	342	0,90
	10. Breslau	7,441	517	0,48
	11. Olau	4,593	406	0,98
	12. Brieg	4,831	440	1,07
	13. Strehlen	2,441	373	0,81
	14. Nimptsch	3,033	433	1,06
	15. Münsterberg	2,816	438	0,89
	16. Frankenstein	3,157	365	0,67
	17. Reichenbach	2,830	421	0,49
	18. Schweidnitz	5,060	472	0,78
	19. Striegau	2,500	416	0,93
	20. Waldenburg	2,325	327	0,43
	21. Glatz	2,874	186	0,33
	22. Habelschwerdt	1,732	120	0,36
	Summe	78,095	315	0,70
Oppeln.	1. Kreuzburg	2,747	260	0,75
	2. Rosenberg	2,682	164	0,64
	3. Oppeln	5,575	215	0,69
	4. Groß-Strehlitz	3,153	191	0,70
	5. Lubliniz	2,475	136	0,61
	6. Tost-Gleiwitz	3,594	217	0,58
	7. Beuthen	4,654	329	0,62
	8. Pleß	3,121	160	0,48
	9. Rybnick	3,042	194	0,53
	10. Ratibor	8,391	533	0,96
	11. Kosel	5,005	403	0,94
	12. Leobschütz	6,706	519	0,96
	13. Neustadt	6,340	435	0,90
	14. Falkenberg	1,934	173	0,55
	15. Neisse	6,735	507	0,82
	16. Grottkau	3,695	388	0,99
	Summe	69,849	287	0,74
Liegnitz.	1. Grünberg	2,896	182	0,60
	2. Freistadt	2,491	153	0,50
	3. Sagan	1,564	78	0,33
	4. Sprottau	1,460	109	0,46
	5. Glogau	4,650	270	0,67
	6. Lüben	1,727	148	0,55
	7. Bunzlau	1,919	100	0,35
	8. Hainau-Goldberg	3,001	299	0,59
	9. Liegnitz	4,578	397	0,78
	10. Jauer	2,305	369	0,76
	11. Schönau	1,322	202	0,48
	12. Bolkenhain	1,697	276	0,52
	13. Landshut	1,614	218	0,41
	14. Hirschberg	1,598	147	0,28
	15. Löwenberg	2,456	178	0,34
	16. Lauban	2,012	213	0,31
	17. Görliz	2,326	144	0,42
	18. Rothenburg	1,430	67	0,33
	19. Hoyerswerda	1,515	94	0,55
	Summe	42,561	170	0,48
Summe der Provinz		190,505	257	0,65

esien zu Ende 1843.

h.	Schaafe.			Schweine.		
Auf 10 Menschen.	Ueberhaupt.	Auf der geogr. Quadr. Meile.	Auf 10 Menschen.	Ueberhaupt.	Auf der geogr. Quadr. Meile.	Auf 10 Menschen.
3,83	67,504	6250	21,39	3,215	294	1,02
3,25	45,725	3085	9,69	3,217	217	0,68
3,01	105,755	6548	18,51	1,397	87	0,24
3,46	85,017	5627	17,20	2,559	170	0,52
3,95	60,825	3506	12,13	1,938	112	0,39
4,55	63,814	5013	15,19	626	49	0,17
3,71	49,681	6572	21,37	356	47	0,15
3,54	79,073	5314	17,17	741	50	0,16
3,20	116,484	8926	23,45	576	44	1,16
1,26	118,555	8233	7,60	2,501	174	0,16
3,38	67,416	5955	14,13	4,229	374	0,91
4,25	47,808	4354	10,57	4,673	426	1,47
3,06	58,200	8877	19,38	937	143	0,31
3,44	73,715	10516	25,83	1,015	145	0,36
3,79	46,999	7309	14,79	337	52	0,11
3,30	37,165	4297	7,85	1,108	128	0,23
1,87	34,361	5113	5,97	867	129	0,15
2,45	75,517	7044	11,62	1,128	105	0,17
3,17	58,015	9653	21,65	1,075	179	0,40
1,81	7,478	1050	1,38	748	105	0,14
1,97	39,996	2585	4,61	643	42	0,07
3,19	16,394	1138	3,40	330	23	0,07
2,85	1,355,497	5463	12,13	34,216	138	0,31
2,96	51,383	4866	14,01	3,561	337	0,97
3,78	46,114	2819	10,98	6 074	372	1,45
3,14	27,982	1079	3,45	5,635	217	0,69
2,59	45,739	2770	10,20	4,398	267	0,98
3,19	34,964	1916	8,56	4,293	235	1,05
2,52	52,173	3145	8,48	4,973	300	0,81
2,20	35,635	2518	4,76	5,942	420	0,79
2,19	29,155	1442	4,52	5,077	260	0,79
2,09	37,850	2419	6,61	3,321	212	0,58
2,12	92,407	5875	10,58	5,582	355	0,64
2,31	58,322	4692	10,99	4,368	351	0,80
2,70	70,147	5434	10,05	3,460	268	0,50
2,70	68,125	4679	9,65	4,443	305	0,63
3,94	44,821	4025	12,79	507	46	0,14
2,95	43,777	394	5,33	1,797	135	0,22
3,90	49,386	5188	13,18	1,259	132	0,31
2,73	787,980	3242	8,39	64,690	266	0,69
3,42	40,982	2576	8,46	4,890	307	1,01
4,20	49,303	3019	9,96	3,857	236	0,78
4,81	40,637	2015	8,54	2,645	131	0,56
4,70	31,188	2329	9,81	712	53	0,22
3,82	79,699	4623	11,42	1,896	110	0,27
3,84	51,426	4414	16,49	280	24	0,09
2,34	32,314	1680	5,86	1,330	69	0,24
3,00	80,494	7291	15,88	1,307	118	0,26
2,56	114,205	9896	19,56	2,974	258	0,51
3,12	48,814	7823	16,16	783	125	0,26
2,84	26,048	3971	9,46	356	54	0,13
3,14	28,819	4694	8,80	1,013	165	0,31
2,85	12,066	1633	3,04	846	114	0,21
1,78	18,592	1707	3,31	272	25	0,05
2,62	44,197	3203	6,18	1,263	92	0,18
1,98	31,562	3347	4,85	912	97	0,14
3,59	25,701	1906	4,61	2,147	133	0,39
4,13	32,550	1530	7,60	854	40	0,20
6,10	20,085	1241	7,25	2,952	182	0,11
3,27	808,682	3228	9,07	31,289	125	0,35
2,94	2,952,159	3980	10,01	130,195	176	0,41

res-Temperatur in Breslau beträgt + 7,9, in Sagan 8,8. Ueber die Temperaturverhältnisse im Gebirge liegen uns leider keine Angaben vor.

Land- und forstwirthschaflich benutzt sollen von dem Gesammt-Areal von 741,74 Quadratmeilen 15,493,582 Morgen werden und zwar:

7,900,000	Morgen	als	Ackerland.
3,560,000	"	"	Wiesen.
1,410,000	"	"	Weiden.
3,582	"	"	Weinland.*)
130,000	"	"	Gärten.
3,900,000	"	"	Waldungen.

370,000 Morgen kommen auf das Unland (dabei sind auch die Gebäude, Plätze, Wege und Moräste) und 240,000 Morgen auf die Gewässer.

Die Bevölkerung belief sich zu Ende des Jahres 1843 auf 2,948,884 Seelen. Davon wohnten:

		in der Stadt:	auf d. Lande:	auf 100 Stadtbew. kommen Landbew.
im Reg.-B.	Breslau	272,037	845,167	311
"	Liegnitz	171,610	720,446	420
"	Oppeln	138,326	801,298	579.

Nach der in den hinterlassenen Werken Friedrichs II. enthaltenen Angabe hatte Schlesien im Jahre 1740 nur

*) Nach Dieterici im Jahre 1842: 4907 Morg. 55 Quadr.-Ruthen.

1,100,000 Einwohner. Die Population hat sich also in hundert Jahren mehr als verdoppelt.

Ein ähnliches Progressionsverhältniß stellt sich bei dem Viehstande der Provinz nicht heraus:

Es waren vorhanden:	im J. 1770.	im J. 1843.
1) Pferde und Füllen	140,508	190,505
2) Ochsen, Kühe u. Jungv.	610,710	866,364
3) Schaafvieh	1,841,173	2,952,159
4) Schweine	117,689	130,159.

Mag durch zweckmäßigere Haltung und Benutzung des Viehes der verhältnißmäßigen Vermehrung desselben entgegengewirkt sein, wesentlicher doch dürfte der Grund hiervon in einer gewissen Stabilität der Bodenvertheilung und in dem Verhältnisse der gewerblichen zur landwirthschaftlichen Betriebsamkeit zu suchen sein.

Die Beilage E. giebt eine specielle Uebersicht des Viehstandes und dessen Verhältnisses zur Bevölkerung i. J. 1843.

§. 2.

Productions-, Fabrications- und Verkehrsverhältnisse.

Eben dieses Verhältniß, die gebirgige Landesbeschaffenheit, die Dichtigkeit der Bevölkerung setzen Schlesien nur in fruchtbaren Jahren in den Stand sein Bedürfniß an Getreide durch das eigene Erzeugniß zu decken. Nicht minder ist die Provinz dem Auslande hinsichtlich seines Hornviehbedarfs pflichtig. Von den sonstigen landwirthschaftlichen und technischen Hauptproducten wird weiter unten bei Gelegenheit der Landcultur die Rede sein. Unter den mancherlei mineralischen Erzeugnissen steht bekanntlich das Eisen und der Zink, der in erheblichen Quantitäten exportirt wird, obenan. Im Jahre 1842 wurden 1,522,010 Centner Galmei gewonnen. Die Fabricationen erstrecken sich ferner auf Leinwand — im Jahre 1843 waren mit der Leinweberei 24,660 Stühle beschäftigt — es mag an Leinen, da der Absatz in neuerer Zeit etwas abgenommen hat, jetzt nur für gegen 4 Millionen Thlr. aus dem Lande gehen; sodann auf Baumwollenwaaren (21,385 Webestühle), auf Tuch, Zucker (Rohrzuckerraffinerieen 5, Rübenzuckerraffinerieen 18), Eisenwaaren, Töpfergut, Glaswaaren (Glashütten 29) 2c. Den Mittelpunct des inneren Verkehrs und Consumtionshandels bildet Breslau. Bedeutende Getreidemärkte sind in Jauer, Schweidnitz, Frankenstein, Sagan u. s. w.; für den Leinwandhandel sind die Städte: Hirschberg, Schmiedeberg, Landshut, Waldenburg u. s. w.; für den Tuchhandel: Liegnitz, Grünberg, Görlitz u. s. w. am wichtigsten. — Kunststraßen und Eisenbahnen erleichtern den Verkehr; indessen fehlt es im Allgemeinen, namentlich in Oberschlesien, an entsprechenden Communicationsmitteln.

Schlesien ist seit langer Zeit gar sehr ein Land der Fabrication. Zum Theil hat die Naturbeschaffenheit zu dieser Bildung der gewerblichen Verhältnisse mitgewirkt.

Ein bergiges Terrain, coupirt und häufig in kleinen Parcellen zu bestellen, führte eine stärkere Bevölkerung auf dem Lande herbei, welche neben ganz kleinem Landbesitz Weberei trieb. Die in den Thälern vortrefflichen Gründe führten zur Bleicherei. Hieran knüpften sich später große Fabrik- und Handels-Unternehmungen, besonders im Hirschberger und im Weistritzer Thale und dem schon vor Jahrhunderten als Handelsort bedeutenden Breslau. Schlesien liegt zwischen Polen und Sachsen; die natürliche Lage machte Breslau zu einem wichtigen Handelspuncte. Eisen und Steinkohlen, die immer den Grund zu Fabrikverhältnissen abgeben, finden sich viel in Schlesien. Positive Maaßregeln unter Friedrich II. insbesondere, der für Schlesien viel that, haben die natürlichen Verhältnisse begünstigt, so daß die Kraft der Bevölkerung gar sehr auf Fabrication und Handel sich geworfen hat, neben welchen die Verhältnisse der Production, schon weil durch Fabrication und Handel eine sehr dichte Bevölkerung herbeigeführt ist, besondere Beachtung verdienen und an sich höchst wichtig sind.

§. 3.

Bodenbeschaffenheit.

Obwohl zum Theil ein Gebirgsland, ist Schlesien in Bezug auf seine natürliche Bodenbeschaffenheit im Ganzen sehr glücklich ausgestattet. Das Gebirge fällt, wie gesagt, überall treppenartig gegen das Thal der

Oder ab, welches, namentlich auf dem linken Flußufer, die gesegnetsten Fluren darbietet. Ueberhaupt ist die linke Seite der Oder ein großes, mehr oder minder zusammenhängendes Weizenfeld, das wir, wenn wir es bei Ratibor betreten bis in und über den Kreis Liegnitz hinaus, durch die Kreise Leobschütz, Neustadt, Neisse (theilweise), Münsterberg, Frankenstein, Reichenbach, Schweidnitz, Bolkenhayn, Striegau, Jauer nicht wieder verlassen. Die rechte Flußseite besteht im Allgemeinen aus einem guten Roggenboden, welcher sich nur ausnahmsweise, wie in dem Trebnitzer Kreise, zum Weizenlande erhebt, in einigen Gegenden Oberschlesiens aber sowohl als in den nördlichen Districten theils zu magerem Sandboden, theils in sterile, mit Morästen und Niederungen abwechselnde Striche ausartet. — Im Gebirge finden sich zwar häufig ganz fruchtbare Partieen, und es wird ein allerdings nicht immer sicherer Landbau noch über 1500′ über der Meeresfläche hinaus betrieben; die felsige und steinige Natur des Bodens aber, im Verein mit den climatischen Hemmnissen der Vegetation, begünstigen den Ackerbau wenig, und es würde schlimm mit der dasigen Landwirthschaft aussehen, wenn die kleinere Landaustheilung nicht der Vermehrung der Menschenhände und der Spatencultur wirksamen Vorschub leistete. Desto erheblicher sind hier, wie in den sandigen Ebenen rechts der Oder, diese längs des Waldes.

§. 4.

Landauftheilung.

Auch im Ganzen ist die Landauftheilung Schlesiens namhaft kleiner als in dem angrenzenden Brandenburg. Güter von über 2000 Morgen Ackerland kommen in Oberschlesien häufig, in Mittel- und Niederschlesien seltener vor. Im Allgemeinen herrscht in den fruchtbarsten Gegenden der kleinere Grundbesitz bei den Landgütern vor, deren Umfang überhaupt von einigen Hundert bis zu einigen Tausend Morgen variirt. Die Bauergüter zerfallen in drei-, zwei-, ein-, halb- und viertelhufige. Eben so ändert das Hufenmaaß selbst ab, bald bezeichnet es die Größe von 60, bald von 90, dann auch selbst von 100 Morgen.

Eine dritte Classe von Grundeigenthümern sind die nicht Gespann haltenden Wirthe mit 10—15 Morgen bis herab auf einige Ruthen Landes.

Zwischen den Bauern und den nicht Gespann haltenden Wirthen stehen die für den Genuß eines Antheils an der Erndte dem Gutsherrn dienstpflichtigen sogenannten Gärtner, welche das eigene Land (4—10 Morgen, auch darüber) mit ihrem Rindnutzvieh bestellen.

Auf dem rechten Oderufer Oberschlesiens haben die Robotgärtner nur die Rechte eines nichterblichen Nießbrauchs an ihrer Besitzung.

Man rechnet in Schlesien die Zahl der Rittergüter und größeren ländlichen Besitzungen über 10 Hufen (Magdeb.) zu 3,236 oder 4,36 desgl. auf die Q.-Meile; der Vollbauern auf 39,231, der Halbspänner auf 48,139, der Landleute ohne Gespann auf 171,792, oder pr. Quadrat-Meile zusammen 349,3 kleinere Besitzthümer.*)

Die gewonnene Freiheit des Eigenthums hat den Bauernstand Schlesiens, namentlich in Niederschlesien, und hier wiederum besonders in den besseren Gegenden, zu einer recht wohlhabenden Volksclasse gemacht.

Schlesien hat in seiner cultivirten Scholle einen schwer in Zahlen auszusprechenden Schatz. Der Werth der Rittergüter allein kann auf 120 Millionen Thlr. veranschlagt werden; denn etwa Drei Viertheile derselben sind von dem landwirthschaftlichen Creditinstitute zum Zweck der Beleihung auf mehr als 80,000 Millionen angesprochen.

Nach Zöllner (Briefe über Schlesien rc. Berlin 1792. S. 398) betrug im Jahre 1796 der Werth der landschaftsfähigen Güter in Schlesien zufolge der in den Hypothekenbüchern angegebenen Einkaufs- und Erwerbungspreise etwas über 60 Millionen Thaler (Vergl. auch Mauvillon und Mirabeau Thl. II. S. 109 und folg.).

---

*) S. Schubert am angeführten Orte.

§. 5.

Dermaliger Zustand der schlesischen Landwirthschaft im Allgemeinen.

So sehr auch Schlesien, wegen der Fruchtbarkeit seines Bodens und der Betriebsamkeit seiner Einwohner, gerühmt wird, so steht doch auch hier der Betrieb des Landbaues im Allgemeinen, selbst in den gesegnetesten Gegenden, noch keinesweges auf seinem durch Fleiß und Geschick erreichbaren Höhepuncte.

Die Ursachen hiervon werden erkannt in der theilweise unangemessenen Bodenvertheilung, in fehlerhaften Feldsystemen, in Vernachlässigung der Dünger- und der Wiesenwirthschaft, und der landwirthschaftlichen Hausthierzucht und in dem Mangel an landwirthschaftlichen Unterrichtsanstalten. Auch die ländlichen Rechtsverhältnisse haben sich in manchen Beziehungen dem Aufschwunge der Landwirthschaft, zunächst des Ackerbaues hinderlich erwiesen. So die rechtliche Stellung der dienstbaren, sogenannten Dreschgärtner in Mittel- und Niederschlesien, die für ihre Feld-, Hofe- und Drescharbeit einen Antheil an der gutsherrlichen Getreide-Erndte in Garben und Körnern zu fordern haben. Bei jeder, oft mit großen Opfern bewirkten Erhöhung des Bodenertrages muß der Gutsherr den üblichen Antheil auch vom Mehrgewinne an die Gärtner abgeben, die zu dessen Erreichung nichts beigetragen haben; bei jeder Erweiterung des Oel- oder sonstigen Handelsfrucht-, ja des Behackfrucht-Baues, und also einer entsprechenden Verminderung des Getreidebaues, hat er den Entschädigungsproceß von Seiten der Dreschgärtner zu gewärtigen, die dadurch ihren Antheil geschmälert sehen. Da überhaupt die Art und der Umfang der Dienstleistungen nach Maaßgabe der alten Dreifelderwirthschaft bestimmt ist, so sieht er sich fast in jeder Veränderung behindert.

Selbst die verschiedenen Theile der Provinz stehen nach Maaßgabe der Bodengüte und der Betriebsamkeit ihrer Bewohner auf einer sehr verschiedenen Stufe der Boden-Cultur. Die größeren Besitzungen (Rittergüter) werden zwar in der Totalität nach rationellen Grundsätzen überall mit gleichem Eifer und mit günstigem Erfolge bewirthschaftet; nur hier und da sind Dominial-Besitzer theils aus Liebe zum Alten, theils aus Mangel an Kenntniß oder Geldmitteln, hinter den Fortschritten der Zeit bei Bewirthschaftung ihrer Besitzungen zurückgeblieben. Die Mehrzahl der kleinen Besitzungen dagegen (die Bauer- und Gärtner-Nahrungen), namentlich in Oberschlesien, wird noch nicht mit der Sorgfalt und Industrie bewirthschaftet, die wohl zu wünschen wäre. Am meisten sind die Bauergutsbesitzer in einem Theile des Liegnitzer und in einem Theile des Breslauer Regierungs-Departements in der verständigen Bewirthschaftung vorgeschritten. Die größere Bildung derselben, die Bodengüte ihrer Besitzungen, das vollständige Eigenthumsrecht, welches ihnen daran zusteht, können als die Hauptursachen des besseren Gedeihens der bäuerlichen Nahrungen in Mittel- und Niederschlesien betrachtet werden, während der Mangel eines zu größerer Betriebsamkeit anreizenden erb-, und eigenthümlichen Besitzthums, welches gewissen Categorieen der bäuerlichen Besitzer in Oberschlesien noch fehlt, und die vielfache Gelegenheit, sich auf leichte Weise durch Erz-, Holz- und Kohlenfuhren sein Brod zu verdienen, im Vereine mit dem Gefallen am Wirthshausleben, die Quelle des geringeren Cultur-Zustandes genannt werden muß, in dem sich zur Zeit noch ein großer Theil der Bauergüter in Oberschlesien befindet.

§. 6.

Der Landbau-Betrieb im Besonderen.

Die größeren Landgüter werden zumeist in sogenannter verbesserter Dreifelderwirthschaft, d. i. in solcher mit theilweisem Anbau des Brachfeldes, bewirthschaftet. Doch sind auch eigentliche Fruchtwechsel-Wirthschaften vielverbreitet. Die kleinen Grundbesitzer führen freie Wirthschaft. Im Allgemeinen steht unter den Culturen, bei einem namhaften Handelsgewächs-, Klee- und Erdfruchtbau, der Halmfruchtbau obenan. Das schöne Weizengewächs, welches in der Gegend von Reichenbach, Frankenstein, Münsterberg ꝛc. erzeugt wird, ist bekannt genug. Der Raps- und Rübsenbau ist in stets steigender Zunahme und die Verarbeitung des Products beschäftigte im Jahre 1843 schon 370 Oelmühlen, während seit Aufhebung der Handdienste und seit der Verkümmerung des überseeischen Leinwandabsatzes der Flachsbau beträchtlich an Ausdehnung verloren, jetzt aber durch Errichtung der Flachsbau-Schulen einen erfolgreichen Anstoß erhalten hat. In Poln. Wartenberg wird alljährlich ein vielbesuchter Flachsmarkt abgehalten. Wartenberg, Namslau, Creutzburg, Oels, Trebnitz, Glogau und andere Kreise sind die wahre Heimath des Flachsbaues, wie Ohlau, Strehlen, Brieg, Breslau, Neumarkt ꝛc. die des Tabacks, wovon aber nur ohngefähr der vierte Theil des in Brandenburg gewonnenen erzielt wird. Die Gegenden von Ohlau und Wansen bauen den meisten Taback, und es ist angeführt, daß ihr Taback nach Bremen gegangen ist, um dort zu Cigarren verarbeitet zu werden. Der Bau des rothen und weißen Klees hat durch die Vermehrung des Viehstandes bedingte, früher nicht gekannte Ausdehnung erhalten. Die Kartoffel bildet auch hier das hauptsächlichste Nahrungsmittel und das Material für einen sehr ausgedehnten Branntweinbrennereibetrieb, ist daher auch überall als eine der vornehmsten Ackerfrüchte eingebürgert. Runkeln zur Zuckergewinnung wurden im Jahre 1843 für 18 Fabriken (darunter die zu Prieborn obenan) erzeugt. Der Anbau von Gräsern wird an einigen Orten (auf den Königl. Niederländischen Herrschaften) im Großen betrieben, und breitet sich in der Provinz aus. Den natürlichen Wiesenbau begünstigt vornehmlich die Localität der am Oderufer belegenen niederschlesischen Kreise; mit dem Kunstbau sind mehrfache, im Großstrelitzer Kreise ausgedehnte Versuche gemacht. Garten- und Obstbau stehen auf niedriger Stufe. Der Gemüsebau wird in größerem Umfange nur auf den sogenannten Kräutereien bei Breslau, Liegnitz, Gr. Glogau, der Obstbau am stärksten in den Kreisen Trebnitz, Freistadt, Grünberg, Löwenberg, Nimptsch betrieben; allein nicht nur, daß die Qualität des Obstes unbefriedigend (feine Sorten fehlen), auch die Quantität des erzeugten ist unzulänglich, und es werden bedeutende Quantitäten in getrocknetem Zustande aus Mähren und Ungarn eingebracht. Der Weinbau ist im Grünberger Kreise stark verbreitet, und wird auch in der Gegend von Beuthen a. O. betrieben. Für die Verbesserung desselben sind in jenem Kreise neuerlich große Anstrengungen gemacht worden. Schaumweine aus Grünberger Gewächs werden in großen Quantitäten nach dem Osten ausgeführt. Die Cultur der Arznei- und Färber-Kräuter gehört vorzüglich um Breslau und Liegnitz zu Hause. An Färberröthe und Krapp werden in dem Breslauer, Neumarkter und Ohlauer Kreise jährlich an 50,000 Centner zum Werthe von 500,000 Thlr. erbaut und zum Theil nach Sachsen, Oesterreich und England ausgeführt. Die Waldcultur wird im Ganzen von den Grundbesitzern rationell betrieben. Auf dem Tieflande herrschen Kieserforsten, in den Gebirgen Fichten und Tannen vor. In neuerer Zeit sind diese wie jene stark gelichtet worden; die Befürchtung eines Mangels an Brennmaterial liegt nicht, vielleicht aber die brauchbarer Bauhölzer in der Zukunft vor, zumal gewisse Fabricationen (Frischfeuer, Glashütten u. a.) mit Holzkohlen betrieben werden und die Hölzer noch vor erlangter physicalischer Haubarkeit verzehren; der Steinkohlenbergbau aber jährlich über 40,000 Stamm-Sparren verbraucht. — Von den technischen Gewerben vermehren und heben sich die Bierbrauereien gradatim mit dem Eingange der Brannt-wein-Brennereien. Letzterer waren im Jahre 1843 auf dem Lande 2032, in Städten 352 im Betrieb.

Unter den Betrieben der Viehzucht ist der wichtigste und erheblichste der der Schaafzucht. Es werden durchschnittlich auf 4 Morgen 5 Schaafe gehalten; überhaupt zwischen 60 und 70,000 Centner Wolle jährlich geschoren, und für etwa 50,000 Thlr. Zuchtthiere verkauft. Der ausgedehnteste Zuchtviehverkauf findet aus den Fürstl. Lichnowsky'schen Heerden (Kuchelna) statt. Am Ende des vorigen und am Anfang des gegenwärtigen Jahrhunderts wurden die ersten Merinos in einzelnen Heerden eingeführt. Die Fortschritte, welche seitdem in Veredlung der Heerden durch die ganze Provinz hierdurch gemacht worden, das dermalige treffliche schlesische Wollproduct, hat man den einsichtsvollen und intelligenten Bestrebungen der Gutsbesitzer zu verdanken. Es hat sich dadurch der Geldertrag der inländischen Schaafzucht wohl um das Fünffache gesteigert. Dennoch läßt sich auch in dieser Beziehung noch Vieles thun. Früher züchtete man wesentlich nur auf Feinheit der Wolle, jetzt verbindet man damit das Streben nach Wollreichthum (daher der vielfache Begehr in Niederschlesien nach dem Würchenbleter Vieh). Neben der Schaafzucht hat neuerer Zeit die Pferdezucht einen erfreulichen Aufschwung genommen. Die gehörige Vertheilung von Königlichen Hengsten in den Kreisen, die Gründung von Vereinen zur Förderung der Pferdezucht, manche wohleingerichtete Privat-Gestüte haben vereint hierzu beigetragen, weniger die nur unbedeutenden Ankäufe der Remonte-Commission (i. J. 1843 wurden 43 Stück gekauft). Für die Aufzucht englischen Vollblutes ist von Einzelnen viel gethan. Indessen fehlt es auch bei diesem Zweige nicht an Ausstellungen. Es scheint in der That, daß bei der Zucht zu wenig auf die Eigenschaften guter Zugpferde hingearbeitet wird, und es wird um so allgemeiner der Wunsch nach stärkern Beschälern ausgesprochen, als jene das Hauptbedürfniß der Provinz selbst bilden.

Einen erheblich niedrigeren Standpunct als die Schaaf- und Pferdezucht nimmt die Rindviehzucht ein. Die von einzelnen Privaten aufgestellten schönen

Rindviehheerden (Schweizer, Tyroler, Oldenburger oder Schottischer Race) können dies Urtheil keinesweges entkräften. Im Allgemeinen ist die schlesische Kuh ein mangelhaftes, mäßig gehaltenes, wenig einträgliches Thier. Man argumentirt seine Vernachläßigung durch den geringen Werth seiner Erzeugnisse, welcher nur in der Nähe größerer Städte eine entsprechende Höhe habe, und durch die so viel größere Einträglichkeit der edlen Schaafzucht in dafür geeigneten Localitäten. Es fehlt diesen Behauptungen allerdings nicht an einer gewissen Begründung, aber es bleibt der Rindviehzucht, von deren Erweiterung und Vervollkommnung die Herbeischaffung der nöthigsten Lebensbedürfnisse und der reichlichste Düngergewinn bedingt wird, jedenfalls noch in den gesammten kleineren Wirthschaften, welche in der Schaafzucht mit den größeren keinen Schritt halten können, ein weites fruchtbringendes Feld offen. Hier kann und wird auch noch Vieles geschehen; nur erwarte man weniger von Veredlung der Racen als von guter Fütterung. Der Bauer hat gewiß Recht, wenn er kein stärkeres Vieh hält, als seine Weide und sein Futter ernährt. Die schlechten Viehstände sind besonders in der geringen Bruch- und Waldweide begründet; wo die Ablösung derselben fortschreitet, wird Stallfütterung und bessere Viehhaltung eintreten. Dagegen sind die geringen Weiden die Grundlage der Jung-Viehzucht, das noch am ersten jene bezahlt. Für die kleineren Grundbesitzer, die früher das Recht besaßen, den Zuchtstier des Gutsherrn, gegen ein mäßiges Sprunggeld, für ihre Kühe zu benutzen, ist durch die größtentheils erfolgte Ablösung dieser Abgabe und jenes Rechts an vielen Orten eine Verlegenheit eingetreten, deren Abhülfe durch Aufstellung von Gemeindestieren nur sehr langsam vorwärts schreitet.

Schweine- und Federviehzucht sind nur von localer Bedeutung. Fast jede Arbeiter-Familie schlachtet 1 auch 2 Schweine, und das ist ein großes Object. Von dem nahe gelegenen Polen ist viel Einfuhr von Schweinen nach Schlesien. In den größeren, obwohl mit Molkerei verbundenen Wirthschaften wird die Schweinezucht nicht überall betrieben; dagegen ist hier und da schon ein beachtenswerther Anfang mit Einführung besserer Racen gemacht. Bienenzucht hat eine größere Ausdehnung noch nicht gewonnen. Der Seidenbau findet auch hier neuester Zeit wieder Aufnahme; und wenn irgend eine der östlichen Provinzen des Preußischen Staats zum Seidenbaubetrieb sich eignet, so ist es besonders Schlesien, wegen der vielen kleinen Besitzungen, der waldbewachsenen Höhen und eines Climas, welches doch noch am Fuße des Vorgebirges den Maulbeerbaum gedeihen läßt.

§. 7.

Die Bedürfnisse der schlesischen Landwirthschaft.

Man erkennt es mit vollem Rechte als eine große Schwierigkeit, mit Beziehung auf die einzelnen Landstriche und Ortschaften, die Bedürfnisse der Landwirthschaft hervorzuheben, da am Ende Alles auf locale Verhältnisse ankomme, und will dies Geschäft am liebsten den landwirthschaftlichen Vereinen überlassen, deren i. J. 1843 bereits 18 zu einem Provincialvereine centralisirt waren. Abgesehen von den erheblichsten Hemmnissen des Landbaues, den Hütungs-Berechtigungen und anderen Servituten, der zerstückelten Lage einzelner Besitzungen und den sogenannten Gemeinde-Ländereien — Alles Gegenstände, welche von der Gesetzgebung bereits ins Ange gefaßt sind, und deren fast vollständige Beseitigung im Wege der Auseinandersetzung, Ablösung und Zusammenlegung in nicht ferner Aussicht steht — treten als die wichtigsten allgemeinen Beförderungsmittel der Landwirthschaft hervor:

1) Erweiterung der Volksbildung durch Hinwirkung auf Vermehrung und Verbreitung von Kenntnissen und Erfahrungen im Gebiete der Landwirthschaft, welcher Zweck theils durch Verbindung eines kurzen Unterrichts über landwirthschaftliche Gegenstände mit dem ländlichen Elementarunterrichte, theils durch Gründung von Ackerbauschulen für die kleineren

Grundbesitzer, und einer höheren landwirthschaftlichen Academie für die größeren und für künftige Dirigenten größerer Wirthschaften, — vielleicht auch durch eine Zeitschrift zu erreichen sein dürfte;

2) Vermehrung und Verbesserung der vorhandenen Communications-Mittel, namentlich in Oberschlesien;

3) Aneiferung zu einer zweckmäßigeren Düngerwirthschaft;

4) zu Verbesserung der Rindviehracen und vorsorglicherer Pflege der Rindviehzucht;

5) Hebung der Flachsindustrie durch Aneignung eines besseren, als des bisherigen Verfahrens bei der Röste und der Bearbeitung des Flachses, demnächst aber auch durch Gründung von Flachsfactoreien;

6) Einführung verbesserter Ackerwerkzeuge und Maschinen, Gründung von Maschinenfabriken;

7) Unterstützung der Pferdezucht durch Aufstellung starkgebauter Beschäler und durch zahlreiche Ankäufe für die Cavallerie von Seiten des Staats;

8) Belohnung tüchtiger und erfolgreicher Bestrebungen im Gebiete der Landwirthschaft, durch Prämien und staatliches Anerkenntniß.

VI. Die Provinz Sachsen.

§. 1.

Allgemeine Areal-, physicalische und Populationsverhältnisse.

Unter den bisher abgehandelten Landestheilen der Monarchie bildet Sachsen die kleinste Provinz. Das Gesammt-Areal beträgt nur 460,63 Q.-Meilen. Hiervon fallen auf den Regierungsbezirk:

Magdeburg	. .	210,13
Merseburg	. .	188,76
Erfurt	. . . .	61,74.

Die orographische Beschaffenheit dieses Landes anlangend: so gehören demselben die östlichen und nördlichen Abhänge des Harzes (mit dessen höchstem Puncte, dem 3508′ hohen Brocken) größtentheils an. An seiner äußersten südlichen Spitze beginnt der Thüringer Wald. Ein Kreis liegt noch ganz innerhalb dieses Gebirges. Gegen Südost, wenn auch in einiger Entfernung von der Provinz, stoßen wir auf das sächsische Erzgebirge und im Anschluß an dasselbe auch auf die böhmischen Gebirge. — Hierdurch bestimmen sich die hiesigen Terrain=Verhältnisse. Vom Harz herab ist das Land abfallend bergig, von der Saale ab bildet es eine große Ebene bis zur Grenze mit den Marken und der Lausitz. — Die drei genannten Gebirge sind für die Landwirthschaft der Provinz von bedeutendem Einflusse gewesen, weil der Getreidebedarf der dortigen Gegenden zu einem größeren Theil von den Ebenen aus bezogen wurde, die Landwirthe folglich auf einen starken Getreidebau angewiesen waren.

Sachsen durchströmt die Elbe in seinen östlichen Kreisen von Süden nach Norden. Ueberall schiffbar, hat sie auf die Landwirthschaft insofern einen sehr erheblichen Einfluß, als sie den Handelsweg zwischen Magdeburg und Hamburg, also nach England u. s. w. bildet. Auf beiden Seiten fließen ihr zahlreiche Nebenströme und kleinere Gewässer zu, deren Niederungen durchweg mit guten Wiesen und Hütungen bedeckt sind.

Die Elbe ist der Hauptstrom in dem Regierungsbezirk Magdeburg. Das ganze Flußgebiet ist eben. Die Altmark von der Elbe durchflossen und an der Grenze von der Havel berührt, ist eine große und meist sandige Ebene, doch nicht ohne fruchtbare Niederung; westlich der Elbe ist Magdeburg und Halberstadt ein sehr fruchtbares Kornland. Bei Halberstadt steigt das Terrain von den Spiegelschen Bergen an, und hebt sich im Harzgebirge bis Wernigerode bis zur Höhe des Brockens von mehr als 3500 Fuß. —

Viehstand in der Pr…

Regierungsbezirke.	Kreise.	Pferde. Ueberhaupt.	Auf der geogr. Quadr. Meile.	Auf 10 Menschen.	Ueber…
Magdeburg.	1. Osterburg	8,764	440	2,30	15…
	2. Salzwedel	8,523	385	1,92	16…
	3. Gardelegen	4,958	204	1,16	13…
	4. Stendal	7,239	441	1,86	14…
	5. Jerichow II	7,160	285	1,60	19…
	6. Jerichow I	7,241	278	1,33	15…
	7. Kalbe	3,363	333	0,67	[illegible]
	8. Wanzleben	4,025	426	0,90	9…
	9. Stadt Magdeburg	1,805	312	0,89	1…
	10. Wollmirstädt	3,959			10…
	11. Neuhaldensleben	4,493	356	1,11	9…
	12. Oschersleben	2,859	286	0,88	[illegible]
	13. Aschersleben	2,674	333	0,57	[illegible]
	14. Halberstadt	3,412	404	0,70	7…
	15. Wernigerode	1,333	273	0,75	3…
	Summe	71,808	342	1,11	15…
Merseburg.	1. Liebenwerda	3,181	219	0,93	1…
	2. Torgau	6,020	341	1,17	1…
	3. Schweinitz	5,143	261	1,47	1…
	4. Wittenberg	5,125	332	1,14	1…
	5. Bitterfeld	3,474	265	0,81	1…
	6. Delitsch	4,712	335	0,97	1…
	7. Saalkreis	3,565	364	0,58	[illegible]
	8. Stadt Halle	675			
	9. Mannsfeld-See	3,818	352	0,85	[illegible]
	10. Mannsfeld-Gebirg	2,252	251	0,64	[illegible]
	11. Sangerhausen	4,604	328	0,83	1…
	12. Eckartsberga	3,009	290	0,81	1…
	13. Querfurt	3,369	267	0,76	1…
	14. Merseburg	3,772	355	0,72	1…
	15. Weissenfels	3,084	324	0,68	1…
	16. Naumburg	1,109	382	0,48	
	17. Zeitz	2,098	464	0,64	[illegible]
	Summe	59,010	313	0,83	20…
Erfurt.	1. Nordhausen	3,733	440	0,69	[illegible]
	2. Worbis	2,695	326	0,65	[illegible]
	3. Heiligenstadt	2,714	365	0,66	[illegible]
	4. Mühlhausen	2,636	318	0,57	[illegible]
	5. Langensalza	2,839	386	0,88	[illegible]
	6. Weissensee	1,994	364	0,87	[illegible]
	7. Erfurt	2,183	385	0,45	[illegible]
	8. Ziegenrück	202	57	0,15	[illegible]
	9. Schleusingen	472	66	0,13	[illegible]
	Summe	19,468	315	0,58	6…
	Summe der Provinz	150,286	326	0,90	42…

en zu Ende 1843.

uf 0 en- en.	Schaafe. Ueberhaupt.	Schaafe. Auf der geogr. Quadr. Meile.	Schaafe. Auf 10 Menschen.	Schweine. Ueberhaupt.	Schweine. Auf der geogr. Quadr. Meile.	Schweine. Auf 10 Menschen.
17	59,209	2971	15,56	6,152	309	1,62
77	55,425	2503	12,50	8,734	394	1,97
06	51,835	2137	12,10	6,917	285	1,62
81	53,414	3255	13,69	5,184	316	1,33
38	110,369	4387	24,59	6,835	272	1,52
91	118,920	4563	21,80	10,956	420	2,01
60	66,393	6580	13,23	5,233	519	1,04
42	73,888	7827	16,61	5,172	548	1,16
69	3,525 53,484	4218	8,84	1,108 7,167	565	1,28
21	75,048	5947	18,48	6,258	496	1,51
30	71,484	7156	21,92	5,310	532	1,63
23	62,675	7815	13,45	4,986	622	1,07
58	69,048	8171	14,07	6,168	730	1,26
74	22,190	4547	12,41	3,311	679	1,85
47	946,907	4506	14,63	89,491	426	1,38
15	33,369	2297	9,74	6,115	421	1,79
49	51,461	2914	9,98	9,484	537	1,84
98	41,738	2114	11,92	5,621	285	1,61
20	50,799	3286	11,27	4,800	310	1,06
73	57,378	4383	13,40	5,037	385	1,18
41	85,010	6033	17,46	9,297	660	1,92
26	58,836 301	6004	8,15	7,935 1,025	810	1,21
16	78,520	7244	1,77	7,078	653	1,59
33	54,339	6051	15,38	6,445	718	1,82
18	85,623	6107	15,48	9,888	705	1,79
93	62,882	6058	16,85	7,394	712	1,98
05	78,670	6239	17,86	9,004	714	2,04
58	47,171	4449	8,95	8,346	786	1,58
41	37,740	3964	8,30	6,474	680	1,42
94	14,590	5031	6,36	3,427	1182	1,50
61	15,056	3331	4,58	2,075	459	0,63
87	853,483	4522	12,17	109,445	580	1,56
28	42,694	5053	7,93	7,349	866	1,37
74	31,969	3870	7,68	5,249	635	1,26
79	19,885	2673	4,82	6,176	830	1,50
63	27,950	3376	6,06	5,115	618	1,11
09	29,520	4011	9,11	4,173	567	1,29
73	31,829	5808	13,92	4,326	789	1,90
46	21,212	3735	4,39	5,113	900	1,06
42	11,761	3313	8,82	1,647	464	1,24
45	9,961	1383	2,80	725	101	0,70
89	226,781	3673	6,76	39,873	646	1,19
52	2,027,171	4401	12,01	238,809	518	1,42

Der Regierungsbezirk Merseburg ist in seinen östlichen Theilen bei Wittenberg, Torgau gleichfalls von der Elbe durchströmt, und die Ufergebiete sind auch hier durchaus eben, so wie, ähnlich wie in der Altmark, häufig auch sich sandiger Boden findet.

Westlich aber von diesem Elbgebiet beherrscht den Regierungsbezirk Merseburg die Saale. Zwischen Saale und Elbe fließt die Mulde; die Saale geht durch Halle, Merseburg, Naumburg, durch die Mitte des Regierungsbezirks Merseburg. Sie hat viele steile Ufer; das Terrain wird in dieser Gegend schon bergig, zeichnet sich aber in den Thälern, so wie in den größeren Ebenen, wie bei Halle, durch größere Fruchtbarkeit aus.

Für den Regierungsbezirk Erfurt, der sehr zerstükkelt ist, kann man kaum einen größeren Fluß bezeichnen, dessen Ufer das Gebiet characterisiren. Die Unstrut ist der Hauptfluß, der aber nicht für Flußschifffahrt geeignet ist, noch weniger die Gera bei Erfurt. Dieser Regierungsbezirk ist Bergland, und zwar ist der Character der Thüringer Wald, mit Holz bewachsene Bergkuppen, und wie die Berge bewachsen sind, so hat der Bezirk überall höchst fruchtbare große Thäler, welche von sehr dichter Bevölkerung bewohnt werden.

Die vielen Gewässer in der Provinz sind es, welche die, durch die Nähe der Gebirge bewirkte größere Rauheit des Climas mildern und solches zu einem für den Ackerbau günstigen machen. Nach den bis dahin bekannten Beobachtungen besitzt in der ganzen Monarchie die Magdeburger Börde die höchste mittlere Temperatur, nämlich + 11°,05 R.*) — Der atmosphärische Niederschlag ist, so viel bekannt, bis jetzt noch nicht ermittelt.

Man schätzt, daß von dem cultivirten Areal benutzt werden, als:

Ackerland	5,300,000	Morgen
dem Tabacksbau sind 5,000 Morgen, dem Weinbau circa 3,600 Morgen gewidmet.		
Wiesen	1,600,000	"
Weide	1,100,000	"
Garten	130,000	"
Wald	1,500,000	"

Zu Ende des Jahres 1843 war die Bevölkerung auf 1,683,906 Seelen gestiegen, bei einem Viehstande, wie ihn die Tabelle in der Beilage F. nachweist.

Jene Bevölkerung wohnt zu ansehnlichem Theile in Städten. Das Verhältniß stellt sich genau wie folgt:

Regier.-Bezirk.	Stadtbewohner.	Landbewohner.	auf 100 Stadtbewohner kommen Landbewohner.
	604,186	1,079,720	179
Magdeburg	248,500	398,826	160
Merseburg	243,887	457,150	187
Erfurt	111,799	223,744	201.

*) Nach Schubert. Ein vielleicht bestehendes höheres Temperaturverhältniß in den Preuß. Rheingegenden ist bis dahin auf dem Wege der Beobachtung nicht nachgewiesen.

Interessant wäre es zu erfahren, wie sich das Verhältniß der mit technischen Betrieben beschäftigten Individuen zu den landbauenden Einwohnern verhält.

Auch hier sind die Ansprüche der Bevölkerung auf Bequemlichkeit des Lebens in der neueren Zeit bedeutend gestiegen.

Magdeburg, das in neuerer Zeit in Bevölkerung und Wohlstand sich außerordentlich gehoben hat, beherrscht die Verkehrsverhältnisse im ganzen nordöstlichen Theile der Provinz und ist von Einfluß für Norddeutschland. Halle, Naumburg und der ganze Regierungsbezirk Merseburg ist voller mittlerer Städte, in denen zum Theil in strenger Zunftverfassung die Gewerbe handwerksmäßig betrieben werden, und sehr in Blüthe sind. Westlich ist Erfurt von jeher ein Knotenpunct für die Landwege in Deutschland gewesen, und Handelsverbindungen, so wie mancher alte Reichthum an Gebäuden und Unternehmungen sichtlich. Das getrennte Landstück Suhl ist wichtig durch seine Eisenfabrication, und wirkt durch seine industriellen Verhältnisse zum Theil auf den ganzen Regierungsbezirk ein.

§. 2.

Consumtions- und Handelsverhältnisse.

Gleich den natürlichen, sind auch die Consumtionsverhältnisse der Landwirthschaft günstig. Einen großen Verbrauch an deren Producten fördern die zahlreichen

Städte (143) der Provinz und das — wie eben gedacht — seit 25 Jahren in allen Ständen, namentlich auch bei der unteren arbeitenden Volksclasse gestiegene Wohlleben. Magdeburg, Halberstadt, Erfurt, Halle, ganz Leipzig mit 50,000 Einwohnern, beziehen größtentheils ihre Bedürfnisse aus der Provinz, und wenn auch die übrigen kleineren Städte größtentheils selbst Ackerbau treiben, so muß doch die Consumtion jener Orte einen großen Einfluß auf die Landwirthschaft der Provinz haben. Der Bedarf an Milch, Butter und Fleisch erfordert eine gesteigerte Viehproduction. Der Bedarf an Roggen und Weizen weist auf eine starke Production an Wintergetreide hin. Stroh und Heu wird von weither zugefahren, der Ersatz des Bodenreichthums also theilweise erschwert, während die Düngerproduction der Städte nur der nächsten Umgebung zu Gute kommt.

Den Hauptmarkt bildet, wie bereits angedeutet, Magdeburg, der bedeutende Handel, welchen selbiges, außer mit Weizen, mit sogenannten Handels- und landwirthschaftlichen Gewerbsproducten nach Hamburg und dem nördlichen Deutschland treibt, bedingt natürlich auch zum Theil die landwirthschaftlichen Productionsverhältnisse. Die Provinz ist nach allen Richtungen hin mit Chausseen durchschnitten.

§. 3.

Der Boden.

Die Provinz hat die allerverschiedenartigsten Bodenarten, vom leichten Flugsand bis zum schwersten Thonboden. Man kann sie in dieser Beziehung zunächst in zwei große Hälften theilen, für welche von der sächsischen Grenze an das Muldengebiet, dann bis zum Tanger die Elbe, und hierauf der Tanger bis zu den hannöverschen Landen die Grenze bilden. Der von dieser Grenze östlich gelegene Theil der Provinz ist im Süden vielfach guter Getreideboden, in welchem der Sand nicht vorherrschend ist, wenngleich derselbe nicht fehlt. In dem nach Norden gelegenen Theile dominirt zum Theil der Sand, obgleich er in den allerverschiedenartigsten Mischungen erscheint. Das rechte Elbufer des Magdeburger Regierungs-Bezirks hat in der Hauptsache den Character der Havel-Niederung in den Marken; Sand und Moorboden wechseln mit einander ab. Ausnahmen hiervon giebt es natürlich mehr oder weniger in diesen Theilen, wie denn beispielsweise die Elb-Niederungen der Altmark den schwersten Boden in der Provinz haben und in der Elb-Niederung des Merseburger Departements sich sehr vieler, äußerst fruchtbarer Lehm- und Aueboden befindet.

Der oben bezeichnete westliche Theil der Provinz, dessen fruchtbarste Partieen die Niederung zwischen dem

Harz und dem Kiffhäuser Bergrücken von Nordhausen bis Sachsenburg (die sogenannte goldene Aue) und das Unstrutthal bilden, ist zum Theil kalkhaltiger Boden, im Uebrigen ist Thon und Lehm vorherrschend.

§. 4.

Größe des Grundeigenthums. Servitut- und Dienst-Verhältnisse.

Neben vielen Grundbesitzern mit bedeutendem Areale finden sich auch viele ganz kleine Grundeigenthümer. Gartenmäßige Cultur hat sich jedoch nur im Weichbilde der Städte, z. B. bei Erfurt, Quedlinburg, am vollendetesten aber bei Magdeburg entwickelt. Außer den ansehnlichen und zahlreichen Domainen zählt die Provinz über 1000 Rittergüter, an Größe zwischen 8—10,000 und 1000 und wenigeren Morgen variirend. Der Bauernstand zerfällt im Wesentlichen in 1) Vollhüfner, Hüfner, Anspanner u. s. w.; Besitzthum: 300 bis 450 Morgen besten Ackers (im Magdeburgschen in der altmärkischen Niederung) bis herab auf einige 20 Morgen (Eichsfeld, Stift Merseburg u. s. w.). 2) Kossäten, Halbhüfner, Halbspänner u. s. w.; haben einen Grundbesitz von 100 bis herab auf 10 Morgen; es wird noch Spannvieh gehalten. 3) Häusler, Büdner; bauen 10 bis 12 Morgen bis herab auf einen kleinen Gartenfleck. Hierunter gehören auch die sogenannten Kabelleute, Drescher, Zehntschnitter, welche

— wiewohl mit ihrem Grundbesitze selten etwas mehr als ein Paar Quadratruthen Gartenland verbunden ist — dadurch meist eine recht gute Existenz haben, daß sie auf dem Gute oder der Domaine die Dienste bei der Erndte u. s. w. gegen ein von Alters her festgesetztes Natural-Aequivalent, welches oft theilweis in der Nutzung von Ackerland besteht, leisten. Aus der geschichtlichen Selbstständigkeit des Bauernstandes und seiner persönlichen Unabhängigkeit vom Gutsherrn hat sich ein sehr gutes Verhältniß zwischen diesen beiden Ständen entwickelt. Diesem Umstande hat man es auch zuzuschreiben, daß der sächsische Bauer es als Landwirth, z. B. im Betriebe des Futterbaues, der Rindvieh-Wirthschaft, manchem anderen zuvorthut.

Andererseits wird doch, in Bezug auf die Servitut- und Dienst-Verhältnisse, im Allgemeinen die Klage geführt, daß die Wohlthaten der neuern Agrar-Gesetzgebung der Provinz nur so langsam zu Gute kommen.

Die obigen Besitz-Verhältnisse stellen sich, in Zahlen ausgesprochen, wie folgt:

Rittergüter und größere ländliche Besitzungen über 10 Hufen (Magdeburg)	1,189	25,9 pCt.	Antheil an dem Flächen-Inhalt aller ländl. Besitzungen.
Vollhüfner	26,164	63,9 pCt.	" " " " "
Halbhüfner	39,973		
Häusler	44,435	10,2 pCt.	" " " " "

Auf eine Q.-Meile kommen 2,58 größere und 239,8 kleinere ländliche Besitzungen.

§. 5.

Betrieb des Landbaues.

Es ist oben angeführt, daß vielfach großer Gutsbesitz vorhanden ist, doch sind auch viel kleine Besitzungen in der Provinz und bei diesen die Grundstücke sehr zersplittert. Diese Zerstückelung des Bodens tritt in der That in einigen Gegenden, wo die frühere Gesetzgebung nicht entgegengearbeitet hat, wie z. B. im Stifte Merseburg, in auffallender Weise hervor. Hier ist die Theilung des Ackers bis zu $\frac{1}{4}$ Morgen nichts Ungewöhnliches, und es giebt Höfe mit 30 und mehr Morgen, zu denen kein zusammenhangendes Grundstück über 3 Morgen, viel aber zu $\frac{1}{8}$, $\frac{1}{16}$, $\frac{1}{32}$ Morgen gehören, und dennoch sind die dortigen Verhältnisse zur Spaten-Cultur nicht angethan. — Uebrigens ist bereits seit vielen Jahren in der ganzen Provinz die reine Dreifelder-Wirthschaft fast gänzlich verschwunden. Früher wurden die verschiedenen Kohlarten und sogenanntes Wickfutter gebaut, später trat der Anbau des rothen Klees, der bekanntlich in Sachsen zuerst in größerer Ausdehnung gebaut ist, und der Runkelrübe hinzu, und in neuerer Zeit findet man auf einzelnen hutfreien Stücken auch Esparsette und Lucerne. Nur die Kartoffel kann in dem Dreifelder-System nicht ihren gehörigen Platz finden. — Dieser ausgedehnte Futterbau ist namentlich auch bei dem Bauernstande ganz heimisch geworden.

Wo der Grund und Boden emancipirt ist, da stellen sich die wohlthätigen Folgen in der Wirthschaft, bis auf die Grenze, welche den Bestrebungen der Landwirthe noch in den mehrsten Fällen der Mangel einer wissenschaftlichen Vorbildung zur Ausübung ihres Faches steckt, fast überall heraus. Hier fehlt es denn auch insbesondere nicht an allen Arten von Fruchtfolgen. Im zweiten Jeriochow'schen Kreise findet man mehrere Güter mit Holsteinischer Schlagwirthschaft und angesäeten Weiden, und in der übrigen Provinz von der reinen, allerdings nur in seltenen Beispielen vorkommenden, Vierfelder-Wirthschaft, die Wechselwirthschaft bis zu einer neunzehn- bis zwanzigjährigen Fruchtfolge. Am ausgebreitetsten ist diese Fruchtfolge unstreitig im Magdeburger Regierungs-Bezirke, wo der Boden derselben sehr günstig ist, während im Merseburger und Erfurter Bezirke noch vielfach das Characteristische der Dreifelder-Wirthschaft, nämlich der Anbau von zwei aufeinander folgenden Körnerfrüchten, beibehalten ist.

Von letzteren cultivirt man hauptsächlich nur Weizen und Roggen und Gerste und Hafer. Der Weizenbau herrscht vornehmlich in den Niederungen der Altmark, im Magdeburgschen, Halberstädtschen, Mansfeldschen u. s. w. vor, der Roggenbau in allen Sandgegenden, jedoch auch in Thüringen und dem Eichsfelde, wo überall der Ueberschuß zur Ausfuhr hauptsächlich nach dem Harze, dem Thüringer Walde und dem sächsischen Erzgebirge geht. Das inländische Gerste- und Hafer-Product wird zumeist consumirt. Unter den Hülsenfrüchten nehmen die Erbsen den ersten Platz ein, wiewohl sie in neuerer Zeit, durch das Aufheben der Dreifelder-Wirthschaft, auf gutem Boden mehr und mehr von den Bohnen verdrängt werden; Linsen werden auch vielfach, aber nur von kleineren Grundbesitzern gebaut.

Von namhafter Wichtigkeit ist der Handelsgewächsbau der Provinz.

Oelfrüchte werden überall, nur mit Ausnahme des ganz leichten Sandbodens, zum Theil in sehr ausgedehntem Maaße gebaut. Seitdem sich in neuerer Zeit die Unsicherheit der Winter-Oelsaaten sehr schroff herausgestellt hat, hat man sich vielfach einer überwiegenden Cultur der Sommer-Oelfrüchte zugewandt. Namentlich hat sich der Mohnbau, welcher früher nur in den nächsten Umgebungen von Magdeburg und Erfurt getrieben wurde, sehr ausgebreitet, und es giebt jetzt Güter, die 150 bis 200 Morgen Mohn bauen. Dies Letztere ist besonders im Magdeburgschen der Fall, wo auch die Bauern viel Mohn erzielen. Im Halberstädtschen ist der Sommerraps-, im Mansfeldschen der Dotterbau wegen ihrer dasigen vorzüglichen Einträglichkeit an der Tagesordnung. Die Madia sativa scheint wegen der Schwierigkeit ihrer Einerndtung keinen Eingang finden zu wollen.

Ueberall, blos mit Ausnahme der Altmark, finden sich Oelmühlen zur Verarbeitung des Products, und der Oelhandel bildet ein bedeutendes landwirthschaftliches Nebengewerbe.

Nächst den Oelfrüchten nimmt die Cichorie den ersten Platz unter den cultivirten Handelsgewächsen ein. Sie wird hauptsächlich bei Mageburg, aber auch im Halberstädtschen und Erfurtschen gebaut; indessen concentrirt sich, der Natur dieser Cultur nach, dieselbe in der Nähe von Städten, wo der Dünger derselben die Landwirthschaft unterstützt, und wo Spatencultur durchzuführen ist. Ihr verdankt vorzugsweise Magdeburg den hohen Culturzustand des Ackers, denn seit mehr als 40 Jahren wird hier der Cichorienbau in sehr ausgedehnter Weise betrieben. Für das Brennen und Mahlen des Products haben sich meistens besondere Etablissements gegründet, welche von den Producenten das rohe Material kaufen.

Seit ungefähr einem Jahrzehnt ist auch der Zuckerrübenbau ein wichtiger Zweig des Handelsgewächsbaues geworden. Sachsen producirt mehr Rübenzucker als die sämmtlichen übrigen Zollvereinsstaaten. (Nach Dieterici 184½ 2,660,065 Centner Rüben und 133,003 Centner Zucker, während das Königreich Preußen nebst den Anhaltschen Herzogthümern zusammen 3,785,619 Centner Rüben und 189,281 Centner Zucker, die gesammten Vereinsstaaten aber 5,120,859 Centner Rüben und 256,043 Centner Zucker erzeugten.) Der Hauptsitz dieser Cultur ist Magdeburg und seine nächste Umgebung. Es dürften gegenwärtig über 50 Runkelzucker-Fabriken in der Provinz bestehen.

Der kleine Grundbesitzer bauet Kümmel (sehr viel bei Halle), Anis (im Erfurtschen ꝛc.), Senf (im Magdeburgischen ꝛc.). Flachsbau — dessen Manipulation noch sehr im Argen liegt — wird in ausgedehnter Weise nur im Halberstädtschen, in der Altmark und im Eichsfelde betrieben, jedoch ohne daß die größeren Güter einen wesentlichen Theil daran hätten.

Der Futterbau florirt um so höher, als die meisten Güter, welche nicht in der Nähe der Flüsse und Bäche liegen, mit Rücksicht auf die Dreifelder-Wirthschaft Mangel an Wiesen haben, und diese Provinz, wie gesagt, die Wiege des Kleebaues ist. Bezüglich des letzteren ist zu bemerken, daß derselbe in den vormals sächsischen Landestheilen entschieden vorherrscht. Esparsette wird da, wo der Boden ihr günstig ist, vielfach cultivirt. Im Mansfeldschen hat sie eine vollständige Umwandlung der Wirthschaften herbeigeführt. Lucerne ist im Magdeburgischen und Halberstädtschen ein weit verbreitetes Futterkraut. Auch in Thüringen und in einigen Gegenden des Eichsfeldes fängt sie jetzt an

Terrain zu gewinnen. Mengfutterbau findet noch vielfach statt, und hat sich häufig auch noch in denjenigen Wirthschaften erhalten, die zu einem besseren Fruchtfolge-System aus dem dreifeldrigen übergegangen sind. Turnips und Kohlrüben, dann Weißkohl erzeugen vor allen die sächsischen Landestheile. Der Anbau der, auch hier alle anderen Hackfrüchte in den Hintergrund stellenden, Kartoffel ist in sofern interessant, als sie mehrfach in sehr großer Ausdehnung in einzelnen Wirthschaften gezogen wird, ohne daß damit, wie in den Marken, regelmäßig Brennerei verbunden wäre. Die letzteren findet man am intelligentesten im Magdeburgschen und in der Altmark betrieben. Taback wird nicht unerheblich gebaut. 5110 Morgen sind mit Steuer belegt. Es wächst hier schon besserer Taback, dem Wasunger und Pfälzischen ähnlich. — Wein ist eine wichtige Cultur für Naumburg und Umgegend; unzweifelhaft gedeihen hier an der Saale die besten Sorten des in den mittleren und östlichen Theilen der Monarchie erzeugten Weins, und so achtungswerth ist diese landwirthschaftliche Cultur, daß Reben von hier aus nach dem Rhein befördert werden. Die Cultur ist uralt, wahrscheinlich unter der Regierung Carl's des Großen aus südlicheren Gegenden hierher verpflanzt. Es sind 3620 Morgen, die mit Wein bebauet werden. Wenn der Flächenraum auch klein ist, so ist der Ertrag doch bisweilen bedeutend; landwirthschaftlich ist diese Cultur wichtig wegen der großen Intelligenz und Sorgfalt, mit welcher solche betrieben wird. — Der Obstbau ist im Erfurtschen und Merseburgschen Regierungsbezirke nicht unbedeutend; auch muß die sorgfältige Garten- und Gemüsecultur in Erfurt hervorgehoben werden. — Insbesondere ist der Anbau der Brunnenkresse (Sisymbrium Nasturtium) in einem kunstmäßigen Betriebe interessant und wichtig. — Die Gegend von Erfurt ist in Bezug auf Garten-, Blumen- und Gemüsecultur für Norddeutschland ähnlich der Umgegend von Bamberg für Süddeutschland. — Auch die große Cultur von Saamen in Erfurt und Quedlinburg gehört in den Zusammenhang dieser Darstellung.

Was die Viehzucht betrifft: so erscheint der generelle Standpunct der Rindviehzucht, namentlich in Anbetracht des vorherrschenden Wirthschaftssystems, als ein sehr zufriedenstellender. Neben dem der Provinz eigenthümlichen Harzstamme, ist das Jütländische und Oldenburgische Blut, auch in Kreuzungen, vielfach verbreitet, in den ehemaligen sächsischen Landestheilen von früherer Zeit her noch Schweizer und Tyroler Vieh rein fortgezüchtet; auch aus dem Voigt- und Egerlande wird noch viel Vieh eingeführt. Mit dieser Fürsorge für besseres Vieh hat auch die bessere Haltung gradatim zugenommen. — Sehr viele größere Wirthschaften, namentlich im Magdeburgschen und Halberstädtschen, haben neuerer Zeit die Aufzucht des Rindviehes aufgegeben, und beschränken sich darauf, entweder von den Oldenburger Viehhändlern Fersen zu kaufen oder neumilchende Kühe zu erstehen, dieselben, wenn sie aufhören zu milchen, etwas fett zu machen und wieder zu verkaufen. Die Plage der Anthraxkrankheiten hat sich hier wohl mehr als in irgend einer anderen Gegend der Monarchie festgestellt und die Verluste, welche der Viehzucht überhaupt hieraus entstehen, sind ganz außerordentlich und die Ursache, daß dieselbe hier unter so sehr geeigneten Verhältnissen und den entsprechendsten Begünstigungen nicht längst eine viel größere Ausdehnung gewonnen hat. Bemerkenswerth ist, daß die Benutzung der Ochsen als Spannvieh sich in neuerer Zeit sehr zu verbreiten scheint. Es werden hierzu vorzugsweise und fast ausschließlich die kleinen Voigtländer und Egerländer Ochsen benutzt. In den ehemaligen sächsischen Landestheilen gebrauchen die kleinern Grundbesitzer vielfach ihre Milchkühe als Spannvieh; solches findet einzeln selbst in Gutswirthschaften, wie z. B. zu Wegeleben statt, ohne daß ein nachtheiliger Einfluß davon auf den Milchertrag zu erkennen wäre.

Schaafzucht bildet dort (in d. a. pr. Landestheilen) noch gegenwärtig den Hauptzweig der Landwirthschaft. Uebrigens sollen die meisten Heerden auf dem Standpuncte stehen geblieben sein, welchen sie bereits vor 15 und 20 Jahren einnahmen, wogegen im Magdeburger Regierungsbezirke und im Mansfeldschen ein sehr lebhaftes Bestreben zur Verbesserung der Schäfereien hervorgetreten ist und namentlich die Jerichowschen Kreise sehr gute Schäfereien aufzuweisen haben. Im übrigen Magdeburgschen, Halberstädtschen und Mansfeldschen scheinen dagegen die Verhältnisse einer hochfeinen Schaafzucht nicht günstig zu sein.

Pferdezucht findet in ausgedehnterer Weise nur in den Elbniederungen des Merseburger Departements, in der Altmark und theilweise in den Jerichowschen Kreisen statt. Die Provinz erzeugt bei weitem ihren Bedarf an Pferden nicht und führt bedeutend aus dem Hannöverschen und dem Oldenburgschen ein.

Auch die Schweinezucht der Provinz befriedigt noch lange nicht den heimischen Bedarf.

Im Allgemeinen ist hinsichtlich der landwirthschaftlichen Verhältnisse dieser Provinz noch anzuführen, daß, wie die Bevölkerung im Allgemeinen einen höheren Bildungsgrad erreicht hat, so auch bei den Landwirthen vielfach hohe geistige Cultur, Kenntnisse und Intelligenz verbreitet ist, und in einzelnen bedeutenden Agronomen mustergebend hervortritt. — Es ist ein lebhaftes Interesse für den Fortschritt der Landwirthschaft unter den gebildeten Gutsbesitzern und Landwirthen.

VII. Die Provinz Westfalen.

§. 1.

Allgemeine Areal-, physicalische und Populationsverhältnisse.

Westfalen ist unter den 8 Provinzen der Monarchie die kleinste. Der Volkszahl nach nimmt diese Provinz den fünften, der Volksdichtigkeit nach den dritten Platz ein, indem nur die Rheinprovinz und Schlesien dichter bewohnt sind. Sie steht mit der Rheinprovinz im engsten industriellen und commerciellen Zusammenhange, und Cöln ist der Haupt-Handels- und Geldplatz für diese beiden westlichen Provinzen. Das ganze Areal beträgt 367,96 Q.-Meilen. Hiervon fallen auf den

Regierungs-Bezirk	Münster	. .	137,17 Q.-Meilen,
"	Minden	. .	95,68 " "
"	Arnsberg	. .	140,11 " "

Beide letzteren Bezirke sind zum größten Theile Gebirgs- und Hügelländer, wohingegen Münster im Grunde nur an seiner nordöstlichen Ecke den Gebirgscharacter trägt. Der Regierungsbezirk Minden und das Tecklenburgische werden von dem letzten Gliede des hercynischen Systems, dem Wesergebirge und dem Teutoburger Wald oder Eggegebirge, durchzogen: dieser Höhenzug hat seinen höchsten Punct im Süden im Paderbornschen. Den größeren Theil vom Regierungsbezirk Arnsberg, nämlich das Westfälische und Märkische Süderland (Sauerland), das Siegensche und Wittgensteinische, füllt das, aus einer Masse zerrissener Bergketten, Felsenthäler und Bergebenen bestehende Westfälische Grauwacken- und Thonschiefergebirge, dessen höchste Erhebungen das Rothhaar- und Ebbegebirge, die Hochebene von Brilon und der Arnsberger Wald bilden. Die höchste Erhebung des Rothhaargebirges und des ganzen nordwestlichen Deutschlands ist der kahle Astenberg bei Winterberg. Nach Norden abfallend, folgt dann die Gegend des Ruhrthals, im anmuthigen Wechsel von Bergen, Höhen und Thälern, die Hellwegs-Ebene und die Niederung der Lippe.

Vielfach von laufenden Gewässern durchströmt, ist diese Provinz an Landseen die ärmste von allen. Unter ersteren sind die erheblichsten die Weser, Ruhr, Lippe und die Ems, alle mit zahlreichen Nebengewässern. Die Weser tritt zu zweien Malen (im Kreise Hörter und im Kreise Minden) auf das Gebiet Westfalens und durchströmt es auf ungefähr 15½ Meilen

Viehstand in der Prov

Regierungsbezirke.	Kreise.	Pferde. Ueberhaupt.	Pferde. Auf der geogr. Quadr. Meile.	Pferde. Auf 10 Menschen.	Ueberh
Münster.	1. Teklenburg	3,682	273	0,83	21,
	2. Warendorf	4,202	365	1,26	15,
	3. Beckum	6,586	529	1,87	25,
	4. Lüdinghausen	6,504	511	1,76	22,
	5. Münster, Land	6,570	419	1,16	22,
	6. Münster, Stadt	325			[illegible]
	7. Steinfurt	4,481	318	1,09	17,
	8. Koesfeld	5,568	406	1,39	18,
	9. Ahaus	3,322	267	0,82	15,
	10. Borken	2,237	189	0,53	18,
	11. Recklinghausen	5,367	377	1,18	20,
	Summe	48,844	370	1,17	196,
Minden.	1. Minden	4,882	455	0,78	18,
	2. Lübbecke	4,071	397	0,81	19,
	3. Herford	3,909	489	0,59	14,
	4. Halle	2,042	369	0,64	9,
	5. Bielefeld	1,509	302	0,32	8,
	6. Wiedenbrück	3,089	344	0,79	14,
	7. Paderborn	3,416	309	0,99	9,
	8. Büren	4,987	365	1,33	10,
	9. Warburg	4,867	520	1,49	7,
	10. Hörter	5,777	443	1,14	12,
	Summe	38,549	403	0,85	124,
Arnsberg.	1. Arnsberg	2,733	223	0,84	12,
	2. Brilon	2,998	209	0,83	11,
	3. Meschede	2,197	154	0,78	15,
	4. Lippstadt	4,383	482	1,41	10,
	5. Soest	5,813	599	1,36	15,
	6. Hamm	5,627	682	1,33	17,
	7. Dortmund	5,988	742	1,27	17,
	8. Bochum	3,427	522	0,67	12,
	9. Hagen	2,494	329	0,36	12,
	10. Iserlohn	1,988	329	0,54	8,
	11. Altena	1,431	118	0,31	17,
	12. Olpe	1,004	89	0,39	13,
	13. Siegen	393	34	0,09	13,
	14. Wittgenstein	394	44	0,19	8,
	Summe	40,870	292	0,74	186,
Summe der Provinz		128,263	349	0,90	507,

…len zu Ende 1843.

Schaafe.			Schweine.		
Ueberhaupt.	Auf der geogr. Quadr. Meile.	Auf 10 Menschen.	Ueberhaupt.	Auf der geogr. Quadr. Meile.	Auf 10 Menschen.
9,349	693	2,12	11,897	882	2,70
13,017	1131	3,89	7,860	683	2,35
16,610	1333	4,72	9,115	732	2,59
9,541	750	2,59	9,888	777	2,68
13,261 —	846	2,22	9,449 63	603	1,59
8,972	637	2,18	8,788	624	2,14
14,569	1063	3,63	9,418	687	2,34
5,967	479	1,47	7,329	589	1,80
9,472	800	2,25	10,000	845	2,38
26,348	1850	5,80	12,041	846	2,65
127,106	962	3,04	95,848	725	2,29
14,507	1353	2,31	10,085	941	1,61
7,613	742	1,52	6,228	607	1,25
6,653	832	1,01	5,701	713	0,86
4,445	804	1,38	2,854	516	0,89
3,086	618	0,66	3,215	644	0,69
12,173	1356	3,11	7,710	859	1,97
17,957	1622	5,19	5,836	527	1,69
42,811	3116	11,45	9,163	667	2,45
32,781	3502	10,01	5,781	618	1,77
45,670	3505	9,01	9,175	704	1,81
187,696	1962	4,14	65,748	687	1,45
16,389	1339	5,05	4,730	386	1,46
34,906	2431	9,67	5,125	357	1,42
27,937	1955	9,87	6,382	447	2,26
27,869	3063	8,94	8,076	887	2,59
19,152	1974	4,48	9,410	970	2,20
13,357	1619	3,16	9,676	1173	2,29
8,862	1098	1,88	11,707	1451	2,49
5,181	790	1,02	7,252	1105	1,42
4,310	568	0,62	2,813	371	0,40
4,775	791	1,29	3,954	651	1,07
4,907	405	1,17	2,195	181	0,52
12,863	1142	5,02	2,910	258	1,14
5,809	500	1,35	4,466	385	1,04
8,025	800	3,75	1,799	202	0,84
194,342	1387	3,54	80,495	575	1,46
509,144	1384	3,58	242,091	658	1,70

Länge; die Ems, nördlich von Paderborn entspringend, strömt durch die Regierungsbezirke Minden und Münster den Niederlanden zu. Die Weser trägt Schiffe von 2000 Centnern und darüber, ohne daß sie durch Felsenriffe, Untiefen oder Inseln gefährlich wird. Die Lippe ist bis Neuhaus bei Paderborn, die Ruhr bis Witten, die Ems bis Greven und die Berkel bis Breden schiffbar. Von größeren Mooren und Brüchen sind vornehmlich zu nennen: die an der Vechte und Berkel, an der Ems und Lippe (mit einem Flächeninhalt von 30,000 Morgen), an der Bastau u. s. w.

Das hiesige Clima ist ein zwar sehr gemäßigtes — die mittlere Jahres-Temperatur in Münster ist $+9,^{36}$ — aber die Witterung ist häufig veränderlich, dabei unfreundlich und feucht durch die vorherrschenden Nordwestwinde, namentlich im Regierungsbezirk Münster. In Münster beträgt die Zahl der Gewitter während eines ganzen Jahres 30, wenn in Minden nur 6. Im Allgemeinen tritt der Winter oft zeitig und ziemlich streng ein.

Man rechnet, daß der cultivirte Boden der Provinz in folgende Abtheilungen zerfällt:

Ackerland	4,325,000	Morgen,
Wiesen und Weiden .	1,500,000	"
Gärten	100,000	"
Waldung	1,250,000	"

Die Gesammtzahlen der Bevölkerung und des

Viehstandes stellen sich zu Ende des Jahres 1843 wie folgt:

	Bevölkerung.	Viehstand.			
		Pferde.	Rindvieh.	Schaafe.	Schweine.
Regb. Münster	418,765	48,844	196,986	127,106	95,848
„ Minden	452,877	38,549	124,190	187,696	65,748
„ Arnsberg	549,801	40,870	186,589	194,342	80,495
	1,421,443	128,263	507,765	509,144	242,091

außerdem 80,000 Ziegen.

Die Tabelle G. giebt über diese Verhältnisse speciellen Ausweis.

Die catholische Bevölkerung überwiegt die protestantische um nicht weit von 200,000 Seelen. Im Regierungsbezirk Münster besteht der größte Theil der Einwohner aus Landbautreibenden. In Minden wohnen auf dem sehr dicht bevölkerten platten Lande über viermal Menschen mehr als in den Städten. In Arnsberg stellt sich das Verhältniß namhaft niedriger.

In Zahlen ausgesprochen, ist letzteres:

	Stadtbewohner.	Landbewohner.
Münster	86,582	332,183
Minden	88,684	364,193
Arnsberg	141,795	408,006.

Im Ganzen herrscht unter den Landleuten eine größere Wohlhabenheit und eine bessere Lebensweise als in den östlichen und nördlichen Landestheilen der Monarchie.

§. 2.

Productions-, Industrie- und Verkehrsverhältnisse.

Westfalen erzeugt seinen Bedarf an Getreide und Vegetabilien, Holz aber nur in den Gebirgskreisen in bedeutendem Umfange. Im nördlichen ebenen Landestheile rechts der Lippe fehlt es an größeren Waldungen fast gänzlich, die lebendigen Befriedigungen, kleine Eichenbestände rc. decken den Bedarf, da Steinkohlen und Torf im Bereiche sind; die früherhin bedeutende Holzausfuhr nach Holland hat aber, nachdem die Hochwaldbestände größtentheils aufgebraucht sind, in neuester Zeit aufgehört. Der südliche Theil, besonders das gebirgige Sauerland, ist reichlich mit Waldungen ausgestattet, deren Cultur jedoch — besonders auf dem absoluten, keiner anderen Nutzung fähigen Holzboden — recht viel zu wünschen übrig läßt. Die Schweinezucht liefert bekanntlich Producte über Bedarf. Von mineralischen Producten sind vornehmlich: Salz, Eisen, Stahl, Kupfer, Blei, Gallmei, Braun- und Steinkohlen und Torf zu nennen. Die Steinkohlenflötze der Grafschaft Mark, der Kreise Tecklenburg und Minden bilden einen Hauptreichthum der Provinz. Rohstahlerze und Eisenstein finden sich in großem Umfange im Siegerlande, wo sie auch am stärksten verhüttet werden; an dieses und an ähnliche mineralische Naturproducte schließt sich die uralte, jetzt in hoher Blüthe sich befindende

Eisen- und Stahlwaaren-Fabrication der Grafschaft Mark.

In der Spinnerei, Weberei 2c. zeichnet sich Ravensberg und Minden vorzüglich aus. Von Fabrikwaaren bringt die Provinz seidene und baumwollene Waaren, Leinewand und Glas, Eisen- und Stahlwaaren und Getreide in den auswärtigen Handel. Die Ravensbergischen Leinen haben noch immer den begründeten Ruf, die besten Deutschlands, in mancher Beziehung die besten der Welt zu sein. — Die Branntwein-, Stärke-Fabricationen 2c. sind auf dem platten Lande, bei dem im Allgemeinen nur geringen Umfange der Landgüter, durchgehends nur von geringer Bedeutung. Neuerlich hat die Bierbrauerei durch mehrere bedeutende Anlagen für Baiersches Bier sich gehoben.

Die bedeutendste Stadt und der Haupt-Verkehrsplatz des Münsterlandes bildet das uralte Münster mit einigen 20,000 Einwohnern; ihm reihen sich als die bedeutendsten Mittelstädte Minden, Bielefeld, Paderborn, Soest, Hamm, Dortmund, Iserlohn an. Das Verhältniß dieser vielen, industriereichen, wohlhabenderen Städte ist dem kleinern Verkehr sehr günstig.

Die vielen Gewässer unterstützen die industrielle Thätigkeit aufs mannigfachste. In dem schon weit vorgeschrittenen Kunststraßenbau, der jetzt im Bau begriffenen Eisenbahn, welche die ganze Provinz durchschneidet, sind wichtige Hülfsanstalten für den lebhafteren Verkehr eröffnet; desto nachtheiligere Hemmnisse erwachsen durch die Schlechtigkeit der Vicinalwege in den Klei- und Thongegenden des Münsterlandes.

§. 3.

Der Boden.

Gleich dem Character der Gegend bietet auch die Bodenbeschaffenheit Westfalens die größte Verschiedenheit dar. Es fehlt an keiner der Hauptbodenarten, aber der Mittelboden und im Gebirgslande der steinige, wenig fruchtbare Boden herrschen doch vor. Das „Sauerland" rechtfertigt seinen Namen in vielen Gemarkungen auch durch die undankbaren Ergebnisse seines Anbaues und seine häufig gänzliche Sterilität: den besten und fruchtbarsten Boden hat die Provinz in der von den süderländischen Bergen, der Lippe und dem Teutoburger Walde begrenzten Hellwegs-Ebene, zu deren Bestandtheilen auch die durch einen reichen, dankbaren Boden bekannte Soester Börde, die Paderborner, Dortmunder und Bochumer Feldmark gehören, in der Warburger Börde, nicht minder auf den Ebenen bei Münster, Warendorf, Tecklenburg, Brakel aufzuweisen.

Im Regierungsbezirk Münster enthält der nordwestliche, an Holland grenzende Theil mit den Kreisen Borken, Ahaus und Steinfurt zu großem Theile Moor, Heiden ꝛc., welche überhaupt ca. $\frac{1}{5}$ des Areals dieses Districtes einnehmen sollen; im Uebrigen herrscht hier

Sandboden vor. Der thonige und fruchtbarste Theil des Münsterlandes findet sich in den Gegenden von Horstmar, Cösfeld, Lüdinghausen, Drennsteinfurt, Seudenhorst, Beckum und Oelde, also in der südlich und östlich nach der Lippe sich hinziehenden größeren Hälfte des Landes.

Das Mindener Land hat seinen schlechteren Boden im flachen Norden und im gebirgigen Süden, dort aus Sand und Moor, hier aus mehr oder minder mit Lehm gemischtem aber flachem auf magerem Lehm, auf Sand oder Eisenstein gründenden Erdreich bestehend. Dazwischen zieht sich von Lübbecke nach Minden und das Weserthal entlang ein schwarzer humoser Thon- oder kostbarer rother Boden. — Im Ravensbergischen (Herford, Halle, Bielefeld) bildet der südwestliche Theil größtentheils eine sandige Ebene, in dem östlichen Theile waltet dagegen ein mehr hügeliges, thoniges feuchtes Terrain vor. In der Gegend von Vlotho ändert der Boden in sandigen Lehm, lehmigen Sand, auch in Klei ab. — Der Boden des Paderbornschen, durchweg hügelig, besteht zumeist aus Flötzkalk, eisenschüssigem Thone (im Osten) und Kalkfelsen (im Westen), welcher letzterer mehr oder weniger mit Erde bedeckt, daher auch von abweichendem agronomischem Werthe ist. Da wo der eisenschüssige Thon das Erdreich gebildet hat, ist dieses von hochrother Farbe, aber von vorzüglicher Fruchtbarkeit. Die südöstliche Spitze des Paderbornischen Landes bildet die schon genannte ergiebige Warburger Börde.

Der Arnsberger Bezirk besitzt eine mindestens gleich hohe Fruchtbarkeit, auf dem vorerwähnten sich von Bochum über Dortmund, Unna, Werl, Soest u. s. w. bis zu den Grenzen Paderborns ausdehnenden, also 10 bis 12 Meilen langen und 1—2 Meilen breiten Hellwege, welcher sich in seinem östlichen Theile als mehr feucht, in seinem westlichen Theile als mehr trockener Natur, überall als ein ergiebiger Erdstrich, jedoch als die sicherste, lohnendste Getreidekammer auf seiner mittleren Erhöhung darstellt, und welcher an Güte von keiner anderen Landschaft der Provinz übertroffen werden möchte.

§. 4.

Vertheilung, Art und Größe des Grundeigenthums.

Der Grund und Boden ist in Westfalen ganz überwiegend in den Händen der Bauern und kleinen Anbauer, und von vielen großen Landgütern ist nur im Paderbornischen zu reden. In dem größeren Landestheile (nördlich einer Linie von der Lippe, dem Arnsberger Walde, der Ruhr — doch diese auch häufig überschreitend) finden wir den Landmann meist einzeln, wenig in geschlossenen Dörfern — indem die Hauptorte der Gemeinden hier nur die Kirche, Schule und deren Diener, Krämer und Handwerker und einige wenige Bauergehöfte zu umfassen pflegen — wohnend, auf gesonderten Höfen, meist in der Mitte seiner Besitzungen; die Besitzer der größeren und mittlern, selbst mancher kleiner Höfe haben sich, um wegen der Arbeiter nicht verlegen zu sein, Heuer-Häuser erbauet, welche sie mit einigen Grundstücken in Pacht geben, unter Verpflichtung von Natural-Dienstleistungen für einen festgesetzten Preis; die Höfe sind unter verschiedenen Benennungen von Schulzen, Zellern, Voll- und Halb-Meiern, Köttern, Voll-, Halb-, Viertel-Spannern, von sehr verschiedenem Umfange; meistens bezeichnet der Name eine gewisse Classe; in manchen Gegenden (Minden und Ravensberg) findet auch gar keine dergleichen unterscheidende Benennung, nur die allgemeine von Wehrfestern, Colonen, Colonaten, im Gegensatze von Heuerlingen, Beiliegern, und den aus diesen als Neubauer und Brinksitzer eigenthümlich angesiedelten Einwohnern statt.

Im Allgemeinen finden sich auf den leichteren Bodenarten, in der Nähe der Städte und Dörfer und in den Fabrik-Gegenden die kleineren und kleinsten Betriebe.

Die kleinste Größe eigentlicher Landwirthschaften auf dem Lande beträgt 30 Morgen Ackerland, nebst dem nöthigen Weide-, Wiesen-, Torf- und Plaggengrund. Im Durchschnitt kann man hier ein Vollerbe zu 30 bis 50 Morgen Bauland annehmen. Güter von zusammen 200 Morgen kommen hier nur ausnahmsweise vor. Auf dem Kleiboden (im Münsterschen) gehören zu einem Schulzenhofe 250, zu einem Zellerhofe 100, zu einem

Kotten 20 — 25 Morgen Acker, Holz- und Grasgrund.

In Zahlen ausgesprochen, stellen sich die ländlichen Besitzthums-Verhältnisse in Westfalen wie folgt:

Die Zahl der Rittergüter beträgt nur 416, ihr Antheil an dem Flächeninhalt aller ländlichen Besitzungen beträgt nur $8,^2$ pCt. Kleinere Besitzthümer erster Classe werden 26,777, zweiter Classe 35,088, zusammen 61,865 gezählt. Die gesammten bäuerlichen Landwirthschaften erreichen die Zahl von 116,541, mithin kommen auf 1 Q.-Meile $316,^7$ kleine, wenn nur $1,^1$ große Güter.

Unter den großen Höfen — es giebt einzelne Schulzen, die 1200 Morgen zusammen haben, wovon dann freilich ein starkes Drittel mit Holz bewachsen steht — fehlt es an solchen nicht, welche ohne allgemeinen Nachtheil verkleinert werden könnten; auch giebt es nicht wenige, welche durch wechselseitigen Austausch sich abrunden und ihre Verhältnisse merklich verbessern könnten. Hiervon als einem Nachtheile der früheren völligen Untheilbarkeit abgesehen, ist nicht zu verkennen, daß eine Abstufung in große, mittlere, kleine und ganz geringe ländliche Besitzungen, sowohl den landwirthschaftlichen Verhältnissen als dem Zwecke, einen kräftigen selbstständigen Bauernstand zu erhalten und dem Interesse für Gewinnung eines größeren Ueberschusses an verkäuflichen Erzeugnissen entspricht. — Eine eigenthümliche, in der Sonderung der Höfe wie in der natürlichen Bildung der Oberfläche des Landes gegründete Schwierigkeit bei den Theilungen ergiebt sich übrigens in manchen Gegenden der Provinz Westfalen auch darin, daß Acker und Wiesen gemischt mit kleinen Holzungen, mit zur Viehhude und Plaggenstich zur Zeit (bis zur Theilung) genutzten, unbebauten, gemeinsamen Flächen (Gemeinheiten, Marken) zerstreuet durch einander liegen. Im Münsterlande sind selten einzelne Culturarten im weiten unvermischten Zusammenhange zu finden; jeder Hof hat hier gewöhnlich von allem etwas, in der Nähe, in privativem Besitz und Benutzung, durch mit lebendigen Hecken besetzte Umwallungen (Wallhecken) in Kämpe eingehegt, auch sein Holz. Im Paderbornischen und einem Theil des Herzogthums Westfalen, deren Besitzverhältnisse mehr denen der östlichen Länder ähneln, ist das anders; hier befinden sich ausgedehnte baumleere Ackerflächen und Wiesenthäler, es interessirt hier die Gesammtheit weniger, ob ein Acker diesem oder jenem der in geschlossenen Dörfern hausenden Einwohnern gehört; die Waldungen sind hier in ausgedehntem Umfange Eigenthum des Forstfiscus, der Gemeinden oder einzelner Gutsbesitzer, und auf solche war die Theilung der bäuerlichen Besitzungen ohne nachtheiligen Einfluß, vielmehr wohlthätig für Erhöhung der früherhin meist unverhältnißmäßig niedrigen Holzpreise. Im Münsterlande und in dem ganzen nördlichen Theile der Provinz dagegen wirkt die Zerstückelung der gemeinsamen Hütungen und Waldungen auf das Umwandeln des Holzgrundes zu Ackerland, weil dieses den schnellsten Gewinn giebt; das Ausroden aller kleinen zerstreuten Holzungen aber wirkt augenfällig nachtheilig, vermehrt bei wachsender Bevölkerung die Holzdieberei auf eine unglaubliche, von der Holzcultur abschreckende Weise, und muß, wo Torf und Steinkohlen nicht im Bereiche sind, gerechte Sorge für die Zukunft erwecken, ebenmäßig wie die Zerstörung der Waldungen für die ganze physische Beschaffenheit des Landes. In den westfälischen Gebirgsgegenden, wo ausgedehnterer Waldboden noch angetroffen wird und die Natur nur diese Benutzung gestattet, wo die Höfe davon größere Flächen besitzen, wird durch deren Zertheilung die Holzcultur, welche Geschlossenheit und Forstschutz bedingt, ungemein erschwert, weshalb denn auch im Siegenschen vor nun 120 Jahren, und in neuerer Zeit nach dessen Muster in dem zum Herzogthum Westfalen gehörigen Amte Olpe (wo die Zersplitterung seit Jahrhunderten herkömmlich war) aus Gründen des allgemeinen Wohls, wieder zur Zusammenlegung der bis auf 1 Q.-Ruthe zersplitterten Holzgründe, durch Einführung der Haubergs-Wirthschaft, geschritten worden ist. *)

---

*) Vergl. v. Vincke. „Ueber die Zerstückelung der Bauerhöfe und die Zersplitterung der Grundstücke in der Provinz Westphalen".

§. 5.

Der gegenwärtige Zustand des Landbaues.

Wiesenbau, Rindviehzucht, Holzcultur, sind Hauptgegenstände für die südlichen, wie Ackerbau, Viehzucht, Holzcultur für die nördlichen Gegenden. Die größere Thätigkeit für die eigentliche Landwirthschaft wird in letzteren durch die meist zerstreuete Lage der noch mehrentheils zusammengehaltenen Wirthschaftshöfe und die im Allgemeinen auch leidlichen Vermögensumstände ihrer Besitzer, so wie durch den, mittelst verbesserter Wege und Flußverbindungen erleichterten nahen Absatz von Bodenproducten in die gewerbreichen südlichen Districte von Westfalen und der Rheinprovinz, und somit bewirkte verhältnißmäßig hohe Getreidepreise sehr befördert. Der Hauptkornhandel findet auf den wöchentlichen Getreidemärkten zu Witten und Herdecke — auf der Grenzlinie der getreidereichen Hellwegsebene und der Märkisch-Bergischen Fabriklandschaft — statt. Hierher bringen die Landwirthe ihre Getreideladungen und nehmen dagegen Steinkohlen als Rückfracht. Von der andern Seite holen Hagen, Schwelm, Elberfeld, Lennep, welches mitunter die höchsten Kornpreise des ganzen Staats hat, hier ihren Getreidebedarf, wenn nicht etwa durch vorübergehende Umstände der Neußer Markt einmal niedrigere Preise haben möchte. Indessen geht der Ackerbau

Westfalens im Ganzen noch in den alten Gleisen vor sich. Die Fruchtfolge ist mitunter darin zu tadeln, daß rücksichtslos immer Halm- auf Halmfrucht gebauet wird. Der Futtergewächsbau wird im Allgemeinen noch nicht ausreichend betrieben, ohngeachtet eines in Harsewinkel bestehenden eigenen Kleesaamenmarktes, des auf dem Paderbornschen Kalkboden ziemlich verbreiteten Esparsette-, auch Lucerne-Baues, imgleichen des Baues von Spergel in den Sandgegenden, der sogenannten Klot-Rüben in den gestürzten Roggenstoppeln ꝛc. Die Provinz Westfalen, insbesondere das hochcultivirte, nur 11,62 Quadratmeilen große Siegensche Ländchen ist die eigentliche Heimath des rationellen Wiesenbaues. Die zahlreichen Thäler dieses Kreises bilden die natürlichsten Wiesengründe. Ihre Ausdehnung ist aber nicht beträchtlich.*) Ihr blos natürlicher Ertrag würde daher nicht hinreichen, um den zahlreichen Viehstand zu überwintern, und so dem Ackerlande den nöthigen Dünger und den Bewohnern die unentbehrlichsten Genußmittel zu verschaffen. So wie sich auf dem kleinen Siegenschen Erdrunde die Bevölkerung vermehrte, und die natürliche Production der Oberfläche

---

*) Es finden sich in Siegen: 27,772 Morgen Hochwaldungen, 102,935 Morgen Hauberge; 19,755 Morgen Wiesen; 26,967 Morgen Felder; 81 Morgen Weiher; 2394 Morgen 174 Q.-R. Wüstungen.

zur Befriedigung ihrer Bedürfnisse nicht mehr hinreichte, mußten daher die Siegerländer frühzeitig auf Mittel denken, durch Kunst und Thätigkeit zu erringen, was ihnen die Natur, sich selbst überlassen, verweigerte. Die Siegerländer legten sich daher frühzeitig auf den Wiesenbau, trockneten die sumpfigen, wässerten die trocknen Wiesenplätze, und erzielten so einen höheren Ertrag der Wiesen. Der eigentliche Zeitpunct, wo sich dieser Zweig der Landcultur erhob, läßt sich eben so wenig, als die stufenweise Ausbildung mit Gewißheit angeben. Doch scheint er schon im 15. Jahrhundert sich allgemein verbreitet zu haben. Nach und nach immer mehr durch Erfahrung festgestellt, durch die Speculationen verbessert, erhielt er in dem Zeitraume von 1750 bis 1780 an dem Bürgermeister Dresler zu Siegen einen vorzüglichen Beförderer. Er führte den eigentlich kunstmäßigen Wiesenbau auf wagrechte Gänge und Rücken mit gleichmäßiger Gefälleeintheilung in die Breite ein, welcher in dem letzten Jahrhundert mehr und mehr vervollkommnet, durch des verewigten Schwerz und Anderer Beschreibungen in weitern Kreisen bekannt, und in neuester Zeit in den verschiedensten Theilen Deutschlands mit gleichem Erfolge angewendet ist. In der Provinz hat er sich besonders nach dem Herzogthum Westfalen und der Grafschaft Mark zu verbreiten begonnen. — Für Veredlung der Viehracen, welche ohnehin durch Futtermittel bedingt wird, ist erst durch die landwirthschaftlichen Vereine gewirkt. Die Kreise Dortmund, Hamm und Soest haben, mit 600 bis 742 Pferden auf der Quadratmeile, den stärksten Pferdestand des Staats, nur einige Kreise der Provinz Preußen ausgenommen. —

Ein großer Theil des Bodens, die s. g. Heiden wurden bisher als Gemeingut neben den kärglichen Viehweiden nur dadurch benutzt, daß die Grasnarbe als Plaggen den Viehställen zugeführt ward, und selbst nach dessen durch die Theilung erfolgten Umwandlung in Privatgrund dauert dies noch häufig fort. Auf Gewinnung und Bewahrung besseren Düngers auf den Wirthschaftshöfen selbst wird noch zu wenig Gewicht gelegt; die Anwendung des Mergelns und Kalkens ist noch nicht in allgemeiner Uebung. Für Trockenlegung des oft sehr an schädlicher Nässe leidenden Bodens wird nur wenig gethan. Die Holzcultur erhält, wie schon angedeutet, nicht die erwünschte Pflege, und zur Befestigung des, jedoch nicht häufigen losen Wehesandes wird nicht das Geeignete vorgekehrt.

Die Hebung dieser Uebelstände, und durch solche die Vermehrung des Bodenertrages und die Verbesserung der Viehzucht wird von den einsichtsvollen thätigen Landwirthen als das für jetzt wichtigste Interesse der Landwirthschaft in Westfalen erkannt und erstrebt; — das meiste rege Bemühen beweisen dafür die wenigen der bedeutenderen Gutsbesitzer, welche sich selbst mit der Landwirthschaft befassen, und andere Landwirthe im Besitze größerer Bauerngüter. Von diesen gehen auch hauptsächlich die Fortschritte aus, welche im Wiesenbau, Anbau von Futterkräutern, Cultivirung wüsten Bodens, in der Holzcultur u. s. w. gemacht sind. Der kleinere und geringere Landmann ist wenig geneigt, bei beschränkten Mitteln auch häufig außer Stande, etwas zu leisten, womit Voranlagen verbunden sind, obgleich er dasjenige gern ergreift, von dessen Ausführbarkeit und Einträglichkeit er volle Ueberzeugung erlangt hat. Im Allgemeinen steht der Westfälische Landmann an Fleiß, Geschick und Aufmerksamkeit hinter keinem Andern zurück: einzelne Gemeinden, namentlich in den Kreisen Dortmund, Hamm, Soest, Minden ziehen aus ihren Gemarkungen staunenswerthe Erträge und rechtfertigen den hohen Stand der Pacht- und Kaufpreise des Bodens, welche diejenigen in den östlichen Provinzen des Staats bedeutend übersteigen, auf welche indessen auch die höheren Getreidepreise des westlichen Deutschlands vortheilhaft einwirken.

Es ist als ein Hinderniß des Fortschreitens zu bedauern, daß nur der geringere Theil der reich begüterten Besitzer, welche etwas zu wagen und mit neuen Einrichtungen vorzugehen im Stande sind, selbstthätig an der Landwirthschaft Theil nehmen. Zur Erleichterung der bäuerlichen Lasten hat die seit 1808 ergangene Gesetzgebung über den ländlichen Grundbesitz und in neuester Zeit die Errichtung der Tilgungscassen für das Paderbornische und Wittgensteinsche wohlthätig gewirkt.

§. 6.

Die Bedürfnisse der westfälischen Landwirthschaft.

Zu den Bedürfnissen, welche als die nächsten und dringendsten erscheinen, dürfte zuerst gehören: das Interesse für Förderung der Landwirthschaft nicht blos im Allgemeinen, sondern insbesondere bei den meist begüterten Eingesessenen zu erwecken und dabei zunächst auf Beseitigung derjenigen Mängel mit allen Kräften hinzuwirken, welche am meisten einem richtigen landwirthschaftlichen Betriebe entgegenstehen. Daher wird insbesondere durch die landwirthschaftlichen Vereine hinzuwirken sein: a) auf Einführung verbesserter örtlich anpassender Fruchtfolgen; b) auf Beförderung des Anbaues von Futtergewächsen; c) auf Verbesserung der Wiesen; d) Veredelung der Viehracen; e) bessere Aufbewahrung und Vermehrung des Düngers; f) Förderung des Mergelns, Gypsens, Kalkens. — Als Gegenstände demnächstiger, auch erheblicher Bedeutung würden hieran sich schließen, Maaßregeln: a) zur Abwässerung der niedrig gelegenen sumpfigen Grundflächen; b) zum Schutze gegen Versandung cultivirter Grundstücke durch Befestigung der Sandschollen; c) zur Cultivirung wüster Grundstücke, Behufs Benutzung zu Acker, Weide, Wiesen, Holzung; d) zur

Förderung der Obstbaumzucht, des Seidenbaues, der Bienenzucht 2c. Als Mittel zur Erreichung dieser Zwecke werden besonders bezeichnet: hinsichtlich der Wiesencultur: die Nutzbarmachung der zum Theil schon vorliegenden Gesetze wegen Benutzung des fließenden Wassers; hinsichtlich der Holzcultur in den südlichen Kreisen von Arnsberg, der Steuerung des Holzdiebstahls, der Forst- und Jagdordnung; hinsichtlich des Landbaues eine wirksame Feldpolizei-Ordnung, die Anordnung von Creditcassen zur Erleichterung sowohl der Ablösung von bäuerlichen Leistungen als der Verkoppelungen und des Abbaues und zu landwirthschaftlichen Verbesserungen; — sodann zur directen Belebung der landwirthschaftlichen Betriebsamkeit im Allgemeinen: Förderung nützlicher Thätigkeit der landwirthschaftlichen Orts-, Kreis-, Haupt- (Regierungsbezirks-) Vereine durch die Gewährung einiger Geldmittel; Errichtung von Ackerbauschulen und Musterwirthschaften, wodurch besser dahin gewirkt werden könnte, daß die große Masse der kleineren Landwirthe die Thunlichkeit und Vortheile verständiger Veränderungen practisch erfaßt; auch Veranstaltung von Thierschauen, Vertheilung von Sämereien, Geräthen, Modellen u. s. w. an Solche, die Ausführungen unternehmen oder schon mit Erfolg bewirkt haben.

Ein, wiewohl in seiner Wirkung nützliches, doch

minder wesentliches Moment erkannte der verstorbene Ober-Präsident von Vincke in der Gründung besonderer Versuchs-, Uebungs- und Lehranstalten für die abweichenden Oertlichkeiten — Veranstaltungen, deren vorzugsweise Ersprießlichkeit in neuester Zeit andere landes- und volkskundige Männer ganz besonders hervorgehoben haben und für deren den dortigen Verhältnissen entsprechende Einrichtung seitdem mehrfache Vorschläge und Einleitungen gemacht worden sind.

VIII. Die Rheinprovinz.

§. 1.

Allgemeine Areal-, physicalische und Populationsverhältnisse.

Die Rheinprovinz nähert sich in ihrer Größe am meisten der Provinz Sachsen; sie ist dem Umfange nach das sechste unter den acht Hauptgebieten der Monarchie, denn ihr Areal beträgt 487,14 Q.-Meilen, von welchen angehören:

dem Regierungsbezirk		Cöln	72,40
„	„	Düsseldorf	98,32
„	„	Coblenz	109,64
„	„	Trier	131,13
„	„	Aachen	75,65.

Der Volkszahl nach nimmt die Rheinprovinz den zweiten, der Dichtigkeit der Bevölkerung nach mit 5500 Seelen auf der Quadratmeile den ersten Rang ein. Gleich Westfalen ist die Rheinprovinz größtentheils ein Berg- und Hügelland, denn die Gebirgslandschaften nehmen hier einen Raum von 315 Q.-Meilen ein. In den Kreisen Malmedy, Eupen, Montjoie und Prüm findet sich, nächst der noch höheren Schneeeifel im südlicheren Theile der Provinz die höchste Gegend auf dem linken Rheinufer, das hohe Veen, ein 4—5 Meilen langes und breites, 1100 Fuß hohes, keiner Vegetation fähiges, mooriges und sumpfiges Plateau. Aus dem Luxemburgischen ziehen sich über einen Theil der Regierungsbezirke Cöln, Aachen, Coblenz und Trier die wilden Bergmassen der an ihren höchsten Puncten sich bis 2300 Fuß über dem Meere erhebenden Eifel. Zwischen den Flüssen Nahe, Rhein und Mosel dehnt sich in den Regierungsbezirken Coblenz und Trier von Morgen gegen Abend das waldige Hundsrückengebirge aus, dessen höchster Kopf bis 2520' über dem Meere emporragt. Der südliche Theil des Regierungsbezirks Trier wird von dem Steinkohlengebirge der Saar ausgefüllt. Auf dem rechten Rheinufer, zwischen dem Rhein und der Weser, der Lippe und Lahn erstreckt sich das niederrheinisch-westfälische Gebirge (mit mehreren Haupt- und Nebenzügen, als: dem Westerwald, dem Siebengebirge ꝛc.).

Deutschlands Hauptstrom, der Rhein, bewässert die drei Regierungsbezirke Cöln, Düsseldorf, Coblenz, auf beiden Ufern eine Menge Nebenflüsse, darunter als vorzüglichste die Nahe, Mosel, Saar, Lahn, Wied, Sieg, Wipper, Ruhr, Lippe ꝛc. aufnehmend. So reich an fließenden Gewässern, ist die Provinz, gleich Westfalen, mit Landseen nur dürftig ausgestattet; außer dem 1,325 Morgen großen Lacher See, im Kreise Mayen, vulcanischen Ursprungs, dem Kellberger Teich, am Fuße des Kellberges, dem Maarfelder Maar am Abhange des Mosenberges im Kreise Hochheim, finden sich nur in den westlichen Kreisen des Regierungsbezirks Düsseldorf einige Seen, die bei einer Breite von 100 bis 300 Ruthen sich in der Länge von ¼ — ½ Meile ausdehnen. Dagegen gehören von den 108 mineralischen Brunnen und Quellen der Monarchie 31 diesem Theile derselben an.

Die mannigfachen Abänderungen der Oberfläche bedingen hier auch eine große Verschiedenheit des Climas; in den gebirgigen Gegenden rauh, ist solches in den Thälern und Ebenen gemäßigt. Im Allgemeinen wird man die hiesige Jahreswärme ebenso wie die Westfalens fast um 1° höher annehmen können, als die der mittleren Provinzen. Vorherrschend sind Süd- und Westwinde, doch sind auch die Nordwinde häufig. Im flachen Lande beträgt die jährliche Regenmenge auf der Fläche eines Quadratschuhs im Durchschnitt 20″.

Nach den Ergebnissen des Catasters wurden von dem cultivirten Areal 1840 benutzt, als:

Ackerland	4,137,946	Magd. Morgen,
Gartenland u. Gemüsefelder	196,660	" "
Latus	4,334,606	Magd. Morgen,

Viehstand in der

Regierungsbezirke.	Kreise.	Pferde. Ueberhaupt.	Pferde. Auf der geogr. Quadr. Meile.	Pferde. Auf 10 Menschen.	Ue
Köln.	1. Wipperfurt	604	106	0,24	
	2. Gummersbach	431	73	0,15	
	3. Waldbroel	180	33	0,09	
	4. Siegkreis	2,099	150	0,28	
	5. Mühlheim	1,203	170	0,30	
	6. Köln, Stadt	1,199			
	7. Köln, Land	3,610	445	0,60	
	8. Bergheim	3,283	496	0,89	
	9. Euskirchen	2,765	415	0,93	
	10. Rheinbach	2,004	278	0,70	
	11. Bonn	1,635	296	0,31	
	Summe	19,013	263	0,41	1
Düsseldorf.	1. Kleve	4,271	470	0,89	
	2. Rees	2,859	312	0,54	
	3. Duisburg	4,728	401	0,18	
	4. Geldern	8,255	424	0,90	
	5. Kempen	2,744	387	0,47	
	6. Krefeld	2,137	544	0,40	
	7. Düsseldorf	2,478	337	0,32	
	8. Elberfeld	2,221	406	0,19	
	9. Lennep	1,111	201	0,17	
	10. Solingen	1,643	307	0,26	
	11. Neuß	2,673	502	0,74	
	12. Grevenbroich	2,340	542	0,68	
	13. Gladbach	2,089	469	0,37	
	Summe	39,549	400	0,46	1
Koblenz.	1. Koblenz	1,437	292	0,23	
	2. St. Goar	771	91	0,22	
	3. Kreuznach	1,680	167	0,31	
	4. Simmern	1,867	180	0,50	
	5. Zell	967	143	0,34	
	6. Kochem	1,204	132	0,37	
	7. Mayen	2,835	269	0,62	
	8. Adenau	820	82	0,37	
	9. Ahrweiler	838	124	0,26	
	10. Neuwied	1,063	94	0,18	
	11. Altenkirchen	611	53	0,17	
	12. Wetzlar	848	88	0,21	
	Summe	14,941	136	0,30	
Trier.	1. Daun	1,320	119	0,55	
	2. Bitburg	2,462	175	0,60	
	3. Prüm	1,515	91	0,50	
	4. Wittlich	911	78	0,26	
	5. Bernkastel	1,367	113	0,31	
	6. Trier, Stadt	349	317	0,13	
	7. Trier, Land	3,115	180	0,54	
	8. Saarburg	3,451	418	1,19	
	9. Merzig	2,769	364	0,87	
	10. Saarlouis	4,049	502	0,84	
	11. Saarbrück	2,613	374	0,67	
	12. Ottweiler	1,255	225	0,44	
	13. St. Wendel	1,593	152	0,42	
	Summe	26,769	204	0,56	
Aachen.	1. Erkelens	2,116	403	0,61	
	2. Heinsberg	1,899	430	0,58	
	3. Geilenkirchen	1,827	505	0,71	
	4. Jülich	3,288	565	0,86	
	5. Düren	3,758	367	0,73	
	6. Aachen, Stadt	793			
	7. Aachen, Land	3,431	560	0,58	
	8. Eupen	730	228	0,34	
	9. Montjoie	880	133	0,46	
	10. Schleiden	2,383	159	0,67	
	11. Malmedy	941	63	0,32	
	Summe	22,046	291	0,56	
	Summe der Provinz	122,318	251	0,46	

nz zu Ende 1843.

	Schaafe.			Schweine.		
Auf 10 Menschen.	Ueberhaupt.	Auf der geogr. Quadr. Meile.	Auf 10 Menschen.	Ueberhaupt.	Auf der geogr. Quadr. Meile.	Auf 10 Menschen.
4,37	229	40	0,91	1,060	187	0,42
3,58	964	163	0,33	2,213	373	0,76
4,57	1,360	249	0,71	1,753	320	0,92
3,92	3,712	266	0,49	5,675	407	0,76
3,19	4,810	679	1,21	3,579	506	0,90
	9			270		
2,89	14,324	1764	3,08	6,200	764	1,33
3,74	8,089	1222	2,21	5,537	836	1,51
4,62	20,170	3024	6,79	5,955	893	2,00
4,72	12,185	1688	4,24	4,775	661	1,66
2,26	3,322	601	0,64	3,091	559	0,59
3,00	69,174	955	1,49	40,108	554	0,86
3,90	5,086	560	1,06	8,396	925	1,75
3,49	7,515	820	1,42	6,245	682	1,18
1,94	11,276	957	1,15	11,289	958	1,15
3,22	14,652	752	1,60	13,507	693	1,47
1,99	2,144	302	0,37	5,647	796	0,97
1,34	3,829	974	0,72	4,082	1039	0,77
1,60	8,673	1180	1,13	5,203	708	0,68
0,78	6,835	1250	0,58	3,125	571	0,26
1,87	34	6	0,01	864	156	0,13
1,79	6,382	1193	1,01	3,384	633	0,53
2,58	7,543	1418	2,95	5,717	1075	1,59
2,33	4,047	937	1,18	4,893	1133	1,43
1,43	1,085	244	0,19	3,757	844	0,67
2,05	79,101	805	0,93	76,109	774	0,89
1,58	5,120	1041	0,83	1,663	338	0,27
3,27	6,475	764	1,85	2,282	269	0,65
2,94	1,393	138	0,26	4,795	475	0,89
4,99	11,535	1109	3,07	6,564	631	1,75
3,53	5,535	818	1,94	2,775	410	0,97
3,12	17,602	1924	5,42	2,178	238	0,67
3,41	26,057	2451	5,70	4,435	420	0,97
4,99	30,625	3062	13,65	2,137	214	0,95
3,37	10,405	1539	3,23	2,085	308	0,65
3,72	9,293	822	1,58	3,457	306	0,59
5,75	2,341	201	0,65	5,481	472	1,52
4,59	24,331	2534	5,99	7,969	830	1,96
3,57	150,712	1374	3,08	45,821	418	0,94
5,40	26,325	2370	11,05	3,221	290	1,35
4,12	25,896	1839	6,33	8,240	585	2,01
6,33	37,246	2228	12,29	4,373	262	1,44
3,68	16,427	1408	4,72	4,635	397	1,33
3,78	13,045	1075	2,96	6,538	539	1,48
0,66	789	717	0,29	598	544	0,22
3,60	19,596	1129	3,43	8,575	494	1,50
2,90	2,924	354	0,98	6,949	842	2,32
2,67	7,661	1008	2,42	6,470	851	2,04
2,41	6,538	811	1,35	6,731	835	1,39
2,45	3,495	501	0,89	5,862	840	1,49
3,13	5,684	1020	1,98	3,931	706	1,37
4,84	8,904	848	2,38	6,530	622	1,71
3,47	174,530	1331	3,65	72,653	554	1,52
2,46	3,288	626	0,95	4,579	872	1,32
3,51	3,667	830	1,12	5,446	1232	1,67
3,01	4,877	1347	1,91	3,009	831	1,18
3,06	8,687	1493	2,26	5,416	931	1,41
3,26	21,288	2179	4,11	7,320	716	1,41
	831			336		
2,08	9,262	1511	1,57	5,032	821	0,85
3,83	354	111	0,16	1,245	389	0,58
5,46	5,241	794	2,70	2,397	363	1,23
4,28	27,911	1086	7,89	3,696	246	1,05
5,98	16,270	1098	5,54	3,920	265	1,33
3,08	101,676	1344	2,58	42,396	560	1,08
2,90	575,193	1181	2,15	277,087	569	1,03

Transport	4,334,606	Magd.	Morgen,
Wiesen, Weiden und Hütung	1,026,997	"	"
Heiden, Wild- und Schiffelland	1,480,296	"	"
Waldung	3,203,662	"	"
Weinberge	49,730	"	"
sonstige Culturarten .	49,539	"	"
Wege, Flüsse und Bäche	304,440	"	"
zusammen	10,449,270	Magd.	Morgen.

Zu Ende des Jahres 1843 stellte sich hier das Populationsverhältniß, welchem wir wiederum gleich das des Viehstandes zur Seite stellen wollen, wie folgt:

	Bevölkerung.	Pferdestand.	Rindviehst.	Schaafst.	Schweinest.
Regb. Cöln . .	465,363	19,013	139,708	69,174	40,108
" Düsseldorf	809,951	39,549	174,639	79,101	76,109
" Coblenz	478,430	14,941	174,729	150,712	45,821
" Trier . .	470,444	26,769	166,053	174,530	72,653
" Aachen .	385,388	22,046	121,324	101,676	42,396.

Die Beilage H. giebt die besonderen Verhältnisse an.

Die Provinz zählt 14 große, 10 Mittelstädte erster und 18 Mittelstädte zweiter Classe. Auf 3 □.-Meilen kommt eine Stadt. Folgendes ist das Verhältniß der Stadt- zu den Landbewohnern:

	Stadtbewohner.	Landbewohner.	auf 100 Stadtbewohner kommen Landbewohn.
Im Ganzen	738,730	1,940,778	263
Regb. Cöln . .	127,192	338,171	266

	Stadtbewohner.	Landbewohner.	auf 100 Stadtbewohner kommen Landbewohner.
Regb. Düsseldorf	347,943	503,513	145
„ Coblenz .	101,235	388,665	384
„ Aachen . .	102,544	291,907	285
„ Trier . .	59,816	418,522	700.

Der Höhestand der technischen Cultur — wir meinen das Uebergewicht derselben — gegen die physische tritt auch aus den vorstehenden, sehr abweichenden Zahlen-Verhältnissen hervor.

Unter allen Provinzen des Staates hat die Rheinprovinz die stärkste catholische Bevölkerung; sie überwiegt die evangelische um mehr als das Dreifache (23,70 pCt. Evangelische gegen 75,22 pCt. Catholiken), während im Großherzogthum Posen jene nicht viel mehr als doppelt so stark als diese ist, in Westfalen, Catholiken und Protestanten sich etwa wie 4:3 verhalten, in allen übrigen Provinzen aber die evangelische Kirche mehr Anhänger als die catholische zählt.

§. 2.

Productions-, Industrie- und Verkehrsverhältnisse.

Ueber das, was dem Boden an landwirthschaftlichen Erzeugnissen abgewonnen wird, giebt die weiter unten folgende Darstellung der hiesigen landwirthschaftlichen Zustände Auskunft. Hier möge nur derjenigen Gegenstände gedacht werden, welche vorzugsweise Handels-Export-Artikel bilden. Es sind:

Getreide, vom linken Ufer nach den Niederlanden, Rübsaamen aus den Regierungsbezirken Cöln und Coblenz, Flachs, der besonders aus der Gegend des Hundsrücks und aus dem Jülicher Lande nach den Niederlanden geht, Kleesaamen aus den nördlichen Theilen des Regierungsbezirks Düsseldorf, Holz aus den Regierungsbezirken Trier und Coblenz; Mosel- und Rheinweine, Obst, auch Cider; ferner: fette Hammel aus der Eifel, den Ardennen und dem Hundsrücken, Schweine aus der Eifel ꝛc. nach Frankreich und den Niederlanden; endlich: Tannen- und Eichenlohrinde und Holzkohlen. Dem Innern der Erde werden besonders: Eisen, Blei, Galmei, Gyps, Schiefer, Steinkohlen, Braunkohlen ꝛc. abgewonnen. Mühlsteine und Traß, Lavasteine aus früheren vulcanischen Ausbrüchen, die sehr wichtig für Industrie und Bauanlagen sind, werden durch die ganze Provinz und auch in das Ausland gesandt. Auch Basalt, Marmor, Sandsteine, Kalk bilden erhebliche Gegenstände des Steinbruchbetriebes.

Die verarbeitenden Gewerbe und die eigentlichen Fabriken haben hier seit lange eine Ausdehnung wie wohl in keiner andern Gegend Deutschlands und zwar vornehmlich in drei Landschaften gewonnen: einmal im Niederbergischen, in und um Elberfeld, Barmen, Lennep, Solingen — dem Hauptsitze der Metall-, Gespinnst- und Zeugfabrication; dann im Regierungsbezirk Aachen in und um Aachen,

Düren, Eupen, Montjoie, Malmedy, Schleiden 2c., wo namentlich die Tuchfabriken, die Lederfabrication 2c. Tausende von Menschen, erstere circa den 6. Theil aller im Umfang des Preußischen Staats in Wolle und Halbwolle arbeitenden Stühle beschäftigt; und endlich in der Fabriklandschaft an der Niers, als deren Hauptplätze Krefeld, Gladbach und Viersen anzusehen sind.

Außer den sieben schiffbaren Flüssen der Provinz: Rhein, Mosel, Saar, Nahe, Sieg, Ruhr, Lippe erleichtern und begünstigen zahlreiche Kunststraßen, Dampfschifffahrten, und neuerdings die Eisenbahnen den Verkehr und Handel aufs Beste, welcher letztere von landwirthschaftlichen Gegenständen, namentlich: Getreide, Flachs, Hopfen, Karden, Wolle, Häute, Schlachtvieh 2c., der Provinz zuführt. — Die Handelsbilanz ist im Ganzen eine günstige.

§. 3.

Der Boden.

Mit der Verschiedenartigkeit der Oberflächengestalt stehen mannigfache Abstufungen der Bodengüte in Zusammenhang. Im Ganzen genommen ist die Rheinprovinz, nach Maaßgabe ihrer physischen Beschaffenheit, im Vergleiche gegen andere Provinzen, agronomisch bevorzugt; als vorherrschend unfruchtbar sind nur die Eifel mit dem hohen Veen, die höheren Partieen des Hundsrücks und Westerwaldes, einige Striche des Oberbergischen, die Bönninghaardt und andere kleinere Heiden anzusehen.

Die oben gedachte Eifel ist nicht allenthalben mit schlechtem verwerflichem Boden begabt. Die hohe Lage, der Hang der Gebirge, die in und über der Erde zerstreueten Steinmassen ꝛc. bieten ohngleich größere Schwierigkeiten dar, als der Boden. Auf dem zwischen dem Rheine, der Nahe und der Mosel eingeschlossenen hohen Hundsrücken ist der größere Theil des Bodens schwer, die Krume eher seicht als tief. Der Untergrund besteht aus festem Lehm, häufig aus Eisenstein. Bei feuchtem Wetter ist er nicht gut zu bearbeiten. Bei dem Froste wird nicht selten das Getreide, sowie der Klee, aus der Erde gehoben. Die Thäler sind meist morastig. Für diese und andere rauhe Erdstriche hat die Natur dem Rheinlande in den beträchtlichen, unfruchtbaren Ebenen, welche sich von Bonn und dem Siebengebirge aus stromabwärts an beiden Ufern des Stroms bilden, einen schönen Ersatz geboten. Der hiesige angeschlemmte Thon und Sand, und Grand und Kiesel und verwitterte Steine in tausend verschiedenen Mischungen enthaltende, in seinem Untergrunde noch verschiedener zusammengesetzte Boden ist überall, einige moorige und sandige Flächen ausgenommen, von hoher Fruchtbarkeit. Die ganze flache Nordhälfte der Provinz von Aachen und Bonn abwärts, bis an die niederländische Grenze, besteht fast durchweg aus dem ergiebigsten Weizenboden;

auch in den südlichsten Gegenden des Regierungsbezirks Trier begegnet man demselben noch wieder, während im Regierungsbezirk Coblenz der Mittelboden vorherrscht. Wo, wie an den Ufern der Mosel, der Nahe, der Aar, des Rheins, felsiger Grund den Ackerbau verhindert, tritt der Weinbau in seine Stelle.

§. 4.

Die landwirthschaftliche Bodenaustheilung.

Ein Hauptmoment zur Bestimmung der Eigenthümlichkeiten des landwirthschaftlichen Gewerbes in der Rheinprovinz liegt in der Parcellirung des Bodens. Große Landwirthe, d. h. solche von mehreren hundert Morgen — denn Güter von einigen 1000 Morgen gehören vollends zu den Seltenheiten — finden sich in einigermaaßen bedeutender Zahl nur noch in den Regierungsbezirken Cöln und Düsseldorf, die größten in den Kreisen Duisburg, Rees und Cleve. Aber auch auf diesen umfangreicheren Besitzungen findet die den großen Gütern sonst eigenthümliche Wirthschaftsart in der Regel nicht statt. Die unzusammenhängende Lage der zu diesen Gütern gehörenden Grundstücke macht es vielmehr in den mehrsten Fällen erforderlich, daß sie entweder in kleinere Pachthöfe zerlegt, oder gar in einzelnen Ackerparcellen verpachtet werden. Nur der bei weitem kleinere Theil von ihnen wird von den Eigenthümern selbst im Ganzen bewirthschaftet. — Diesen größeren Besitzungen gegenüber, welche nach Ansicht dortiger Sachvertraueter nicht mehr als 3 Procent des Gesammtareals der Provinz einnehmen dürften, finden sich die kleineren Besitzstände in den verschiedenartigsten Abstufungen. Auch hier ist es wieder der Regierungsbezirk Düsseldorf, welcher mit Ausnahme der Bergischen Fabrikdistricte die größten Bauergüter aufzuweisen hat, während die am weitesten vorgeschrittene Parcellirung im Regierungsbezirke Trier, namentlich im Moselthal, wo Besitzungen von etwa 8 Morgen schon zu den großen gehören, angetroffen wird.

Eine die hiesige Landvertheilung genau in Zahlen aussprechende Uebersicht geben die unten stehenden, aus amtlichen Angaben zusammengestellten Tabellen. Die erste Tabelle betreffend, so geht schon aus Obigem hervor, daß sich in der Rheinprovinz für die erste Classe der Güter die frühere Größe von 10 Hufen Magdb. oder 300 Morgen nicht festhalten läßt; selbige sinkt hier noch bis 4,5 Hufen herab. In dem Coblenzer Regierungsbezirk finden sich nach dem Cataster außer den Matrikelgütern noch 6 Besitzungen zwischen 400 und 200 Morgen, 111 zwischen 200 und 100 Morgen, 610 zwischen 100 und 60 Morgen, 21,104 zwischen 60 und 10 Morgen, 40,786 unter 10 Morgen. Jene Matrikelgüter umfassen überhaupt 29,220 Morgen, d. h. iedes durchschnittlich 812 Morgen. Dagegen umfassen die 14 Rittergüter des Regierungsbezirks Trier überhaupt nur 5,115 Morgen Magdeb. (also durchschnittlich jedes 365 Morgen) oder zusammen nur das Areal eines Landgutes von mittlerer Größe in den östlichen Provinzen (71 Huf. Culm.); mit Einschluß jener Rittergüter giebt es im Trierschen Bezirk 2417 Besitzungen zwischen 100 und 40 Morgen, 7350 zwischen 40 und 20 Morgen, 39,120 zwischen 20 und 1 Morgen und 122,155, die noch weniger als 1 Morgen tragen.

	Rittergüter.	Antheil an dem Areal aller ländl. Besitzungen.	Auf eine □. Meile größere ländl. Besitzungen.
Im Ganzen	487	7,6 pCt.	1,00
Reg.-Bez. Cöln . . .	151	13,2 "	2,09
" " Düsseldorf	176	12,9 "	1,79
" " Coblenz . .	36	2,2 "	0,33
" " Aachen . .	110	7,5 "	1,31
" " Trier . . .	111	0,6 "	0,11

	A. Landbesitzungen von 40 Morgen Flächengröße oder mehr.	B. Landbesitzungen von 1 bis 40 Morgen Größe.	Zusammen.	Antheil dieser Besitzung. an der urbaren Fl. der Landbesitzer.	C. Landbesitzg. von weniger als 1 Morgen Fläche.	Antheil ihrer Besitzung. an der urbaren Fläche der Landbesitz.	Summe der Wirthschaft. A. B. C.	Auf 1 Q.-M. kommen.
Im Ganzen . . .	14,684	115,582	130,266	— pCt.	249,438	— pCt.	379,704	779,7
Cöln	2,558	22,016	24,574	— „	35,395	— „	59,969	832,9
Düsseldorf	5,985	18,165	24,150	— „	29,680	— „	53,830	549,3
Coblenz	1,751	18,541	20,292	66,1 „	42,355	31,8 „	62,647	569,5
Aachen	1,973	10,390	12,363	— „	19,853	— „	32,216	423,9
Trier	2,417	46,470	48,887	85,2 „	122,155	14,2 „	171,042	1305,7

Es ist als Folge der starken Parcellirung dargestellt worden, daß:

1) dem Boden durch die intensive Wirthschaft, welche die dichte Bevölkerung und die damit zusammenhängende Parcellirung des Landes möglich mache, ein sehr hoher Rohertrag abgewonnen, daß aber:

2) wegen der geringen Zahl größerer Landwirthe Intelligenz und Sinn für landwirthschaftliche Verbesserungen unter der ländlichen Bevölkerung der Provinz weniger, wie in andern Provinzen gefunden werde.

Ersterer Satz ist im Königlichen Landes-Oeconomie-Collegium, und zwar von dem Landes-Oeconomie-Rath Koppe, lebhaft bestritten worden. Die Richtigkeit desselben will letzterer nur anerkennen, wenn man bei der Vergleichung zwischen großen und kleinen Wirthschaften von dem Standpuncte ausgeht, für diese eine intensive und für jene eine extensive Cultur vorauszusetzen, mithin für die kleinen halben Gartenbau und für die großen eine gewöhnliche Weidewirthschaft anzunehmen. Dies sei aber eine falsche Prämisse und die Frage sei richtiger so zu stellen: „wird dem Boden ein höherer Ertrag abgewonnen, wenn er mit Spaten, Harke und Hacke, also durch Handarbeit, oder wenn er mit Pflug, Egge und ähnlichen Werkzeugen, also auch Gespannarbeit behandelt wird?" in welchem Falle die Antwort entschieden zu Gunsten des mit Gespannkräften betriebenen sinnigen Ackerbaues ausfallen werde, wovon er

(Koppe) sich in der Rheinprovinz aus eigener Anschauung überzeugt und die Erklärung dieser, wohl Vielen ein Problem bedünkenden Erscheinung hauptsächlich in der durch die Anwendung zweckmäßiger Ackerwerkzeuge zu Wege gebrachten vollständigeren Mürbung und selbst tiefern Umrührung der ganzen Krume, so wie überhaupt in der mit geringerem Nachdenken beschafften Ausführung der ackerbaulichen Verrichtungen Seitens der von körperlicher Anstrengung und Sorge niedergedrückten Weinbauern zu finden geglaubt hat.

Gewiß ist es, daß die Kauf- und Pachtpreise in der Rheinprovinz höher, wie in den andern Provinzen stehen, und daß mithin die Bewirthschafter im Stande sein müssen, höhere Geld-Erträge aus dem Boden zu ziehen.

Auch der zweite Satz ist in diesem Collegium bestritten und behauptet worden, daß der Rheinische Landmann, namentlich in Gegenden wo der Landbau vorherrscht, wie im Clevischen, im Jülicher Lande, im Saargau und auf dem Hundsrück sowohl in allgemeiner Schul- als specieller Fachbildung und verständigem Wirthschaftsbetrieb höher stehe, wie in den meisten Gegenden der Ostprovinzen.

§. 5.

Gegenwärtiger Zustand der Landwirthschaft.

Unter den verschiedenen Zweigen der Landwirthschaft nimmt der Ackerbau die erste Stelle ein, indem ihm nicht allein die bedeutendere Ausdehnung gegeben, sondern in den meisten Theilen der Provinz auch eine bei weitem größere Sorgfalt, als namentlich häufig der Viehwirthschaft zugewendet wird.

Dreifelder-Wirthschaft, namentlich die reine Dreifelder-Wirthschaft mit unbebauter Brache, findet sich nur noch in wenigen Gegenden, hauptsächlich in der Eifel und deren nordwestlichen Abdachung, zum Theil auch noch an der Saar, auf dem Hundsrück, im Wetzlarschen und Oberbergschen. In diesen Gegenden stützt sich die Dreifelder-Wirthschaft auf die dort bestehenden Weideservitute in den Forsten oder auf noch eingetheilte Allmenden, während da, wo mit der dichter werdenden Bevölkerung und mit der steigenden Bodenzerstückelung die Waldungen eingeschränkt und die Wildländereien verschwunden sind, die Weide der Stallfütterung Platz gemacht und auf Grund dieser eine mehr oder minder freie Fruchtwechsel-Wirthschaft sich Eingang verschafft hat.

Die Hauptendenz des rheinischen Ackerbaues ist der Körnerbau, und zwar, im Vergleiche mit den übrigen Theilen der Monarchie, vorzugsweise der Weizenbau, — durch welchen auch der große Bedarf der Provinz nicht nur vollständig gedeckt, sondern auch in dem nordwestlichen Theile derselben, wo der Landbau überhaupt des zweckmäßigsten Betriebes sich zu erfreuen hat, noch zur Ausfuhr producirt wird. Daß daneben auch der Futterbau eine bedeutende Ausdehnung gewonnen hat, beweist schon das oben in Beziehung auf die Stallfütterung Gesagte. Am allgemeinsten und schon seit längerer Zeit in der Provinz einheimisch ist die Cultur des rothen Klees, wogegen der Verbreitung des weißen Klees, seiner nachhaltig bessern Eigenschaften ohnerachtet, der für kleine Wirthschaften allerdings beachtungswerthe Umstand, daß er eine geringere Futtermenge giebt, entgegensteht. Der Anbau der Lucerne fängt erst seit Kurzem an, sich allgemeineren Eingang zu verschaffen. Die Esparsette verbreitet sich insbesondere auf dem Kalkboden des Kreises Prüm. Im Allgemeinen läßt sich jedoch nicht verkennen, daß der Futterkräuterbau noch nicht auf genügender Stufe steht.

Von den zum Winterfutter bestimmten Wurzelgewächsen wird die Kartoffel am meisten gebaut, indeß ist auch die Runkelrübe und weiße (Stoppel-) Rübe verbreitet. Fremde Beobachter dürften Recht haben, wenn sie eine größere Ausdehnung des Erdfruchtbaues in Vorschlag bringen und in der dermaligen Beschränktheit desselben einen Hauptgrund des herrschenden Düngermangels erkennen.

Als Betriebsmängel stellen sich sonst noch besonders heraus: fehlerhafte Ackergeräthe und Dungstätten, *) Sorglosigkeit in der Wahl des Fruchtsaamens und der Fruchtfolge.

Der Wiesenbau steht in der Provinz im Allgemeinen auf einer weit niedrigeren Stufe als der Ackerbau. Mit Ausnahme der an das Siegensche anstoßenden Kreise sind es nur die landwirthschaftlichen Localabtheilungen Saarbrücken, Saar, Cleve, Rees, Solingen, zum Theil auch Malmedy und Montjoie, deren Wiesen in einem befriedigenden Zustande sich befinden, obgleich es auch anderwärts weder an gut gelegenen Wiesenthälern, noch an Wasserreichthum mangelt. Das Haupthinderniß des Fortschritts liegt hier, wie beim Ackerbaubetrieb, in der Parcellirung, obwohl einem ernsten Willen die Besiegung desselben keineswegs unmöglich ist, wie das Beispiel des Landraths Fuchs zu Merzig bewiesen hat, dessen rastlosem Streben es gelungen ist, dem Wiesenbau seines Kreises, namentlich durch zweckmäßige Entwässerungen, einen bedeutenden Aufschwung zu verleihen. Im Uebrigen muß hier noch des in der hiesigen Provinz hervortretenden Nachtheils der Wiesenbehütung, namentlich im Frühjahre, welchem das französische Ruralgesetz vom $\frac{\text{28. September}}{\text{6. October}}$ 1791 nicht genügend abhilft, gedacht werden.

---

*) In letzterer Beziehung machen nur die landwirthschaftlichen

Daß der rheinische Landwirth der **Viehzucht** im Allgemeinen eine zu geringe Aufmerksamkeit zugewendet, ist oben bereits angedeutet. Wenngleich die Resultate der Mahl- und Schlachtsteuer ergeben, daß in den Städten am Rhein im großen Durchschnitt auf den Kopf die meiste Fleischnahrung kommt, ferner, daß das Stück Vieh, welches in den Städten geschlachtet wird, im Durchschnitt stärker ist, als in den meisten andern Provinzen, auch auf die Q.-Meile am Rhein mehr Vieh gezählt wird, als in den übrigen Provinzen: so kann man vom landwirthschaftlichen Standpuncte aus der Betrachtung sich doch nicht erwehren, daß namentlich in der Viehwirthschaft am Rhein noch viel mehr geschehen könnte, ihr von den dortigen Landwirthen nicht die größeste Aufmerksamkeit gewährt wird. Man hält dafür, daß insbesondere bei der Veredelung der Racen nach keinem festen Principe verfahren und deshalb kein entschiedener Fortgang gemacht werde. Fremde Beobachter haben als ein viel näher liegendes und wirksameres Aufhülfsmittel die **Herbeischaffung reichlicheren und besseren Futters** empfohlen.

Was zuerst die **Pferdezucht** betrifft, so motivirt sich das geringe Interesse, welches im Allgemeinen für selbige angetroffen wird, durch den herrschenden Mangel

---

Localabtheilungen in Geldern, Kempen, Solingen und Coblenz (zum Theil) eine rühmliche Ausnahme.

passender Weiden, mehr aber durch die Art der Landauftheilung. Ein characteristischer Pferdeschlag existirt in dem größten Theile der Provinz nicht. Der schwere Pferdeschlag im Jülichschen und in dem fruchtbaren Theile der Eifel, namentlich im Kreise Bitburg nähert sich der niederländischen Art, wogegen auf dem Hundsrück und Hochwald eine kleine aber dauerhafte Pferdegattung, der Ardenner Race ähnelnd, gefunden wird. Ein sehr guter Mittelschlag von Pferden ist in den Kreisen Rees und Duisburg (die einzigen Gegenden fast, welche mit entsprechenden Weiden zur Pferdezucht ausgestattet sind) aus dem bis in die neuere Zeit erhaltenen wilden Gestüte des Duisburger Waldes hervorgegangen. Auch in den Kreisen Saarbrücken und St. Wendel hat sich ein durch die ehemaligen Zweibrücker Gestüte gehobener Pferdeschlag erhalten. — Für das Bedürfniß der Armee liefert die Pferdezucht in der Provinz wenig Brauchbares.

Die Rindviehzucht hat in der Provinz, wie es die starke Bevölkerung mit sich bringt, eine sehr große Ausdehnung gewonnen. In dieser rein quantitativen Beziehung übertrifft die Rheinprovinz die übrigen Provinzen der Monarchie bei weitem. (Vergl. §. 1.) Aber auch die Stammrace des Rindviehs hat in einigen Theilen der Provinz ausgezeichnete Eigenschaften. An der Holländischen Grenze und überhaupt im Regierungsbezirke Düsseldorf, mit Ausnahme der bergischen Fabrikdistricte, herrscht der holländische, durch Milchergiebigkeit und Mastfähigkeit sich auszeichnende Stamm vor. Die Birkenfelder Race, welche im südlichen Theile des Regierungsbezirks Trier, namentlich in den Kreisen St. Wendel und Ottweiler, verbreitet ist, hat ihrer guten Eigenschaften wegen längst allgemeine Anerkennung gefunden und hat insbesondere nach Frankreich beträchtlichen Absatz an Schlachtvieh. Im Kreise Altenkirchen hat die Verbreitung der Westerwalder Race wesentlich zur Verbesserung der Viehzucht beigetragen, im Kreise Wetzlar endlich das Vogelsberger Rindvieh Eingang gefunden. — Abgesehen von den hier speciell erwähnten Landestheilen bedarf die Rindviehzucht in der Provinz noch sehr der Verbesserung. Die Zuchtstier-Köhrordnung vom 28. Mai 1839 hat noch nicht genügend gewirkt, auf das Gemeinde-Faselvieh wird noch an vielen Orten zu wenig Sorgfalt verwendet. *) Ein großes Hinder-

*) Aus einer langen Debatte bei der Bonner Generalversammlung (1844) über die Zuchtstier-Köhrordnung entnahm der Landes-Oeconomie-Rath Koppe, daß dieselbe sogar mehr schade als nütze, wie alle Regierungsmaaßregeln, wenn sie sich auf directe Einwirkung auf gewerbliche Angelegenheiten beziehen. Nach seiner Meinung würde die Regierung wohl thun, die Anschaffung von Zuchtstieren und Zuchtebern den Bürgermeistern und Gemeinderäthen ganz zu überlassen, und diese nur zu unterstützen, damit die einzelnen Gemeindeglieder sich den Anordnungen derselben fügten. Die Ankörung durch eine Commission unter Controle der Staatsbeamten sei theils so umständlich, theils so theuer, daß ihm aus der er-

niß für die Verbesserung des Rindviehs sind auch — namentlich in der Eifel — die dort noch bestehenden Hütungs-Gerechtigkeiten, wodurch die Landleute veranlaßt werden, einen über die Futterproduction ihres Grundeigenthums weit hinausgehenden Viehstapel zu unterhalten, welcher dann auf den unergiebigen Weiden traurig verkümmert. Die größere Ausdehnung des Futterbaues und die Einführung der Stallfütterung werden, verbunden mit den sonstigen Vortheilen einer Aufhebung der Hütungs-Befugniß, in jenen Gegenden von dem wesentlichsten Nutzen sein.

Die Schaafzucht kann unter Bodenverhältnissen, wie sie die Rheinprovinz darbietet, nicht mit Vortheil betrieben werden. Sie hat in neuerer Zeit eher ab- als zugenommen: in den Kreisen Euskirchen, Adenau, Wetzlar werden verhältnißmäßig die meisten Schaafe gehalten, jedoch steht die Zucht auch hier, besonders was die Zucht feiner Schaafe zur Wollproduction betrifft, auf einer sehr niedrigen Stufe.*)

Die Schweinezucht wird in manchen Gegenden der Provinz mit Vortheil betrieben und bildet, wie schon

wähnten Debatte die Meinung geworden sei, die jetzige Köhrordnung sei ganz überflüssig.

*) Koppe bemerkt hierüber: „die in geringer Anzahl gehaltenen Schaafe tragen durchweg eine grobe schlichte Wolle. Ihre Haltung aber giebt mindestens ebenso viel Ertrag als die der Merinoschaafe in den östlichen Provinzen."

bemerkt, in der Eifel und in anderen Gegenden einen nicht unbeträchtlichen Ausfuhrartikel, besonders nach Frankreich.

Der Gartenbau befriedigt in den Umgebungen der größeren Städte die daran zu machenden Ansprüche; der Bau der feinen Gemüse und des Kohlkopfs steht auf einer ziemlich hohen Stufe. Wo es Clima und Bodenbeschaffenheit gestatten, hauptsächlich in dem Rhein- und Moselthale, wird auch der Obstbau stark betrieben. Die Ortschaften des Rheinthals führen alljährlich bedeutende Quantitäten von Obst nach Holland aus. Dieser günstigen Verhältnisse ohngeachtet, ließe sich durch allgemeinere Verbreitung ausgezeichneter Obstsorten noch Manches leisten, und man darf überhaupt annehmen, daß gerade dieser Zweig der Landwirthschaft in der Rheinprovinz noch vieler Verbesserungen fähig ist. — In dem Regierungsbezirk Trier ist der Gewinn des Ciders Hauptzweck der Obstzucht und für diesen Zweck genügen auch schlechte Obstsorten.

Was ferner den Weinbau betrifft, so ist derselbe für die Regierungsbezirke Koblenz und Trier, in welchen pr. propt. 50,000 Morgen Landes mit Wein bepflanzt und unter ungefähr eben so viele Eigenthümer in mehr als 600 Gemeinden vertheilt sind, von der höchsten Bedeutung. Es gilt dies zunächst von den Thälern des Rheins, der Mosel, der Saar, Nahe und Ahr, welche die besten Lagen des rheinpreußischen Weinbaues enthalten. Wiewohl der Preußische Weinbau zum Theil ein ausgezeichnetes und allgemeinen Absatzes sich erfreuendes Product liefert, so läßt sich doch nicht verkennen, daß er im Ganzen genommen hinter der Weincultur in den Nachbarländern Nassau und Hessen noch zurücksteht. Wenn der höchste Preis für ein Fuder Moselwein (= 15 Preuß. Eimer) von der besten Lage und dem besten Jahrgange 700 Thlr. ist, so werden in der Pfalz. die besten Sortimente mit 4,000 Gulden und im Rheingau wohl gar mit 13,000 Gulden bezahlt. Ohne Zweifel hat dieser Unterschied in Lage und Bodenverschiedenheiten des Weinlandes der verschiedenen Gegenden seinen vorzüglichen Grund; von großer Erheblichkeit ist indessen andererseits die unleugbare Thatsache, daß der rheinpreußische Weinbau, namentlich der des Mosellandes, gegen die Weincultur im Rheingau und am Hardtgebirge sehr wesentlich zurücksteht. Es wird von allen intelligenten Weinproducenten anerkannt, daß durch vermehrte Düngung, Einführung besserer Rebsorten, einen sorgfältigeren zweckmäßigeren Bau noch sehr Vieles geleistet werden könnte. In diesem Sinne haben größere Weinbauer an der Mosel und Saar auch in neuerer Zeit bedeutende Fortschritte gemacht, die indessen immer noch zu vereinzelt dastehen, um den durch das schlechte Product der kleinen Winzer heruntergesetzten Credit des Moselweins, wie es sich gebührt, zu heben. Der Verbreitung einer besseren Culturart unter den kleinen Winzern stehen aber sowohl in der fast durchgängigen Armuth dieser Leute, als in der gerade in den Weingegenden bis auf das Aeußerste getriebenen Bodenzerstückelung die bedeutendsten Hindernisse entgegen. Mag auch der Weinbau auf verhältnißmäßig sehr kleinen Flächen noch mit Vortheil betrieben werden können, so gilt dies doch nicht mehr von Parcellen, die nur einige Quadratruthen, ja selbst noch weniger enthalten, wie sie im Moselthale vorkommen. Auf solchen Landstücken kann ein zweckmäßiger Bau nicht mehr stattfinden, Düngerverschwendung, fortwährende Uebergriffe der Nachbaren und erhebliche Zeitversplitterung lassen sich nicht vermeiden. Dazu kommt der sehr beachtungswerthe Umstand, daß in so zerstückelten Weinländereien die Bestimmung des Lesetermins nicht dem Gutdünken der Einzelnen überlassen werden kann, sondern, wie auch hierorts auf Grund des französischen Rural-Gesetzes geschieht, die Anordnung getroffen werden muß, daß in sämmtlichen Weingrundstücken einer Gemeinde oder eines bestimmten Districts an einem bestimmten Termine gemeinschaftlich gelesen wird. Wenn man aber erwägt, wie äußerst wichtig für die Qualität des Weins die volle Reife der Traube bei der Lese ist, und wie andererseits die Trauben auf den zahlreichen einzelnen Parcellen, weil sie von verschiedener Art sind, auch einer ganz verschiedenen Pflege unterworfen werden, niemals eine ganz gleiche Reife haben können: so findet man in der Festsetzung allgemeiner Lesetermine ein sehr erhebliches, aber schwer zu beseitigendes Hinderniß der Weinproduction. Ein schließlich noch zu erwähnender Uebelstand ist der, daß der Weinbau, durch die frühere Zollgesetzgebung ermuntert, besonders an Rhein, Nahe, auf Stellen ausgedehnt ist, die sich zur Weingewinnung nur wenig eignen, wodurch ein werthloses Product auf den Markt gebracht wird, das die Preise, auch der besseren Sorten, namentlich bei den jetzt veränderten Zollverhältnissen, herunterdrückt. Diese schlechten Weinländereien werden jetzt zwar zum Theil wieder ausgerodet, indeß dürfte der Zeitpunct doch noch entfernt sein, wo das richtige Verhältniß der Production wieder hergestellt sein wird.

Einer Erwähnung bedarf auch noch die Seidencultur, für welche das Interesse in der Provinz in den letzten Jahren lebhaft angeregt ist, und deren Bedeutung, da sie den kleinen Grundbesitzern, vorzüglich den Winzern, einen leichten und lohnenden Nebenverdienst zu verschaffen geeignet ist, gewiß nicht verkannt werden darf. Für die Verbreitung der Maulbeerbäume ist aus Staatsmitteln und Mitteln des landwirthschaftlichen Vereins Manches geschehen, die Versuche zur Seidengewinnung selbst, wie sie in der Gegend von Coblenz, zu Brüggen, und an einigen Puncten des Moselthals gemacht worden, sind zwar noch von keiner wirklichen Bedeutung, haben aber wenigstens kein ungünstiges Resultat geliefert. Gegenwärtig ist ein Etablissement zur Abhaspelung der Cocons in Coblenz in der Ausführung begriffen, bei dem sich der Staat durch ein Darlehn betheiligt hat.

Was die mit der Landwirthschaft verbundenen technischen Gewerbe betrifft, so sind Branntweinbrennereien und Bierbrauereien auf dem Lande in hiesiger Provinz zahlreich vorhanden. Ja, so gering auch die Branntwein-Consumtion der Rheinprovinz im Verhältniß zu demselben Verbrauch in den östlichen Provinzen der Monarchie ist, so befindet sich dennoch die bei weitem größere Zahl ländlicher Brennereien in der hiesigen Provinz. Nach Dieterici (s. dessen zweite statistische Uebersicht der wichtigsten Gegenstände des Verkehrs und Verbrauchs 2c.) betrug diese Zahl, d. h. der im Betriebe gewesenen, im Jahre 1842: 2729, dagegen die Zahl der städtischen Brennereien 611. In dem angrenzenden Westfalen wurden damals nur 665 ländliche und 392 städtische Brennereien, in der Mark Brandenburg überhaupt nur 1008 Brennereien, und darunter 730 auf dem Lande, gezählt; dennoch verarbeitete die letztgenannte Provinz 5,304,137 Scheffel Getreide und Kartoffeln, das Rheinland aber nur 1,961,128 Scheffel. Die größte Verbreitung hat dies Gewerbe in dem Regierungsbezirke Düsseldorf gefunden, wo es z. B. im Kreise Gladbach so weit ausgedehnt ist, daß selbst auf Gütern von nur 30—40 Morgen kleine Brennereien betrieben werden, und daß in Einer Bürgermeisterei oft 60—80 solcher Brennereien bestehen, welche sich freilich schwerlich gegen das aus den östlichen Provinzen eingeführte Fabricat der großen Destillationsanstalten auf die Dauer halten dürften. — Der meiste Branntwein wird übrigens auch in der Rheinprovinz aus Kartoffeln gewonnen, nur etwa ein Drittel sämmtlicher Brennereien verarbeitet Obst, Trester, und andere nicht mehlige Substanzen. — Auch die Zahl der ländlichen gewerblichen Brauereien (1565) ist in der Rheinprovinz unter allen Gebietstheilen der Monarchie die höchste und hinsichtlich des gesammten Bierquantums (31,704,300 Quart) das sie fabricirt, wird sie nur von den Provinzen Brandenburg, Schlesien und Sachsen übertroffen. Die Brauerei ist übrigens hier insofern nicht selbstständig, als sie den meisten Hopfen aus dem Auslande beziehet.

Die Runkelrübenzuckerfabrication, welche vor 8—9 Jahren besonders im Regierungsbezirke Düsseldorf einen erfreulichen Aufschwung nehmen zu wollen schien, ist seitdem in Folge der veränderten Handelsconjuncturen fast gänzlich wieder eingegangen.

§. 6.

Die Bedürfnisse der Rheinpreußischen Landwirthschaft.

Als Mittel, den Bedürfnissen der hiesigen Landwirthschaft abzuhelfen, auch auf die Belebung und den

Fortschritt derselben einzuwirken, sind in Vorschlag gebracht:

I. Legislative: 1) Erlaß einer Verordnung wegen Beschränkung der Parcellirungen und Erleichterung einer angemesseneren Consolidation des Grundeigenthums; 2) Emanirung einer Ablösungsordnung für Weideberechtigungen und andere Servitute; 3) Erlaß der dem 6. rheinischen Provinciallandtage bereits vorgelegten Verordnung wegen Abschaffung der Nachtweide und Beschränkung des Einzelhütens; 4) desgleichen einer Verordnung über die Benutzung der Privatflüsse zu Bewässerungsanlagen; 5) Regulirung der Weinsteuer, deren Drückendes nicht sowohl in ihrer Höhe, als vielmehr darin liegt, daß dieselbe sich lediglich nach der Lage und dem Boden der betreffenden Weinberge und nicht nach der Verschiedenheit der Jahrgänge abstuft.

II. Administrative: 6) Ansäung der sogenannten Schiffelländereien mit Nadelholz oder, was in vielen Fällen noch vortheilhafter, Umwandelung derselben in Lohhecken; 7) Erlaß polizeilicher Reglements gegen den Abfluß der Jauche auf die Straßen (?); 8) Vermehrung der Königlichen Beschälstationen, Behufs Belebung der Pferdezucht; 9) Bestimmung der Gemeinden zu einem ihrem Interesse entsprechenderen Verfahren bei Stellung des Faselviehes; 10) Erlaß eines zweckmäßigen Reglements zur Bestimmung des Weinlesetermins, insbesondere Verstattung einer zweiten oder

Nachlese; 11) Sorge für die zweckmäßige Anlegung von Gemeinde-Baumschulen und die Bepflanzung der Staats- und Communal-Straßen.

III. Financielle: 12) Erhöhung des dem landwirthschaftlichen Vereine gewährten Staatszuschusses auf mindestens 4,000 bis 5,000 Thlr.

Die Errichtung einer höheren landwirthschaftlichen Bildungsanstalt, in Verbindung mit der Universität Bonn ist neuerdings von des Königs Majestät bereits genehmigt und wird der Eröffnung derselben noch im Jahre 1847 entgegengesehen.

Anhang.

Viehstand in den Provinzen des preuß. Staats zu Ende 1843.

Provinzen.	Pferde.			Rindvieh.			Schaafe.			Schweine.		
	Ueberhaupt	auf der geograph. Quadratmeile.	auf 10 Menschen.	Ueberhaupt	auf der geograph. Quadratmeile.	auf 10 Menschen.	Ueberhaupt	auf der geograph. Quadratmeile.	auf 10 Menschen.	Ueberhaupt	auf der geograph. Quadratmeile.	auf 10 Menschen.
Preußen	473,671	402	1,97	970,532	824	4,03	2,687,837	2282	11,17	625,560	531	2,60
Posen	158,570	296	1,23	502,990	938	3,89	2,543,181	4740	19,71	223,239	416	1,73
Brandenburg .	191,919	260	0,99	562,361	767	2,91	2,533,908	3452	13,09	218,431	298	1,13
Pommern . . .	149,022	259	1,35	431,165	751	3,90	2,407,287	4191	21,76	159,800	278	1,44
Schlesien . . .	190,505	257	0,65	866,364	1168	2,94	2,952,159	3980	10,01	130,195	176	0,44
Sachsen	150,286	326	0,90	424,380	921	2,52	2,027,171	4401	12,04	238,809	518	1,42
Westfalen . . .	128,263	349	0,90	507,765	1380	3,57	509,144	1384	3,58	242,091	658	1,70
Rhein	122,318	251	0,46	776,453	1594	2,90	575,193	1181	2,15	277,087	569	1,03
Im preuß. Staate	1,564,554	308	1,01	5,042,010	992	3,26	16,235,880	3196	11,14	2,115,212	416	1,37

Zweite Abtheilung.

Beiträge zur Kenntniß
der
Westfälischen Landwirthschaft.

Das Fürstenthum Minden.

I.

Der Kreis Minden. *)

1.

Die natürliche Beschaffenheit des Kreises und die Verhältnisse des hiesigen Landwirthschaftsbetriebes.

Größe und Bevölkerung. Lage. Physicalische Beschaffenheit. Hauptproducte des Landbaues und Absatzwege. Nebengewerbe der Landbauer und Handwerker. Geistiger Culturzustand des Landmanns. Größe, Gerechtsame, Lasten, Theilbarkeit und Vererbung, Kauf- und Pachtpreise der Güter. Betriebscapitalien. Reinertrag. Ländliche Bauten. Die Arbeiterclasse: die Tagelöhner; das Gesinde. Der Tagelohn. Die Gespann- und Nutzviehhaltung. Die Fruchtfolgen.

Dieser nordöstliche Landestheil der Provinz Westfalen enthält gegen 11 — 10,72 Q.-Meilen mit einer Bevölkerung von gegen 63,000 (1843: 62,786), also über

*) Vergl. Schwerz's „Zustand des Ackerbaues in dem Fürstenthum Minden." Mögl. Annalen Bd. I. 1817.

5800 Seelen auf der Q.-Meile, wovon nahe an 49,000 der ländlichen angehören.

Südlich an der Kurhessischen Grenze, eine Stunde unterhalb Rinteln am rechten Weserufer beginnend und sich längs diesem und dem Fürstenthume Schaumburg-Lippe durch die Aemter Hausberge und Windheim fort bis an die Grenze der Hannoverschen Aemter Stolzenau und Stift Loccum ziehend, nimmt der Kreis am linken Weserufer erst unterhalb des Städtchens Vlotho seinen Anfang, sich von hier ab in größerer Breite durch die Verwaltungsbezirke Dützen, Hartum, Petershagen und Schlüsselberg bis an die Hannoverschen Aemter Diepenau und Stolzenau ausdehnend.

Der den ganzen Kreis in einem Bogen durchziehende Weserstrom befruchtet an einzelnen Stellen bei seinen Ueberschwemmungen die Ländereien, wogegen er an manchen andern Stellen die Ackererde fortspült, die Länder versandet, und ansehnliche Uferbauten erheischt. Der obere Theil des Kreises umschließt hier eine Fortsetzung des Süntelgebirges, welche westlich der Weser, die dieses Gebirge in der Porta Westfalica durchbricht, den Namen des Wirhengebirges annimmt. Vor Nord- und Ostwinden geschützt, leidet der südlich oberhalb dieses Gebirges belegene Landestheil auch seltener von Hagelwettern, als der unterhalb des Gebirges gelegene District, welcher der großen norddeutschen Ebene angehört. Diese freie Gegend verliert im Frühjahre den

Schnee eher, als die vom Gebirge umschlossene etwas höher gelegene Landschaft. Letztere hat im Frühjahre und Herbste auch mehr Nebel. Es scheint übrigens, als ob jenes Grenzgebirge der nächsten Gegend etwas mehr Regen verschaffte, wie in dem noch bergigeren Kreise Herford und in der nördlichen Ebene der Fall ist.

Die obere Landschaft ist lehmiger Beschaffenheit und hat Kalk und Mergel; am nördlichen Fuße des Gebirges liegt ein nicht breiter, sehr ergiebiger Strich Lehmboden, der aber je weiter nördlich sich bis zum leichtesten Sande verläuft. Längs der Bückeburger Grenze bewegt man sich auf einem naßkalten flachen Terrain. Uebrigens ist in dem Kreise milder Boden vorherrschend, Gerstboden zweiter Classe überwiegend; selbst die Marsch an der Weser ist häufig milde, da die sandführende Werra hier in die Weser mündet. — Der gute Boden steht in sehr verschiedenen, oft nicht unbeträchtlichen Tiefen, doch wird selten tiefer als 5—6 Zoll gepflügt; 8 Zoll kommt nur ausnahmsweise vor. — Der Untergrund ist meistens durchlassend, und das Gegentheil findet nur an den Bergen, wo Quellen liegen, und an Strecken der eben gedachten Bückeburger Grenze statt.

Das Hauptproduct des hiesigen Landbaues ist Halmfrucht; namentlich waltet Winterkorn vor. Bei auswärtiger Frage wird Getreide auf der Weser nach Bremen (meist für hiesige Rechnung) versandt. Sonst pflegt das Ravensbergsche und Osnabrücksche (letzteres Weizen und etwas Gerste) den Ueberfluß, der gewöhnlich vorhanden ist, abzunehmen. Die Oelsaat verarbeiten die hiesigen bedeutenden Mühlen. Außer wenig Schaafen und Wolle wird ziemlich viel junges Schweinevieh und einiges Rindvieh exportirt; Pferde werden dagegen größtentheils zugekauft.

Als Neben-Beschäftigungen und Gewerbe werden auf dem platten Lande Weberei zum eigenen Bedarf und Spinnerei zum Verkauf, von mittelfeinem und grobem Garn, in Wintertagen und Feierstunden betrieben. Die Spinnerei nimmt aber leider merklich ab, weil die producirten Garnarten schlechten Absatz finden. — Sandsteinbrüche, Torfstich, Steinkohlengruben, Kalk- und Cementöfen beschäftigen auch manche Landbewohner. — Die Handwerker betreiben fast ohne Ausnahme so viel Ackerbau, als für ihren Hausstand nöthig ist.

Der geistige Culturzustand der ländlichen Bevölkerung läßt Vieles zu wünschen übrig. Unter den Bauern sind zwar manche höchst verständige und fleißige Ackersleute und Wirthe, aber auch diese sind nicht Alle im Lesen und Schreiben geübt. Dennoch gehören von den 104 Mitgliedern des hiesigen landwirthschaftlichen Vereins 75 dem bäuerlichen Stande an.

Die Landauftheilung dieser Gegend anlangend: so haben hier die als groß geltenden Güter ein Areal von 350—700 Morgen Ackerland, die kleinen Güter bis zu 100 Morgen herab.*) Daneben findet man bei den meisten Gütern bedeutende Grünländer. Der ganze Kreis enthält nach dem Cataster 230,421 Magdeburger Morgen, worunter an Ackerland und Gebäudeflächen 111,609; Wiesen und Weiden 49,005; Holzungen 29,321; Gärten 3,094; Heiden 21,862; Wildland 1,337; Oeden und Torfmoore 4,689; Wege und Flüsse 9,504 Morgen.

Von den Bauern besitzen sehr wenige 120 Morgen, die andern, welche größere genannt werden, haben 40—80 Morgen Acker- und verhältnißmäßig weniger Grünländer. Die Größeverhältnisse der verschiedenen Güter bestehen seit alten Zeiten und möchten in der Mehrheit auch so verbleiben, da die Bauern die ungetheilte Vererbung lieben, aber durch große Abdicate sehr erschweren.

Außer den aus dem gutsherrlichen Verbande herrührenden Gerechtsamen der mehrsten Rittergüter, als: Dienstgeld, Zins, Zehnten-Verkauf, welche noch längst nicht allgemein abgelöst sind, pflegen dieselben die Stoppelhude mit Schaafen auf den bäuerlichen Feldern auszuüben, ohne aber den Besitzer an irgend einer freien Benutzung der Länder hindern zu können; die ihnen außerdem zustehende Vor- und Nachhude auf den

*) Der großen Gutsbesitzer sind im hiesigen Kreise im Ganzen nur 10, darunter 7 Rittergüter mit ständischen Rechten.

Wiesen ist größtentheils nur vom 11. Nov. — 25. März gestattet. Gegenseitige Huderechte der Gemeinden sind hier überall nicht üblich.

Die Lasten der Güter bestehen, außer Grund- und Gemeindesteuer und einigen Naturalabgaben an Geistlichkeit und Schule, nur in der Last des Uferbaues, zu welchen bei den meisten Bauern noch die aus den gutsherrlichen Verhältnissen rührenden Abgaben kommen. Den Uferbau müssen in der Regel auch die bäuerlichen Uferbesitzer leisten; da derselbe aber — besonders seit Einführung der Dampfschiffahrt — dem Einzelnen oft zu groß wird, so hat man gemäß der Mindenschen Ufer- und Schlachtordnung vom 28. Oct. 1749 die kostspieligen Bauten der ganzen Gemeinde überwiesen, die dadurch bedeutend vermehrte Gemeindelasten bekommen haben.

Bis auf die wenigen Fideicommisse und die noch im gutsherrlichen Obereigenthume stehenden Bauerhöfe (die Mehrzahl) sind alle Güter theilbar, und letztere werden in der Regel auf den jüngsten Sohn vererbt.

Hinsichtlich des Kaufwerths der Güter ist folgendes zu bemerken: In den letzten 10 Jahren sind keine größern Güter im Kreise zum Verkauf gekommen. Vorher zahlte man für den Morgen in allen Culturarten im Durchschnitt auf gutem Boden 80 Thlr. — 100 Thlr., ohne Vieh- und Geräthinventarium, und durfte sich keine höhere Grundrente als 3 oder 3½ pCt. versprechen. Die zum Verkauf kommenden Bauergüter fallen meist

Speculanten zum Zersplittern in die Hände, und werden höchst verschieden bezahlt. Eine längere Zeit wurden solche Parcellen übermäßig hoch verkauft, indem die Käufer theils als Neubauer, theils als Gespannhalter die eigene Arbeit gering rechneten. Durch die vermehrten Auswanderungen sind aber in mehreren Ortschaften so viele Verkäufe vorgekommen, daß sie jetzt selbst zu mäßigen Preisen nicht mehr Liebhaber finden. — Wiesen — nur in kleinen Parcellen käuflich — werden bei vorzüglicher Güte bis 400 Thlr. pr. Mg. bezahlt. — Bei Gesammtpachtung größerer Güter werden $3\frac{1}{2}$, ja bis 5 Thlr. auf gutem Boden, pr. Mg. Ackerland bezahlt. Bauerhöfe werden nur in Parcellen verpachtet, wodurch der Preis sich sehr steigert — unter günstigen Umständen bis 8 Thlr. selbst pro Morgen. — Bei Wiesen wird im Einzelnen nur der jedesmalige Grasschnitt verkauft und der Centner Heu dann zu 15—20 Sgr. verwerthet.

An Betriebscapital scheint es den hiesigen Landwirthen im Ganzen zu mangeln.

Der Reinertrag der Wirthschaften an der Weser und Westfälischen Werra wird häufig durch die schon erwähnte Last der Uferbauten sehr beeinträchtigt.

Die ländlichen Bauten haben, soviel ich bemerkt, nichts von den in Westfalen üblichen — worauf wir weiterhin noch specieller einzugehen Gelegenheit finden werden — Abweichendes. Hiesige Taxverständige erachten die innere Einrichtung für sehr zweckmäßig, meinen, daß die mitunter vorgekommene Verschwendung von Holz bei den Bauten sich von selbst schon verlieren werde, je seltener das Bauholz werde, daß aber noch ein großer Mangel darin bestehe, daß die Schwellen der Häuser häufig zu niedrig gelegt werden und dadurch zu bald faulen, daß außerdem auch allgemein die Grundmauern zu schwach fundamentirt und vollends die Ecken der Gebäude gar zu nachlässig untermauert werden. —

Was die Arbeiterclasse auf dem Lande betrifft: so haben die Tagelöhner zwar bei einer nicht zu zahlreichen Familie und wenn sie gesund sind, ihr mäßiges Auskommen, selten aber bringen dieselben für ihre alten Tage etwas vor sich. In der Mehrzahl ziemlich fleißig, ehrlich und nüchtern, heirathen sie oft zu früh und legen dadurch die Grundlage ihrer steten Beschränkung.

Gesinde pflegt nur soviel vorhanden zu sein, als beim Gespann- und Nutzvieh nöthig ist: die übrige Handarbeit wird durch Tagelöhner beschafft. Verdingarbeit ist nicht üblich. An Tagelohn erhält, bei eigner Kost, der Mann 6 Sgr., die Frau 4 Sgr. 2 Pf., Kinder 3 Sgr. 4 Pf. Der Bauer giebt Kost und 3 Sgr. pro Mann. Ein Morgen Roggen zu mähen, Garben zu binden und aufzusetzen, kostet 10 Sgr.; jetzt während der Eisenbahnbauten 14—15 Sgr. Das Grasmähen wird mit 6 Sgr. 8 Pf. pro Morgen bezahlt.

Das Zugvieh besteht hier zum größten Theile aus Pferden; nur die Güter halten auch Ochsen, und ganz kleine Bauern und Miethsleute ackern mehr und mehr mit Kühen oder kaufen ein altes Pferd zur Herbstbestellung. Unverkennbar kommen die sogenannten Kuhbauern sehr gut fort. — An Nutzvieh halten die Bauern nur Rindvieh und Schweine; die Güter auch Schaafe. Da wenig Milchverkauf stattfindet, wird der Rindviehstand nicht wesentlich größer gehalten als erforderlich ist, die für das Gesinde nöthige sauere Milch und Handkäse selbst zu produciren. — Alles Vieh auf ausgewachsenes Rindvieh reducirt, hält man 1 Stück Großvieh auf $3\frac{1}{2}$ bis 5 oder 6 Mg. Acker. Die Bauern ernähren es dann schwächer und benutzen meist noch Gemeindeweiden nebenbei.

Ein regelmäßiger Wechsel, selbst ein bestimmter Turnus der Feldfrüchte möchte kaum vorkommen. Auf den meisten Gütern macht der Wasserschaden eine feste Eintheilung unmöglich. Früher scheint man strenger auf 3 Felder gesehen zu haben.

Hier einige Specialitäten:

Im Kirchspiel Holzhausen herrscht im Allgemeinen auf dem Höheboden der Roggenbau sehr vor, und in der Marsch säet man nach allen gedüngten Vorfrüchten Weizen und läßt darnach Roggen folgen. Folgende Fruchtfolge scheint indeß zu Grunde zu liegen: 1) Brachfrüchte, 2) Winterung, 3) Winterung, 4) Sommerung. Reine Brache findet (mit Unrecht) fast gar nicht statt, und wenn der Acker eine vermehrte Bearbeitung zu bedürfen scheint, säet man nach der Winterung Rübsaat, oder bauet Lein.

Im Kirchspiele Holtrup wirthschaftet man nach gleicher Maxime; auch hier wird möglichst viel Winterkorn und es werden selbst drei Halmfrüchte nach einander gesäet. Nur auf dem kleiigen, kälteren Bergboden weicht man etwas ab, und größere Colonen finden es doch vortheilhaft, reine Brache zu halten. Das Winterkorn trägt hier nur in frischem Dünger, und wenn sonst zu den Blattfrüchten gedüngt und darnach Winterfrucht gesäet wird, so bestellt man hier die Wicken mager, düngt dann zum Roggen, und läßt oder ließ diesem Roggen, dann wohl — Weizen!! allerdings mit recht schlechtem Erfolge, folgen.

Im Kirchspiele Kleinenbremen hat die schwerere und der Gerste besonders zusagende Bodenbeschaffenheit einen vermehrten Anbau dieser Frucht zur Folge, so daß man nicht so häufig zweimal Winterfrucht nacheinander säet, sondern statt der zweiten Winterfrucht nach dreimaliger Ackerung Gerste folgen läßt.

Auch im Kirchspiel Minden und Bergkirchen ist die Fruchtfolge ganz frei; Brache findet gar nicht statt. Hackfrüchte, Flachs, Klee, Rübsaat, Rüben und Schotenfrüchte kommen ins erste Feld; darnach 2) Winterfrucht, 3) Sommerfrucht oder Winterfrucht und manchmal noch 4) Sommerfrucht. Bei Eickhorst, Rothenuffeln, Lübbe ꝛc.

säet man aber viele Jahre nacheinander Roggen und düngt so oft es die Umstände erlaube

Im Amt Windheim ist nicht minder eine freie Fruchtfolge mit bedeutendem Uebergewicht des Roggenbaues. Reine Brache ist eben so selten als ein periodisches Eindreischen des sandigen Bodens; auf diesem letzteren Boden säet man den Roggen noch sehr spät, und scheuet sogar eine frühe Aussaat. Auf dem naßkalten Boden bei Neuenkirch rc. läßt man selten 2 Winterkornerndten nacheinander folgen, sondern bauet vielen und schweren Hafer.

Vom Amte Schlüsselberg ist in der Marsch auch die Besommerung der Brache und auch wohl die Aufeinanderfolge zweier Winterfrüchte üblich. Auf einem der hiesigen Güter ist dermalen folgender Turnus eingeführt: 1) Brache gedüngt; 2) Raps; 3) Weizen; 4) Weideklee; 5) Weizen; 6) Hafer; 7) Kartoffeln; 8) Gerste; 9) Klee; 10) Weizen. — Der Thonboden auf der Geest (Höhe) wird in drei Feldern mit reiner Brache bewirthschaftet. Der größte Theil des sandigen Bodens aber liegt in zwei Feldern, als: 1) Roggen; 2) Hafer; wo indeß Kartoffeln oder Taback gebauet werden, läßt man diese dem Roggen vorangehen und hat drei Felder. Auf einem Gute des leichten Höhebodens ist folgende Fruchtfolge eingerichtet: 1) Erbsen; 2) Kartoffeln gedüngt; 2) Winter- und Sommerroggen; 3) Weideklee; 4) Weide; 5) Roggen.

Im Amte Petershagen endlich säet man auf dem Sandboden zweimal nacheinander Roggen, düngt jedesmal und läßt dann Hafer ohne Dünger folgen. Darnach wird gedüngt und wieder Roggen oder Kartoffeln bestellt.

2.

Besuch Rothenhof's. — Specieller Blick auf die hiesigen Bauernwirthschaften.

Um Anschauung einer größeren hiesigen Wirthschaft zu gewinnen, fuhr ich durch die Porta über Hausberge nach dem Gute des Amtsraths Cäsar: Rothenhof. Auf die Bergäcker dieses romantischen Landstriches sieht man den Dünger in Körben mühsam heraufschleppen, während in den Niederungen die Natur dem Landmanne sein mühevolles Geschäft durch unmittelbare reichliche Spendung befruchtender Stoffe wesentlich erleichtert. Nur die Wiesengründe leiden, vielleicht zum Theil durch Schuld der Besitzer, nicht selten an stagnirender Nässe und zeigen uns statt eines blühenden Rasenteppichs eine filzige Moosdecke. Neben dem Spaten wird namentlich hier vortrefflich die Seifensiederasche angewandt, wovon man in dieser Gegend einen sehr erfolgreichen Gebrauch auf dem Acker macht, indem man 4 vierspännige Fuder auf den Morgen fährt, welche mit dem Bruttoertrage der ersten (Winterungs-) Erndte von den Seifensiedern erkauft werden, deren Wirkung man aber noch nach

Verlauf von 20 Jahren spüren will. — Auch die Mergeldüngung ist in diesem Bezirke nicht unbekannt. Namentlich findet sich derselbe im Gränzingsgrund am Stiege. Man wendet 18—24 Fuder an und rühmt auch von dieser Düngung ihre nachhaltige (15jährige und längere) Wirkung.

Rothenhof liegt an der südlichen Seite des Süntelgebirges, von welchem es gegen Ost- und Nordwinde geschützt wird, gegen Süden und Westen ganz frei. Natur und Kunst haben vereint das Gut zu einem sehr anmuthigen Landsitze gestaltet. So reizend die Lage, so stattlich sind die Gebäulichkeiten, so geschmackvoll die sich dem Wohnhause anschließenden Gartenanlagen. Das Gut hat für hiesige Verhältnisse einen nicht unerheblichen Umfang. Man gab mir das Gesammt-Areal zu 991 Morgen an. Hiervon sind:

14	Morgen	Gartenland,
630	"	Ackerland,
140	"	Wiesen,
84	"	Weiden,
63	"	Holzungen,
60	"	sogenanntes Feldland.

Außerdem umfassen Weidenpflanzungen, die zum Schutze der Weserufer angelegt sind, noch circa 2 Morgen. Sämmtliche Länder liegen in ununterbrochener Folge an der einen Seite des Hofes. Sie bestehen fast durchgehends aus Alluvialboden, außer jenen 60 Morgen

Feld-(Holz-)Boden, der nach und nach durch Ausroden zu Ackerland umgeschaffen wurde und theilweise zur Außenweide für Schaafe benutzt wird. Mir erschien der Rothenhofer Acker als ein warmer, sehr graswüchsiger, daher auch sehr zur Verqueckung geeigneter Boden. Mein Führer, der Sohn des, leider nicht heimgetroffenen Amtsraths Cäsar, rühmte mir seine Löhnigkeit. Die Lage an der Weser veranlaßt häufige Ueberstauungen, Einrisse 2c., daher auch einen unregelmäßigen Stand und ungleichmäßige Erndten der Feldfrüchte. Alles mißlichere Land ist deshalb gänzlich zu Gras niedergelegt. Es erklärt sich hieraus zugleich, daß eine freie Wirthschaft stattfindet, welcher die folgende Form und Rotation zu Grunde liegt: 1) Brachfrucht (Bohnen, Erbsen), gedüngt; 2) Winterung; 3) Sommerung; 4) Klee oder Kartoffeln; 5) Winterung; 6) Sommerung.

Trotz der anhaltenden Dürre fand ich im Ganzen einen guten Stand der Saaten. Von Ackerwerkzeugen bemerkte ich: den gewöhnlichen Räderpflug ohne Voreisen, Eggen mit geradestehenden eisernen Zinken, sieben- und dreischarige Exstirpatoren, den Turnipscleaner (Rübenreiniger) u.s.w. Die Gespannhaltung — 12 Ackerpferde und eben so viel Zugochsen außer 4 Luruspferden — erschien mir anfänglich stark; sie mag aber durch die starke Frühjahrsarbeit bedingt werden. Der übrige Viehstapel bestand aus 27 Kühen, diversem Jungvieh und über 1000 Stück Schaafen, worunter 750 Merinos — ein großer reichwolliger Schlag. Die Kühe sind durch Schweizerblut veredelte Landthiere. Dieselben werden im Sommer halb auf dem Stalle mit Klee, halb auf der künstlichen Dreischweide (von Klee und Timothe) erhalten. — Im Winter besteht ihre Ernährung in Häcksel von Heu und Stroh, gemengt mit Runkeln oder Steckrüben. — Durchschnittlich sollen 10½ Quart Milch 1 Pfund Butter geben, dessen Preis in Minden 6 Sgr. beträgt. — Die Schaafe gehen Sommers ganz auf der Weide und zwar auf Rasenweide mit einem bestimmten Zusatz von angesäeter Dreischweide. Weiter bekommen sie Morgens: Heu; Mittags: Winterstroh; Abends: Wicken- und Erbsenstroh; in der Lammzeit: Rübkuchentrank. Man scheert durchgehends 3 Pfd. pro Stück und hatte im vorigen Jahre 78 Thlr. für den Centner erhalten.

Die Wiesen sollen in guten Jahren in 2 Schnitten 40 Ctr. liefern. Der theilweise Verkauf des Grases auf dem Halme findet zu 4 Thlr. pro Morgen, d. h. beim ersten Schnitte, statt.

Man beklagte sich über den Mangel an Arbeitern — eine Folge der regen Eisenbahnbauten. Der Tagelohn beträgt für Männer und Frauen resp. 7 und 5 Mariengroschen à 10 Pf.; dabei bekommen die Arbeiter jetzt den Roggen zu 1 Thlr. 20 Sgr. von der Herrschaft geliefert. —

Es ist dies das einzige Gut des Kreises, wo eine umfassende doppelte Buchhaltung eingeführt ist.

Wir wollen jetzt einen speciellern Blick auf die Bewirthschaftung der hiesigen Bauergüter werfen.

Ganz allgemein findet man den Polterpflug mit Vordergestell und hölzernem Strichbrett verbreitet. Derselbe geht leicht und sicher und ist zu ganz flachem und zu tiefem Pflügen gleich brauchbar. Zwei gute Pferde pflügen damit 8″ tiefe und 5—6″ breite, wenn man will, noch breitere Furchen. Zu Winterkorn wird 2 bis 3mal, zu der folgenden Gerste 3mal, nach Klee 1—2mal, zu Hafer und Schotenfrüchten 2mal, nach Hackfrüchten aber nur 1mal im Frühjahre, die Brache endlich 4—5mal geackert. Gestoppelt wird in der Regel auf 1½ Fuß Tiefe, die erste Frühjahrsfurche giebt man zu voller, die Saatfurche mehrentheils zur mittlern Tiefe; es sei denn, daß man einer flach untergebrachten Düngung noch eine tiefere Lage geben wollte. — Die Eggen sind einspännig mit geraden, eisernen, selten — in den Sandgegenden — mit schwachen hölzernen Zinken. Auch die Walzen pflegen einspännig und leicht, für die Marschländer zu leicht zu sein und werden, in unangemessener Weise, mittelst eines Strickes angespannt, welcher von einem Krümpel zum andern befestigt und woran ein Schwengel gebunden wird, wodurch denn ein zu willkührlicher Lauf des Instruments entsteht. Man wendet die Walze allenthalben nach der Bestellung oder dem Auflaufen der Sommerfrucht, auch auf klutigen (klößigen) Winterkornfeldern an.

Die Düngerwirthschaft läßt auch hier im Allgemeinen noch Vieles zu wünschen übrig. Man erzeugt nicht allein nicht genug animalischen Dünger, man behandelt ihn auch irrationell. Neben dem Strohe wird von den kleineren Leuten, in stroharmen Jahren auch von den Bauern, Laub in den an den Heiden gelegenen Theilen der Aemter Petershagen und Hartum Plaggen angewendet. Die Düngerstätten liegen überall möglichst naß. Die Rindviehställe werden wöchentlich einigemal ausgemistet; der Schaafmist dagegen bleibt meistens bis zum Frühjahr liegen, wird einzeln aber auch Winters mit dem Rindviehmist zusammen aufs Feld in Haufen von 12 Fudern gebracht. Der meiste Dünger wird dem Boden im speckigen Zustande einverleibt. Selten wird er ordentlich genug gestreut und vertheilt.

Fleißige Wirthe fahren Moder, Erde von den Ackerenden und aus Fanggraben auf den Acker. Der Mergel wird oft noch fast gar nicht benutzt; an anderen Stellen holt man ihn ziemlich weit her. Sehr wichtig könnte er bei der Cultur der Neubrüche werden.

Von dem einzeln angewandten Aescherig war oben schon die Rede; seltener noch ist der Gebrauch des Gypses und Salinenabfalles, von welchem erstern man $1\frac{1}{2}$ — 2 Hmpt. pro Morgen, von welcher letzteren man 8 Scheffel pro Mg. nimmt. — Gründüngung ist nicht üblich. — Die näher an Minden gelegenen Ortschaften kaufen ziemlich viel Dünger aus der Stadt und bezahlen für den Mist eines Pferdes etwa 15 bis 20 Sgr. pro Monat.

Die Besaamung der Feldländer anlangend: so wechselt man in der Regel mit der Saat nur, wenn die Frucht nicht vollkommen gediehen ist. Einige Bauern beobachten aus Gewohnheit den Saatwechsel aus den östlich gelegenen Gegenden. Hafer artet auf einigen, den sogenannten mullehmigen, Bodenarten leichter aus, wird rauh und schwarz und verlangt also bedingungsweise öftern Wechsel. — Ueberall wird mit der Hand gesäet.

An Unkräutern fehlt es nirgends. In den an der Weser gelegenen Gegenden führt diese vom Acker des nachlässigen Wirths viel Unkrautsaamen auf das Feld des ordentlichen Landmanns. Hederich, Klapprosen, Disteln und Quecken, auch Trespe, Raden sind allgemein verbreitet; Flughafer mancher Orten; Wucherblume dagegen fast gar nicht; auch Ackerwinde, Huflattich, Ackerduwock fallen häufig in die Augen. Flaches Strecken und Eggen unmittelbar nach der Erndte ist zur Vorbeugung am üblichsten. Disteln und Ackersaat werden von den Heuerlingen emsig zum Viehfutter gesucht. Sehr eingewurzelte Disteln sind aber nur durch Brache hinreichend zu bewältigen. Da der Bauer reine Brache möglichst vermeidet: so schiebt er Stoppelrübsaat oder Flachs ein, um des Unkrauts einigermaaßen Herr zu werden. — Gegen Huflattich bewährt sich das Eindreischen heilsam. Ackerknoblauch, der mehrerer Orten vorkommt, wird durch Brache und Sommerkorn ziemlich leicht vertrieben.

Im Amt Hausberge sieht man im Kirchspiele Holzhausen den Acker in (4 — 5 Ruthen) breiten Beeten, von ungleicher Breite und mehr oder minder in Rücken, jedoch nur auf dem feuchten Höheboden bei Venebeck in ganz hohen Stücken liegen. Für die der Ueberschwemmung ausgesetzten Ländereien hält man jetzt schon fast allgemein eine ganz ebene Lage für nothwendig. — An den Feldwegen sind die Aecker noch wohl mit Hecken eingefriedigt, es sollen aber diese mehr verschwinden, als neue Anpflanzungen von Hecken entstehen. Bei meinem Besuche in Rothenhof fanden dagegen die Hecken lebhafte Lobrede und man beabsichtigt dort in der That mit ihrer weiteren Anlage vorzuschreiten. In den Marschen hält man wohl überall die Erhaltung und Pflege guter wehrbarer Hecken für sehr nützlich, da dieselben so zweckmäßig die Schnelligkeit des Wassers mäßigen.

Das Verhältniß der natürlichen Gras- zu den Feldländern ist hier im Einzelnen ein sehr verschiedenes, wie die nachstehende Areal-Uebersicht darthut:

Ort, Kirchspiel rc.	Acker. Morgen.	Wiesen. Morgen.	Verhältniß der Wiesen zum Acker.	Weiden. Morgen.	Verhältn. d. Weiden zum Acker.
Flecken Hausberge . .	431	85 Grünland.			
Kirchsp. Holzhausen . .	6000	715	1:8	602	1:10
= Holtrup	2370	208	1:11	150	1:15
= Veltheim . . .	2301	190	1:12	300	1:8
= Eisbergen . . .	4300	350	1:12	571	10:75
= Kleinenbremen	1965	224	1:9	246	1:9
= Nammen . . .	1454	148	1:10	81	1:18
= Lerbeck	2789	291	1:9	470	1:6
= Minden und Bergkirchen .	8832	4149 Grünl.			
= Rehme, Eidinghausen, Vollmerdingsen u. Schnathorst, nebst d. Gute Weddigenstein . . .	9493	1427 =			
= Hartum	1952	408 =			
= Hahlen mit Mind. Heide	2092	1424 =			
= Nordhemmern .	1041	579 =			
= Holzhausen . .	1669	587 =			
= Hille	3872	4280 =			
= Süderhemmern	1282	869 =			
= Frille	—	570	10:148	660	10:128
= Lahde	—	1215	10:41	241	10:221
= Neuenknick . .	—	2452	10:21	1943	100:294
= Windheim. . .	—	515	10:104	550	10:107
= Buchholz . . .	1131	179	1:6	288	1:4
= Schlüsselburg .	3191	639	1:5	1030	1:3
= Heimsen. . . .	2842	463	1:6	1213	1:2
= Petershagen .	7871	1807	1:4	1532	1:5
= Friedewalde . .	3237	879	1:4	1684	1:2
= Todtenhausen Kutenhausen	2397	222	1:11	833	1:3
= Ovenstädt . . .	2298	256	1:9	397	1:6

Die Flußwiesen sind durchgängig trocken und bei fruchtbarer Witterung ergiebig. Im innern Lande findet man nur an feuchten Stellen, und mit Ausnahme des Mindener Moors und an der Bückeburger Grenze, nicht häufig Wiesen. Die besten Marschwiesen tragen: Alopecurus pratensis, Lolium perenne, Phleum pratense, Bromus, Dactylis glomerata, Trifolium, Medicago, Lotusarten, dagegen aber auf den trockengründigsten Stellen auch: Klappkraut, Bärenklau (Heracleum). Auf den schlechten Wiesen finden sich alle Arten harten Grases, Schafthalm, Taubkraut (Rhinanthus crista galli) u. A., jedoch keine Zeitlose.

Die Wiesen geben höchstens 2 Schuren, die besten bis 30 Centner; man ist aber mit 24 Centner im Durchschnitt auf guten Wiesen zufrieden.

Zum Bewässern ist nicht viel Gelegenheit. Einzelne, durch den hiesigen landwirthschaftlichen Verein hervorgerufene Siegensche Rieselanlagen haben, ihrer Theuerheit wegen, keine Verbreitung gefunden. — Das Düngen der Wiesen mit Compost, deren Beerdung findet nur sehr einzeln statt.

Auch die besten natürlichen Weiden liegen an Flüssen, und nur wenige finden sich in den Feldländern. Unter ersteren sind treffliche Mastweiden für Rindvieh, noch häufiger Fettweiden für Schaafe. Diese Weiden sind theils mit lebendigen Hecken, theils mit Riegelwerk eingefriedigt. Sie werden durchgängig mit Kühen und zum Theil mit jungen Pferden benutzt. Schweine und Gänse duldet man auf den privativen Weiden nicht. — Die besten Fettweiden mästen auf $1\frac{1}{4}$ Morgen 1 Stück Rindvieh von 550 Pfund und nähren auf 1 Morgen eine ordinaire Milchkuh. — Auf den ausschließlichen Mast- und Milchweiden wird den 22. Mai aufgetrieben und bis in den October, so lange es geht, geweidet.

Die Anlage künstlicher Weiden scheitert bei den Bauern oft an der zerstückelten Lage der Ländereien, wogegen auf den Gütern Schläge mit Klee und Timothegras zu 2—3jähriger Nutzung immer beliebter werden. Man betreibt dieselben fast nur mit Schaafen, die aber, wenn viel weißer Klee vorhanden, in der Marsch im ersten Jahre der Nutzung leicht aufblühen.

Der künstliche Anbau von Futterpflanzen ist zwar offenbar in Zunahme begriffen, bedarf aber noch einer sehr erheblichen Erweiterung. Obenan steht hier der rothe Klee, jedoch mag sein reichlichster Anbau zu $\frac{1}{12}$ der Ackerfläche stattfinden; in der Regel wird nur zu $\frac{1}{15}$—$\frac{1}{20}$ des Feldareals cultivirt. Mehrentheils säet man ihn wohl unter das Wintergetreide, im April oder Mai, zu 8—10 Pfund; aber das Gegentheil ist in einigen Gegenden sogar Regel. In Holzhausen bringt man ihn auf leichtem Boden selten unter Roggen, sondern nur unter Sommerkorn; wo irgend Gerste gebauet wird, giebt man zum Kleeuntersäen dieser Frucht unter gleichen Verhältnissen einen Vorzug vor dem Hafer.

Den Kleesaamen zeitig im Frühjahr auf dem festen Marschboden unter das Winterkorn zu säen, gilt für unsicher. — Manche gewinnen ihren Kleesaamen-Bedarf selbst; indessen wird noch vieles zugekauft. Zum Ueberdüngen wird wohl Gyps und Kalkasche — wie in Lerchfeld, — auch kurzer Mist — wie in Petershagen, — welcher sehr lohnt, angewandt. — Im günstigsten Falle erndtet man bis 40 Centner Heu pro Morgen.

Viel weniger verbreitet ist der weiße Klee, welchen man in die junge Winterungssaat zu 3—5 Pfund einsäet.

Der Lucernebau ist seit einiger Zeit in die Marsch eingeführt, wo sie zwar den entsprechenden Boden findet, wo sie aber auch der Gefahr der Ueberschwemmung ausgesetzt ist. Der Saamen wird unter dünnes Sommergetreide einzinkig, zu 9, 10, 12 Pfund pro Morgen, im Mai eingeeggt. Im zweiten Jahre wird das Lucernefeld geeggt, auch wohl gegypst.

Esparsette kommt nicht vor, und der für Landgegenden wohl beachtenswerthe Spergel ist nicht beliebt, weil er so leicht dem Unkraut weicht. — Als Mengfutter bauet man Wickgerste, Bohnen und graue Erbsen, Gerste und Hafer.

Der Kartoffelbau verdient gewiß eine viel größere Aufmerksamkeit als man ihm bisher geschenkt hat; meistens bauet man nur so viel als zum Hausbedarf und für die Schweine nöthig ist. Den dazu bestimmten

Acker pflegt man meistens erst im Frühjahr zu düngen und sorgfältig vorzubereiten. Man pflanzt am liebsten mittelgroße Knollen, höchst ungern Augen oder Schnittlinge, und hat unendlich viele Sorten; am allgemeinsten beliebt sind: 1) die Till'sche, weiß, mit rothen Augen, auch einlöck'sche genannt, keinen Saamen tragend, in den Brennereien die beliebteste, und 2) eine etwas längliche, fleischfarbige, haltbarer und feiner von Geschmack. Der Ertrag variirt von 40—140 Scheffel pro Morgen.

Hier und da zieht man die langen weißen Rüben als Stoppel- oder Brachfrucht. Runkeln und Steckrüben werden nur in den Gärten gepflanzt; häufiger findet man in letzteren den hohen braunen Blattkohl. Eine sehr empfehlenswerthe Frucht, die hier auch im Felde noch fast gar keine Beachtung findet, ist die Möhre.

Von Cerealien bauet man den Weizen nur in der Marsch oder auf den festeren Bodenarten. Die Aussaat findet von Anfang bis Ende October, zu 12—14 Metzen statt. Das gewöhnliche Verhältniß der Körner zum Stroh ist nach einer 12jährigen, in der Wesergegend sorgfältig angestellten Ermittelung: 45,1: 100,0. — Sommerweizen kommt nicht vor. — Der Roggen, der überall cultivirt wird, wo keine Nässe und anhaltende Ueberschwemmung zu besorgen ist, hat seine Bestellungszeit 14 Tage vor und nach Michaelis; Aussaat: ¾—1 Scheffel; Erndtezeit: 25.—28. Juli; Verhältniß der Körner zum Stroh: 43,1: 100,0. — Sommerroggen säet man nur auf sehr leichtem Boden, oft mit Erbsen gemengt, 1 Scheffel pro Morgen, bis spätestens Anfang April; Gerste, nur nicht auf wirklichem Sandlande, nach 2 Furchen im Frühjahr, in Kartoffelacker im April, fast in der ersten Hälfte des Mais, zu 14—15 Metzen pro Morgen. Sowohl die Gerste als den Hafer läßt man erst nach dem Auflaufen walzen. Letzterer wird eingebracht, wenn die Buchen ausschlagen; das Einsaatsmaaß ist 1 Scheffel 6 Metzen, das Körner- zum Strohverhältniß: 70,9: 100,0, wenn bei der Gerste: 66,6: 100,0.

Erbsen und Wicken sind Früchte des leichteren Bodens, Linsen desgl. und des flachgründigen Berglandes, Bohnen des Lehm- und Thon- oder des feuchten Sandbodens. Die Bauern bestellen die Erbsen erst Anfangs Mai, auf besser gedüngtem Boden wird so früh als möglich gesäet. Bohnen bringt man ungern später als Anfangs Mai ein; die wenigen mit der Hand gepflanzten werden behackt; beim Drillen trocknet der schwere Boden zu sehr aus und giebt schlechtere Nachfrucht als die breitwürfige Bohnensaat.

Der Oelfruchtbau ist im Ganzen nur unerheblich. Winterraps wird selten angebauet, da er die Ueberschwemmung nicht gut verträgt. Man bringt ihn nur in die Brache, wenn dagegen den Winterrübsen auch in die Stoppel. Der mittlere Ertrag vom ersteren wird auf 10—11 Scheffel, die durchschnittliche Löhnung des letzteren auf 9—10 Scheffel angegeben.

Desto erheblicher ist der Leinbau, welchen man allenthalben, außer im Sande, und meist im Haferacker betreibt. Einige säen den Lein nach 6—7 Jahren, andere erst nach 9 Jahren auf dieselbe Stelle, in der Regel im 2. oder 3. Jahre nach der Düngung. Die Aussaat geschieht mehrentheils im Mai, und zwar gewöhnlich nach 2 Frühjahrsfurchen, die viel geeggt, auch oft auf- und zugewalzt worden sind. Das Aussaatsmaaß variirt zwischen 90 — 115 Pfd. pro Morgen. Nicht selten säet man aber auch erst im Juni, was denn den Vortheil bringt, daß die Flachsarbeit erst nach der Roggen- und Weizenerndte eintritt. Selbstgezogenen Saamen pflegt man dicker als fremden auszustreuen; indessen hat sich gehörig weißer, überjähriger Leinsaamen eben so gut als letzterer gezeigt. Läßt man zwar den Saamen im Allgemeinen nicht genügend reif werden, so zieht man den Lein doch nicht so früh auf, wie in den Theilen Westfalens, wo Spinnerei stattfindet, und daher pflegt immer ein Theil des Leinsaamens brauchbar zu sein. Von dem neugekauften Saamen — womit noch viel Betrug getrieben wird (in Folge des Ankaufs auf Credit bis Neujahr), säet man selten öfter, als die zweite Generation. — In Hartum, wo milder sandiger Lehmboden vorherrscht, säet man den

Lein am liebsten nach gut gedüngten Kartoffeln von Mitte April bis Anfangs Mai; dies Land wird nach der Kartoffelerndte gepflügt, geeggt und zur Saat gepflügt. Im Frühjahr wird dann vorgeeggt, der Saamen eingeeggt, und bei trockenem Wetter zugewalzt. Es verdient hier wohl angeführt zu werden, daß der Flachs auf dem etwas lehmigen Boden bei Hahlen als eine vorzügliche Vorfrucht vor Roggen betrachtet wird, so daß man, selbst wenn der Flachs in der dritten Saat nach dem Dünger stand, eine gute Roggenerndte darnach gewinnt, ohne gedüngt zu haben. Aehnliche Beobachtungen soll man bei Lübbecke gemacht haben. — Allgemein findet Wasserröste statt, nachdem die Knoten auf einer eisernen Range entfernt sind; am liebsten röstet man in der Weser. Bockmühlen sind nicht da, sondern man verrichtet dies Geschäft mit der Hand, mittelst eines Brettes, woran ein krummer Stiel befindlich, um die Tenne erreichen zu können. Dann brakt man auf hölzernen Braken, ribbt, schwingt und hechelt. — Daß bei dem hiesigen Verfahren viel Heede entsteht, bereut man nicht sehr, weil gerade viel Heedegarn zum Verbrauch und Verkauf gesponnen wird. Einzelne betriebsame Bauern lassen in ihren Häusern gutes Fläch sengarn spinnen und verweben und verkaufen dann das dauerhafte Leinen gebleicht in die benachbarten Städte, wo es sehr gesucht wird.*)

*) Siehe Holzhausen, in den landwirthschaftl. Berichten aus Westfalen. 1. Heft.

Von sonstigen Handelsgewächsen bauet man den Hanf nur in Gärten; Taback wird lediglich im Kleinen, am stärksten im Amt Schlüsselburg gebaut. Man giebt demselben einen stark mit Schaafdünger oder Pferch gedüngten, dabei in alter Kraft stehenden lehmigen Sand- oder sandigen Lehmboden, pflügt das Land dreimal und eggt vor dem Pflanzen klar. Um Johannis werden die auf beschützten Saamenbeeten gezogenen Pflanzen versetzt. Jede Pflanze bekommt 2 Fuß ins Gevierte Raum. Gehackt wird weiterhin 3 mal. Die übrige Behandlung ist die gewöhnliche. — Man bauet insgemein die virginische Sorte und überläßt auf den Gütern wohl die ganze Arbeit gegen den halben Antheil an der Erndte geübten Planteurs. Seit dem Anschluß an den hannöverschen Zollverband hat der Tabacksbau hier sehr abgenommen.*)

Zur Viehzucht übergehend bemerken wir hier zuvörderst, daß der hiesige Viehstand zu Ende des Jahres 1843 betrug, an:

	Insgesammt.	pro Q.-Meile.
Pferde und Füllen	4,882	455
Rindvieh	18,252	1703
Schaafvieh...........	14,507	1353
Ziegen	3,775	352
Schweine	10,085	941.

*) Siehe am angeführten Orte.

Hieraus ist bei einem Vergleiche mit den früheren Zählungsregistern ersichtlich, daß der Rindviehstand des Kreises sich neuerer Zeit ansehnlich vermehrt hat. Die ursprüngliche braune Landrace hat man häufig mit friesischem Blute vermischt; die Vortheile hiervon treten aber in den bäuerlichen Wirthschaften wenig oder gar nicht hervor, da man im Allgemeinen dem größeren Viehe nicht das zu seiner entsprechenden Nutzung erforderliche reichlichere und bessere Futter zuwendet. Mehrentheils zieht man nur zum Bedarf, einzeln aber auch zum Verkauf auf. Bei Neuenknick z. B. (im V.-B. Windheim) werden ziemlich viele leichte Ochsen aufgezogen, zum Zuge gebraucht und auch dazu in die Umgegend verkauft. Im V.-B. Schlüsselburg wird etwa $\frac{1}{6}$ des jungen Viehs zum Verkauf gezogen. Die Kälber werden (6 Wochen mit süßer, dann bis zu 4 monatlichem Alter mit saurer Milch) getränkt und bis ins zweite Jahr im Sommer auf der Weide ernährt. Kleine Ackerwirthe, welche ihre Kühe anspannen, futtern im Sommer Klee und Mengfutter, und im Winter $\frac{5}{6}$ Stroh mit $\frac{1}{6}$ Heu und etwas Kartoffeln, Runkeln oder braunen Kohl, der auch hier viel zum Viehfutter gebauet wird. Auch in Petershagen wächst auf den großen Gemeinheiten viel Jungvieh auf. — Die Hauptkrankheiten sind Maiseuche und Verfangen, woran manches Stück Vieh verloren geht.

Die Verhältnisse der Schaafzucht wurden schon

früher angedeutet. Es sind im Kreise nur 8 Gutsheerden, deren kleinste 150 und deren größte 1500 Stück enthalten. Die besten beiden produciren eine kräftige Mittel-Merinowolle; die übrigen sind unendlich gemischt bis zum schlechtesten Landschaafe. Die wenigen bäuerlichen Heerden, gering an Stückzahl, gehen mit Theilung der Gemeinheiten fast ganz ein. Unter diesen Umständen kann von einem allgemeinen Züchtungs- und Fütterungssystem nicht die Rede sein. Auf zweien der hiesigen Güter scheert man 2 Pfund 8 Loth — 2 Pfund 24 Loth und erhält 65—85 Thlr. für die Wolle. — Unter den Schaafkrankheiten sind nur Drehsucht und Milzbrand die häufigeren, indessen beträgt der Verlust nicht über $2\frac{1}{2}$—$3\frac{1}{2}$ pCt.

Die Pferdezucht ist im Ganzen unbedeutend, nur an einigen Orten, wie z. B. Kleinenbremen wird sie mit Liebhaberei betrieben, an andern Orten kauft man oldenburgische und hannoversche Füllen im einjährigen Alter. Im Kirchspiel Holzhausen werden die Königl. Hengste auf der Station Clus mehr und mehr gebraucht und man ist mit der Nachkommenschaft zufrieden; jedoch pflegen viele Stuten gelte zu bleiben. — Bei dem Mangel an wohlfeiler Weide und Heu macht man die jungen Thiere auf dem Stalle, mittelst kräftigen Futters, schnell aber kostspielig groß, und spannt sie schon im dritten Jahre an. Da dies mehrentheils mit Schonung geschieht, so schadet es ihnen wohl weniger, als ein zu frühes Wicken- und Roggenfutter. — Die zugekauften Pferde kommen aus dem Oldenburgischen, Hoyaischen, Holsteinischen und viel aus Dänemark (von den Inseln). — Die vorherrschenden Pferdekrankheiten sind Druse, Colik und Blindheit.

Schweine werden in nicht unerheblicher Menge gezogen. Wer irgend Ländereien hat, hält nach Verhältniß Zuchtsäue. Die vorherrschende Race ist die heimische, ein großer und gestreckter Schlag. Die mehrfach versuchte Kreuzung mit westindischen Ebern hat der schnellen Entwickelung und Mastung der Nachkommen Vorschub geleistet; indeß ist das Fleisch zu fett, und für die Gegend, welche einen starken Schinkenhandel hat, möchten sich diese Bastarde nicht passen. — Ein Fehler ist, daß in den Dörfern zu wenig Eber gehalten werden; oft kommt auf 40—50 Säue nur ein männliches Thier. Man läßt die Säue im 2. Jahre bei, gewöhnlich 2 mal im Jahre ferkeln, um Lichtmeß und Jacobi, hütet das ganze Jahr hindurch und giebt etwas Stallfutter zu. — Die Mastzeit ist von Michaelis bis Januar und Februar. Sowohl beim Stall- als Mastfutter sucht man durch rohe und gekochte Kartoffeln möglichst den Verbrauch von Korn zu ersparen. Ein fettes Schwein wiegt höchstens 350—380 Pfund. — Die Durchschnittsverkaufspreise sind für ein Ferken: 1—2 Thlr.; für ein mageres Schwein, nach Maaßgabe der Größe 3—10 Thlr.; bei einem Mastschwein für 9—14 Pfd. Fleisch 1 Thlr. —

In Gegenden mit feuchteren Weiden und unreinerem Wasser kommt jährlich die Bräune vor.

Ziegen werden von den ärmeren Land- und Stadtbewohnern einzeln und paarweise gehalten, aber nicht aufgezogen. — Von Federvieh führt man noch Gänse aus dem Hannöverschen zu. — Bienenzucht wird von einigen fleißigen Bauern — z. B. im Kirchspiel Holzhausen, wo die Gegend viel Nahrung für die industriösen Thierchen darbietet; in Lerbeck, wo man im Sommer die Stöcke in die Nihter Heide sendet; in Windheim, wo die Lüftung bereits eingeführt, jedoch nicht in großer Ausdehnung betrieben. — Die Teichfischerei endlich ist eben so unbedeutend wie die Fischerei in der Weser, erstere wohl aus dem natürlichen Grunde, weil es an stehenden Gewässern ꝛc. fehlt.

Garten- und Obstbau stehen im Ganzen nur auf einem niederen Puncte der Ausdehnung und Vollkommenheit. In der Nähe Mindens finden sich einige, nicht bedeutende Gemüsegärten. Bei Böllhorst wird ein ziemlicher Handel mit Gemüse nach genannter Stadt betrieben und in Dietzen liefert ein groser Garten auch die bessern Gemüse- und Obstarten dahin. Frühere Treibereien sind aber selten, mit Ausnahme in einigen Gutsgärten. An den genannten Orten, dann in Oberlübbe und Hille, Lahde, Vahlden finden sich auch Obstbaumschulen, freilich aber von weniger Ausdehnung. Gut gedeihende Baumschulen hat der Oberforstmeister

Erelinger im Revier Weddigenstein angelegt. Am südlichen Abhange des Gebirges werden viele Kirschen zum Verkauf gezogen. Sonst versorgen die Obstgärten der Bauern und Güter die Umgegend und auch entfernte Orte mit ziemlich gutem Obste. Aepfel und Zwetschen sind am häufigsten.

Die Holzungen des Kreises endlich hat die Zeit auch sehr mitgenommen; die majestätischen Bestände sind häufig verschwunden und haben großen Weideräumen Platz gemacht. Der Wald liegt mehrentheils noch in Gemeinschaft. — Wenn es auch an Birken-, Nadelholz-Ansaamungen ꝛc. nicht fehlt: so dürften diese und andere Holzanlagen doch mit der fortschreitenden Theilung noch beträchtliche Erweiterung finden. — In der Nähe von Minden wird die Klafter Buchenholz (106 Cubikfuß) mit 7 Thlr. bezahlt; sonst nach Lage und Concurrenz, da Torf und Steinkohlen nahe und von guter Beschaffenheit sind. Nutzholz hat nach Stärke und Qualität verschiedene Preise — Eichen von 4—16 Thlr. pro Cubikfuß. Starke Nutzhölzer müssen auf der Weser von Thüringen geholt werden.

Innerhalb der Feldfluren findet kein Holzbau statt, es sei denn, daß man breite Weidenpflanzungen auf den Marschländereien, um heftige Strömungen zu mäßigen, hier anführen dürfte. Diese werden entweder einjährig zu Korbweiden, oder dreijährig zu Faschinen verwandt.

II.

Der Kreis Lübbecke.

1.

Allgemeine landwirthschaftliche Verhältnisse.

Größe, Lage, Clima. Bodenbeschaffenheit: a) geognostische und orographische, b) agronomische; Natur des Untergrundes. — Landauftheilung: Größe der Güter; Gerechtsame und Lasten; Theilbarkeit und Vererbung derselben; Kauf- und Pachtpreise; Betriebscapital und Verhältniß des Reinertrages zum Rohertrage. Producte und Absatzwege. Wirthschaftliche Nebengewerbe &c. — Die ländliche Bevölkerung: Stufe der intellectuellen Cultur bei derselben; die Arbeiterclasse; das Gesinde; die Lohnsätze; Nebenbeschäftigungen; Lebensbedarf &c. — Wirthschaftseinrichtung: Art, Zusammensetzung und Verhältnisse der Viehstände. — Die Fruchtfolgen.

Der $10{,}^{26}$ Quadrat-Meilen große Kreis Lübbecke, der nordwestlichste Theil des Regierungsbezirks Minden, liegt unter dem 52. Grade n. B. und dem 26. Grade ö. L. Der südliche gebirgige Theil desselben ist, durchschnittlich, etwa 380 bis 400, und der mittlere und nördliche flache Theil etwa 110 bis 120 Fuß über dem Spiegel der Nordsee gelegen. Die herrschenden Winde sind hier: W., S.-W. und N.-N.-W.; der mittlere Barometerstand für das Jahr 28 Zoll; die mittlere Temperatur $7\frac{3}{4}$ bis 8 Grad R., und die Luft ist, wegen der Nähe des Meeres, mehr feucht als trocken.

Die hiesigen Gebirge, ein Theil des sogenannten

Wirhengebirges — der Mindenschen Bergkette westlich der Porta westphalica — gehören zu den jüngeren Flötzgebirgen. Die höchsten Bergrücken und der nördliche Abhang derselben enthalten wechsellagernd: blaugrauen Kalkstein, verschiedenartig gefärbten, geformten, gekörnten, oft eisenschüssigen und zuweilen sehr festen Sandstein, auch Mergel, der in Kalkstein oder Schieferthon übergeht, und häufig mit Quarz oder Kalkspath durchtrümmert ist. Die tieferen Abhänge bestehen vorherrschend aus Sandstein und Schieferthon, und bilden hier das eigentliche, aber zur Zeit noch sehr vernachlässigte Steinkohlengebirge. Der südliche Abhang und die südliche Verflachung haben meistens dunklen blaugrauen Schiefermergel und sind reich an Eisensteinnieren. In der nördlichen Ebene liegen unter dem Obergrunde: Sand, Gerölle, Thon und Schieferthon.

In dem südlichen und höher gelegenen Theile des hiesigen Kreises liegen die Kirchspiele: Schnathorst, Hüllhorst und die Bauerschaft Oberbauerschaft. Hier ist das Terrain sehr coupirt, doch sind die Hügel meist flach ansteigend und die Thäler muldenförmig. Erstere werden zum Acker- und Holzbau, letztere zu Wiesen und Weiden benutzt. Hier liegen die Höfe theils in geschlossenen Dörfern und theils einzeln, und hiernach richtet sich denn auch die Geschlossenheit des Grundbesitzes. — An der nördlichen Abdachung dieser Gebirgskette sind: die Stadt Lübbecke, die Kirchspiele Gehlenbeck — mit Ausnahme der Bauerschaften Issenstädt und Frotheim — Blasheim, Holzhausen, Börninghausen und Oldendorf situirt. Der Boden neigt sich hier meistens vom Berge ab flach nach Norden. Die Berghänge sind mit Holz bestanden, der mehr flache aber trockne Boden dient zum Ackerbau und der feuchtere zu Wiesen und Weiden; außerdem ist hier noch ein bedeutendes und gutes Moor. Die Höfe liegen fast alle in geschlossenen Dörfern, daher ist der Grundbesitz sehr verringert. Unter der Wiesenflur der zuletzt gedachten Art sind die Kirchspiele: Alswede, Levern, Dielingen, Rahden, Wehdem und die Dorfschaften Issenstädt und Frotheim des Kirchspiels Gehlenbeck gelegen. Der Boden ist hier fast durchgehends eben, nur erheben sich zu Levern und im Dorfe Fabbenstädt kleine Hügel, und im Nordwesten ist der unbedeutende Stammerberg die Grenze. Die Ortschaften sind hier weniger, dafür aber die einzelnen Höfe desto mehr geschlossen, und wo dies nicht der Fall ist, da beginnt man die Grundstücke zu verkoppeln, wie z. B. in den Dörfern Destel und Mehnen im Kirchspiele Levern und im Kirchdorfe Wehdem.

Lübbecke hat im Allgemeinen einen mehr oder minder sandigen Lehm und lehmigen Sand. Die oben zuerst genannten Gemeinden: Schnathorst, Hüllhorst und Oberbauerschaft gehören zu einem Catasterverbande und haben einen sandigen Lehm- und lehmigen Sandboden. An Culturarten kommen hier vor:

10,143	Morgen	Ackerland,
1,669	=	Wiesen,
471	=	Weiden,
2,853	=	Holzungen,
148	=	Gärten,
160	=	Gebäudeflächen,
136	=	Huden und
590	=	Heiden.

Die Gemeinden Gehlenbeck, Lübbecke, Blasheim, Holzhausen, Börninghausen und Oldendorf gehören ebenfalls zu einem Catasterverbande und haben, bis auf einen kleinen sandigen Theil Oldendorfs, Lehmboden. Die Länder zerfallen hier in:

18,281	Morgen	Ackerland,
6,771	=	Wiesen,
2,095	=	Weiden,
10,161	=	Holzungen,
1,090	=	Gärten,
343	=	Gebäudeflächen,
1,630	=	Heiden,
480	=	Moore.

Die Gemeinden Alswede, Levern, Dielingen, Wehdem und Rahden bilden gleichfalls wieder einen Catasterverband. Ihre Länder sind vorherrschend sandiger Beschaffenheit, doch kommen in den Kirchspielen Alswede, Levern, Dielingen und Wehdem auch etwas sandiger Lehm- und lehmiger Sandboden vor. Es finden sich hier:

41,783	Morgen	Ackerland,
30,922	"	Wiesen,
9,617	"	Weiden,
8,110	"	Holzungen,
1,610	"	Gärten,
649	"	Gebäudeflächen,
6,099	"	Huden,
38,966	"	Heiden und
5,099	"	Moore.

In diesen drei Catasterverbänden sind die verschiedenen Culturländer folgendermaaßen eingetheilt:

das	Ackerland	in 5	Classen,
die	Wiesen	" 5	"
"	Weiden	" 4	"
"	Holzungen	" 4	"
"	Gärten	" 3	"
"	Huden	" 2	"
"	Moore	" 2	"

Davon herrschen im Allgemeinen die 2te und 3te Classe vor, doch giebt die erste, besonders im Catasterverbande Lübbecke, auch jenen beiden nicht viel nach.

Die Tiefe der hiesigen Ackerkrume variirt sehr. Im Ganzen kann man wohl annehmen, daß dieselbe durchschnittlich 5 — 14 Zoll stark oder mächtig ist. — Der Untergrund ist größtentheils durchlassend und gut und besteht meistens aus Sand und leichtem Lehm. Doch kommt als solcher dann und wann auch

Grand, Steinfelsen, undurchlassender Thon und Rasen-eisenstein vor.

Es finden sich im Lübbecker Kreise 35, theils Ritter- (7) und theils andere adlige Güter. Diese haben meistens ein Gesammtareal von 200 bis 600 Morgen. Güter von 200 bis 300 Morgen werden kleine, von 300 bis 400 Morgen mittlere und von 400 bis 600 Morgen große genannt. Die kleinen und mittleren Güter sind vorherrschend. — Auch die Bauerhöfe sind nicht groß; 20 bis 50 Morgen ist das gewöhnliche Areal eines solchen Hofes. Doch giebt es noch viele kleinere und einige größere, letztere besonders im Catasterverbande Rahden, wo noch bedeutende Heiden rc. liegen.

Bis zum Jahre 1808, wo Dismembrationen nicht stattfinden durften, war die Größe der hiesigen Güter wohl ziemlich feststehend. Von da ab, wo die Gesetze Vereinzelung der Güter und Höfe zuließen, sind diese theils vergrößert, theils verkleinert, viele selbst haben aufgehört als Complex zu bestehen.

Die Gerechtsame der, keinen besonderen Lasten unterliegenden Güter bestehen mehrstens in: Jagd, wilder Fischerei, Schaafhude auf fremden Grundstücken, Land-, Sack- und Blutzehnten, Hand- und Spanndiensten, Sterbegefällen, Weinkäufen rc.

Die Rittergüter sind in der Regel Lehn oder mit Fideicommiß belegt, und vererben sich gewöhnlich auf den ältesten Sohn des Besitzers. In Ermangelung von männlichen Descendenten geht aber das Eigenthum desselben auf den nächsten Agnaten oder Fideicommißanwärter über. Theilbar werden sie, wenn Besitzer, Fideicommißanwärter, Agnaten und sämmtliche darauf haftende Realgläubiger darein willigen. — Die Allodialgüter sind ebenfalls theilbar, wenn die darauf haftenden Realgläubiger und sonstigen Creditoren darein willigen. Sie können durch Verträge von den Besitzern übertragen werden, ab intestato werden sie indeß auf sämmtliche Descendenten zu gleichen Theilen vererbt. — Haftet das Obereigenthum auf dem Bauerhofe, dann ist der jüngste Sohn Erbe, und ist es frei, dann erbt der älteste Sohn. Bauerhöfe von diesen beiden Qualitäten sind ebenfalls theilbar, sobald die Reallasten und Schulden darauf getilgt und gelöscht sind, oder von den Gläubigern darein gewilliget wird. — Die Bürgerstätten sind gleichfalls theilbar, sofern die darauf haftenden Gläubiger darein consentiren. Die Besitzer sind in ihrer Disposition darüber nicht beschränkt und vererben ohne Testament auf die Kinder zu gleichen Theilen.

Die hiesigen Gutspreise ꝛc. anlangend: so wurden i. J. 1838 auf dem Wege des nothwendigen Verkaufs versteigert: 1) das Gut Groß-Engershausen bei Oldendorf mit: 80 Morgen Ackerland, ebensoviel Wiesen, 90 Morgen Holzungen und Gefällen im Werthe von circa 20,000 Thlrn., zu 34,000 Thlrn.; 2) das von Kornberg'sche Hofgut in Lübbecke, enthaltend: 93 Morgen Ackerland, 65 Morgen Wiesen, 38 Morgen Holzungen, 6 Morgen Moore, und mit Gefällen im Werthe von 25,000 Thlrn., zu 30,000 Thlrn. Dieses letztere Gut ward aber bereits 1842 freiwillig wieder zu 45,000 Thlrn. verkauft.

Die Preise der einzelnen Grundstücke sind dagegen in den Gemeinden des Klosterverbandes Lübbecke etwa folgende:

1) Ackerland der Morgen.			2) Wiesen der Morgen.		
1. u. 2. Classe	180—200	Thlr.	1. Classe	200—250	Thlr.
3. "	120—130	"	2. "	150—200	"
4. " 5. "	60—100	"	3. "	120—150	"
			4. "	80—100	"
			5. "	50— 80	"

3) Gärten der Morgen	4) Moore der Morgen.
sämmtlicher 3 Classen 200—500 Thlr.	50—200 Thlr.

Von den beiden übrigen Catasterverbänden können hier die Bodenpreise nicht so genau angegeben werden; dieselben sind jedoch dort um ein Drittel oder die Hälfte niedriger als hier.

Ganze Gütercomplexe sind hier nicht verpachtet; die wenigen hiesigen Pächter haben ihre Grundstücke von verschiedenen Besitzern zusammengepachtet, und der größte Pachter des Kreises hat nur 110 Morgen Ackerland und 100 Morgen Wiesen in Pacht. Dagegen sind die Pachtpreise der einzelnen Acker- und Wiesenländer im Catasterverbande Lübbecke etwa folgende:

1) Ackerland der Morgen.		2) Wiesen der Morgen.	
1. u. 2. Classe	8—10 Thlr.	1. Classe	14—16 Thlr.
3. "	6— 7½ "	2. "	8—10 "
4. " 5. "	3— 5 "	3. "	6— 7½ "
		4. u. 5. "	3— 4 "

3) Gärten, der Morgen 10—12 Thlr., jedoch nur dann, wenn selbige nicht die Heuersleute mit der Wohnung gemiethet haben.

Holzungen und Moore werden nicht verpachtet.

Auch über die Pachtpreise der Grundstücke in den andern Catasterverbänden läßt sich hier nichts Genaues beibringen. Uebrigens gilt dasselbe von ihnen, was oben bei Gelegenheit der Kaufpreise der dortigen Ländereien gesagt worden ist.

Die Catastral-Reinerträge der Grundstücke, namentlich in der Gemeinde Lübbecke, sind wie nachstehend angesetzt:

1) Ackerland der Morgen.			2) Wiesen der Morgen.		
1. Classe zu	5 Thlr.	24 Sgr.	1. Classe zu	7 Thlr.	20 Sgr.
2. " "	4 "	12 "	2. " "	4 "	24 "
3. " "	3 "	— "	3. " "	3 "	— "
4. " "	1 "	24 "	4. " "	1 "	27 "
5. " "	— "	24 "	5. " "	— "	21 "

3) Weiden der Morgen.							4) Holzungen der Morgen.						
1.	Classe	zu 4	Thlr.	12	Sgr.		1.	Classe	zu 1	Thlr.	12	Sgr.	
2.	=	= 3	=	—	=		2.	=	= 1	=	—	=	
3.	=	= —	=	21	=		3.	=	= —	=	21	=	
							4.	=	= —	=	8	=	

5) Gärten der Morgen.

1.	Classe	zu 7	Thlr.	20	Sgr.
2.	=	= 6	=	20	=
3.	=	= 5	=	20	=

Das Betriebscapital der Bauern ist im Allgemeinen sehr klein, da dieselben alle vorkommenden und Capital erfordernden Geschäfte selbst verrichten. Deshalb erstreckt sich dasselbe nur auf die kleinen Ausgaben des inneren Haushalts, Löhnung des Gesindes, Unterhalt einiger Geräthschaften, Versicherung der Gebäude, Steuern und Communallasten. Hiernach ergiebt sich denn, daß zur Bewirthschaftung eines Bauerhofes von 20—50 Morgen Ackerland und Wiesen auf den Morgen etwa 4 Thlr. zu rechnen sind. Dagegen beläuft sich dasselbe auf den größeren Gütern ohne technische Gewerbe auf etwa 8—10 Thlr., und auf den übrigen mit technischen Gewerben bis zu etwa 20 Thlr. und mehr auf den Morgen.

Da selbst auf den hiesigen Gütern die Buchführung so unvollkommen *) und bei den Bauern an eine solche

*) Sie beschränkt sich auf den meisten Gütern auf: Tagebuch,

gar nicht mal zu denken ist, ferner die wirthschaftlichen Verhältnisse so eigenthümlich sind, und die auf den Gütern mit ihrer Familie und ihrem Bedienungspersonale lebenden Besitzer ohne Weiteres ihre Haushaltungsbedürfnisse 2c. aus der Wirthschaft nehmen, die Bauern aber neben dem Ackerbaue stark spinnen und weben: so läßt sich über das Verhältniß des Reinertrages zum Rohertrage auch nicht einmal annähernd eine Zahlenangabe machen. Groß kann der Reinertrag gegen den Rohertrag aber keinesweges sein, was sich schon ergiebt, wenn man erwägt, daß verhältnißmäßig zu der bebauten Bodenfläche zu viel Gesinde und Gespannvieh gehalten wird, und daß dies im Tagewerk zu wenig schafft. So pflügt man hier in der Regel mit 4 Pferden nur $1\frac{1}{2}$ Morgen zur Saat im Tage. Dagegen wird viel zu wenig Nutzvieh gehalten und dies überdem schlecht genährt, der fehlerhaften hiesigen Fruchtfolge 2c. gar nicht mal zu gedenken. (Vgl. unten.)

Die Hauptproducte sind hier: Weizen, Roggen, Hafer, Gerste, Kartoffeln und Flachs. Die Körner werden nach Umständen über Minden die Weser hinunter, nach Osnabrück, oder über Bielefeld nach der Rheingegend ausgeführt, die Kartoffeln dagegen an die hiesigen Branntweinbrenner verkauft, der Flachs mei-

Tagelöhner-, Bestellungs-, Erndte-, Korn- und Viehregister, ferner Miethe-, Einnahme- und Ausgabe-Journale.

stens selbst versponnen und verwebt. Junge Pferde, Rindvieh und Schweine führt der Kreis in ziemlicher Menge nach Herford und Bielefeld aus.

Auf einigen Gütern sind nach ihrem Umfange bedeutende Kartoffelbranntweinbrennereien, sonst aber, nachdem die früher bestandenen Ziegeleien eingegangen, keine andere Nebengewerbe. Die Bauern, Neubauern und Heuersleute beschäftigen sich aber durchgehends mit dem Spinnen und Weben des Flachses. So lagen hier i. J. 1839, nach einer annähernden Zählung, 33,049 Personen dem Spinnen ob und waren damals 4147 Webstühle im Gange. — Handwerker (Schuhmacher, Schneider, Zimmerleute, Tischler, Maurer ꝛc.) findet man genügend auf dem Lande. Dieselben haben alle das nöthige Gartenland, auch wohl die meisten soviel Acker, daß sie zum Theil oder ganz ihren Bedarf an Feldfrüchten und Futter für's Vieh darauf ziehen können.

Nach den statistischen Nachrichten vom Jahre 1843 leben in dem Kreise Lübbecke ganz nahe an 50,000 Menschen — 49,988 Seelen. Hiervon dürften sich wenigstens $\frac{19}{20}$ mit Landwirthschaft und ihren Nebengewerben, auch Leinenspinnerei und Weberei beschäftigen.

Die größeren Grundbesitzer gehören zum Theil dem höheren Militair-Beamten- und Kaufmannsstande an. Sind diese nun auch keine eigentlich gebildete Landwirthe vom Fach, so kann man ihnen doch einen gewissen Grad von landwirthschaftlicher Einsicht und Bildung nicht absprechen. Von dieser Einsicht ist dagegen bei dem bäuerlichen Publicum nicht viel Rühmens zu machen, wiewohl einiger Fortschritt darin während der letzten 30 Jahre nicht zu verkennen ist. Der Einfluß des hiesigen landwirthschaftlichen Vereins auf die allgemeinere Verbreitung landwirthschaftlicher Kenntnisse will noch nicht recht sichtbar werden. Dieser Verein bildete sich im Jahre 1837, hat aber inzwischen zwei Jahre wegen Abwesenheit seines Directors und dessen Stellvertreters gänzlich brach gelegen. Augenblicklich besteht er aus 69 Mitgliedern — 11 Gutsbesitzern, 22 Bauern und 36 öconomischen Laien. Nach den Acten richtete derselbe hauptsächlich sein Augenmerk auf: Veredelung der Pferde und des Rindviehs, Beförderung des Leinsaamen- und des Hanfbaues, ingleichen der Cultur der Handelsgewächse, der Sommerstallfütterung mittelst vermehrten Anbaues der Futterkräuter, Verminderung der Wasserröthe und Vermehrung der Thauröthe des Flachses, und Belehrung der Landwirthe durch Beschaffung gemeinnütziger populairer Bücher und Zeitschriften.

Die eigentliche Arbeiterclasse bilden hier die Heuerleute und einige Neubauer. Die Heuerleute haben von den Gutsbesitzern und Bauern die Wohnung nebst ⅓ bis ½ Morgen Gartenland, meistens zu 3 bis 6 Thlr. jährlicher Miethe, dazu leisten letztere den ersteren alle Gespannarbeiten, etwa zu der Hälfte des gewöhnlichen Preises. Für diese Begünstigung haben die Heuerleute wiederum die Verpflichtung, dem Vermiether gewisse Tage in der Erndte unentgeldlich und überhaupt zu allen Arbeiten vorzugsweise gegen einen mäßigen Tagelohn helfen zu müssen. Der Tagelohn ist in diesem Falle: ohne Beköstigung für den Mann 6 Sgr., für die Frau 4 Sgr. und für Kinder 2 Sgr.; mit Beköstigung für den Mann 2½ Sgr., für die Frau 1½ Sgr. und für Kinder ¾ bis 1 Sgr. Da hier aber im Ganzen die Gutsbesitzer und Bauern, im Verhältniß zu dem Umfange ihres Ackerbaues viel Gesinde halten, so werden die Heuerleute zu den gedachten Arbeiten eben nicht unmäßig herangezogen. Ueberdem haben dieselben meistens 3 bis 6 Morgen Ackerland zu der üblichen Miethe in Pacht, worauf sie in der Regel die hauptsächlichsten Haushaltungsbedürfnisse, ihr Viehfutter und den nöthigen Flachs ziehen, aus welchem letzteren sie versponnen die erforderlichen baaren Geldmittel nehmen. *) Da nun Garn und Leinen bis vor wenigen Jahren noch in gutem Preise standen, so waren diese Leute nach ihrer Art bis dahin ziemlich wohlhabend, jetzt aber, da jener

*) Im Jahre 1833 wurde von den Kaufleuten in der Stadt Lübbecke für etwas mehr als 100,000 Thlr. Garn gekauft, 1843 etwa nur noch für 14,800 Thlr., und jetzt hat dies fast ganz aufgehört.

sehr gewichen ist, hat das aufgehört, und Armuth, ja bittere Armuth ist meistens an die Stelle der ehemaligen Wohlhabenheit getreten; was um so bedauerlicher und für die hiesigen ganzen Verhältnisse um so drückender und störender, als diese Menschenclasse hier so häufig ist und sich jüngsthin noch so stark vermehrte, wie die folgende, aus den Acten der Lübbecker landräthlichen Behörde entnommene Zusammenstellung zeigt:

Zahl der Neubauer und Heuerlingsfamilien.

In den Gemeinden.	In den Jahren	
	1816.	1839.
Rahden	500	1032
Wehdem	205	348
Dielingen	291	421
Levern	205	490
Alswede	199	491
Oldendorf	134	423
Börninghausen	88	162
Holzhausen	128	187
Blasheim	249	437
Lübbecke	246	340
Gehlenbeck	394	633
Schnathorst	nicht angegeben.	282
Hüllhorst		199
Oberbauerschaft		157
Summa		5602

Diese Classe erhält übrigens durchgehends in guten Elementarschulen ihren Jugendunterricht, ist zu allen ländlichen Arbeiten ziemlich anstellig, ist fleißig und führt im Ganzen einen sittlichen Lebenswandel.

Das Gesinde anlangend, so wird auf den Gütern auf je 30 bis 40 Morgen Ackerland ein Knecht und auf je 60 bis 80 Morgen dazu eine Magd, bei den Bauern aber auf etwa 20—25 Morgen Ackerland ein Knecht und eine Magd gehalten, wobei jedoch zu berücksichtigen ist, daß der Bauer das Gesinde auch mit des Spinnens und Webens wegen hält. An Lohn bekommen: der Knecht 20—24 Thlr., der Kleinknecht oder Junge 12—16 Thlr., und die Magd 14—16 Thlr. — Bezüglich der sonstigen Lohnsätze ist zu bemerken, daß der Tagelohn üblicher als der Stücklohn ist. Der gewöhnliche Tagelohn ist hier: ohne Beköstigung, für Männer 7½ Sgr., für Frauen 5 Sgr., und für Kinder von 10 bis 14 Jahren 3¾ Sgr.; mit Beköstigung, für Männer 3¾ Sgr., für Frauen 2½ Sgr., und für Kinder in dem angegebenen Alter 1½ Sgr. An Stücklohn wird mitunter bezahlt: für 1 Morgen Wintergetreide zu mähen, binden, aufzusetzen und bis zur Einheimsung auf dem Felde wahrzunehmen 10 Sgr; für den Morgen Kartoffeln mit der Hand zu hacken 1 Thlr. bis 1 Thlr. 10 Sgr.

Wie gesagt ist die Hauptnebenbeschäftigung bei den Bauern und Heuerleuten das Spinnen und Weben des Flachses. Letztere fertigen hierzu auch mitunter kleine Holzwaaren, als Löffel 2c., binden Reiser- und Heidebesen, gehen einige Wochen im Sommer nach Holland, machen hier Torf, brechen Steine, arbeiten auf den Chausseen u. s. w. Diesen Nebenerwerben wird aber meistens nur dann obgelegen, wenn die Ackerarbeiten es erlauben.

Eine solche Familie bedarf hier zu ihrem Unterhalte, nach ohngefährem Ueberschlage etwa 70 bis 85 Thlr. im Jahre, oder müssen selbe wenigstens in diesem Zeitraume angeschlagen werden. —

Werfen wir jetzt endlich noch einen Blick auf die übliche Wirthschaftseinrichtung: so werden hier auf den Gütern zum Zuge Pferde und Ochsen gehalten, erstere meistens zu zwei und letztere zu Einem Drittel. Die größeren Bauern bedienen sich jedoch fast ausschließlich der Pferde, und die kleineren der Kühe. Auf den Gütern ackert und fährt man in der Regel mit Drei- oder Viergespannen, so auch die Bauern, diese aber auch mit Zweigespannen, wenn sie wenig Ackerland haben. Die Arbeit mit Kühen hat übrigens in jüngster Zeit bedeutend zugenommen, und nicht selten sieht man mit 2, 3, auch 4 Kühen ackern und fahren. — Auf den Gütern werden für gewöhnlich auf etwa 90 Morgen Ackerland 4, dagegen bei den Bauern schon auf 35 bis 40 Morgen 4, auf 25 bis 30 Morgen 3 und auf 15 bis 20 Morgen 2 Zugthiere gehalten.

Zwei Kühe rechnet man meistens im Zuge gegen ein Pferd. — Der Spannviehstand ist also hier, wie gesagt, verhältnißmäßig sehr groß.

Der Nutzviehstand besteht eigentlich nur aus Rindvieh und Schweinen; die einzelnen und wenig gehaltenen Schaafe kommen dabei kaum in Betracht; doch findet man bei den ganz kleinen Leuten in der Stadt und auf dem Lande statt jener auch Ziegen. Auf 3 bis 5 Morgen Ackerland nebst den vorhandenen Wiesen, wird ein Haupt Großvieh, außer Kälbern, Rindern und Schweinen gehalten.

Eine landübliche Fruchtfolge giebt es hier nicht, da sie ein Jeder seinen Wirthschaftsverhältnissen anpaßt; diese Wirthschaften sind sonach füglich als freie zu bezeichnen. Die kleineren Wirthe streben vor Allem dahin, sich die nöthigen Hackfrüchte für sich und ihr Vieh und den Bedarf an Gespinnpflanzen selbst zu erzielen, wogegen die größeren Grundbesitzer schon einen rationelleren Weg in der Wahl und Folge der Früchte einschlagen.

In dem Catasterverbande Schnathorst werden hauptsächlich gebauet: Roggen, Hafer, Kartoffeln und Flachs, und nachdem dort mehr gemergelt ist, auch rother Klee und Blattfrüchte. Dagegen kommen in dem Catasterverbande Lübbecke vor: Weizen, Roggen, Gerste, Hafer, Blattfrüchte, Klee und Flachs, selten etwas Oel- oder sonstige Handelsgewächse. Und in dem Catasterverbande

Rahden sind Roggen und Hafer nebst Kartoffeln die Hauptfrüchte, und Blattfrüchte, Klee und Flachs werden, da ihr Fortkommen ziemlich unsicher ist, schon weniger gebauet.

Vor der Einführung des Klees und ehe die Kartoffeln das Hauptnahrungsmittel waren, soll im Allgemeinen Dreifelderwirthschaft mit reiner und angebaueter Brache stattgefunden haben.

Hier und da — seit etwa 15 Jahren — findet man Fruchtwechselwirthschaften, worin besonders die Folge: Hackfrüchte gedüngt, Gerste, Klee, Winterung sehr beliebt ist. Ebenso trifft man auch auf Gütern mit Brennereien, daß hier alle drei Jahre auf demselben Lande Kartoffeln wiederkehren.

2.

Der Landbaubetrieb im Besonderen.

Das Dungwesen. Die Bodenbearbeitung. Die Saat, Pflege, Erndte der Feldfrüchte. Die Wiesenwirthschaft. Die Weidenwirthschaft. Der Futterkräuterbau. Die Getreidecultur. Der Erdfruchtbau. Die Handelsgewächscultur. Die Viehzucht: die Rindviehzucht; die Schaafzucht; die Pferdezucht; die Schweine-, Esel- und Maulthierzucht; Federviehzucht; Imkerei. Gartenbau. Obstbau. Waldbau.

Zum Betrieb des Ackerbaues selbst übergehend, finden wir zunächst das Dungwesen noch überall im Argen liegend. Der Mist bleibt in der Regel so lange im Stalle, bis er den Thieren hinderlich wird,

Dann wird er auf die Dungstätte gebracht, hier ausgebreitet, und von Einigen mit Grasplaggen und Erde belegt, dagegen von Anderen in den fast durchgehends schlechten Pfuhlen ganz den Witterungseinflüssen preisgegeben. Auf letzteren überläßt man ihn gemeiniglich der völligen Gährung, bis er in einen speckartigen Zustand übergegangen ist. Bei den mehrsten Wirthen fließt die Jauche ungenutzt aus den Miststellen ab, nur bei einigen größeren Grund- und Brennereibesitzern wird dieselbe zur Ueberdüngung der Kleefelder und Wiesen, auch der Kartoffelfelder verwendet. — Da das Rindvieh den Sommer hindurch größtentheils geweidet wird, so liefert das Stück Großvieh à 500 Pfund lebendes Gewicht, da, wo Plaggen, Erde und Stroh als Streumaterial dienen, etwa 14 Fuder Dung à 36 Cubikfuß, wo aber nur Stroh gestreut wird, etwa 10 Fuder à 15 Ctr. Dagegen gewinnt man in den Wirthschaften mit Sommerstallfütterung bis 16 Fuder à 18 Centner.

Auf den leichteren Bodenarten wird alle oder alle 2 Jahre mit 3 bis 15 Fudern à 15 Ctr. der Morgen, dagegen auf den schwererern alle 3 bis 4 J. mit 6 bis 10 Fudern à 15 Ctr. gedüngt. Hierbei darf aber nicht unbemerkt bleiben, daß, wie bereits aus Obigem hervorgeht, in den leichteren Gegenden viel Erde, Gras- und Heideplaggen zur Einstreu verwendet werden, welche meistens wenig mit thierischen Excrementen geschwängert sind, und daß also hiervon der anscheinend größere Düngergewinn herrührt. Der Schaafpferch wird in der Regel nur dünne gegeben; mit 200 Schaafen düngt man in etwa 6 Nächten den Morgen. Die Düngung findet vornehmlich statt: zu den Hack- und Blattfrüchten, jedoch auch nicht selten zu dem verschiedenen Halmgetreide.

Unter den mineralischen Düngmitteln wird lediglich der Mergel, dieser aber ziemlich bedeutend angewendet. Man fährt davon auf den Morgen 6 bis 8 vierspännige Fuder. Auf die Wiesen wird Torfasche gebracht. In der Nähe der Moore beginnt man — jedoch nur auf schwerem Boden, z. B. in Gehlenbeck — Moorerde auf den Acker zu bringen und rühmt deren Wirkung sehr. — Neuerer Zeit ist auch mit gutem Erfolge Knochenmehl angewendet. Man nimmt 7 bis 8 Ctr. auf den Morgen und eggt es mit dem Saatkorn ein. In Lübbecke besteht seit einem Jahre eine Knochenmühle, die den Ctr. zu 1 Thlr. 10 Sgr. liefert und guten Absatz hat.

Das allgemeine Ackergeräth ist der westfälische Polter-(Rigol-)Pflug. Man findet denselben nach der Schwere des Bodens und der Tiefe der Krume abweichend construirt, dergestalt, daß man damit nach Maaß und Zeit jede beliebige Breite und Tiefe der Fahren erreichen kann. — Alles Wintergetreide, so auch in der Regel das Sommergetreide, mit Ausnahme der Gerste, die immer dreifurchig bestellt wird, erhält 2 Pflugarten, die Erdfrucht desgleichen, bei den guten Wirthen aber auch nicht selten drei. Gleiches findet beim Lein, insonderheit, wenn er spät gesäet wird, statt. — Das Streken (Felgen) geschieht so flach als möglich, etwa $1\frac{1}{2}$ — $2\frac{1}{2}$ Zoll tief; die Wendefurche, nicht minder die dritte (Ruhrfurche) wird meist zur vollen Tiefe der Ackerkrume, die Saatfurche dagegen, sofern nicht zur Saat nur gestrekt und einmal gepflügt wird, zur halben Tiefe der Wendefurche genommen.

Die Eggen und die Eggearbeit bieten nichts Bemerkenswerthes dar. Exstirpatoren, Mineurs rc. kennt man nur dem Namen nach; Pferdehacken sind nur auf Gütern mit Brennerei, wo ausgedehnter Kartoffelbau betrieben wird, in Anwendung. Dagegen bedient man sich neuester Zeit fast allgemein der Walze, in verschiedenen Dimensionen. Der Spaten wird beim Feldbau nur von den kleinen Leuten, selten von den Bauern und noch seltener auf den Gütern, und eigentlich nur in den Gemüsegärten gebraucht.

Wechsel der Saat findet bei dem Getreide und den Kartoffeln nur in einzelnen Fällen und bei guten Wirthen statt. Den Roggen bezieht man zu diesem Ende aus dem Dorfe Eickhorst, Kreises Minden, wo ein guter tiefgründiger lehmiger Sandboden ist, der in guter Cultur steht, den Weizen aus dem hiesigen Dorfe Mehnen und vom Gute Obernfelde, dessen Felder zum Theil ziemlich schwer sind. Den Hafer und die Kartoffeln liefern die hiesigen Dörfer Hüllhorst und Schnathorst, welche, wie bereits erwähnt, sandigen Lehmboden haben, der wegen seiner höheren Lage ziemlich kalt ist und eben keinen ganz besondern Anbau bis vor wenigen Jahren, wo die Mergelung eingeführt ward, erfahren hat. Ein sehr erheblicher Artikel als Saatkorn endlich ist der Leinsaamen; nach zuverlässigen Nachrichten werden hier alljährlich etwa 900 bis 1000 Tonnen und 300 bis 400 Sack Windauer und Libauer Leinsaamen ausgesäet.

Auf die zweckentsprechende Behandlung des eigenen Saatkorns, völlige Ausreifung, Sonderung der unvollkommenen Körner von den besten und schwersten, vollständige Reinigung des Saamens ꝛc, wenden nur die besten Wirthe eine angemessene Sorgfalt. — Sämmtliche Aussaaten geschehen mittelst der Hand. Säemaschinen sind hier ein unbekanntes Ding. — Zur Lockerung des Bodens, Vertilgung des Unkrauts ꝛc. bedient man sich, wie auch bereits bemerkt, lediglich der Handarbeit.

Als Haupt-Unkräuter zeigen sich: Sinapis arvensis, Raphanus Raphanistrum, Chenopodium album (weiße Melde), Mentha arvensis, Convolvulus arvensis, Ervum hirsutum, Galeopsis tetrahit (breitblättriger Hohlzahn), Triticum repens, Agrostis Spica venti, Serratula arvensis, Sonchus arvensis, Equisetum arvense, Polygonum aviculare, Polygonum persicaria, Pyrethrum inodorum (Bertramwurz), Matricaria chamomilla, Papaver rhoeas, Agrostemma Githago (Rade) und Centaurea cyanus (Kornblume).

Alle Halm- und Blattfrüchte werden mit der Sense abgebracht, Winter- und auch Sommerhalmfrüchte, wenn sie nicht naß gemähet oder sehr mit Gras und Kraut unterwachsen, gleich hinterher aufgebunden, und selbigen oder folgenden Tages in Hocken von 10 bis 20 Garben gesetzt. Das Puppen wird nur von guten Wirthen, namentlich bei Hülsen- und Oelfrüchten, bei dem Saatklee und besonders in nasser Witterung angewandt. — Das Heumachen bietet nichts von den allgemein üblichen Methoden Unterscheidendes dar.

Das gesammte Wiesenareal des Kreises Lübbecke besteht in 39,362 Morgen, nimmt also nahe an 2 Q.-Meilen ein. Davon sind nur einige Wiesen trocken die anderen feucht und die meisten naß — leider häufig zur Unzeit zu naß. 37,633 Morgen derselben liegen allein in den Catasterverbänden Lübbecke und Rahden, und zwar zunächst in den Flußgebieten: große und kleine Aue, neuer Canal, Diekfluß, Holzhauser und Oldendorfer Bach, Flöthe und Ronzava. Alle diese Gewässer sind durchgehends zu schmal, zu flach, von einem zu unregelmäßigen und krummen Laufe, ihre Ufer stellenweise zu sehr mit Holz und ihre Bette fast durchgängig stark mit Wasserpflanzen bewachsen, zu welchem Allen endlich noch kommt, daß sie ganz allgemein nur ein geringes Gefälle haben, was denn die natürliche Folge hat, daß sie bei einigem Hochwasser fast sämmtlich überschwemmt und lange unter Wasser gehalten werden, demnach auch ein bedeutender Theil ihres Grases verdorben wird. Sachverständige sind der Ansicht, daß die Hinwegräumung der obigen Hindernisse einer einträglichen Wiesencultur möglich und auch mit verhältnißmäßig nicht erheblichen Kosten zu bewerkstelligen sein würde. Es müßte dann aber auch — woran bei dem thätigen Interesse der betreffenden Behörden für nützliche Flußverbesserungen nicht zu zweifeln sein möchte — das Hannoversche Gouvernement das Werk durch Melioration der Aue unter dem Kirchspiele Rahden im Amte Diepholz fördern, das Ganze aber nicht nach der Idee und dem Gutdünken jedes einzelnen Betheiligten, sondern nach einem von der Regierung festzustellenden allgemeinen Bauplane in die Hand genommen werden, wozu jetzt (1847) unter Benutzung eines von der Königlichen Domainenverwaltung bewilligten Fonds Einleitung getroffen ist. — Auch in dem Catasterverbande Schnathorst leiden die Wiesen, wegen Mangels an nöthigen und passenden Entwässerungsgräben, an Versumpfung und befinden sich durchgehends in einem betrübenden Zustande der Uncultur.

Steigt hier gleich der Heuertrag von 5 bis zu 40 Ctrn., so läßt sich im Allgemeinen doch nur annehmen, daß die meisten der hiesigen Wiesen 12—15 Centner Heu geben, wovon das Mehrste schlecht und sauer und nur Weniges gut und süß ist.

Uebrigens werden als die häufigsten Wiesenpflanzen angegeben: Lathyrus pratensis, Vicia sepium, Trifolium pratense et repens, Lotus corniculatus, Briza media, Festuca pratensis, Agrostis vulgaris, A. alba, Anthoxanthum odoratum, Holcus lanatus, Dactylis glomerata, Poa aquatica, A. phragmites communis, Melica coerulea, Eriophorum, Rhinanthus Crista Galli, Chaerophyllum sylvestre, Heracleum Sphondylium, Leontodon taraxacum, Centaurea scabiosa, Scabiosa arvensis, Hypochaeris radicata, Hieracium pilosella, Symphytum officinale, Euphrasia officinalis, Lychnis viscaria.

Für die Melioration der Wiesen mittelst Bewässerung ist zwar Einiges, indessen im Verhältniß zu der ausgedehnten Wiesenfläche nur Weniges geschehen. In der jüngsten Zeit hat man etwa 20 Morgen ziemlich regelrecht zur Rieselung gebauet, und circa 400 bis 500 Morgen, bei denen die Natur etwas nachgeholfen hat, zur wilden Bewässerung eingerichtet. Bei jenem Baue hat man die Siegener Methode befolgt und Hang- und Rückenbau gewählt. In der Ausführung sind jedoch Fehler begangen. Die Hänge haben häufig zu wenig Gefälle und Gräben und die Rücken eine zu große Länge und Breite bei zu flachen Entwässerungsgräben, wodurch denn im Ganzen die Berieselung erschwert und der Ertrag bedeutend vermindert wird.

Gute Wirthe wässern hauptsächlich im Herbste,

Winter und zeitig im Frühjahre, wenn das Wasser trübe ist, unter häufigem Wechsel, wenig aber im späten Frühjahr und Sommer während des Vegetationsprocesses und dann nur in trockenen Zeiten und des Nachts, wo die Temperatur des Wassers eben nicht niedriger ist, als die der Luft. Weniger gute Wirthe nehmen es hiermit nicht so genau, wässern im Herbst und Winter nicht, dafür aber desto mehr und zuviel im Frühjahr und Sommer, wozu sie dann noch häufig das Wasser zu lange, ohne Wechsel, laufen lassen. Zum Grummet wird im Ganzen wenig gewässert, es möchte denn in dieser Zeit eine anhaltende trockene Witterung eintreten und das Gras dagegen der nöthigen Feuchtigkeit ermangeln.

Gedüngt werden die Wiesen im Ganzen wenig, mit Stallmist gar nicht, von den Branntweinbrennern mit Jauche, übrigens mit Torfasche, Scheuerabfällen, Hoferde, Compost u. dgl. — Gute Wirthe sorgen für die Reinigung ihrer Wiesen, eggen, walzen sie auch wohl, wie dies namentlich bei den Moorwiesen der Güter Grappenstein und Stockhausen (?) geschieht.

Die Weiden anlangend: so ist hierzu, gleich den Wiesen, mehrentheils der fruchtbare, graswüchsige Boden verwendet; sie liegen in der Gebirgsgegend, in der Regel in den Thälern und in den Ebenen an den Flüssen und Bächen, und sind fast durchgehends mit lebendigen Hecken von Hainbuche, Haselnuß, Weißdorn, Erle oder

Weide eingefaßt — größtentheils aber sehr vernachlässigt, erfüllt mit alten Maulwurfshügeln, unnützem Gestrüppe, Sumpfstellen, Unkräutern rc. in Menge — kaum, daß die Entwässerungsgräben, wenn anders welche darin und diese verschlämmet, ausgeworfen werden. Nur selten wird 'mal eine Weide gebrochen und einige Jahre als Ackerland benutzt. Hauptsächlich werden sie mit dem Rindvieh bejagt, doch kommen auch zuweilen und unter Umständen Füllen, Schweine, selten aber Pferde, Schaafe und Ziegen, in Levern, Dielingen, Wehdem und Rahden aber auch Gänse hinauf. Auch die Weiden sind mit lebendigen Hecken und zwar meistens von Eichen, Buchen, Eschen, Erlen und Pappeln, umpflanzt. Die Weidezeit beginnt gemeiniglich Mitte April oder Anfangs Mai und dauert bis in die Mitte oder Ende Octobers. In der Regel wird das Milchvieh Abends nach Hause geholt und nur das Jungvieh bleibt Nachts über draußen. — Durchgehends kann man wohl annehmen, daß sich auf einer Weidenfläche von 4 Morgen ein Haupt Großvieh der hiesigen Race ernähren kann.

Zu den künstlichen Weiden — welche man durch Besaamung mit weißem Kleesaamen (2—3 Pfd.) und Timothe ($\frac{1}{2}$ Pfd.) herzustellen pflegt — wird das Land meistens mager und in einem schlechten Culturzustande niedergelegt. Die weitere Pflege besteht höchstens in dem jährlich einmaligen Abmähen der Disteln, weißer

Wucherblumen 2c. und dem Auseinanderstreuen der Maulwurfshaufen. Man benutzt sie ein bis sechs Jahre. Ersteres geschah bisher hauptsächlich in den Gemeinden Schnathorst, Hüllhorst und Oberbauerschaft, wo sie dann mit Kühen an der Hand behütet wurden; selbiges hört aber allmählig mehr auf, nachdem dort gemergelt worden, der Klee besser wächst, und die Stallfütterung ausgedehnter eingeführt ist. Letzteres findet hier besonders im Lübbecker Stadtfelde statt, wo auf 140 Morgen das Servitut ruht, daß sie 6 Jahre zur Hälfte abwechselnd der Gemeinheit zur Weide dienen müssen. — Auf 1 bis $1\frac{1}{4}$ Mgn. wird sich hier wohl durchschnittlich ein Haupt Großvieh im Sommer nähren können. — Schweine kommen nur dann und wann auf die künstlichen Weiden.

Werfen wir jetzt einen Blick auf den hiesigen Futterkräuterbau, so bemerken wir, daß dieser im Allgemeinen eine zu geringe Ausdehnung, sich aber in jüngster Zeit etwas mehr vermehrt hat.

Der rothe Klee wurde früher nur im Catasterverbande Lübbecke gesäet, jetzt aber, nachdem, wie schon bemerkt, im Catasterverbande Schnathorst viel gemergelt ist, auch dort. Im Catasterverbande Rahden kommt er dagegen wenig und nur auf dem etwas schwereren Boden zu Alswede, Levern, Dielingen und Wehdem vor. Er wird in Winter- und Sommergetreide, zu 5 — 7 Pfd. gesäet. Sorgsame Wirthe pflegen ihn wohl 'mal im Winter zu überdüngen, im Frühjahre zu eggen 2c. Geweiniglich nimmt man zwei Schnitte von ihm, pflügt ihn dann sofort unter oder benutzt ihn auch noch zur Weide. Der Ertrag variirt zwischen 20 und 30 Ctr. pro Morgen.

Der weiße Klee wird gegenwärtig nur noch wenig gebauet, früher mehr im Catasterverbande Schnathorst. Im Catasterverbande Rahden findet man ihn, wohl wegen der vorhandenen vielen Wiesen und Weiden, fast gar nicht. Standort und Bestellung sind wie bei dem rothen Klee. Ausgesäet werden 3 — 5 Pfd., geerndtet pro Morgen 15 — 20 Ctr.

Das hier übliche Gemenge von Klee- und Grassaat besteht aus $\frac{1}{5}$ weißem, $\frac{3}{5}$ rothem Klee, und $\frac{1}{5}$ Timothesaamen, der Ertrag von trockenem Futter, bei einer Aussaat von 4 — 6 Pfd., ist $22\frac{1}{2}$ — $32\frac{1}{2}$ Ctr.

Lucerne und Esparsette kommen gar nicht vor. Spergel wird nur als Nachfrucht in den Roggenstoppeln gebauet; und hauptsächlich auf Sandboden. Zum Grünfutter dienende Getreidearten werden im Allgemeinen nicht angesäet, Mengfutter auch nicht.

Desto verbreiteter, verhältnißmäßig zu ausgedehnt ist der Halmgetreidebau. Weizen wird aber eigentlich nur im Catasterverbande Lübbecke, Roggen dagegen allenthalben gebauet. So auch der Hafer. Die große Gerste kommt mehr auf den schwerern, die kleine mehr auf den leichteren Bodenarten vor. Sommerweizen und Sommerroggen sieht man im Ganzen wenig und nur auf leichtem Boden. Die Einsaaten und Er-

Zu Seite 270.

Halmgetreideba

Fruchtart.	Wahl des Standorts.	Bestellung.	Aussaat pro Morgen.		
			gering. Metzen.	mittel. Metzen.	stark. Metzen.
1. Winterweizen.	Nach Klee, Hülsenfrüchten, Kartoffeln u. anderem Halmgetreide, selten nach Brache und Oelgewächsen.	Meistens zweifahrig.	12	15	18
2. Sommerweizen.	Meistens nach Kartoffeln, auch wohl nach Roggen.	Desgl.	10	13	16
3. Winterroggen.	Nach Klee, Hülsenfrüchten, Flachs, Kartoffeln, Weizen und Roggen.	Desgl.	14	18	22
4. Sommerroggen.	Nach Kartoffeln, Flachs, Winterroggen.	Zwei- und dreifahrig.	14	16	20
5. Große Gerste.	Nach Kartoffeln und Winterkorn.	Meistens dreifahrig.	16	20	24
6. Kleine Gerste.	Desgl.	Desgl.	14	18	22
7. Hafer.	Meistens nach Winterkorn, doch auch nach Kartoffeln, Klee, Flachs rc.	Zweifahrig.	20	26	32
8. Erbsen und Wicken.	Gewöhnlich nach Wintergetreide.	Zwei- bis dreifahrig, entweder breitwürfig gesäet oder in Reihen gepflanzt.	10	12	14
9. Bohnen.	Desgl.	Zweifahrig, übrigens wie die Erbsen.	28	30	32
10. Buchweizen.	Nach Roggen.	Zwei- u. dreifahrig.	6	7	8

senfruchtcultur.

Pflege.	Zeit der Erndte.	Ertrag vom Morgen.						Gewöhnliches Verhältniß der Körner zum Stroh.
		Körner.			Stroh.			
		gering. Schfl	mittel. Schfl.	stark. Schfl.	gering. Ctr.	mittel. Ctr.	stark. Ctr.	
ohl 'mal Frühjahre ggt, auch ge- et, und spä- hin, wenn er stark wird, chröpft.	August, etwa 8 Tage nach der Roggen- erndte.	6	9	13	14	19	22	4 bis 5 : 10
eine beson- s.	Anfangs August.	3½	5½	8	5½	9	12	1 : 2
ohl 'mal stet und ev. chröpft.	Ende Juli oder Anf. August.	4	8	12	8	16	24	4 bis 5 : 10
eine beson- e.	Anfangs August.	3½	7	9	7	13	18	4 bis 5 : 10
esgl.	August.	5	10	14	9	17	20	5 bis 6 : 10
esgl.	Desgl.	4	8	12	8	15	19	Desgl.
esgl.	Juli und August.	8	10	14	11	13	20	5 : 8 bis 9
iten und die Reihen ge- nzten mit Hand be- t.	August.	4 5	6 7	8 9	6½ 7½	9 10	13 14	5 bis 6 : 10 Desgl.
esgl.		10	12	14	16	20	24	Desgl.
eine beson- .		3	8	14	6	16	28	1 : 2

träge, welche wir in der hierneben befindlichen Tabelle (Beilage J.) angeben, sind nur annähernd und durchschnittlich nach den verschiedenen Bodenarten, Wirthen und Jahren genommen. Auf schweren Bodenarten ist der Strohertrag gegen den Kornertrag vorherrschend, umgekehrt verhält es sich auf den leichteren. — Die Hülsenfrüchte werden nach und nach mehr angebauet wie früher, jedoch nur auf den schwereren Bodenarten. Auffallender Weise ist dagegen der Buchweizen, obgleich sich hier so viele passende Länder für ihn finden, im Ganzen eine seltene Frucht.

Bei dem Erdfruchtbau spielen die Kartoffeln die Hauptrolle. Die Erträge variiren bei einer Einlage von 5—6 Scheffel zwischen 60 und 95 Scheffel pro Morgen.

Der Runkel- und Kohlrübenbau zum Viehfutter kommt neuerer Zeit mehr in Aufnahme. Beide Früchte folgen, gleich den Kartoffeln, meistens nach Wintergetreide. Die Erndte schwankt zwischen 65—105 Scheffel. Möhren, welche wohl weniger gebauet werden, als sie es verdienen, deren Cultur hier aber erst erlernt werden müßte, sollen nicht über 50 Scheffel pro Morgen geben.

Oelgewächse kommen verhältnißmäßig spärlich vor; der Raps aber mehr auf schweren und die Rübsenarten mehr auf leichtern Ländern. Die Erträge sind:

Raps in reiner Brache: . .	6—12	Scheffel;
Winterrübsen nach Winterung	3— 6	„
Sommerrübsen „ desgl.	2— 4	„

Bezüglich des Flachsbaues ist zu bedauern, daß sowohl die Cultur als die Bereitung des Leins noch so mangelhaft beschafft wird. Man säet denselben gemeiniglich in die Stoppel der Halm- und Blattfrüchte, oder nach Kartoffeln, von Ende März bis Anfangs Juni, und gewinnt von 18—26 Metzen Saamen (pro Morgen) 36—70 Centner grünen Lein.

Verstände man sich besser auf eine nachhaltige Vermehrung des Düngers, so würde die Aufnahme des hier gänzlich vernachlässigten Gewürz- und Fabrikpflanzenbaues, dessen Producte hier ziemlich viel consumirt und weit hergezogen werden, von Werthe sein. —

Gehen wir jetzt zur Viehzucht über, deren Zusammensetzung und Verhältnisse im Allgemeinen bereits früher von uns zur Sprache gebracht worden sind.

Der Viehstand war hier zu Ende des Jahres 1843

		im Ganzen:	pro Q.-Meile:
Pferde		4,071 Stück	397
darunter:			
Füllen bis zum 3ten Jahre .	960		
Pferde von 4—6 Jahren . .	1,499		

		im Ganzen:		pro Q.-Meile:
Rindvieh		19,217	Stück	1,873
darunter:				
Bullen .	211			
Ochsen .	265			
Kühe . .	11,238			
Rinder . .	7,503			
Schaafvieh		7,613	=	742
Schweine		6,228	=	607
Ziegen und Ziegenböcke		2,032	=	198
Esel		21	=	2
Maulthiere		1	=	—

Die Pferde sind im Allgemeinen sehr schlecht, und das, weil die — hier mittelst 6 Land- und 2 Privatbeschäler geförderte — Zucht derselben zu irrationell betrieben wird. Man hat nur die gemeine, 5 — 5′ 3″ große, durchschnittlich 6—900 Pfund schwere Landrace, mit welcher man meistens schon im zweiten Lebensjahre zu arbeiten beginnt. Die Haltung ist mittelmäßig und die Beschäler, deren man sich bedient, sollen meistens schlecht sein, sind wohl mindestens unpassend. — Der Preis eines Arbeitspferdes variirt zwischen 60 und 90 Thlr.

Auch das Rindvieh ist durchgehends von schlechter Beschaffenheit, gemeine Landrace, wo die Kühe 450, die Ochsen etwa 580 und die Bullen 500 Pfund wiegen und resp. 21—25, 30—35, und 27—30 Thaler kosten. — Die Aufzucht bietet nichts besonders Bemerkenswerthes dar. Die Kälber werden 3 Wochen mit süßer Milch getränkt. Die Zeit der Begattung ist mit 2 bis 3 Jahren. Das Hauptwinterfutter besteht in Heu und Stroh, die Sommerfütterung in Weide und Gras- und Kleefutter auf dem Stalle. Man giebt, wahrscheinlich noch zu hoch, an, daß eine hiesige Kuh durchschnittlich das ganze Jahr 928 Maaß Milch gebe. — Die Mastung findet mit Schlempe, Kartoffeln, Rüben, Spergel ꝛc. statt und dauert 13—18 Wochen.

Die Schaafe werden meistens von den Bauern einzeln gehalten und von den sogenannten Stückschäfern geweidet. Es giebt nur eine selbstständige Heerde von 200 Stück. Diese Schaafe liefern eine gewöhnliche weiße Kamm-, auch etwas Haidschnuckenwolle, 2—4 Pfd. pro Stück, à 30—35 Thaler der Centner, und kosten: der Sprungwidder 4, das Mutterschaaf 2, der Hammel 2⅓ Thaler. — Wenn bei dem Rindvieh vornehmlich Verstopfung, Blutharnen, Leberkrankheiten, Wassersucht ꝛc. als Krankheiten vorkommen, so finden sich die beiden letztgenannten Uebel auch besonders häufig bei den Schaafen, außerdem aber hier auch Räude, Drehkrankheit u. dgl. m.

Die oben namhaft gemachte Zählung der Schweine ist entweder im Winter geschehen, oder die Zahl ward bedeutend niedriger angegeben, als sie in der Wirklichkeit ist. Die hiesigen Schweine sind gut, von der großen Westfälischen Race, wiegen bis 300 Pfund und kosten mager 7—8 Thaler, gemästet 25—30 Thlr.

Ziegen werden hauptsächlich von den kleinen Leuten in der Stadt und auf dem Lande gehalten, doch trifft man selbige auch wohl hier und da bei den Bauern, wo sie dann gewöhnlich zwischen dem anderen Viehe frei herumlaufen. Sie haben durchschnittlich ein lebendes Gewicht von etwa 40 bis 45 Pfund, und werden meistens im ¾jährigen Alter zum Bocke gelassen. Ein Lamm kostet hier nach der Geburt 2½ Sgr. und eine ausgewachsene, gute neumilchende Ziege 4—6 Thaler. Sie werden theils im Stalle gefüttert und theils geweidet, letzteres entweder an der Hand, in Gärten und auf Wegen ꝛc., oder mit dem Rindvieh und den Schweinen. Im Stalle erhalten sie des Sommers die Abfälle der Küchen und Gärten ꝛc., des Winters gleichfalls Küchentrank, sodann Kartoffeln, Heu, auch Gesöff von Mehl, Oelkuchen, gekochten Kartoffeln ꝛc. An Futter bedarf eine Ziege auf Heuwerth reducirt, etwa 2½ bis 3 Pfund täglich. Durchschnittlich kann man wohl annehmen, daß sie das Jahr durch, einige Wochen des Trockenstehens abgerechnet, täglich gegen ¾ Maaß Milch giebt; doch kommen auch Ziegen vor, die in der ersten Zeit nach dem Lammen 8½ Maaß Milch liefern, wo sie dann freilich auch besonders gut gefüttert und getränkt werden. Die Ziegenhaltung ist hier für den kleinen Mann sehr wichtig, um so mehr, da dieses Thier sich verhältnißmäßig mit wenigem und dem verschiedenartigsten Futter begnügt, was ohnedem nutzlos verkäme. — Gefährlich ist den, besonders in feuchten dumpfigen Ställen gehaltenen, Ziegen eine, meistens mit Diarrhöe verbundene, Darmentzündung, worin sie in der Regel nach 6 bis 12 Stunden, unter Krämpfen sterben. Auch kommen viele beim Gebären, namentlich wenn das Junge eine unrichtige Lage hat, und eine unzureichende oder ungeschickte Hülfe geleistet wird, ums Leben.

Esel werden hier hauptsächlich von den Müllern, weniger der Milch wegen gehalten; einige kommen auch auf den Gütern, wo sie zum Grünfutter ꝛc. Fahren, u. dgl. verwandt werden, vor. Ein vierteljähriges Eselfüllen kostet 4—5 Thaler und ein ausgewachsener guter Esel gegen 12 bis 18 Thaler. Mit der Fütterung der — beiläufig bemerkt, etwa 3 Fuß Landmaaß großen — Esel wird es für gewöhnlich nicht so genau genommen; sie erhalten Gras, Klee, Heu, Häcksel, auch wohl etwas Korn, müssen aber häufig „sich ihre Kost selbst suchen", besonders auf den Gütern. Das Futterquantum dürfte, nach Maaßgabe der Arbeit, auf 5—8 Pfund Heuwerth täglich zu rechnen sein. Früher, als die Wege noch schlechter waren, sollen hier bedeutend mehr Esel gehalten worden sein.

Die Federviehzucht anlangend: so trifft man Hühner auf den Gütern, bei den Bürgern, Bauern und kleinen Leuten; Tauben nur auf den Gütern, wenig bei Bürgern und noch weniger bei Bauern; dazu sind die Taubenböden meistens nur wenig bevölkert. Enten kommen nur da vor, wo hinreichendes Wasser ist. Gänse werden nur von den Bauern mitunter, z. B. in Levern, Dielingen, Wehdem und Rahden, doch gegenwärtig weniger häufig, als früher vor der Markentheilung, auch von den kleinen Leuten gezogen. Puten, Pfauen, Perlhühner und Schwäne sind selten, und nur auf einigen Gütern zu finden. Jedenfalls ist die hiesige Federviehzucht rentable, um so mehr, da sie nicht ausgedehnt betrieben wird und gewöhnlich nicht mehr Stücke gehalten werden, als sich bei den natürlichen Verhältnissen ihr Futter selbst suchen können. Die Erzeugnisse der Federviehzucht werden gemeiniglich von den Eigenthümern, oder doch im Kreise selbst mit Ausnahme der Gänse, verbraucht. Durchschnittliche Preise sind hier: für 1 Dutzend Hühnereier $2\frac{1}{2}$ Sgr.; 1 Dutzend Enteneier 3 Sgr.; ein Paar junge Hähnchen 4 Sgr.; ein fettes Huhn 5 Sgr.; einen fetten Kapaun 10 bis $12\frac{1}{2}$ Sgr.; eine fette Ente 5 Sgr.; eine junge magere Gans 10—$12\frac{1}{2}$ Sgr.; eine desgl. fette von 13—14 Pfund 1—$1\frac{1}{3}$ Thlr., und einen fetten Puterhahn 2 bis $2\frac{1}{2}$ Thlr.

Die Bienenzucht endlich ist nur unbedeutend. Die Bienenhäuser haben selten eine gehörig ruhige, gegen Winde, Nässe und Kälte geschützte Lage, können überdem, um den Bienen den nöthigen Schutz zu gewähren, nicht verschlossen werden. Zu den Bienenwohnungen selbst nimmt man aus Stroh gewundene runde Körbe. Die meisten Imker bringen nur 1—2, und selten mehrere Stöcke in den Winter, und diese gemeiniglich noch zu volkarm und mager, dazu versäumen sie nicht selten, die Bienen in der Zeit der Noth zu füttern. Bei dem Schwärmen wird dann auch in der Regel nicht gehörig aufgepaßt und verfahren, weshalb nicht selten junge Schwärme verfliegen oder zu schwach für sich allein auf den Korb gethan werden. So mangelhaft ist auch die übrige Pflege der Bienen; Spinngewebe in den Häusern, Räuber, Faulbrut ꝛc. in den Körben sind gewöhnliche Erscheinungen. Nur ausnahmsweise liefern die Bienenstöcke über 50 Pfund Honig; bei der im Ganzen nur geringen Zahl von Imkern, hat man daher Recht, die hiesige Bienenzucht unbedeutend zu nennen. Doch ist wohl anzunehmen, daß sie in vielen Gegenden lohnend sein würde, wenn sie nur mit der gehörigen Intelligenz, Energie und in hinreichendem Umfange in den einzelnen Ständen betrieben würde. —

Werfen wir nun schließlich noch einen Blick auf den Garten-, Obst- und Waldbau dieses Districts!

Den ersteren Culturzweig betreffend: so werden ganz allgemein, bei den Gutsbesitzern sowohl als bei den Bürgern und Bauern nur so viel Gartenfrüchte gebaut als der Bedarf erheischt; höchstens daß aus einigen Gutsgärten etwas Sämereien, junge Pflanzen und Weißkohl versilbert werden. — Die Größe der Gärten variirt von $\frac{1}{4}$ (bei den kleinen Leuten) bis 4 Morgen (auf den Gütern). —

Der Obstbau hat neuerer Zeit einen erfreulichen Aufschwung genommen. Schon sieht man zum Glück die Chausseen, Feldwege, viele Gärten, die meisten Haushöfe und Plätze in der Nähe dieser mit veredelten Obstbäumen bepflanzt. Auf mehreren Gütern bestehen Baumschulen, aus denen junge Bäume zu billigen Preisen abgegeben werden. Vorzugsweise häufig kommen vor: Wall- und Haselnüsse, Kirschen (die dunkle und große Morelle, die Spanische-, Wachs- und Herzkirsche), Aprikosen und Pfirsiche, Zwetschen und Pflaumen, Aepfel (Renetten-, Borsdorfer, Pepin-, Paradies-, Caville-, Herrn-Aepfel ꝛc.), Birnen (Bergamotte-, Butter-, Rosen-, Bratbirnen ꝛc.). Sämmtliches Obst ist, mit wenigen Ausnahmen, sehr gut. Nußbäume bringt man gemeiniglich auf Plätze, wo sie sich ausbreiten können und ihr den meisten Früchten schädlicher Schatten und Tropfenfall nicht weiter hindert, sondern noch manchen Geräthen ꝛc. Schutz gewährt. Den Kirschen giebt man vorzugsweise eine flache trockene Lage; mehrstens müssen sie sich mit flachgründigem steinigem Boden begnügen, kommen aber in den Sandgegenden schlecht fort. Die Aprikosen und Pfirsiche werden dagegen am wärmsten und geschütztesten situirt; ihnen folgen in dieser Beziehung die Zwetschen und Pflaumen. Aepfel bringt man gern in die Gärten, auf guten Boden; die Birnen werden hierin schon stiefmütterlicher behandelt. — Aus den Zwetschen und Birnen bereitet man häufig Mus, das statt der Butter auf Brod verbraucht wird. — Obstwein wird nicht bereitet.

Seit etwa 25 Jahren sind die hiesigen Gutsbesitzer in den Bergen von der früher geführten Plänterwirthschaft zu der Mittelwaldwirthschaft übergegangen und ziehen hierin vorzugsweise Buchen; doch kommen dazwischen auch Eichen und Lärchen vor. Auf einigen Bodenflächen, welche sich weniger zum Laubholze eignen, ist dieses ausgerodet und sind dafür Rothtannen (Fichten) angesäet; hier und da trifft man auch, jedoch kaum nennenswerth, Edeltannen und Weymuthskiefern an. Die Holzungen am Hofe, meistens in der Fläche, sind Compositionsbestände, hauptsächlich aus Eichen und Buchen, mit zwischengesprengten Eschen, Ahorn und Lärchen. Doch ist kein regelmäßiger Betrieb geführt, ihr Bestand daher ein unregelmäßiger und horstweiser. In den Ebenen, und hier den Heiden, sind zum Theil bedeutende Kieferwälder, wovon übrigens die älteren nicht das beste und gehörig starkes Holz liefern, da sie gemeiniglich zu wenig und zu spät durchgehauen sind. Die späteren Ansaamungen und Anpflanzungen, nach der Markentheilung, wurden dagegen mit mehr Sachkenntniß angelegt und gewartet, weshalb sie schon mit der Zeit mehr versprechen.

In den Waldungen der Bauern und namentlich in den Bergen, besteht noch immer die schlechte Plänterwirthschaft. Dies ist auch mit den Bergtheilen der Lübbecker Bürger der Fall; da sie aber mehr Fleiß darauf verwenden, und das Holz durchpflanzen, ablegen, später hauen und geschlossener halten, so ist selbiges auch bedeutend besser und giebt einen höheren Ertrag. Bei einigen Bauern finden sich auch die sogenannten Holzbüsche, — die hohes Holz und namentlich Eichen und Buchen enthalten, — besonders im Catasterverbande Rahden; indessen sind diese meistens nur einige Morgen groß. Von deren Pflege ist aber nicht viel Rühmens zu machen. — Einige starke Eichen und Buchen kommen auch in dortiger Gegend und im Catasterverbande Schnathorst, in den Hecken der Ackerkämpe, Weiden und Wiesen nicht selten vor. Zu bedauern ist übrigens, daß hier immer mehr die hohen Laubwälder und großen Bäume verschwinden.

Die verschiedenen Holzpreise sind hier:

	Thlr.	Sgr.	Pf.
1) ein vierspänniges Fuder Buchenschlagholz	3	15	—
2) eine Klafter Buchenscheitholz, 144 Cub.-F.	5	15	—
3) ein Tannener Balken, 40′ lang . . .	8	—	—
4) ein Eichener " " . . .	12	—	—
5) ein Tannener Sparren, 30′ lang . . .	3	—	—

	Thl.	Sgr.	Pf.
6) ein Eichener Sparren, 30′ lang . . .	4	—	—
7) ein Cubikfuß Eichennutzholz, gut und stark	—	10	—
8) ein do. do. , minder gut	—	7	6
9) ein do. Buchennutzholz, gut und stark	—	7	6
10) ein do. Eschennutzholz, do. do.	—	10	—
11) 100 Stück Bohnenstangen	1	—	—
12) 100 Tannene Leiterbäume und 1 Bindebaum, 22′ lang	1	25	—
13) 100 Stück Tannen- und Lärchenpflänzlinge, 2′ lang	—	20	—
14) 100 Stück Buchenpflänzlinge, 2′ lang	—	15	—
15) 100 Stück Eichenpflänzlinge, 6′ lang	3	—	—

Die Grafschaft Ravensberg. *)

Rehme. Herford; Garnmarkt. Nothstand der Spinner. Allgemeine materielle und sittliche Zustände der ländlichen Bevölkerung. Der Landbaubetrieb. Oberbehme. — Wohnung, Tracht und Lebensweise der Ravensbergischen Landleute. Die Flachsindustrie. Die Bielefelder Spinnschule. — Allgemeine Uebersicht der landwirthschaftlichen Verhältnisse in den Kreisen Bielefeld und Halle.

Am 8. Juni trat ich den Weg von Minden ins Ravensbergische an. Dieses Land wird gegenwärtig in die Kreise Herford, Bielefeld und Halle eingetheilt und ist bekanntlich die Heimath einer sich auf einer hohen Stufe der Vollkommenheit befindlichen Flachsindustrie.

Bis Salzwerk Rehme an der Werre durchfuhr ich die fruchtbare Thalebene der Weser. Die Rehmer Salzabfälle bilden ein viel und weit und breit angewendetes Dungmittel für die Kleefelder (1 Scheffel pro Mor-

*) Vergleiche hiermit Schwerz's „Darstellung des Zustandes des Ackerbaues in der Grafschaft Ravensberg" in den Möglinschen Annalen, Bd. 2.

gen). Hinter R. beginnt die Gegend bergiger, kälter, steriler zu werden. Wir befinden uns schon im Flachs- und Spinnereibezirk. — In Herford war eben Garnmarkt. Ich vernahm von den armen Spinnern einstimmige Klagen über den mehr und mehr sinkenden Preis der Garne; wenn z. B. früher 10, so müssen jetzt 18 Stück Garn — das Stück zu 2000 Preußischen Ellen für 1 Thlr. an den Weber gegeben werden, und so muß der frühere Wochenverdienst jetzt fast für zwei Wochen ausreichen.

Die Armuth, zum Theil die Noth dieser zahlreichen Volksclasse ist groß, auch hat — mit Ausnahme der größeren Hofesbesitzer, hier Colonen genannt — der Wohlstand der ganzen, eine Bevölkerung von mehr als 9000 Seelen pro Q.-Meile zählenden Gegend seit mehreren Jahren, wo der Garn- und Leinwandhandel gänzlich darniederliegt, sehr namhaft abgenommen; denn nicht allein die Heuerlinge, Erbpächter und Neubauern, sondern auch die Hofesbesitzer beschäftigten sich bisher mit allen ihren Dienstboten während des Winters mit Spinnen, so daß anzunehmen war, daß ein viertel Jahr blos zum Verkauf gesponnen wurde. Außerdem beschäftigte die Flachsbereitung, das Spinnen und Weben zum eigenen Gebrauch, da jeder Dienstbote Lein gesäet bekommt und auch Lein als Lohn erhält, das weibliche Personal während des größten Theils des Jahres. Jeder Grundbesitzer hält soviel Heuerlinge in seinen eigenen Häusern, wie er in den eiligen Arbeitsperioden bedarf. Diese müssen ihm bei freier Kost, der Mann à $2\frac{1}{2}$ Sgr., die Frau à 1 Sgr. 8 Pf. jeder Zeit zu Gebote stehen, und fanden bisher mit Flachsbau und Spinnerei im eigenen Hause hinreichende Beschäftigung. Letzteres fällt jetzt fort und der Hofesbesitzer sucht, bei den theuren Preisen aller Producte, die Verwendung gedungener Arbeitskräfte zu vermindern, und besonders die Mahlzeiten zu sparen, weshalb er die Heuerlinge oft nur auf halbe oder viertel Tage bestellt. Es kann aber nicht ausbleiben, daß die Verarmung dieser großen Classe von Menschen, auch abgesehen von der moralischen Härte, die empfindlichsten Folgen für ihn nach sich ziehen wird.

Der sittliche Zustand der hiesigen Bevölkerung soll im Ganzen sehr befriedigend sein; nur hat sich, besonders in einigen Gegenden, in den letzten Jahren mit der Verarmung zugleich die Liebe zum Branntwein vermehrt. Mäßigkeitsvereine hatten bereits kräftig gegen diese Neigung gewirkt, doch soll sie neuerdings durch den beim Bau der Eisenbahn bei anstrengender Arbeit gestiegenen Verdienst wieder gewachsen sein. Der Segen, den man sich für die ärmere Bevölkerung aus dem Bau versprach, geht hierdurch zum Theil verloren.

Die Vertheilung des Grundbesitzes ist nach einer im Jahre 1836 über die landwirthschaftlichen Besitzungen sämmtlicher Flecken (worunter auch kleine Städte unter 2000 Seelen gezählt sind) und Landgemeinden, nach den Ergebnissen des Grundsteuercatasters gefertigten Zusammenstellung folgende:

Kreis	Von den landwirthschaftlichen Besitzungen zahlen ausschließlich der Gebäudesteuer an Principalgrundsteuer:									Gesammtzahl der landwirthschaftlichen Besitzungen.
	unter 2 Thlr.	unter 2—5 Thlr.	unter 5—10 Thlr.	unter 10—20 Thlr.	unter 20—30 Thlr.	unter 30—50 Thlr.	unter 50—100 Thlr.	unter 100—200 Thlr.	unter 200—500 Thlr.	
Bielefeld.	1,062	551	224	156	85	85	70	23	3	2,259
Halle . .	1,765	669	337	302	165	120	26	5	1	3,390
Herford .	2,708	1,115	565	469	259	217	86	14	3	5,436
Zusammen	5,535	2,335	1126	927	509	422	182	42	7	11,085

Die Culturarten der Bodenfläche sind nach Magdeburger Morgen:

Kreis	Ackerland und Gebäudeflächen.	Wiesen, Weiden und Hecken.	Holzungen.	Gärten, Baumwiesen, und Gemüsefelder.	Heiden.	Oeden, Torfmoore und sonstige Culturen.	Wege, Flüsse und Bäche.	Zusammen Morgenzahl.
Bielefeld	50,962	12,570	21,985	1555	16,798	318	2,972	107,160
Halle .	51,874	19,232	23,559	469	19,410	323	3,921	118,788
Herford	101,864	23,913	33,170	3700	3,106	467	5,728	171,948
Zusammen	204,700	55,715	88,714	5724	39,314	1108	12,621	397,896

In Quadratmeilen ausgedrückt enthält demnach der Kreis Bielefeld 4,82, der Kreis Halle 5,35, der Kreis Herford 7,74, die ganze Grafschaft 17,91, in runder Summe 18 Quadratmeilen.

In Hinsicht der Fruchtbarkeit stehet der Kreis Bielefeld am höchsten, dann folgt Herford, dann Halle, wie die nachstehende Uebersicht der höchsten und niedrigsten Ertragsabschätzungen beim Cataster ersehen läßt:

Kreis	Ertrag beim Ackerland				Wiesen, Weiden und Hecken. Ertrag				Holzungen. Ertrag.			
	höchster		niedrigster		höchster		niedrigster		höchster		niedrigster	
	Rthlr	Sgr	Rthlr	Sgr	Rthlr	Sgr	Rthlr	Sgr	Rthlr	Sgr	Rthlr	Sgr
Bielefeld .	5	20	—	15	8	20	—	10	1	24	—	3
Halle . . .	5	10	—	9	7	20	—	7	1	24	—	3
Herford . .	5	20	—	18	8	—	—	8	1	24	—	8

Sämmtliche Erträge sind für den Magdeburger Morgen zu verstehen.

Wenngleich unter den hiesigen Landbauern neuester Zeit der Wunsch, eine verbesserte Wirthschaftsmethode einzuführen rege geworden ist, wozu auch die landwirthschaftlichen Vereine das ihrige mit beigetragen haben: so bleibt es doch immerhin nur noch ein Streben Einzelner und vorzugsweise der Begütertsten; — die große Masse wirthschaftet nach altem Schlendrian fort.

Brache hält man hier allgemein für überflüssig, aber auch Brachfrüchte werden sehr wenig gebauet. Bisher wurde die Hälfte des Ackerlandes mit Winterkorn, $\frac{1}{5}$ mit Hafer, $\frac{1}{10}$ mit Klee, $\frac{1}{10}$ mit Flachs und der Rest mit Schotenfrüchten und Hackfrüchten bestellt. In neuerer Zeit hat man den Flachsbau sehr eingeschränkt, und beginnt auch weißen Klee zur Hutung anzusäen. Immerhin ist es aber noch ein großer Fehler, daß die Hälfte alles Winterkorns in die magere Stoppel oder nach Hafer gesäet wird. Auch werden von den größeren Besitzern viel zu viel Pferde gehalten, und im Allgemeinen bauet man zu wenig Futter fürs Vieh an. Der hiesige Rindviehschlag giebt durchschnittlich einen reichen Milchertrag, wenn er gut gefüttert wird; selbiger wird aber im Winter so schlecht gehalten, daß die Milch vergeht und schlechter Dünger gewonnen wird.

Die Bauernhöfe findet man in allen Größen von 10 bis 1,000 Morgen.

Verkäufe großer Colonate fallen selten vor. Einzelne Grundstücke werden pro Morgen 1ster Classe mit 100 Thlr. und darüber bezahlt. — Die Abgaben sind in den letzten Jahren sehr gestiegen, und werden die Gemeindelasten, wenn die obengedachte Verarmung der Heuerlinge, Neubauern und Erbpächter in gleichem Maaße fortschreitet, wie solches in den letzten Jahren durch den Verfall des Handels der Fall gewesen, in einigen Gemeinden bald die Höhe der Grundsteuer erreichen. Eine nothwendige Folge davon wird ein bedeutendes Sinken des Werths von Grund und Boden sein.

Meinen Wunsch, die persönliche Bekanntschaft des Vorstandes des landwirthschaftlichen Vereins zu Herford, Landraths von Borries auf seinem eine Meile nordwestlich von der Kreisstadt gelegenen Gute Steinlacke zu machen, mußte ich wegen eines denselben so eben betroffenen tief betrübenden Todesfalles unerfüllt lassen. Hr. v. B. ist übrigens nicht selbst Landwirth, sondern hat sein Gut an den Besitzer des benachbarten Gutes Oberbehme, Hrn. C. v. Laer verpachtet, welchem ich interessante Wirthschaftsnotizen verdanke.

Dieses Oberbehme liegt am nordöstlichen Abhange eines Berges im Werrathale und hat ein Areal von 700 Morgen, wovon 450 Morgen Ackerland, 150 Morgen Holz, 40 Privatweiden, 40 Wiesen, die übrigen 20 Morgen Garten und Parkanlagen sind. Das Gut bildet ein geschlossenes Ganze und die noch aus dem 13ten Jahrhundert herrührenden Gebäude liegen so ziemlich in der Mitte.

Der eigentliche Bergabhang besteht aus einem tiefen milden Lehmboden. Im Thale findet sich theils humoser Lehm-, theils lehmiger Sand-, theils sandiger Lehmboden, auch ein Theil strenger Thonboden. Der Untergrund ist zum größten Theile durchlassender und von gleichartiger Beschaffenheit mit dem Oberboden; an dem Bergabhange steht schwarzer Thonmergel, und unter dem Thonboden: Ziegelthon.

Während eines Zeitraumes von 18 Jahren wurde hier Kartoffelbrennerei mit Vortheil betrieben und zu diesem Behufe $\frac{2}{9}$ von sämmtlichem Areale mit Kartoffeln bestellt, die durchschnittlich einen Ertrag von 100 bis 120 Scheffel pro Morgen lieferten. Wegen des höchst nachtheiligen Einflusses, den der — wie bereits oben erwähnt — in hiesiger Gegend leider immer mehr überhandnehmende Genuß von Branntwein sowohl auf die Moralität als auf den Wohlstand der geringeren Classe der Bevölkerung ausübt, ist aber jener Betrieb i. J. 1844 in Stillstand gesetzt, und wird seitdem nachstehende Fruchtfolge beobachtet:

1) Kartoffeln, gedüngt mit 6—8 Fuhren.
2) Wintergetreide.
3) Klee.

4) Roggen; in einen Theil der gedüngten Stoppel: Rüben und darnach
5) Rübsaat gedüngt, Schotenfrüchte.
6) Wintergetreide.
7) Klee.
8) Wintergetreide, zum Theil gedüngt und darnach Rüben.
9) Hafer.

Das Beackerungsgeschäft wird hier in der Hauptsache mit dem Landpfluge, einem Räderpfluge, fast ganz so construirt, wie ihn Thaer bei Celle eingeführt hat, bewerkstelligt. Außer demselben bedient man sich des Karrhakens zum Ruhren, des Exstirpators und Scarificators. Die Pflugtiefe ist 4—10″. Nur zu Kartoffeln wird 3—4mal; zu Rübsen nach Roggen 3mal; zu Bohnen und Wicken nach Weizen 2—3mal; zu Weizen nach Klee und Rübsaat und zu Roggen nach Klee und Schotenfrucht 2mal; zu Hafer nach Winterung 1—2mal, zu Roggen nach Kartoffeln endlich nur 1mal geackert. — Der Acker ist durch den langjährigen starken Kartoffel- und Kleeanbau sehr rein und darf nicht zu viel gerührt werden. Hafer im Herbst tief gepflügt und im Frühjahr nur exstirpirt giebt hier die sicherste Erndte. Eine Anomalie aber ist es, daß hier Roggen nach Kartoffeln durchschnittlich einen weit höhern Ertrag liefert, als Gerste; jedoch mag nicht unbemerkt bleiben, daß der Acker bei einigermaaßen trockenem Wetter durch die Schaafe festgetreten werden muß.

Außer den genannten Früchten werden auf Ländern in der Nähe des Hofes: Kümmel, Weißkohl, Rübsen, Roggen und Wicken zu Grünfutter, sowie Runkeln, Steckrüben, Flachs rc. im Wechsel gebaut, und dazu theils gedüngt und gepfercht, theils Jauche gefahren.

Mit dem Anbau des Klees wird hier der Art verfahren, daß alle 9 Jahr einmal rother und einmal weißer Klee auf dasselbe Feld kommt, mit Ausnahme eines kleinen Feldes Sandland, wo nur weißer Klee zur Schaafweide gebauet wird. Die Aussaat des weißen Klees geschieht schon Ende Februar oder Anfangs März und April. Derselbe wird im Herbste gleich nach der Erndte mit den Schweinen und auch später mit Kühen behütet. Ein circa 10 Morgen großer Theil unterliegt im Frühjahre gleichfalls bis Mitte Juni der Schweinehut, bleibt dann zur Saat stehen, wird Ende Juli oder Anfangs August abgeerndtet und nachdem er etwas wieder durchgewachsen, jedenfalls noch im August, 5 bis 6" tief untergepflügt. Einen anderen Theil läßt man bis Mitte Juni zur Ruhe, dann zur Schweineweide dienen, den Rest aber mit Schaafen behüten. — Sämmtliche umgebrachte Kleefelder werden nach 4 Wochen tüchtig geeggt und falls Schnecken sich einfinden öfters im Thau gewalzt; demnächst entweder mit dem einspännigen Pfluge gestreckt oder exstirpirt und hierauf besäet rc.

Der Ertrag des rothen Klees — von welchem beiläufig auch Saamen zum Verkauf gewonnen wird, wo er denn vom zweiten Schnitt durchschnittlich 2 Scheffel pro Morgen liefert — ist durchschnittlich 30 Ctr. Heu pro Morgen; der weiße Klee giebt in der Regel eben so viel und gewährt viel sicherere Wintergetreide-Erndten als jener.

Die Erträge der übrigen Culturgegenstände werden hier, wie folgt, angegeben:

	Aussaat. Schfl.	Saatzeit.	Erndtezeit.	Körnerertrag. Schfl.	Stroherertrag. Schfl.
Weizen nach Klee u. Rübsaat, Bohnen u. Wicken.	$\frac{3}{4}$—1	Anf. Octob.	August.	9—15	150 Pfd. pr. Schfl.
Roggen nach Kartoffeln.	1—1$\frac{1}{4}$	do.	Juli.	8—12	150 — 180 Pfd. pr. Schfl.
Roggen nach Klee u. Schotenfrüchten.	$\frac{3}{4}$—1	Ende Juli u. Anfgs. October.	Juni.	10—15	180 — 200 Pfd. pr. Schfl.
Hafer nach Winterung.	1$\frac{1}{2}$	Anf. Mai.	August.	16—32	80 — 85 Pfd. pr. Schfl.
Bohnen nach do.	1$\frac{1}{2}$—2	März und April.	do.	10—24	
Wicken nach do.	$\frac{3}{4}$—1	do.	do.	10—12	
Rübsen nach Roggen.	—	Anfangs September.	Mitte Juni.	8—10	

Von den Wiesen, die entweder mit Compost oder mit Jauche gedüngt werden, wird im Mai und Juni der erste, im August und September der zweite Schnitt, und zusammen 20 — 30 Ctr. Heu gewonnen.

Der Viehstand in Oberbehme besteht gegenwärtig in:

10 Pferden,
6 Zugochsen,
24 Kühen,
14 Stück Jungvieh,
2 Stähren,
130 Mutterschaafen,
160 Hammeln,
120 Lämmern,
110 Stück Schweinevieh,
2 Eseln.

Die Pferde sind Hoyaer Race. Je nach Stärke der Arbeit erhalten sie 10 — 12 Pfund Hafer und 6 bis 7 Pfund Heu.

Das Rindvieh ist theilweise hiesiges Landvieh und zum Theil von der Bremer Geest, nicht groß, circa 600 Pfund lebend Gewicht schwer, aber milchergiebig. Es wird im zweiten Jahre zum Stier gelassen. Die Fütterung der Ochsen besteht im Sommer aus Klee, bei eiliger Arbeit mit einem Zuschuß von 3 Pfund Schrot täglich; im Herbst aus gekochten Kartoffeln mit Häckſel; im Winter aus Wurzelgewächsen. Kühe und Starken erhalten im Sommer Klee bis zur Sättigung; im Winter täglich: 30 bis 40 Pfund Wurzelgewächse und 3 bis 6 Pfund Heu, außerdem Saatschoten, Strohhäcksel und Spreu, mit Rübskuchen angemengt. Werden Wasserrüben gefüttert, wovon in der Regel circa 1,000 Scheffel in der Stoppel gebauet werden, so bekommt jedes Stück pro Tag 50 Pfd., von Steckrüben und Runkeln, nach Maaßgabe des Gerathens, 30—40 Pfd.

Von den genannten 24 Stück Milchkühen werden durchschnittlich jährlich 36,000 Quart süße Milch gewonnen; davon consumirt der Haushalt 5,000 Quart, das Zucht= und Schweinevieh 2,500 Quart; von dem Rest werden 2,600 Pfund Butter, also aus 11 Quart Milch immer 1 Pfd. Butter, gefertigt. — Die abgängigen Ochsen mästet man mit gekochten Kartoffeln und bringt sie so zu einem Schlächtergewicht von 8 bis 900 Pfund.

Die Schaafe erhalten resp. 1½ und 2 Pfund Heu und dabei wird sämmtliches Stroh vor der sonstigen Verwendung von ihnen ausgefressen. Geschoren werden 2½ Pfund à 60 bis 70 Thlr. pro Ctr. In Ermangelung von Fettweiden verkauft man Schaafe und Hammel mager an Weidebesitzer.

Von den Schweinen setzt man 60 Stück als einjährig zu dem Preise von 8 Thlr. im Durchschnitt, außerdem 70 bis 80 Ferkel à 2½ bis 4 Thlr. pro Stück und einige Sauen à 12—15 Thlr. ab.

Herrschende Viehkrankheiten giebt es nicht.

Bei der sehr dichten Bevölkerung können nicht nur

alle Producte mit Vortheil an Ort und Stelle abgesetzt werden; es ist auch schon seit Jahren in der Gegend weniger Korn gebaut, wie die Einwohnerschaft, die sich leider oft Monate lang ohne Brod von Kartoffeln erhalten muß, zur nothwendigsten Ernährung bedarf.

Die Wirthschaft wird ohne Verwalter, nur mit Hülfe einiger Eleven betrieben. Bei den Pferden werden 5 Knechte, außerdem wird 1 Ochsenknecht, 1 Kuhmeier, 1 Schweinemeister, 1 Rademacher, 1 Gärtner und 4 Gartenburschen gehalten. Die Knechte erhalten 24 Thlr. Lohn, die Mägde 15 Thlr.; der Schweinemeister Procente vom Verkauf (auf circa 40 Thlr. sich belaufend), der Gärtner gleichfalls Procente, nämlich 8 pCt. vom Verkauf, wodurch demselben, da jährlich für 5—600 Thlr. aus Gartenproducten gelöst und er noch außerdem bei freier Kost ein Gehalt von 50 Thlr. bekommt, ein ziemlich guter Verdienst erwächst.

Mit Einschluß der Meliorationen und Bauten werden durchschnittlich im Jahre 4600 Männer- und 1300 Weiber-Arbeitstage zur Arbeit verbraucht. 15 Familien wohnen in den zum Gute gehörenden Häusern, haben hinlänglichen Raum für ihre Familien, eine Kuh und ein Schwein, und zur Bergung ihrer Erndten, und zahlen für Wohnung, 4 Morgen Acker und $\frac{1}{2}$ Morgen Gartenland pro Jahr nur 22 bis 24 Thlr. Dagegen müssen sie nebst Frau, oder einer zur Arbeit brauchbaren Magd, täglich zur Arbeit kommen und erhalten bei eigener Kost für sich 5 Sgr., für die Magd $3\frac{1}{3}$ Sgr. — Freie Tagelöhner waren in früheren Jahren bei blühendem Handel gar nicht zu bekommen, drängten sich aber in den letzten Jahren haufenweise herzu und boten im Winter selbst zu 3 und 4 Sgr. pro Tag ihre Arbeit an, wobei sie indeß natürlich, bei den hohen Preisen, auf redliche Weise ihr Leben nicht fristen konnten.

Die Staatsabgaben dieses Gutes betragen circa 360 Thlr. Dasselbe bildet eine eigene Gemeinde; von einem Theile indeß, der zum nächsten Dorfe gehört, wird $\frac{7}{12}$ der Grundsteuer als Gemeindelast bezahlt.

Der Durchschnitts-Pachtpreis von gutem Lehmboden ist hier 6 Thlr. pro Morgen, der Kaufpreis 100 Thlr. In der Nähe der Dörfer wird die Pacht durch Concurrenz oft auf 8 Thlr. gesteigert; jedoch ist es jetzt nicht mehr rathsam zu verpachten, da die Pächter nur dann zahlen können, wenn die Conjuncturen sich bessern.

Vorstehende Wirthschaftsbeschreibung liefert ohnstreitig einen erfreulichen Beweis der Einsicht, Intelligenz und Humanität ihres Führers. Nur erst, wenn Westfalen zusehends reicher an solchen vorleuchtenden Beispielen sein wird, wozu es gegenwärtig der Mangel an Neigung der mehrsten hiesigen Gutsherrn zur eigenen Bewirthschaftung ihrer Besitzungen nicht kommen läßt, wird landwirthschaftliche Aufklärung mit ihren

Früchten ein Gemeingut der landbauenden Volksclasse werden können. —

Von Herford nach Bielefeld durchfährt man auf der trefflichen, überall mit Obstbäumen bepflanzten Minden-Coblenzer Chaussee eine wohl angebaute Landschaft. Freundliche Dörfer und Bauerschaften (einzeln zerstreut liegende Bauerhöfe), saubere umhegte Gärten, in ihren Kleidertrachten mannigfach wechselnde Landleute gestalten das Ganze zu einem lachenden Bilde. Auch als ich Gelegenheit gehabt, mich in dem Innern mehrerer hiesiger Bauerhäuser umzusehen, habe ich eine gewisse Reinlichkeit und Ordnung nicht vermißt. Selbige bestehen aus dem sogenannten Dielenende, woran die Viehställe und über denselben die Futterkammer und der Boden liegen, und dem Küchenende, in welchem die unmittelbar an die Diele stoßende Küche gleichsam den Mittelpunct des ganzen Hauses bildet, hinter deren Heerde sich im Erdgeschoß die Wohnstube, nebst Schlafkammer und Vorrathskammer, darunter der Keller, darüber die sogenannten Böhnen (Kornboden) befinden. Das die Hausdiele nach der Hofseite verschließende Thor, die Nierenthür genannt, befindet sich nicht unmittelbar an der Wand des Hauses, sondern 8—10 Fuß einwärts. Neben dem hierdurch sich bildenden „Vorschoppen" am Pferdestall, liegt die Geschirrkammer, auf deren Boden die Knechte schlafen. Die Viehställe haben einen Eingang von der Diele und den andern neben der Einfahrt, durch welche das Vieh über den davorliegenden Mistpfuhl ausgetrieben wird. Ein hiesiges Bauergehöfte besteht außer dem Wohnhause, noch aus dem „Spieker," dem Backhause nebst Schoppen, „der Leibzucht," Pferdeschwemme, Brunnen, Krauthof und Bauerhof. Die Leibzucht, wozu in der Regel ein Garten und einige Morgen Landes gehören, ist der Wohnsitz (der Altentheil) der früheren Besitzer oder Besitzerin des Hofes, welcher in der Regel auf den jüngsten Sohn übergeht. Der Anerbe erhält das ganze Mobiliar und Inventar und findet sich mit seinen Geschwistern wegen ihres Antheils ein- für allemal ab. Jeder Bauerhof hat von uralten Zeiten her seinen eigenthümlichen Namen, den der jedesmalige Besitzer anzunehmen pflegt; doch ist es ihm erlaubt, den früheren Namen mit dem Zusatz „genannt" beizubehalten, seine Kinder aber pflegen nur den Namen des Colonats zu führen.

Alt wie diese Gewohnheit, und die Sitten und Gebräuche des Ravensberger Landmanns, ist auch seine Tracht*) — das Erkennungszeichen seines Wohnortes, — welche sich bei den Frauen wie Männern durch die in die einzelnen Kleidungsstücke eingenähten zahllosen Falten, bei diesen außerdem noch durch den reichen Knopfbesatz der Westen, Röcke, Beinkleider auszeichnet.

*) Leider soll dieselbe neuerer Zeit häufig moderner luxuriöser Kleidungsweise weichen. (S. unten bei Halle.)

Wie die Männer 4—5 Kamisöler, so tragen die Frauen an Fest- und Sonntagen 4—5 Röcke. An den gewöhnlichen Arbeitstagen besteht der Putz der Letzteren in kattunenen Kamisölern, und rothen Röcken von Boin. Ihre Hemden sind ohne Aermel; es wird ein Oberhemd von feiner Leinewand getragen, welches bis über die Hüfte reicht, und unter dem Kinn mit einer großen silbernen, platten und runden Schnalle zugeheftet wird. Ihre alltäglichen Mützen sind bunt und mit einer zitzenen oder kattunenen Stirnbinde versehen. Einen nicht geringen Aufwand machen sie durch die Bernsteincorallen, die sie an einem Bande um den Hals tragen, und welche oft 30 und mehrere Thaler kosten.

Im Ganzen führt der Ravensberger eine einfache abhärtende Lebensweise. Ich habe nicht Gelegenheit gehabt, zu bemerken, in wiefern der hiesige größere Grundeigenthümer, der, wenigstens früher, bei uns in dem Ruf stand, sich einigermaaßen über Gebühr seines Leibes zu pflegen, an vielem und wohlschmeckendem Essen besonderen Gefallen findet. Hiesige Sachvertrauete schildern die gewöhnliche Lebensweise der Landbewohner ihrer Lage und ihren Verhältnissen ganz entsprechend. Zum Frühstück wird eine Suppe bereitet, welche aus feinem Gerstmehl mit Milch oder aus Buchweizengrütze mit Milch besteht, und das Imt oder Imbt genannt wird. Die sonstigen Speisen sind: Pumpernickel, Schinken und Speck, Gartenfrucht ꝛc. Früh, im Sommer schon gegen drei Uhr, wird an die Arbeit gegangen. Die Kinder werden vom 5ten Jahre an zum Spinnen angehalten, und wetteifern darin mit Greisen.

In Bielefeld angelangt, befinden wir uns nun ziemlich im Mittelpunct der Flachsindustrie des Mindener Regierungsbezirks, wenn wir nordwestlich eine Linie bis Wallenbrück und Spenge, und zwar mit den Krümmungen über Gellertshagen, Schildesche, Babenhausen, Schröttinghausen u. s. w. und südwestlich mit der Ausweichung nach Brackwede über Gütersloh und Rheda — der Gegend des feinsten Gespinnstes ziehen.

Wie das ganze Ravensbergsche in das Land auf dem Sande und das Land auf dem Klei eingetheilt wird, so unterscheidet man auch Sandflachs, von sanfterem Glanze und mehr Geschmeidigkeit, und Kleiflachs von größerer Festigkeit. Die feinsten kostbarsten Flachsarten werden jetzt auf dem Sande in der Regel zu Isselhorst, auf dem Klei zu Werther und Dornberg erzeugt, welche Gemeinden zugleich Sitze einer sehr ausgebildeten Feinspinnerei sind, wie denn überhaupt die Feinspinnerdörfer in der Regel die besten Flachse erzeugen.

Es ist mir nicht möglich gewesen über die Ausdehnung des hiesigen Flachsbaues eine Zahlenangabe zu erhalten. Die Landwirthe dieser ganzen Gegend bauen gern Flachs, wenn aber der Absatz einmal stockt, wie es in den letzten Jahren wohl vorgekommen, so ist es etwas ganz Gewöhnliches, daß in den folgenden Jahren die Leinaussaat auf ein Drittheil des vorhergehenden Jahres beschränkt wird. Unter diesen Umständen ist eine einigermaaßen zuverlässige Zahlenangabe in der That unmöglich. Man hat hier in einzelnen Jahren sogar Flachs aus Belgien, ja von Uelzen im Hannöverschen bezogen, weil das heimische Erzeugniß nicht ausreichte.

Auf dem Sande glaubte man in früheren Jahren keinen guten Flachs bauen zu können. Der für diesen Industriezweig in jeder Beziehung höchst fruchtbringend wirkende Steuereinnehmer Junkermann hat keine Mühe gescheut, die Bewohner seines Steuercassenbezirks zum Flachsbau aufzumuntern (sein Bezirk ist nämlich eine Sandgegend), und es ist jetzt das Vorurtheil beseitiget. Der Colon Krull in dem zwischen Bielefeld und Gütersloh gelegenen Isselhorst bestellte voriges Jahr einen Acker von 30 Ruthen 126′ mit $\frac{4}{16}$ Scheffel (20 Pfund) Sackleinsaamen. Der daraus gewonnene Flachs wog nach der Bleiche im trockenen Zustande 348 Pfund. 2 Pfund davon gebrochen und schäbenfrei gemacht, lieferten 26 Loth; diese zum Verspinnen zubereitet ergaben $4\frac{1}{2}$ Loth. Aus diesen $4\frac{1}{2}$ Loth spann die 18jährige Spinnerin Louise Heißmann in 45 Stunden auf einem doppelflüchtigen Rade 6 Stück $\frac{5}{8}$löthiges Garn, wofür dieselbe 1 Thlr. erhielt. Von demselben Flachs (11 Loth gebrochen) spann in derselben Zeit Chr. Glashörster, 16 Jahre alt, auf einem einflüchtigen Rade 3 Stück halblöthiges Garn für den Lohn von 17½ Sgr. Die Möglichkeit liegt also vor, daß aus 348 Pfund rohem Flachs für 236 Thlr ½ löthiges Garn oder für 174 Thlr. ⅝ löthiges Garn gewonnen werden kann.

Weil aber der Sand zum Lein gedüngt werden muß, so kann hier nicht genug gebauet werden und deshalb hat Junkermann Alles aufgeboten, um die Sandbewohner zu guten Röthegrubenanlagen zu bewegen, damit sie den Flachs vom Lehmboden auf dem Halme zu kaufen und grün nach dem Sande zu verfahren vermögen. Sie befreien dadurch den Flachsbauer von einer ihm lästigen Arbeit und gewinnen ihr Arbeitslohn selbst. Dadurch ist aber dem Flachsbau mehr Sicherheit gegeben als er früher hatte, ohne daß die Schwankungen doch ganz gehoben sind.

Die Cultur des Flachses ist hier — gleichwie in Belgien — eben so verschieden, als Clima und Boden es sind. Darüber Regeln anzugeben, die vor Mißgriffen sicher stellen, ist ganz unmöglich. Der Ackerwirth, der seinen Boden kennt, wird ein demselben zusagendes Verfahren finden, ohne daß ein Anderer ihm blindlings nachahmen darf. Auch der Schlesier weiß sehr wohl, daß er die sogenannten belgischen Methoden des Flachsbaues nicht für eine blind anzuwendende Regel zu halten hat — und daß sich Jeder nach seinem Boden richten müsse.

Schwerz bemerkt: er habe nicht gehört, daß irgendwo im Ravensbergischen zum Flachse gedüngt werde. Im Sande düngt man hier, nur nicht mit frischem Dünger, im milden tiefgründigen Lehm säet man in 2te oder 3te Saile; der erste Lein wird am 100sten Tage im Jahre, der letzte bis den 15. Mai gesäet. Spätflachs hat nie die Güte des frühen Flachses. Will man feinen werthvollen Flachs, so wird auf Saamen verzichtet und die Pflanze in der Gelbreife gerauft und sofort geröthet, nach 5 Tagen auf dem Stoppelfelde oder auf Kleestopel oder Rasen ausgebreitet, nach etwa 8 Tagen gewendet und nach anderen 8 Tagen trocken eingebracht. — Dörren im Ofen nimmt der Pflanze Farbe, Oel und Geschmeidigkeit, und geschieht hier niemals. — Der trockene Flachs wird in Mühlen gebockt (gestampft), dann mit der Handbrache einigermaaßen von Schäben befreit, wieder mäßig geklopft, viel geribbet (mit stumpfen Messern auf Leder gerieben und geschält) und durch grobe und feine Hecheln gezogen. Sachkenner, wie Junkermann, halten diese Bereitungsart für den hiesigen Bedarf angemessen; wolle man aber Flachs exportiren oder in Fabriken verkaufen, so müßte man ihn nach dem Brechen schwingen. Die Engländer würden gern von hier geschwungenen Flachs beziehen, aber die hiesigen Landleute finden keine Zeit zu dieser Arbeit und hiesiger Flachs wird auch ungeschwungen, seiner Güte wegen, nach England verkauft. Dennoch genügt dem Producenten — wie bekannt — seine Leistung nicht und man hat deshalb augenblicklich vier Leute im Hennegau, welche Flachsbau- und Bereitung studiren.

Schon vor längerer Zeit hat die Commission zur Verwaltung des Königlichen Gnadenfonds in Bielefeld sich bemüht, den Landmann zur Erzielung inländischen Leinsaamens zu vermögen; insbesondere sind zu Werther erfolgreiche Versuche veranstaltet und geleitet. Vorurtheilsfreie Landwirthe haben sich überzeugt, daß hier bei gehöriger Behandlung ein völlig so guter Leinsaamen erzogen werden könne, als in Rußland, und daß die jährliche Versendung so sehr großer Capitalien für Saamen ins Ausland ganz unnöthig sei; ferner, daß die Erzielung eines reifen Leinsaamens dem Landwirth mehr abwerfe, als irgend eine andere Fruchtart, besonders, wenn solche in geringem Preise steht, und der Leinsaamen theuer ist.

Es versteht sich indeß, daß man, wie bereits aus Obigem hervorgeht, den Saamenflachs für sich allein zieht, denselben dünner säet, völlig reif werden läßt und den Bast zu gröberem Gespinnst verwendet. Diese Cultur empfiehlt sich besonders den Besitzern von nicht gar zu mageren Sandländereien, wo der Flachs, bei einem Baste von geringerer Qualität, um so reichlichere Saamencapseln und auch um so besseren Saamen trägt. Gewiß ist, daß der Russische Saamen, welchen man hier so theuer bezahlt, ebenfalls vorherrschend auf dem Sande gezogen wird.

Die Preise des gebrochenen, bei Weitem nicht von aller Schäbe befreiten Flachses schwanken hier zwischen 6 und 12 Pfund pro Thlr., je nach der Güte und der günstigeren und ungünstigeren Conjunctur. Jemehr die Schäben aus dem Flachse entfernt sind, desto besser wird er bezahlt.

Eine durchschnittliche Rente von dem mit Lein bestellten Boden anzugeben, ist nicht möglich. In guten Jahren kann ein Morgen 40 — 50 Thlr. reinen Gewinn bringen, in schlechten Jahren steht sich der Landwirth beim Körnerbau besser. Neben dem Gerathen des Flachses kommt es viel darauf an, daß der Flachs von den Spinnern grün gesucht wird, was immer für den Landwirth am vortheilhaftesten ist.

Die Flachshändler hüten sich bis jetzt, auf eine Verarbeitung des Flachses einzugehen; wo diese Bearbeitung aufhört, Füllarbeit zu sein, da hört bei den jetzigen Preisen auch der Vortheil auf. Wer Flachs in Tagelohn bearbeiten läßt, macht Schaden. Das ist auch der Grund, weshalb die großen schlesischen Flachsbauer die mit mehr Arbeit verbundene bessere belgische Methode nicht annehmen können.

Die Feinspinner bis zu 1¾ Loth pro Stück Vollgarn von 2400 berliner Ellen, finden für ihr gutes Garn bereitwillige Abnehmer. Garn zu ½ bis ⅝ Loth wird gern zu $5\frac{1}{2}$ bis 6 Stück für einen Thaler gekauft. Man könnte mehr als das Doppelte der gegenwärtigen Production absetzen. Darum ist das Loos der Feinspinner gegenwärtig wieder ein günstiges. Die gröberen Garne unterliegen der Concurrenz mit dem Maschinengarn. — In der traurigsten Lage sind die Weber. Der überseeische Absatz ist fast vernichtet, die Kaufleute sind in den Europäischen Staaten überall durch Zölle behindert, der Zollverein verbraucht jetzt mehr als außerhalb desselben abgesetzt wird, — die große Staatsfrage wegen der Zölle ist nunmehr fur eine mäßige Erhöhung der Eingangszölle entschieden, welche seit dem 1. Januar 1847 eingetreten ist. — Hülfe für den auswärtigen Absatz ist nächst der Vervollkommnung der Fabricate nur von Zoll- und Handelsverträgen zu hoffen. —

Sehr interessant war mir in Bielefeld selbst der Besuch der dortigen Spinnschule, welche unter der speciellen Leitung des Spinnlehrers Bettenwort steht. Dieselbe wird im Winter von einigen 70 Kindern (Knaben und Mädchen), im Sommer von einer etwas kleineren Zahl frequentirt und könnte und müßte noch viel stärker besucht werden, wenn nicht auch hier mit der steigenden Armuth eine gewisse Abnahme der sittlichen Kraft bei den Eltern, die ihre Kinder außer den Schulen aufsichtslos herumtreiben lassen, also recht eigentlich zur Faulheit erziehen, eingetreten wäre. Die Besucher der Spinnschule gehen Vormittags regelmäßig in die Schule. Mittwoch und Sonnabend spinnen sie 6, die anderen Tage 4 Stunden.

Das Pfund feinsten (gehechelten) Flachses wird mit 22½ Sgr., der gröbere mit 15 Sgr. bezahlt; jener kann gesponnen zu 4 Thlr., dieser nicht zu 1 Thlr., sondern nur zu 24 Sgr. ausgebracht werden. Ein guter Spinner kann vom feinsten Flachs 1—1½ Stück (½, ¾ Loth), vom gröberen (2 Loth) 2 Stück spinnen; Kinder bringen es soweit nicht.

Der Kinderspinnlohn ist für:

½	löthiges	Stück	2	Sgr.	—	Pf.
¾	"	"	1	"	9	"
1	"	"	1	"	6	"
1¼	"	"	1	"	4	"
1½	"	"	1	"	2	"

Mit jedem ¼ Loth schwerer geht es bei diesen Sorten um 2 Pfennige herunter. In jedem Stücke sind 20 Bündchen oder Gebinde, und in jedem Bündchen beim Vollgarn 60, beim Moltgarn oder den geringeren Garnsorten 50 Faden à 2 Berl. Ellen. —

Es gereicht uns zur angenehmen Genugthuung, diesen allgemeinen Bemerkungen über die Grafschaft noch die folgenden speciellen Schilderungen der dortigen Wirthschafts-Verhältnisse in den Kreisen Bielefeld und Halle anschließen zu können.

Wir verdanken dieselben, was den erstgenannten Kreis betrifft, hauptsächlich der freundlichen Güte des Herrn Justizraths Bessel in Bielefeld und des Rendanten des Minden-Ravensbergischen landwirthschaftlichen Hauptvereins, Herrn Krahe. Bezüglich Halle hat uns, durch gütige Vermittelung des Herrn Walkenhorst in Lübbecke, Herr Upmeyer in Borgholzhausen mit der dankenswerthesten Bereitwilligkeit die erbetenen Notizen zukommen lassen. Diese Nachrichten dürften nun, in Verbindung mit den obigen Mittheilungen, ein ziemlich vollständiges Bild der Zustände des Ravensbergischen Landbaues liefern.

Bielefeld.

Der wichtigste Kreis der Grafschaft, Bielefeld, ist unter sämmtlichen (10) Kreisen des Regierungs-Bezirks Minden, von welchen acht 8 bis 13,74 (Büren) Q.-M. enthalten, dem Areal nach der kleinste.

Dahingegen übertrifft die Dichtigkeit seiner Bevölkerung die aller übrigen Kreise; es leben hier durchschnittlich auf der Q.-M. 9,411 Seelen, während in dem größten Kreise, Büren, nur 2,422 Seelen, und selbst im Kreise Minden, mit Einrechnung seiner beiden Städte, nur 5,857 Seelen leben. Hier in Bielefeld, wie in Herford, wo die Bevölkerung sich der hiesigen am meisten nährt, ist es die mehrgedachte Flachsindustrie, welche dies auffallend abweichende Populations-Verhältniß erklärt.

Die Natur des Kreises anlangend: so ist zuvörderst dessen Clima ein mehr feuchtes als trockenes. Die Erhebung des teutoburger Waldes durchzieht denselben von Südost gegen Nordwest und theilt ihn in 2 fast gleiche Theile. Das Gebirge besteht größtentheils aus Jura- und Muschelkalk, theils aber auch aus Sandstein und Thonschiefer; auch werden Gypslager angetroffen. In der östlichen Hälfte ist der Boden thoniger und lehmiger, in der westlichen Hälfte vorherrschend sandiger (eisenschüssiger) Beschaffenheit. Der Untergrund weicht in seinen Bestandtheilen wenig von dem, durchschnittlich fußtiefen, Obergrunde ab, und wo solches stattfindet, ist er auf dem Hügellande thoniger und in der Landebene eisenschüssiger als die eigentliche Krume.

Im ganzen Kreise giebt es nur zwei Rittergüter, und diese sind in Parcellen an Leinweber und Garnspinner verpachtet. Uebrigens variirt die Größe der Landgüter zwischen 60 bis 1,000 Morgen. Groß nennt man diejenigen, welche 250 Morgen und darüber enthalten. — Die kleinen Güter sind durchaus vorherrschend. — Das Obereigenthums-Verhältniß und Herkommen haben diese Landaustheilung bewirkt.

Die Lasten des Landwirths erstrecken sich nicht auf Servitute; Wald- und Weide-Gerechtsame bestehen nicht mehr. Die Gemeinheiten sind sämmtlich getheilt, die Zehnten abgelöst oder in Renten verwandelt. Von der Grundsteuer der hiesigen Landbauer beträgt das dem Staat zufließende Principal gegen 12pCt.*) vom Reinertrage, dabei bestehen Classensteuer und Communalsteuerzuschläge von beiden Steuerarten, welche letztere sehr verschiedener Höhe sind. Die gutsherrlichen Gefälle sind auch zum Theil noch bedeutend.

Vererbt werden die Bauergüter nach verschiedenen Gesetzen. Diejenigen, auf denen ein gutsherrliches Heimfallsrecht haftet, gehen als untheilbar auf den jüngsten Sohn (nach der Eigenthums-Ordnung vom 26. November 1741) über, wogegen die freien Bauergüter, von welchen mehr als 5 Thlr. Grundsteuer entrichtet wird (nach dem Gesetze über die bäuerliche Erbfolge vom 13. Juli 1836), auf den ältesten Sohn fallen, vorausgesetzt, daß er Soldat gewesen ist und keine andere Güter besitzt. Die kleineren Güter endlich vererben nach der provinciellen Gütergemeinschafts-Ordnung als Allodium.

---

*) Der Landwirth Meyer zu Heyno giebt die Abgaben seiner aus 1102 Morgen bestehenden Güter (556 Morgen Acker, 101 Morgen Wiesen, 295 Morgen Wiesen rc.) folgendermaaßen an:

Grundsteuer	314 Thlr.	15 Sgr.	8 Pf.
Classensteuer	108 „	— „	— „
Gemeindesteuer . . .	184 „	— „	— „
An Domainen . . .	68 „	— „	— „
Summa	754 Thlr.	15 Sgr.	8 Pf.

Nach Beschaffenheit des Bodens werden die Gutsländer mit 15 bis 80 Thlr. pro Morgen und nach der Größe die Bauerhöfe mit 1500 bis 1800 Thlr. bezahlt. — Verpachtungen kommen bei Bauergütern gar nicht, oder doch nur in höchst seltenen Fällen vor, da hier das, von der vormaligen Leibeigenschaft herrührende, Institut der Mahljahre noch besteht. Die Pachtpreise der Güter betragen wohl 25 pCt. des Capitalwerths derselben. — Für Productionskosten sind — inbegrifflich der Zinsen des Betriebscapitals — auf dem Lehmboden bis 60 pCt., auf dem Sande 80 pCt. vom Rohertrage mindestens zu rechnen. —

So lange der Leinenhandel florirte, war auch der Zustand der Arbeiter-Classe gut zu nennen, indem der größte Theil derselben durch Spinnen und Weben sich reichlich ernähren konnte. Seit 4 Jahren aber sind die Grobspinner, durch den Einfluß des Maschinengarnes und die dem auswärtigen Absatz von Garn und Leinen entgegengesetzten Zollerschwerungen, so sehr in Nachtheil gesetzt, daß sie zumehrst bereits den Armenstiftungen zur Last fallen. Die Feinspinner finden noch Absatz für ihr Erzeugniß. — Im Allgemeinen ist die Bildung auch der geringeren Volksclasse im Fortschreiten; der Sittlichkeit aber soll die zunehmende Verarmung nicht zum Vortheil gereichen.

Die Arbeitslöhne anlangend: so erhalten hier die Tagelöhner, welche gleichzeitig vom Colonen Wohnung und Acker gemiethet haben, pro Person ohne Unterschied des Geschlechts und der Jahreszeit, täglich 2½ Sgr. nebst Beköstigung, die übrigen aber täglich pro Mann 5, pro Frau 3 Sgr. und Kost, zu jeder Jahreszeit. Ohne Beköstigung und Wohnung würde der Tagelohn für den Mann 9—10 Sgr., für die Frau 6 Sgr. betragen.

Eine Arbeiterfamilie gebraucht im Jahre 70 bis 90 Thlr.

Wenden wir uns jetzt zur Bewirthschaftung der Güter selbst.

Als landübliche Fruchtfolge finden wir: 1) Brache; 2) Roggen; 3) Gerste; 4) Bohnen, Erbsen oder Wicken mit Hafer; 5) Roggen; 6) Roggen; 7) Hafer — allerdings keine Musterform! oder: 1) Brache; 2) Roggen; 3) Gerste; 4) Klee; 5) Weizen; 6) Kartoffeln; 7) Hafer; 8) Bohnen; 9) Roggen; 10) Hafer. — Der Flachs, ein Product von großer Bedeutung, wird nach Roggen oder Hafer gesäet. Weizen und Rübsaamen werden überall nur wenig gebauet. Vor Einführung des Kleebaues kam die Brache häufiger vor. Es ist mehrfach versucht, dieselbe abzuschaffen, die größeren Landwirthe sind aber wieder darauf zurückgekommen.

Auch die Düngerwirthschaft ist im Allgemeinen nicht zu loben, denn meistens sieht man die Jauche ungehindert von den Miststätten abfließen, haben neuerer Zeit auch Einige eine bessere Anlage dieser beschafft,

Jauchebehälter eingerichtet u. dgl. m. — Es werden jährlich an Dünger pro Pferd 8 und pro Haupt Hornvieh 10 Wagen à 20 Ctr. gerechnet. Man pflegt alle 3 Jahre einmal mit 6 Wagen pro Morgen zu düngen. Ist aber ein Kleejahr dazwischen: so wird im vierten Jahr gedüngt. Der Sandboden erhält alljährlich eine schwache, jedoch nur Plaggen-Düngung. — Auf dem Lehmboden wendet man häufig Kalkmergel an. Klee und Schotenfrüchte werden, wiewohl selten, gegypst. An einigen Orten hat man sich mit Vortheil des Knochenmehls bedient.

Zu den Pflugarbeiten bedient man sich nur des landüblichen Polterpflugs mit festen hölzernen Streichbrettern. Damit wird bis ¾ Fuß breit und tief, im Brachbau viermal, zu Flachs und Gerste dreimal, und zu allen übrigen Culturarten zweimal geackert. — Die Eggen sind die ganz gewöhnlichen. Die Brabanter Egge wird noch wenig gebraucht. Die Walze kommt wechselseitig bei der Lein- und Hafersaat in Anwendung. — Spatencultur betreiben nur geringe, kein Gespann haltende, Familien. Eine gemischte Hand- und Pflugarbeit findet in dem sogenannten Pflugspaten — hier Rigolen genannt — statt, wobei die zweite Furche des Pfluges mit dem Spaten nachgegraben und der ausgestochene Boden über die Furche aufgeschlagen wird. Diese Arbeit wiederholen einige Gutsbesitzer im 6ten oder 7ten Jahre, vorzüglich beim Anbau der Wurzeln und Bohnen. Auf dem Sande wird noch öfter rigolt.

Wechsel des Saatkorns kommt selten vor. Mitunter wird von den Gegenden, in welchen Mergel streicht, Saatroggen für den Lehmboden bezogen. Fremde Leinsaat erhält man aus Riga und Minden.

Eine besondere Pflege der Culturgewächse während ihrer Vegetationszeit wird auch nicht beobachtet. Vorherrschende Unkräuter sind: die Trespe, die Chamille, der wilde Senf, der Flughafer, die Wucherblume, die Disteln, der Huflattich und die Quecke.

Das Abbringen der Halmfrüchte geschieht allgemein mit der Sense. In einigen Gemeinden wendet man das Puppen, in anderen das Stiegen (Hocken) des Getreides an.

Den Fruchtbau im Besonderen betreffend: so ist schon oben bemerkt, daß Weizen wenig angebauet wird. Man säet nach Klee und zwei Furchen, ¾ bis 1 Schffl. und erndtet 8—12 Scheffel Körner und 13 bis 20 Ctr. Stroh, wenn vom Winterroggen, bei gleicher Aussaat, vom thonigen Lehmboden 8—14 Scheffel Körner und 14—25 Ctr. Stroh, vom Sandboden 6—12 Scheffel Körner und 10—21 Ctr. Stroh.

Aussaat- und Erndte-Verhältnisse der übrigen Culturgewächse werden, wie folgt, angegeben:

	Aussaat pro Morgen.		Ertrag pro Morgen.					
Kl. Gerste	$\frac{3}{4}$—1	Schfl.	8—12	Schfl.	Körner.	8—12	Ctr.	Stroh.
Hafer . .	$1\frac{1}{4}$—$1\frac{3}{4}$	=	10—20	=	=	7—17	=	=
Erbsen .	1 —$1\frac{1}{2}$	=	8—12	=	=	7—11	=	=
Wicken .	1 —$1\frac{1}{2}$	=	8—12	=	=	7—11	=	=
Bohnen .	$1\frac{1}{4}$—2	=	10—14	=	=	8—12	=	=
Buchweizen	$\frac{3}{4}$—1	=	6—24	=	=	4—16	=	=
Kartoffeln .	7 —9 kleine ganze.	=	50—90	Centner.				

Des Leinbaues wurde schon früher speciell gedacht.

Der Bau der Futterkräuter beschränkt sich fast auf den Kleebau. Esparsette zieht man sehr wenig und nur auf steinigen, hochgelegenen Ländern, Spergel da, wo der Klee nicht gedeiht.

In Bezug auf den natürlichen Grasbau ist folgendes zu bemerken:

Die Wiesen der östlichen hügeligen Kreishälfte nehmen die Thäler der Bäche ein, von denen sie meistens Bewässerung erhalten. Sie haben vorherrschend Senkel- oder Lettenboden, wenige sind thoniger und sandiger Natur. Die Wiesen in der westlichen Kreishälfte befinden sich in der Fläche. Die an den Bächen gelegenen haben sandigen Senkelboden und werden meistens bewässert; die übrigen sind moorig, eisenschüssig und leiden an stagnirender Nässe. — Dort, in der östlichen Hälfte, geben die Wiesen allgemein zwei Schnitte, wovon einige — zwar wenige — 50 Centner an Heu und Grummet pro Morgen ertragen. In der westlichen

Hälfte sind nur die besseren Wiesen zweischürig: diese liefern 20 — 24 Ctr., wenn dagegen die einschürigen nur 8 — 12 Ctr. pro Morgen. — Die Meliorationen der Wiesen anlangend: so wird das Trockenlegen der moorigen und torfartigen Wiesenflächen hier nur sparsam betrieben, weil der dadurch zu erringende Vortheil die Kosten nicht zu decken vermag. Die Bewässerung der Wiesen erfolgt zwar nicht allgemein nach den Regeln der Kunst, indessen sind doch seit 10 Jahren sehr viele Wiesen nach der Siegenschen Methode umgebauet worden. Da, wo viel Wasser mit wenig Gefälle vorhanden, ist der horizontale Rückenbau angewandt, dagegen zieht man bei wenigerem Wasser mit vielem Gefälle den Hangbau vor, weil bei letzterem ein und dasselbe Wasser zweimal überrieselt; was im ersteren Falle nur einmal möglich ist. Es wird vom Herbst bis Anfang März fortwährend bewässert und solches nur bei Frostwetter ausgesetzt. Vom Monat April wird unablässig bis zur Heuerndte, dann im Monat August bis zum zweiten Schnitt der Gräser gerieselt. — Gedüngt werden nur wenige Wiesen, die eine trockene Lage ohne Gelegenheit zur Bewässerung haben.

Wie bereits früher angedeutet, sind nur wenige natürliche Weiden vorhanden; die vorhandenen sind entweder zwischen den Wiesen gelegene hügelige Districte, die nicht bewässert und anderartig gepflegt werden können, oder bestehen in holzlosem, schlechtem Waldboden,

Sandebenen ꝛc. Sie werden nur mit Kühen betrieben, und so lange benutzt, als die Vegetation dauert.

Rindvieh bildet hier überall den Hauptttheil des Viehstandes. Das gangbare Kuhvieh hat eine Schwere von 600 bis 700 Pfund, wird im Sommer auf der Dreischweide und mit rothem Klee, im Winter mit Heu, Stroh und vielen Knollengewächsen ernährt, und soll in der ersteren Jahreszeit 8—10 Quart, in der letzteren Jahreszeit 5—8 Quart Milch geben. In den Sandgegenden wird viel Butter zur Ausfuhr verkauft. — Schaafzucht spielt nur eine untergeordnete Rolle. Eigentliche Pferdezucht ist bei dem hohen Werthe dieser zum Theil gewerbthätigen Gegend auch nicht von Erheblichkeit. Man hat größtentheils Marschpferde von der Wesermündung und aus Jütland, zum Theil auch Pferde hannoverscher Race. — Die Benutzung der Königl. Beschäler ist noch nicht sehr verbreitet, und der Privatbeschäler sind nur noch sehr wenige. Die Zahl der Schweine (3,215) und Ziegen (3,556) überragt die der Schaafe (3,086); die Ziegenzucht wird vornehmlich von den Erbpächtern, Neubauern und Heuerlingen betrieben. Federviehzucht findet nur zum eigenen Bedarf statt. Bienen werden fast auf allen Landgütern von 6 bis 10 Stöcken durchwintert, die jährlich eine Zuzucht von 10 bis 20 Stöcken liefern. An den zahlreichen Bächen, welche vom Gebirge kommen, sind viele

Fischteiche angelegt, in welchen besonders große Karpfen gezogen werden. —

Lassen wir nun schließlich noch ein Wort über den Garten- und Obst- und den Waldbau dieses Districts folgen.

Der Gartenbau wird vornehmlich von den Bewohnern der Stadt Bielefeld, aber nur zum Bedarf der nöthigen Küchenkräuter und Gemüse betrieben. Gemeiniglich haben die von den Eigenthümern selbst bebaueten Gärten eine Größe von $\frac{1}{8}$ bis 1 Morgen; sonst kommen Gartenparcellen von 2 bis 5 Morgen vor, die aber in Abtheilungen von $\frac{1}{8}$ bis 1 Morgen verpachtet werden. Der Werth der Gartenländer ist ein sehr hoher. Es werden bis 1,000 Thlr. pro Morgen bezahlt. Der Rohertrag entspricht freilich den Kauf- und Pachtpreisen keinesweges, aber die eigene Production der Küchenkräuter ist nothwendig, weil die Gemüsemärkte nur unvollständig sind.

Der Obstbau hat nur eine geringe Ausdehnung. Derselbe findet vorzüglich nur in den Gärten statt; indessen hat man seit 10 Jahren an einigen Stellen den Acker mit Obstbäumen bepflanzt und einige Landwirthe haben bereits ansehnliche Baumpflanzungen. Die gangbarsten Obstsorten sind: der Augustapfel, der grüne, graue und weiße Kalville, der Pigeon, die graue und Goldreinette, der Borsdorfer, der Pepping und der Streifling; die weiße, graue und grüne Butterbirne, die Bergamotte, die Christbirne und die Schmalzbirne; die gemeine Pflaume, die Catharinenpflaume; die Apricose, die Pfirsiche, die Mirabelle und Reineclaude. Alle sind von der gewohnten Güte. — Sämmtliches Obst wird nur für die Tafel und in der Wirthschaft benutzt. Obstwein wird nicht bereitet.

Was nun endlich den Waldbau des Kreises betrifft, so werden die Privat-Buchen-Waldungen großentheils in 6jähriger Durchforstung (Plänkerwirthschaft) bewirthschaftet; der Hochwaldbetrieb ist nicht von Bedeutung. Reine Eichenbestände werden nicht mehr angetroffen. Das gefällte Buchenholz hat am Wurzelende gewöhnlich 4 bis 6 Zoll Durchmesser. — Neben diesen Laubhölzern kommen auch Erlen- und Birkenpflanzungen, theils rein, theils gemischt vor. Die Erlen werden theils als Schlagholz im acht- und zehnjährigen Alter abgetrieben, theils zu Stämmen gezogen, die Birken allgemein zu Nutzholz gebraucht. — Die jungen Culturen bestehen aus Kiefern, die auf den Sandflächen in dreißigjährigem Alter meist nicht mehr zunehmen. In neuester Zeit wird auch die Lärche angezogen. — Die Holzpreise stehen im Allgemeinen hoch. Das Brennholz wird nach Fudern verkauft: auf Klafter à 108 Cubikfuß reducirt, betragen die Preise 9 bis 10 Thlr. Das Stammholz von Eichen kostet der Cubikfuß 12 Sgr., von Kiefern 8 Sgr. — Den Werth des bestandenen Waldbodens giebt man, ohne den

Holzbestand, zu 5 bis 30 Thlr. pro Morgen an. — Vom Rohertrage der Holzung werden für Schutz und Cultur wenigstens 36 pCt. abzusetzen sein.

Die den Kreis durchziehende Gebirgskette ist von zusammenhangenden Waldungen bekleidet. Bei den isolirt gelegenen Wohnungen der Landleute findet sich überall ein größeres oder kleineres Stück Wald.

Halle.

Der Kreis Halle enthält 5,53 Q.-M., wovon 51,087 Morgen dem Ackerbau, 14,310 Morgen dem Wiesen-, gegen 24,000 Morgen dem Holzbau gewidmet sind, ohngefähr 20,000 Morgen als Heiden und Oeden, über 5,000 Morgen noch als Weiden und Hutungen rc. liegen. — Die Einwohnerzahl betrug zu Ende des Jahres 1843 32,152 Seelen. — Der Viehstand war damals, wie folgt, zusammengesetzt: 2,042 Pferde und Füllen, 9,745 Gr. Rindvieh, 4,445 Schaafe, 1,624 Ziegen, 2,854 Schweine. — Die vorzüglichsten Producte und Fabricate bestehen in: Flachs, Hanf, Getreide, Butter, Schweinevieh, Garn, Leinwand und Segeltuch.

Der Kreis wird hinsichtlich der Boden-Beschaffenheit durch eine von Osten nach Westen sich hinziehende Gebirgskette in zwei Theile getheilt. Auf der südlichen Hälfte ist der Sand und auf der nördlichen

Hälfte der Lehm, dort der Hanfbau, hier der Flachsbau vorherrschend, dort ist die Grob-, hier die Feinspinnerei zu Hause.

Die bäuerlichen Besitzungen sind dreierlei Art. Auf den größten Höfen — mit einem Areal von 140—150 Morgen — werden zur Bewirthschaftung derselben 4, auf den kleineren 2 bis 3 Pferde gehalten. Fast überall hat sich ein Mißverhältniß zwischen der Anzahl der Pferde und des Rindviehes gebildet, welchem Uebelstande man aber dermalen schon mehrfach durch Einschränkung der ersteren und Vermehrung der letzteren abzuhelfen scheint. Versuche mit der Anwendung der Ochsen als Zugvieh haben in der südlichen flachliegenden Kreishälfte bereits mehreremale stattgefunden, aber von einem wirklichen Tausch derselben gegen die Pferde wird man noch nichts gewahr, vielleicht, weil man zu den Probearbeiten weniger geeignetes Vieh hatte, als in dem nahe gelegenen Hannöverschen, wo die Sache sofort Eingang gefunden haben soll. — Die kleinsten Besitzer bearbeiten ihr Land, im Falle die Nachbaren nicht aushelfen, mit Kühen; dies sind aber gewöhnlich nur bäuerliche oder ritterschaftliche Erbpächter. — Die großen Höfe sind theils gutsherrlich-, theils königlich-eigenbehöriger Qualität, selten aber freigekauft. Die meisten haben jedoch ihre Leistungen in Rente verwandeln lassen, und da, wo noch Hand- oder Spanndienste geleistet werden müssen, geschieht dies höchst selten in natura, weil die Rittergüter größtentheils in kleinen Parcellen vermiethet und nicht rationell bewirthschaftet werden. Wegen Eigenthümlichkeit des Bodens und Climas kann der Landmann nicht das ganze Jahr hindurch auf seinem Acker Beschäftigung finden. Im Winter besonders würde ihm diese für die Seinigen und die Dienstboten fehlen, wenn die zur Nothwendigkeit gewordene industrielle Thätigkeit ihm nicht dafür Ersatz böte. Flachs- und Hanfbau sind zur Spinnerei und Weberei die Hauptfundamente. Um jedoch zu dieser wenig einträglichen Arbeit nicht zu viel Menschen in Brod nöthig zu haben, hat sich zwischen Dienstboten und Grundbesitzern jener, schon Eingangs dieser Darstellung gedachte, Stand der Heuerlinge gebildet, welcher, wenn derselbe dem Hofe gemäß nicht zu stark ausgedehnt, nur von Nutzen ist, im Gegentheil aber, namentlich, wenn ihm das gehörige Miethsland fehlt, auch von großem Schaden wird. Im Ganzen ist zu bemerken, daß die Armuth dort, wo die Grob-Weberei und Spinnerei betrieben wird, noch nicht so groß unter den Heuerlingen ist, als da, wo nur Feingespinnst gearbeitet wird, weil jene Arbeit noch einen ziemlichen Lohn abwirft. Uebrigens wird bei gleichem Sinken der Preise eine ähnliche Erscheinung auch in den letzteren Gegenden nicht ausbleiben, da sich das Proletariat auch größtentheils mit durch die hohen Preise der Garne und der Segeltücher mehr als über den Normalstand vergrößert hat. Vorläufig wird es nöthig werden, daß man da, wo jetzt Flachs cultivirt wird, auch Hanf anbauet. Dies ist auch schon von manchen ins Werk gesetzt; aber überall ist der Landmann nicht ganz leicht dazu zu bewegen.

Durch gut eingerichtete Elementarschulen hat sich der Bildungszustand der ländlichen Bevölkerung sehr gehoben. Ein großer Theil derjenigen, welche früher mehr oder weniger dem Schlendrian anhingen, ist zum Nachdenken angeregt. Man sieht daher überall ein Streben nach Vervollkommnung des Betriebes auftauchen. Besonders zeigt sich dies an künstlichen Wiesenanlagen, an der Holzcultur, an Verbesserung des Ackers, an der Errichtung neuer Wohnhäuser und Schulen 2c.

Um aber diesem Fortschritte im Allgemeinen mehr Fundament und Kraft in der Fortentwickelung zu verschaffen, erachten einsichtsvolle Männer hier die baldige Einrichtung von Ackerbauschulen für dringend nöthig und zwar um so mehr, als die hiesigen größeren Landwirthe ihre Kinder leider so gern bis zur Verheirathung bei sich im Hause behalten. Näh- und Strickschulen, verbunden mit dem Elementar-Unterrichte, würden hier der weiblichen Jugend gewiß nicht minder ersprießlich sein. Die mangelnde Tüchtigkeit des weiblichen Personals bemerkt man in den bäuerlichen Wirthschaften häufig an der herrschenden Unordnung im Hauswesen und besonders in dem Betriebe der Milchwirthschaft. — Gewiß ist, daß jeder Fortschritt des Landmannes früher geschehen und sich schneller und weiter verbreiten würde, wenn auch nur von einzelnen Rittergütern — deren Ländereien hier sämmtlich in kleinen Parcellen verpachtet sind — das Beispiel und die Anregung gegeben würde.

Auch in moralischer Beziehung steht der Hallesche Landmann mit dem Ravensberger im Allgemeinen auf gleicher Stufe; indessen wird über einen gewissen Luxus in der Kleidung, — die oben gedachte Nationaltracht ist bei den Männern ganz und bei den Weibern theilweise verschwunden — und über die in den Landgemeinden überall zu stark verbreiteten Schankwirthschaften Klage geführt. Eben in Folge der Trunksucht — welcher neuester Zeit die Thätigkeit der Enthaltsamkeitsvereine auch hier vielfach wohlthätig entgegengewirkt hat — wurden früher sehr viele Bauerngüter subhastirt und demnächst dismembrirt. Solche Zerstückelungen nun zeigen ihre Nachtheile im hellsten Lichte. Die dadurch herbeigeführte Armuth, die Aufbringung bedeutender Armenkosten, die Beschränkung gewohnter Lebensbedürfnisse und eine trübe Aussicht in die Zukunft treiben sowohl den Colonatsbesitzer, als den wohlhabenden Heuerling, nach Amerika auszuwandern, um dort einen eigenen Heerd zu gründen. Es dürfte daher mit der Zeit nothwendig werden, daß unter Einwirkung des Staats diese

Auswanderungen gehörig geleitet und die durch die gesunkene Weberei und Spinnerei gelähmten Arbeitskräfte zur Hebung der Landwirthschaft in gering bevölkerten Gegenden verwandt würden. Arbeit ist es, die den Nationalreichthum vermehrt und die Gesittung der Bevölkerung hebt. Daß aber die Arbeit noch nicht gehörig vertheilt und verwendet ist, davon geben die noch herrschenden vielen Mängel in der Landwirthschaft, die vorhandenen weiten uncultivirten Landstrecken, die unzähligen Arbeit suchenden Hände, schlagendes Zeugniß. —

Uebrigens herrscht hier im Allgemeinen unter den Hofbesitzern ersten und zweiten Ranges ein angemessener Wohlstand, trotzdem, daß der hiesige Ackerbaubetrieb mit manchen außergewöhnlichen Hindernissen zu kämpfen hat. Darunter stehen oben an: die schon mehrfach gedachte Parcellirung der Besitzungen, wodurch eine zweckentsprechende Größe der Höfe verloren gegangen ist; das zerstreute Durcheinanderliegen der Aecker, das Mißverhältniß der Heuerlinge zu den Hufen und die dadurch veranlaßte Armuth, endlich und ganz besonders das wellenförmige Terrain, in Folge dessen Wolkenbrüche, anhaltende Strichregen, aufgethauter Schnee, den abschüssigen, sich leicht auflösenden Lehmboden durch Ausspülen leicht auf lange Zeit verderben. Viele Gräben, Erdfänge und andere Ableitungen sind daher erforderlich; die Wege, welche leicht zu Hohlwegen sich umgestalten, sind nur mit bedeutenden Opfern zu erhalten, deswegen denn die Culturkosten gegen andere flachliegende Gegenden sehr bedeutend. — Große Ueberschwemmungen kommen übrigens nicht vor; Dürre und Hagelwetter schaden wenig.

Von den cultivirten Gewächsen gedeihen hier Kartoffeln, Flachs und Klee am sichersten. Der Ertrag des Weizens, Roggens und Hafers ist mehr von Witterungseinflüssen bedingt. Außerordentlich ergiebig, und die trefflichsten Gräser erzeugend, sind die künstlichen Wässerungswiesen, besonders wenn Ortschaften, Aecker und Quellen aus Kalksteingebirgen und Mergellagern das nothwendige Wasser dazu liefern.

Bei der häufigen vereinzelten und vermengten Lage der Grundstücke und der nach Lage und Mischung großen Bodenverschiedenheit, endlich auch wegen der Flachscultur, wozu nicht jeder Acker gleich geeignet ist, findet man kein allgemeines strenges Festhalten an einer bestimmten Fruchtfolge.

Auf dem $\frac{1}{4}$ Meile von der Stadt Borgholzhausen, in der Bauerschaft Winkelnutten liegenden, 145$\frac{1}{2}$ Morgen großen Hohnhorstischen Colonat sind auf einem schwer durchlassenden Lehmboden nachstehende Fruchtfolgen eingeführt:

1) Kartoffeln, Bohnen gedüngt; 2) Roggen oder Weizen; 3) Flachs; 4) Roggen gedüngt; 5) Roggen; 6) Hafer; oder: 1) Weizen; 2) Roggen; 3) Flachs; oder: 1) Roggen gedüngt; 2) Roggen; 3) Hafer; oder:

1) Hafer oder Gerste gedüngt; 2) Klee; 3) Hafer oder Weizen. Ist der Acker in Kraft, so folgt nach dem Weizen Flachs als 4te Frucht. Ebenso: 1) Roggen gedüngt; 2) Roggen; 3) Hafer; 4) Flachs. Außerdem werden noch Rüben in die gedüngte Roggenstoppel gesäet, welchen dann im nächsten Jahre Kartoffeln, Bohnen und die hier sonst wegen ihrer Neigung zum Lagern auf diesem Boden wenig gebauten, Erbsen und Wicken folgen. 1½ Morgen werden in der Regel mit Möhren und in Reihen darauf gepflanzter Bohnen bestellt.

Das Fruchtverhältniß auf diesem Hofe ist folgendes:

8	Morgen	Weizen;
16	"	Roggen mit 4—6 M. Herbstrüben;
10—12	"	Hafer;
4—5	"	Gerste;
1—2	"	Wicken und Erbsen;
5	"	Flachs;
6—7	"	Klee;
3	"	Kartoffeln;
1½—2	"	Möhren und Bohnen;
1—½	"	Kohl, Kohlrabi, Rüben.

Der Hof hat 76½ Morgen Ackerland. Das übrige Land ist an die 4 Heuerlinge vermiethet; ein jeder hat ungefähr 4 Morgen gepachtet, um 1 Kuh und 1 Schwein halten zu können.

Der Kleesaamen wird hier unter gedüngte Gerste oder gedüngten Weizen, Roggen oder Hafer gesäet, und zwar im Frühjahre. Man nimmt gewöhnlich rothen Klee, unter welchen man etwas weißen mischt. Die Vermengung mit passenden Grassaamen ist hier noch nicht allgemein eingeführt. Der Klee bleibt nur 1, selten 2 Jahre zum Schnitte liegen, und wird dann entweder im Herbst zur Weizen- oder im Frühjahr zur Hafersaat umgebrochen. Auch baut man wohl Kartoffeln darnach. Oft werden zwei Ackerungen (1 flache und 1 tiefe Furche) angewandt. — Im Allgemeinen verwendet man hier in der ganzen Gegend schon mehr Sorgfalt und Fleiß als früher auf den Anbau von Futterkräutern. Statt Klee cultivirt man auf dem Sandboden mehr Spergel, Buchweizen, Möhren, Rüben, Grünroggen, Kartoffeln 2c. Die bedeutenden Ausfuhren an Butter, Schinken, Speck 2c. zeugen allein schon dafür, daß der heutige Landwirth sich bemüht, sowohl Qualität als Quantität dieser Marktproducte immer mehr zu verbessern und zu steigern.

Die Fruchterträge des Hohnhorster Hofes werden wie folgt angegeben:

	Einsaat.	Korn.	Stroh.
	Schfl.	nach Schfl.	Ctr.
Weizen	$\frac{3}{4}$	5—7	12—16
Roggen	$1\frac{1}{4}$	6—9	13—18
Gerste	$\frac{3}{4}$	10—15	9—12
Hafer	$1\frac{1}{2}$	14—18	12—16

	Einsaat. Schfl.	Korn. nach Schfl.	Stroh. Ctr.
Erbsen	½	6—9	8—12
Bohnen	3—4 (große)		
	1¼—2 (kleine)	9—14	7—10
Wicken	1½—2	10—15	8—12
Flachs	1⅓	—	400—450 Pfd. gereinigter (gebrechter) Flachs.
Kartoffeln	5	80—90	—

In den bäuerlichen Wirthschaften befaßt man sich nur mit der Rindvieh- und Schweinewirthschaft. Klee und Rüben sind neben Weidegang im Sommer das Hauptfutter; im Winter werden Möhren und Rüben, Spreu mit Schrot- und Oelkuchentrank, und als Rauhfutter Stroh und Kleeheu gereicht. Die Kälber werden anfänglich mit Milch unterhalten, dann bekommen sie etwas Mehl und gekochte Kartoffeln mit Wasser verdünnt, auch Klee und Gras dabei, und im Winter Heu und Haferstroh. Im ersten Jahre bleiben sie im Stalle, im zweiten werden sie so wie das übrige Rindvieh geweidet und gefüttert, jedoch etwas schlechter als das Milchvieh. —

Schäfereien hat man hier nur auf Rittergütern. So wie diese aber in kleinen Parcellen, so sind jene auch klein an Schäfer, welche keinen Ackerbau treiben, gleichfalls verpachtet. Letztere weiden die Schaafe im Sommer auf den Gründen der Verpächter und auf andern mit der Schaafhut belasteten Feldern, hürden sie auch im Sommer und im Winter bei offenem Wetter bei anderen Wirthen gegen Bezahlung und stellen sie im Winter in den Scheunen einzelner Colonen für die Streu auf. Auf diese Weise ist die Schaafhut hier nur ein den Ackerbau benachtheiligendes Onus.

Der Ackerpreis in dieser Gegend ist dermalen für Land obiger Qualität 50—60 Thlr. pro Morgen.

Der Dienstlohn beträgt für Großknechte 20—22 Thlr., für Enken 10—12 Thlr., für Mägde gleichfalls 10—12 Thaler.

Der Tagelohn ist bei gegebener Kost 3 Sgr. bis 3 Sgr. 9 Pf., bei eigener 7½—10 Sgr.

Ein Hof obiger Art bezahlt an Steuer und Gemeindelasten zusammen 110 Thlr. Außerdem haften auf dem Hohenhorst'schen Colonat 100 Thlr. gutsherrliche Gefälle.

Im Allgemeinen macht das Ravensbergische den Eindruck eines industriösen sorgfältig bebaueten Landes, welches aber schon bessere Tage gesehen hat, wie die gegenwärtigen. Eine nachhaltige Aufhülfe desselben ist nur zu erwarten, wenn es gelingt, die Gewerbthätigkeit, mit der sich die Mehrzahl der Einwohnerschaft beschäftigt, aus der jetzigen Crisis wieder zu einem schwunghaften lohnenden Betriebe hinauszuführen, wozu die bereits vorhandenen Anfänge und weiteren Projecte gründlicher Verbesserung des Bleichwesens und zeitgemäßer Maschinenspinnereien die Aussicht eröffnen. Wenn damit ein reger Sinn für landwirthschaftliche Fortschritte und Verbesserungen, woran es keineswegs fehlt, seine Schöpfungen verbindet, so dürfte auch für dieses jetzt leidende Gebiet bald wieder eine bessere Zukunft beginnen.

Der Hellweg in der Grafschaft Mark.*)

Lage. Zusammensetzung und Größe. Terrainbeschaffenheit. Verkehrsverhältnisse. Culturverhältnisse. Bestandtheile des Nationalvermögens. Städte und deren Nahrungsbetriebe. Industrielle Cultur. Intellectuelle Cultur. Vereins-, Versicherungs-Wesen. Absatzwege. Nebengewerbe. Climatische und geognostische Beschaffenheit des Hellweges. Vorherrschende Bodenarten. Tiefe der Ackerkrume. Untergrund. Größe der Güter. Sonstige Beschaffenheit rc., Gerechtsame, Lasten, Vererbungsverhältnisse. Güter-Umsätze und Verkaufs- und Pachtpreise. Betriebscapitalien. Rein- und Roherträge. Die arbeitende Classe. Gesindehaltung. Lohnsätze. Nebenbeschäftigungen der Landleute. Thierische Arbeitskräfte. Nutzviehstände. Fruchtfolgen. Mustercultur-Plan. Dungwesen. Ackerbestellnng. Vorherrschende Unkräuter. Erndteverfahren. Wiesenwirthschaft. Weiden. Feldgewächsbau. Viehwirthschaft. Gartenbau. Obstbaumzucht. Forstwirthschaft.

Zwischen den Städten Salzkotten und Essen, und dem Lippe- und Ruhrstrom liegt eine fruchtbare Ebene,

---

*) Vgl. diese Schilderung mit der vor bald 30 Jahren von dem verstorbenen Schwerz (Mögl. Annalen, Bd. 6.) gelieferten.

die unter dem Namen „der Hellweg“ weit und breit bekannt ist. Der Sage nach soll dieser Name dadurch entstanden sein, daß die Römer durch die Wälder dieser Gegend eine breite Heerstraße gehauen, welche die alten Deutschen den hellen Weg benannt haben.

Genau stehen die Grenzen des Hellweges nicht fest; dem landüblichen Sprachgebrauch nach umfaßt er die 4 landräthlichen Kreise Soest, Hamm, Dortmund und Bochum, zur Größe von $32,^{58}$ Quadrat-Meilen und einer Bevölkerung von 183,056 Einwohnern; östlich setzt sich dieselbe Ebene auch durch den Kreis Lippstadt ($9,^{10}$ Quadrat-Meilen mit 31,168 Einwohnern) fort.

Mit Ausnahme der südlichen Abhänge des Haarrückens, — eines Gebirgsrückens von etwa 280 bis 300 Fuß über dem Wasserspiegel der Ruhr und der Möhne — hat die ganze Fläche eine Unterlage von Mergel. Von diesem Gebirgsrücken, der ununterbrochen über 15 Meilen an der Südseite des Hellweges von Osten nach Westen zieht, fällt das Terrain ab bis zur Lippe und bildet in der Mitte eine breite Mulde, auf welcher die Städte Soest, Unna, Dortmund und Bochum liegen.

Im Lippestromgebiet besteht der Boden bis zu 8 Fuß tief aus Sand, den die Gewässer aus den Sandbergen des teutoburger Waldes bei Detmold hergeschwemmt haben.

In der Nähe von Hamm ist Klei, auf welchem der beste Weizen gezogen wird, der dem englischen gleichkommt.

Durch die Abschwemmungen des Gebirgsrückens, im gemeinen Leben die Haar benannt, dessen Boden mehr aus Mergel besteht, hat sich in der Niederung und an derselben die fruchtbarste Bodenmischung aus mildem Lehm mit Mergel und Dammerde gestaltet, auf welcher der vorzüglichste Roggen wächst.

Die größere Festigkeit des Mergels ist in dem östlichen höheren Theile des Hellweges, namentlich in der Mergelsteinformation an der südlichen Seite, die mindere an dem westlichen Ende desselben. Oben bricht man Pflastersteine, dann bei Werl im grünen Mergel die größten Werkstücke, und bei Bochum wird er mit der Schippe gegraben und auf den besten Acker gefahren, der nach einer solchen Mergelung wieder fruchtbarer wird.

In der Nähe von Soest wird Muschelkalk, bei Werl Wasserkalk gebrannt.

Von der Mitte des Hellweges, von Unna aus östlich, liegen in der Mulde die bedeutenden Salzquellen von Königsborn, Werl, Sassendorf, Westernkotten und Salzkotten, westlich von Unna über Bochum hinaus über 500 Steinkohlengruben, deren viele mit Dampfmaschinen fördern und mehrere des Tages bis zu 2000 Scheffel zu Tage bringen.

Mag der Mergel auch 50 bis 60 Lachter mächtig

sein und noch so viele Wasser mit sich führen, die Kunst weiß die Wasser zu wältigen, wasserdichte Schachte zu bauen, und die Steinkohlen aus ihren 6 Fuß mächtigen Flötzen zu fördern. Dann trifft es sich auch wohl, daß bei einer täglichen Förderung von tausend Scheffeln noch Zubuße bezahlt werden muß.

Der Drang des Wassers nach der, über 2 Stunden breiten Mulde ist an mehreren Stellen so groß, daß mit 70 Fuß Teufe, wie bei Hemmerde, die Wasser 10 und mehrere Fuß springen und auf der Stelle eine Mühle treiben.

Daher kommt es denn auch, daß im nördlichen Theile dieser Mulde weniger Acker, aber desto mehr Weiden, und einschließlich der an der Ruhr und Lippe liegenden, der zehnte Theil der Fläche zu Weiden und Huhden benutzt wird. Der Länge nach führt eine vorzügliche Chaussee, von Cöln — Berliner Straße — durch den Hellweg; in der Breite wird er von der Koblenz-Mindener, Arnsberg-Münsterschen, Dortmund-Münsterschen und Elberfeld-Dorstener Chaussee durchschnitten. Die Cöln-Mindener Eisenbahn läuft von Essen bis Hamm, die Thüringer Verbindungsbahn von Hamm bis Paderborn über den Hellweg.

Alle Erzeugnisse des Ackerbaues sind mit Leichtigkeit nach den benachbarten Fabrikstädten Iserlohn, Hagen und Elberfeld abzusetzen, das Getreide wird zu den benachbarten Getreide-Wochenmärkten von Werl, Menden, Langschede, Herdecke und Witten gebracht.

Durch das Grundsteuer-Cataster ist ermittelt worden, daß auf den 32½ Q.-Meilen die Cultur-Verhältnisse folgende sind:

a.	389,282	Morgen	Ackerland.
b.	32,065	=	Wiesen.
c.	72,297	=	Weiden und Huhden.
d.	147,631	=	Holzungen.
e.	16,679	=	Gärten.
f.	1,120	=	Heiden.
g.	8,396	=	Gebäudeflächen u. Hofräume.
h.	22,592	=	Wege und Flüsse.

Das National-Vermögen, welches die 183,056 Einwohner besitzen, besteht in:

a.	171	Kirchen.
b.	23,862	Wohnhäuser.
c.	19,302	sonstige Gebäude.
d.	20,455	Pferde und Fohlen.
e.	62,321	Stück Rindvieh.
f.	46,552	Schaafe.
g.	12,534	Ziegen und
h.	38,045	Schweine.

Die Städte, Soest mit 8658 Einw., Unan mit 5247 Einw., Dortmund mit 7620 Einw. und Bochum mit 4067 Einw. nähren sich meist mit Ackerbau. Der Untergrund besteht zum größten Theile aus Mergel, in der Mulde zunächst aus festem Lehm und Thon, der sich besonders zur Ziegelfabrication eignet, welche seit mehreren Jahren, wo die Strohdächer verboten sind, stärker betrieben wird. Ein einziges Eisenwalzwerk befindet sich auf dem Hellwege: die Hermannshütte zu Hoerde von dem verstorbenen Fabricanten C. D. Piepenstock erbaut, der leider seinen jetzigen Flor mit 500 Arbeitern nicht erlebt hat. Das Hauptgebäude ist 300 Fuß lang und 200 Fuß breit. Die Eisengußfabrik Westfalia bei Lönen, welche auf Raseneisen aus der Gegend von Lippstadt arbeitet, sorgt für gute Holzkohlenpreise, und bezahlt jetzt die Klafter Brennholz mit 3 Thlr. 13 Sgr.

Durch den vielfachen Verkehr auf den Märkten und mit den Fabrikgegenden ist dem Landwirthe des Hellweges eine größere Bildung und Gewandtheit zu Theil geworden, welche sich auf die kleinern Grundbesitzer mit verbreitet. Einige größere intelligentere Grundbesitzer versuchen verbesserte Wirthschaftsmethoden, glückliche und unglückliche Versuche verbreiteten Nachahmung und Belehrung unter den Landwirthen, und die Einsicht in landwirthschaftliche Verhältnisse hat sich dadurch bedeutend gehoben.

Eine Buchführung wird nur bei den größern Landwirthen gefunden. Die Resultate der Wirthschaften werden indeß meistens geheim gehalten, indem bei besseren Erträgen Erhöhungen in der Classensteuer von der Bekanntwerdung besorgt werden.

In allen Kreisen bestehen landwirthschaftliche Vereine, die sich zur Belehrung der Landwirthe, zur Hebung des Ackerbaues, zur Förderung der Viehzucht durch Prämien und Ankauf besserer Racen viele Mühe geben.

Eine Viehassecuranzcasse findet sich in Dortmund, die Gebäude sind auf dem Lande bei der Provincialsocietät versichert, und in den Städten bestehen Sparcassen, welche außer der Unterbringung kleiner Ersparnisse der arbeitenden Classen dazu dienen, Pupillengelder unterzubringen und welche zugleich das Borgen durch Bürgschaft oder sonst erleichtern.

Die vorzüglichsten Absatzwege sind:

a. für das Getreide, die Märkte in der Nachbarschaft, woselbst die Bäcker der Fabrikstädte ihren wöchentlichen Bedarf sich anschaffen;

b. für das Rindvieh, die Fettweiden an Ruhr und Lippe, von denen nach der Fabrikgegend ebenfalls der Absatz bedeutend ist;

c. Butter, Eier, Geflügel und trocknes Fleisch wird von mehr als hundert Victualienhändlern aufgekauft, und auf den Märkten der Fabrikstädte wöchentlich 2mal abgesetzt.

Da der Ackerbau, so wie die Salinen, die Bergwerke und die Chausseen eine Menge Hände beschäftigen, so finden außer den Handwerken für den Haushalt, als: Schmieden, Weben, Zimmern u. s. w. keine Nebengewerbe statt.

Der Landbewohner selbst, d. h. der, welcher sich mit Ackerbau beschäftiget, treibt kein Gewerbe.

Die Handwerksleute, welche für den Landmann arbeiten, haben in den letzten 5 Jahren angefangen, sich mehr Land anzupachten, und brauchen ihre Kühe, deren sie dann zwei halten, zum Bearbeiten ihres Ackers.

Die Natur des Hellweges in Bezug auf climatische und geognostische Beschaffenheit ist eine sehr günstige. Der Höhenzug an der Ruhr schützt die Gegend vor dem Nachtheil der kalten Winde aus der nahen Gebirgsgegend; alle Obstarten gedeihen im Freien, der Wallnußbaum vorzüglich.

Die vorherrschenden Bodenarten sind milder fruchtbarer Lehm, trockner Mergelboden, Marschboden in der Mulde, schwarzer und gelber Klei- und Sandboden an der Lippe. Der Boden im Ruhrthale ist angeschwemmt, fest und milde, trocken und naß, je nachdem die Ablagerungen sich gesetzt haben. In dem Steinkohlengebiet findet sich Lehm; tiefer der Kohlen-Sandstein, der zu den schönsten Werkstücken verarbeitet wird. Der Mergel hat Muschelabdrücke, Süßwasserkalk und Muschelkalk findet sich in einigen Niederungen, und in der Gegend von Bochum wird das Mergellager bei 10—12 Fuß bis zum Sande ausgegraben, wobei sich zuweilen

Zähne und Knochen von Elephanten finden. Bei Ausgrabung eines Fundaments an der Seseke ohnweit Camen hat man Geweihe vom Dammhirsche und Hörner von großen Ochsen auf 10 Fuß in der Erde gefunden.

Man nimmt auf dem Hellwege nur zwei Hauptbodenclassen der Felder an, die des Weizens auf dem Klei, die des Roggens auf Lehm. Jede einzelne Bodenart ist gewöhnlich in 4 Classen abgegrenzt, welche auch bei den übrigen Culturarten angenommen sind.

Die Tiefe der Ackerkrume ist sehr verschieden. Der hiesige Pflug treibt Furchen von 9 bis 10 Zoll; indessen auf dem leichtern Lehmboden oder auf dem abgeschwemmten Mergelboden, darf nicht über 6 Zoll tief gepflügt werden, damit nicht der unfruchtbare Untergrund auf mehrere Jahre den Acker verderbe.

In der mehr tiefern Lage des Hellweges ist die Ackerkrume oft so tief, daß der Pflug ihr Ende nicht erreichen kann.

Mit Ausnahme auf dem angeschwemmten Marschboden ist der Untergrund durchlassend, in der Frucht- oder Unfruchtbarkeit jedoch, wie vorhin bemerkt worden, sehr verschieden.

Die Größe der Güter ist auf dem Hellwege, woselbst mit sehr wenigen Ausnahmen alles Eigenthum ist oder im gesetzlichen Erbnutzungsrechte steht, sehr verschieden. Die Anzahl der landwirthschaftlichen

Besitzungen in den Flecken, Dörfern und Bauerschaften der Hellwegskreise — also ohne die Städte — und der Umfang ihres Besitzes ist aus der nachstehenden, im Jahr 1836 aus den Catastralaufnahmen zusammengestellten Tabelle zu ersehen.

Kreis	Von den landwirthschaftlichen Besitzungen zahlen an Principalgrundsteuer von Liegenschaften										Gesammtzahl der landwirthschaftlichen Besitzungen.
	unter 2 Thlr.	unter 2—5 Thlr.	unter 5—10 Thlr.	unter 10—20 Thlr.	unter 20—30 Thlr.	unter 30—50 Thlr.	unter 50—100 Thlr.	unter 100—200 Thlr.	unter 200—500 Thlr.	über 500 Thlr.	
Bochum	3179	1113	351	346	177	191	88	10	2	—	5457
Dortmund	3003	550	278	289	194	196	82	16	4	1	4613
Hamm	2711	664	365	278	203	225	112	20	5	—	4583
Soest	3921	814	414	368	250	280	159	27	4	–	6237
Lippstadt	3283	717	425	330	162	146	59	14	5	1	5142
Zusammen	16097	3858	1833	1611	986	1038	500	87	20	2	26032

Es ist dabei die Grundsteuer von den Gebäuden nicht mit zum Ansatze gekommen.

Die Flächengröße der fünf Kreise beträgt nach dem Cataster 895,851 Morgen. Die Vertheilung derselben auf die einzelnen Culturarten ist aus nachstehender Zusammenstellung ersichtlich:

Kreis	Ackerland.	Wiesen, Weiden und Hecken.	Holzungen.	Gärten, Baumwiesen, Obstgärten u. Gemüsefelder.	Heiden, Oeden, Teiche, Torfmoore	Gebäudeflächen und sonstige Culturen.	Wege, Flüsse, Bäche.	Zusammen.
	Morgen.	Morgen.	Morgen.	Morg.	Mg.	Mg.	Morg.	Morgen.
Bochum	76367	19143	35363	3407	—	2673	3996	140949
Dortmund	86442	35812	39477	4260	150	2113	5247	173501
Hamm	102159	33905	28410	4428	244	1913	6335	177394
Soest	124842	25442	44341	4595	710	1846	6731	208507
Lippstadt	116538	34245	34041	3650	794	1003	5229	195500
Zusammen	506348	148547	181632	20340	1898	9548	27538	895851

Es ist hierbei nicht zu übersehen, daß die Kreise Soest und Lippstadt mit ihren Kreisgrenzen nicht unbedeutend in die südlich der Möhne belegene, nicht mehr zum Hellwege zu rechnende Waldlandschaft (Arnsberger und Ruthener Wald) hinübergreifen. Wird dies abgezogen, so sinkt die Waldfläche unter $\frac{1}{5}$ herab. Die höchsten und niedrigsten Ertragsanschläge des Catasters sind pro Morgen:

Kreis	Ackerland				Wiesen, Weiden und Heiden.				Holzungen			
	höchster		niedrigstr		höchster		niedrigstr		höchster		niedrigstr	
	Rthr	Sgr	Rthr.	Sgr	Rthr	Sgr	Rthr	Sgr	Rthr.	Sgr	Rthr	Sgr
Bochum .	5	—	—	18	11	—	—	18	1	9	—	10
Dortmund	6	10	—	14	8	—	—	24	1	15	—	10
Hamm . .	5	20	—	14	6	20	—	24	1	9	—	10
Soest . .	5	10	—	14	6	10	—	21	1	9	—	9
Lippstadt .	4	18	—	11	6	20	—	27	1	9	—	7

Wenige adlige Güter haben 3 bis 400 Morgen Ackerland, zudem ist ihre Zahl nicht groß.

Zur Ritterschaft gehören 96 Güter, wovon nur 32 von den Eigenthümern selbst bewohnt werden.

Der Ausdruck „Güter" wird in der Grafschaft Mark verschieden genommen; derselbe ist reservirt für die Besitzer adeliger Güter, der Bauer besitzt kein Gut, sondern einen Hof, ein Colonat. Daher wird bei einigen Gelegenheiten derselbe Hofesbesitzer oder Colonus genannt, wenn auch sein Grundeigenthum oft das eines Rittergutsbesitzes übersteigt.

Diese wollen wir daher auch vollends ausschließen und große oder größere Höfe die von 300 und mehr an Grundfläche, mittlere die von 100 bis 300 Morgen und kleinere unter 100 Morgen bis zu 20 Morgen herab, als solche bezeichnen.

Große Höfe sind wenige, mittlere mehr, am meisten kleinere. Die Ursachen der bestehenden Größe der Güter reichen so weit, daß darüber keine Nachrichten mehr vorhanden sind.

Ursprünglich war der Wehrvastar auf westfälischer Erde frei, nur nach und nach wurde er hörig oder gab sich des Schutzes wegen zu eigen.

So entstand das Pachtverhältniß zu den Rittergütern oder anderen Gutsherrn, zu den Stiftern, Klöstern oder den Städten. Im Jahre 1811 wurden die Rechte des Besitzes regulirt. Die Colonen wurden als Eigenthümer anerkannt, ihre Grundlasten wurden erleichtert und ablösbar gemacht.

Die Bauernhöfe waren contribuabel, d. h. sie mußten eine Grundsteuer, unter dem Namen Contribution, bezahlen.

Der adlige Gutsbesitzer war von dieser Steuer bis zum Jahre 1805 befreit.

Durch die Kriege, welche im 17. und 18. Jahrhundert in hiesiger Gegend gewüthet haben, kam der Bauer zurück; mancher sah kein Durchkommen mehr; er verließ den Hof und diente aus.

Dann kam der Receptor und verpachtete einige Stücke für die Contribution, der Hofesherr den andern Theil für die Pacht.

Da erschien zuerst am 22. November 1709 das erste Consolidations-Edict, welches verordnete: daß die wüstgewordenen Bauerngüter unverzüglich wieder besetzt, und die zerspliſſenen ohne alle Weitläufigkeit auf dem Wege des summarischen Processes und ohngeachtet der Einreden der Verjährung und abgeurtheilten Sache wieder zusammengebracht werden sollen.

Das spätere, kurz nach dem siebenjährigen Kriege, unter dem 5. März 1767 erlassene Consolidations-Edict bestimmte: daß der Zustand von 1740 wieder hergestellt werden sollte.

Dies ist nach mehreren Nachrichten auch geschehen, und so waren denn die Bauernhöfe ein Eigenthum, was nicht versplittert oder in seiner Größe vermindert werden konnte.

Seit 1811, oder vielmehr seit den Friedensjahren 1816, haben sich die Größen bedeutend verändert. Schlechte Wirthschafter löseten ihre Gefälle ab, und verkauften, für das Ablösecapital und zur Deckung der immittelst gemachten Schulden, erst die zerstreut und entfernt liegenden, nachher die nähern, und endlich die sämmtlichen Grundstücke.

Die Gerechtsamen der Höfe sind verschieden. Die Jagd war ein Standesvorrecht; denn, kaufte ein Bauer ein Gut mit Jagdrecht, so mußte dasselbe schlafen, bis es in andere Hände kam.

Gewöhnlich bestanden die Gerechtsamen in Markanrechten, die sich nach den einzelnen Ordnungen richteten. Jetzt ist alles getheilt. Die Servituten werden abgelöst, und somit sind keine Gerechtsamen mehr, als die auf freiem Eigenthum vorhanden.

Sind die Lasten aus dem gutsherrlichen Verbande nicht abgelöset oder regulirt, so müssen neben demselben noch getragen werden:

a. Die Staats-Grundsteuer.

b. Die Gemeinde- oder Communalsteuer.

c. Die Schul- und Kirchensteuer.

d. Die Brandversicherungsgelder.

Bis zur Erscheinung des Gesetzes über die gutsherrlichen und bäuerlichen Verhältnisse waren die Güter nicht theilbar, indem die Gesetze, namentlich die Consolidations-Edicte der Theilbarkeit entgegenstanden.

Die Vererbung geschah und geschieht noch nach einer herkömmlichen Successions-Ordnung auf den ältesten Sohn, und in Ermangelung von Söhnen auf die älteste Tochter.

Um der Versplitterung und der Ueberbürdung des Anerben für den Fall, daß die Eltern ohne letztwillige Disposition starben, vorzubeugen, haben die Provincialstände von Westfalen eine, den bestehenden Verhältnissen angemessene Verordnung über die bäuerliche Erbfolge berathen. In den höheren Stadien der Gesetzgebung hat, man meint, aus Unbekanntschaft mit den Verhältnissen in Westfalen, diese Verordnung so viele Veränderungen erleiden müssen, daß am Ende dieselbe suspendirt werden mußte.

Bis jetzt hat sich in dem Bauernstande noch der Sinn für die Erhaltung des Guts und der ungetheilten Vererbung auf die Nachkommen erhalten. In sofern die Erbschaftsquoten nicht durch vormundschaftliche Taxen, sondern von den Eltern selbst bestimmt werden, wird zum theilbaren Vermögen der Kinder gerechnet: das baare Vermögen, die Erbländereien, die Gebäude, das Mobiliar-Inventarium, und aus dem Gute selbst eine solche Summe, die der Anerbe ohne Beschwerde in einer angemessenen Jahresreihe wird ersparen können.

Dieses Vermögen wird unter die Kinder, entweder mit oder ohne Ausschluß des Hofeserben vertheilt.

Vor dem Jahre 1811 kam der Hof als ein Pachtgut nicht in Betracht, und es hieß auch wohl bei der Erbauseinandersetzung: „Der Hof ist ein Pachthof und die Gebäude kommen unter Schwestern und Brüdern nicht in Anschlag.“

Damals wurde der Hof, wie Möser schreibt, als eine Actie betrachtet, welche in der Familie vererbt wurde. Das Vermögen glich sich dadurch aus, daß die Kinder der Bauern wieder auf Bauerhöfe kamen, daß mithin sie wiederfanden, was sie nach jetzigen Begriffen daran gegeben hatten.

Aus diesen Vererbungsverhältnissen schreibt sich der allgemeine blühende Wohlstand des Hellweges her, welchen neuere Practiker dadurch heben wollen, daß die Güter nach den Landpreisen abgeschätzt, und entweder das Capital oder die Grundstücke unter die Erben vertheilt werden sollen.

Dieser Theilungsmodus hat insofern sein Gutes, daß die Grundstücke mehr vertheilt, der Anbau und die Betriebsamkeit gefördert, und eine größere Regsamkeit in dem Handel mit Grundstücken bemerkbar geworden ist.

Nach den bisherigen Grundsätzen der Abfindung ist es denn auch ein sehr seltener Fall, daß Güter zum Verkaufe kommen, mehr aber einzelne Parcellen. Nach der Einrichtung bei der Fortschreibung der Grundstücke im Grundsteuer-Cataster werden die einzelnen Verkaufspreise der Grundstücke angegeben und eingetragen.

Der durchschnittliche Umschlag mag leicht jährlich in den 4 Kreisen die Summe einer Million Thaler erreichen.

Die Verkaufspreise der einzelnen Grundstücke werden theils durch ihre Bonität, mehr aber durch die Lage derselben bestimmt.

Am Eisenbahnhofe (68 Morgen) zu Dortmund ist das Land mit 2 Thlr. 10 Sgr., die Gärten zu 3—4 Thaler die preußische Ruthe bezahlt.

Der Morgen besten Ackers reicht an 300 Thaler, Wiesen an 600 Thaler, und Weiden an 250 bis 300 Thaler, des Holzes an 100 Thaler. Dann aber differiren diese Preise bis zu einem Fünftel jener Preise für die entlegenen schlechten Classen und noch weniger.

Die Pachtpreise stehen mit den Kaufpreisen in keinem Verhältnisse; die besten und die guten Parcellen werden von Liebhabern, denen sie gelegen liegen, zu jedem Preise weggekauft, diese haben in der Regel durch die Pacht keine 3 pCt. des Ankaufcapitals, und ein Ankauf, nach welchem sich dasselbe zu 4 pCt. verzinset, ist ein sehr seltner.

Durch den vermehrten Anbau der Brinksitzer, leider oft an entlegenen Stellen in den Feldern oder an den

Wäldern, sind die Pachtpreise der Grundstücke seit einigen Jahren gestiegen.

Die zum üblichen Wirthschaftsbetriebe erforderlichen Betriebs-Capitalien richten sich nach der Größe des Guts und bewegen sich innerhalb von 8 bis 12 pCt. des Gutswerths. Bei größeren Gütern sind in der Regel die Betriebscapitalien bedeutender, als bei kleineren, indem diese, weil der Roh-Ertrag zur Erhaltung der Familie mehr in Anspruch genommen wird, verhältnißmäßig weniger Vorlage gebrauchen.

Der Rein-Ertrag der Güter steht in der Regel zu 50 pCt. des Roh-Ertrages.

Die Arbeiterclasse des Hellweges hat den gehörigen Grad der Schulbildung, und abgesehen von einigen seltenen Fällen ist die Sittlichkeit derselben rühmenswerth. Der Hang zum Müssiggange, zum Trunke und zum Spiele, so wie zu sonstigen Ausschweifungen, ist durch Schulbildung und Betriebsamkeit zerstört worden.

Das Verhältniß des zu haltenden Gesindes zu der Bodenfläche läßt sich nicht gut bestimmen, weil die Lage der Grundstücke, ihre leichtere oder schwerere Bearbeitung, von bedeutendem Einflusse ist. Man hat Güter von 150 Morgen und von 220 Morgen Ackerland, welche eine gleiche Zahl von Gesinde halten; sogar Güter von 100 Morgen Acker halten bei intensiver Bewirthschaftung mitunter eben so viel Gesinde, wie andere von 220 Morgen. Der Lohn steigt von Jahr zu Jahr. Da wo 3 und 4 Knechte gehalten werden, erhält der erste Knecht oder Baumeister 45 bis 50 Thlr., der zweite Knecht 30 bis 36 Thlr., der dritte 25 bis 30 Thlr. und der vierte 20 bis 25 Thlr., je nachdem sie schwere Arbeiten verrichten müssen oder gut gehalten werden.

Der Lohn der Mägde ist mit Einschluß aller Zugaben auf 18 bis 20 Thlr. anzuschlagen.

Früher war es bei den größern Höfen Regel, daß dem Baumeister 2 Scheffel Landes (à 120 □.-R.) mit Roggen, 2 dito mit Gerste, dem zweiten Knechte $1\frac{1}{2}$ mit Roggen und ebenso viel mit Gerste gesäet, und ihnen der Körner-Ertrag zu Lohn überlassen wurde. An den meisten Höfen ist dieser Lohn abgeschafft worden und in Geld, oder in 15, resp. 10 Scheffel Roggen und ebenso viel Gerste umgeändert.

Stücklohn oder Verding ist bei den hiesigen Ackerwirthschaften nicht üblich, gewöhnlich wird alles in Tagelohn gearbeitet und die Beköstigung dabei gegeben. Der Tagelohn ist alsdann:

a. in den Erndtetagen:

1) für den Mann 5 Sgr. und beim Schneiden des Korns sogar $7\frac{1}{2}$ bis 10 Sgr., je nachdem die Arbeiter rar sind;

2) für die Frau am Binden des Korns ebenfalls 5 Sgr., sonst $2\frac{1}{2}$ Sgr.

b. In den Wintertagen:

1) für den Mann 4 Sgr.

2) für die Frau 2 Sgr. 6 Pf.

Kinder werden zu den Arbeiten selten genommen.

Die wichtigeren Nebenbeschäftigungen der Landleute bestehen, insofern solche in der Nähe von Salinen oder Chausseen wohnen, gewöhnlich im Anfahren von Steinkohlen oder Chaussee Unterhaltungsmaterialien, sonst in dem Verfahren ihrer Erzeugnisse, oder in dem Verbessern der Grundstücke.

Da die Arbeiterfamilien gewöhnlich etwas Ackerland besitzen, auf welchem sie Kartoffeln, Klee und etwas Korn selbst bauen, mit dem verdienten Geldlohne die baaren Ausgaben bestreiten, und eine fleißige Hausfrau sich ein Schwein mästet und verkauft: so läßt sich der jährliche Bedarf in Gelde nicht wohl ausdrücken, ohne alles auf Roggen zu reduciren. Auf dem Hellwege finden außer Pflug, Egge und Walze, andere Maschinen noch keine Anwendung.

Bei den Höfen und Kotten werden die Gespannarbeiten blos mit Pferden besorgt. Einige Besitzer haben sich zuweilen Ochsen angeschafft, indessen, einestheils wegen ihrer langsamen Bewegung, anderntheils wegen Mangel an Knechten, dieselben wieder abschaffen müssen. Die Hellwegskreise haben, mit Ausnahme einiger Kreise in Ostpreußen und Lithauen, den stärksten Pferdestand des preußischen Staats, insbesondere das meiste, vielleicht auch das stärkste Arbeitsvieh. Die kleinen Grundbesitzer, welche zu Eigenthum oder Pacht bis 6—8 Morgen Acker haben, gebrauchen ihre beiden Kühe als Zugvieh, und der damit verbundene Vortheil findet bedeutende Nachahmung.

Der Pflug wird in der Regel mit zwei Pferden bespannt, und das Verhältniß der Bodenfläche zu den Pflügen bewegt sich zwischen 20 bis 50 Morgen auf den Pflug. Wer weniger als 20 Morgen auf den Pflug hat, der arbeitet gewöhnlich für andere gegen Bezahlung. Der Nutzviehstand ist je nach der Größe der Güter verschieden zusammengesetzt. Die größeren Besitzer halten Schaafheerden zwischen 2 bis 300 Stück, etwas weniger Rindvieh als wenn sie keine Schaafe hielten, und, je nachdem das Getreide und die Kartoffeln gerathen, mehr oder weniger Schweine auf Zucht oder nicht.

Das Verhältniß des Nutzviehes zur bewirthschafteten Bodenfläche ist verschieden. Je nachdem ein Gut mit Wiesen und Weiden mehr oder weniger versehen ist, je nachdem ist der Nutzviehstand eingerichtet.

Die Fruchtfolgen auf dem Hellwege sind nach der Güte des Bodens verschieden. Die Felder liegen im Gemenge zerstreut, die Ackerbautreibenden haben verschiedene Ansichten und Gründe, wornach sie ihre Aecker bestellen.

Der Kleebau richtet sich nach dem Bedürfnisse des

Viehstandes sowohl, als nach der Zuverlässigkeit des Gerathens desselben.

Die bekanntesten Fruchtfolgen sind:

a) auf dem besten Boden:

1. Brache gedüngt.
2. Roggen.
3. Roggen.
4. Klee.
5. Hafer.
6. Brachfrüchte gedüngt.
7. Roggen.
8. Hafer oder Gerste.

b) oder auch:

1. Brache gedüngt.
2. Roggen.
3. Klee.
4. Wintergerste.
5. Roggen.
6. Hafer.
7. Brachfrüchte gedüngt.
8. Roggen.
9. Hafer.

c) auf schlechtem Boden:

1. Brache gedüngt.
2. Roggen.
3. Gerste.
4. Klee.

5. Weizen.
6. Hafer.
7. Brachfrüchte gedüngt.
8. Roggen.
9. Hafer.

d) auf Weizenboden:

1. Brache gedüngt.
2. Weizen.
3. Roggen auch Gerste.
4. Klee.
5. Weizen.
6. Hafer.
7. Brachfrüchte gedüngt.
8. Weizen.
9. Hafer.

Im Jahre 1838 entwarf der als practischer Landwirth rühmlichst bekannte Gutsbesitzer C. H. Schulze-Velmede, im Kreise Hamm, einen Culturplan, welchen er selbst auf seiner großen Besitzung bisher beibehalten, und welcher viele Nachahmer gefunden hat.*) Derselbe war folgender.

*) Vergl. Mittheilungen aus dem Gebiete der Landwirthschaft. Erster Band. 2tes Heft. Olpe, 1842.

Feld.	Größe des Schlages.	Bestellung.
I.	12 Morgen.	8 Morg. brach. 1 = Bohnen gedüngt. 2 = Erbsen. 1 = Wicken.
II.	12 Morgen.	8 Morg. Raps oder Rübsaat gedüngt. 4 = Wintergerste, davon 3 Morgen gedüngt.
III.	12 Morgen.	Roggen, davon 1 Morgen schwach gedüngt.
IV.	12 Morgen.	8 Morg. rother Klee. 4 = weißer Klee, letzter einmal geschnitten, dann brach.
V.	12 Morgen.	Weizen, 8 Morgen schwach gedüngt.
VI.	12 Morgen.	8 Morg. Hafer. 1 = Flachs. 1½ = Kartoffeln, gedüngt. ½ = Runkelrüben, gedüngt. 1 = Rüben, gedüngt.

Die vorhin bezeichneten Fruchtfolgen mögen schon lange in Gebrauch sein, die letztern erst seit wenigen Jahren.

Früher bestanden im Amte Hamm und im Amte Bochum sogenannte Vöhdewirthschaften, wo die Felder 7 bis 12 Jahre gebaut und eben so lange wieder als Weide liegen blieben.

Bei der Stadt Bochum liegt eine solche Vöhde, auf welcher die Huhde abgefunden werden sollte.

Um sich einen Begriff von der dortigen Bodengüte zu machen, ist es nicht uninteressant, derjenigen Fruchtfolge noch zu erwähnen, welche auf derselben stattgefunden hat.

Im ersten Jahre wurde solche umgebrochen und verarbeitet, dann ohne Düngung

1. Roggen.
2. Roggen.
3. Hafer oder Gerste.
4. Blattfrüchte ohne Dung.
5. Roggen.
6. Roggen.
7. Hafer.
8. Kartoffeln, schwach gedüngt.
9. Roggen.
10. Roggen.
11. Hafer.

Darauf folgte 12jährige Ruhe.

Wann diese Fruchtfolgen eingeführt worden sind, darüber fehlen alle Nachrichten.

Das vorherrschende Streumaterial ist Stroh; seit Theilung der Heiden, seit Aufhebung der Servituten in den Wäldern hat Plaggen- und Laubdüngung aufgehört.

Wenn der Dung im Stalle gehörig durchzogen ist, oder wenn er durch seine Höhe dem Viehe lästig oder hinderlich, wird derselbe in den Hof in die Dungstätte gebracht, eine weitere Behandlung auf derselben findet nicht statt; auf vielen Höfen wäre in diesem Puncte noch vieles zu wünschen, namentlich: daß die Düngerstellen vor fremdem Wasserzufluß gesichert, und in gehörige Lage gebracht würden.

Der flüssige Dung, die Jauche, wird noch sehr wenig angewandt, sie fließt aus den Düngerstätten nach der Straße, oder verliert sich in die Gräben. Nur wo ein Grundbesitzer zufällig an einem solchen Graben eine Wiese hat, sucht er die Jauche zur Flößung zu benutzen. Bei aller Betriebsamkeit des Landmannes ist es zu verwundern, daß er auf bessere Lage seiner Dungstätten sowohl als auf Benutzung der Jauche noch keine bessere Aufmerksamkeit verwendet.

Die Gewinnung des Dunges in seiner Quantität, der Viehzahl nach, ist sehr verschieden. Viele sind noch in dem Glauben, ihr Heil in der großen Anzahl des Viehes zu suchen, weil sie meinen, daß dadurch viel gewonnen würde. Das Stroh wird dann meist zu Häcksel geschnitten, das Vieh wird kümmerlich ernährt, und kommt des Winters in den engen, nassen, dumpfigen Ställen fast um.

Die Felder werden der Regel nach alle 4 — 5 Jahre gedüngt, man hat auch solche, die alle 10 Jahre gedüngt werden, und solche, von denen gesagt wird, sie brauchten gar nicht gedüngt zu werden; 5, 6 bis 7 Fuder à 2000 Pfund gerechnet, ist die gewöhnliche Quantität auf den Preußischen Morgen.

Mineralische Dungstoffe werden in den letztern Jahren wieder mehr angewendet wie früher. Namentlich ist dies von dem Mergel zu sagen. Salinenabfälle, welche gypshaltig sind, werden auf den Klee gebracht, der Gyps selbst und der gebrannte Kalk wird zu theuer und auch als Ueberfluß erachtet, da die beiden erstgedachten Dungstoffe in hinreichender Menge vorhanden sind.

In der Gegend von Bochum wird ein mergelhaltiger Lehm, gleich von der Oberfläche ab, an bis auf 12—15' tief gegraben und auf die Felder gefahren, der von außerordentlicher Wirkung sein soll. Er muß jedoch stärker als Mergel aufgefahren werden.

Außer den vorgenannten Dungmitteln werden keine andere Dungstoffe angewendet, Knochenmehl ist an vielen Stellen ohne Wirkung geblieben. *)

---

*) Wie das hier über die Düngerwirthschaft, sowie über andere

Der Boden wird auf dem Hellwege mit Pflug, Egge und Walze bearbeitet. Fast durchgehends wird der gewöhnliche Hellweger Pflug, der gehörig mit Eisen beschlagen ist und ein Vordergestell mit Rädern hat, in Anwendung gebracht. Dieser Pflug treibt eine 13 Zoll weite und 9 bis 10 Zoll tiefe Furche, und wird, wegen seines leichten geraden Ganges und seiner Stellung auf dem Vorderpfluge, zu allen Pflugarten gebraucht, da er dadurch alle andere Pflugwerkzeuge entbehrlich macht.

Wie oft die Pflugarbeit wiederholt werden muß, hängt von Zeit, Witterung und der Reinheit und Lockerheit des Bodens ab, doch sind gewöhnlich drei Arbeiten die wenigsten, welche in der Regel einer Frucht vorhergehen müssen, wenn sie gedeihen soll.

Die Eggen bestehen aus 4 Balken und 3 Scheiden, in jedem Balken befinden sich 8 Zähne, welche etwas schräg unter dem halben Winkel stehen. Die Zähne von Holz werden denen von Eisen vorgezogen, da sie die Quecken besser ausarbeiten und nicht so leicht abreißen. Diese Eggen werden sowohl zum Aus- als Abeggen und zur Einbringung der Saat gebraucht. Zum tiefen Eggen oder zur flachen Pflugarbeit werden keine andern Instrumente angewandt als die vorhin bezeichne-

---

Specialitäten des Landbaues Gesagte sich in den verschiedenen Gegenden doch mannigfach modificirt, dazu bietet die nachfolgende Separatschilderung der Landwirthschaft im Kreise Soest nicht uninteressante Beläge.

ten. Nur bei Hackfrüchten bedient man sich entweder des Kartoffelpfluges mit dem doppelten Reißer (Streichbrette), oder des Siegener Haken's. Der Letztere wird vorgezogen, besonders bei zweimaligem Gebrauche, weil er die Furche mehr auflockert und die Erde nicht so fest an die Reihen drückt.

Die Walze wird nur zum Zerkleinern und zum Zuwalzen mehrerer Saaten angewandt; dieselbe ist unterschiedlich, gewöhnlich 8 Fuß lang und 13—14 Zoll im Durchmesser von eichenem Holze. Schleifen und andere ähnliche Werkzeuge werden nicht gebraucht.

Die Bearbeitung des Bodens mit der Hand kommt nur in den Gärten, sonst auf den Feldern in einigermaaßen größerer Ausdehnung gar nicht vor.

Wechsel des Saatkorns findet besonders von den größeren Hofesbesitzern öfters statt. Hier zieht man das Saatkorn aus den höher liegenden Gegenden dem aus niedrigen Gegenden mit üppigem Boden vor.

Der Weizen wird aus der besten Weizengegend bei Hamm und Soest, der Roggen aus den an der Höhe (Haarstrang) liegenden Dörfern vorgezogen; die aus den Niederungen von Westen richten sich nach der höhern Gegend des Ostens so, daß die höchsten Dörfer im Paderbornschen, welche den Namen: „die trocknen Dörfer" haben, als die besten gehalten werden.

Findet auch im Hafer nach seinen verschiedenen Sorten und in der zweizeiligen Gerste mitunter ein

Wechsel statt, so acclimatisirten sich diese Früchte so bald, daß man in der zweiten und dritten Saat, außer der Farbe, keinen Unterschied mehr bemerken kann, und findet, daß die bisherige Art die beste ist.

Insofern Boden und Clima dieser Gegenden gleich, ist auch die Bearbeitung nicht verschieden, nur so viel ist gewiß, daß jenes Saatgetreide in der Textur dichter, mithin schwerer wiegt, und das Saamenkorn kleiner und schöner ist.

Lediglich der Weizen wird vermittelst blauen Vitriols zur Saat vorbereitet, alle sonstigen gepriesenen Vorbereitungen können der Menge des zu verbrauchenden Saatkorns wegen nicht angewendet werden.

Nur beim Raps wird an einigen Stellen die Drillmaschine, die sich nur für die Kohlarten eignet, angewandt, sonst wird alle Saat mit der Hand breitwürfig ausgesäet. Da aber die guten Säeleute mit jedem Jahre seltener, und die, welche streifig säen, häufiger werden, so bleibt doch am Ende nichts anderes übrig, als auch zu den breitwürfigen Saaten die Maschinen zu gebrauchen.

Mit Zwischenräumen werden nur gebaut:

a. Kartoffeln,

b. Runkelrüben,

c. Raps.

Die erstern werden mit der Egge vom Unkraute rein gehalten und mit dem Pfluge gelockert.

Die andern werden mit der Hand gereiniget und mit der Schippe umgegraben, und die Auflockerung des Letztern geschieht, wenn solche irgendwo stattfindet, mit dem Häufelpfluge oder dem Haken.

Die vornehmsten Unkräuter sind: a. die Quecke, b. der Rauhhafer, hier „Schwielhafer" genannt, c. der Hederich.

Die Wucherblume und der Mohn, so wie die Klapperschote, und andere geringere Unkräuter kommen nur stellenweise vor, sie vermindern sich bei der immer sorgfältiger werdenden Bearbeitung mehr und mehr.

Das Abbringen des Getreides geschieht auf dem ganzen Hellwege nicht gleich. Der Weizen, Roggen, Wintergerste, Hafer, die Wicken und Erbsen, wie Bohnen, werden meist mit dem Seget gemähet und gleich in Garben von dem Mäher hingelegt; an einigen Stellen findet das Schneiden mit der Sense statt, wo dann die Garben aufgeharkt und ausgenommen werden.

Die Hafersense, womit ein geübter Arbeiter bis zu 5 Morgen in einem Tage mähen konnte, ist als zu schweres Instrument bei der jetzigen Generation, die alles leichter haben muß, aus dem Gebrauche gekommen, und statt ihrer wird die leichte Grassense mit Bügel oder mit Gestell gehandhabt.

Die Winterhalmfrüchte werden gleich nach dem Abmähen aufgebunden, der Roggen an einigen Stellen oben mit sogenanntem Wimpel — ein Umschlag des Strohes und Herabschlagen unter das Seil — und mit Seil, an vielen Stellen ohne Wimpel.

In der Gegend von Soest ist es gebräuchlich, den Roggen in Haufen von 100—120 Garben aufzustellen, und mit einer Garbe zuzudecken, wo er dann lange dem Unwetter, ohne zu verderben, trotzen kann; im übrigen Theile des Hellweges werden die Winterfrüchte in Stiegen (20 Garben) gerichtet, und die Sommerfrüchte bei schlechtem Wetter nur in Haufen gesetzt. *)

Auf jedem Hofe befinden sich so viele Scheunen, daß das Getreide in gewöhnlichen Jahren unter Dach gebracht werden kann, nur wenn bessere Erndten vorkommen, müssen Haufen gesetzt werden, welche rund und birnförmig, gewöhnlich 2—300 Stiegen enthalten, und mit Stroh leicht bedeckt werden.

Alles Korn wird mit der Hand gewöhnlich ausgedroschen, Maschinen werden nicht angewendet. Da aber das Gesinde an vielen Stellen nicht mehr dreschen will, und die seit einigen Jahren herumgehenden Drescher immer seltener und theuerer werden, so muß die Anwendung von Dreschmaschinen auf den größern Höfen nicht mehr ferne sein.

Die Körner werden entweder auf Stuben und

*) Vergl. die nachfolgende Darstellung.

Kammern in den Wohnhäusern oder in besondern Speichern, die sich auf den größern Höfen befinden, aufbewahrt.

Die Wiesen des Hellweges werden in mehrere Classen eingetheilt: in

a. diejenigen, welche an den Gewässern liegen, als Lippe, Ruhr, Emscher, Seseka und Ahse;

b. solche, welche in einzelnen Thälern der Terrain-Einschnitte, an kleinern Bächen liegen.

Jene werden in der Regel durch das Uebertreten der Gewässer geflößt, ohne daß dabei etwas weiteres zu besorgen wäre, diese aber unterliegen einer künstlichen Bewässerung. Im Allgemeinen sind die Wiesen noch in dem Zustande, wie er vor 100 Jahren war, indessen, da die Beispiele benachbarter Wiesenbesitzer, welche ihre Wiesen nach Siegener Art umbauen lassen und einen ungewöhnlichen hohen Ertrag erzielen, wirken, so findet der Wiesenbau nach Siegener Art Eingang. Die Thäler der Möhne und Ruhr, welche auf der Südseite der vorbenannten fünf Kreise schon einige wohlgelungene Rieselanlagen dieser Art enthalten, werden nicht mehr zur Hellwegslandschaft gerechnet, sondern bilden deren Grenze gegen das Süder- oder Sauerland. So viel ist gewiß, daß die Sorgfalt auf Wiesen sich seit einigen Jahren bedeutend vermehrt hat.

Mit Ausnahme der trockenliegenden Wiesen geben die übrigen zwei Schuren an Gras zu dem Ertrage bis

3000 Pfd. pro Morgen, wenige vorzügliche Wiesen, auch 40 Ctr. und mehr pro Morgen.

Je nachdem die Wiesen feucht oder trocken liegen, guten oder schlechten Boden haben, befinden sich alle Sorten Wiesengräser auf demselben. Wiesenkräuter kommen wenige vor. Für die Trockenlegung in den Thälern wird wenig gethan und bleibt noch viel zu thun übrig: da, wo nicht umgebaut wird, findet die gewöhnliche Ueberrieselung, die an Versumpfung grenzt, statt, wo indeß gebaut wird, da sorgt der Wiesenbauer für Abfluß, und wird dem Hangbau, weil er anwendbarer und weniger kostbar ist, vor dem Rückenbau der Vorzug gegeben.

Die Wiesen werden sonst weder gedüngt noch anderweitig gepflegt, mit Ausnahme der der Schäfereibesitzer, welche im Herbst und Frühjahr den Hürdenschlag auf ihren Wiesen in Anwendung bringen.

Die **Weiden** werden eingetheilt in Weiden an den Flüssen und in Binnenweiden.

Die besten Weiden, welche ein angenehmeres und beliebteres Rindfleisch liefern, sind die Weiden an der Ruhr. Der Boden ist kräftig, nicht zu trocken und nicht zu feucht, und die Gräser sind nahrhaft neben dichtem Stande.

Demnächst folgen die Weiden an der Lippe, mastiger in trockenen Jahren, wegen des feuchten Sandbodens, aus dem das Flußgebiet besteht. Die Gräser sind gröder, schilfartiger, mithin das Fleisch nicht von der besondern Güte als an der Ruhr.

Die Weiden an der Emscher, Seseka und Ahse stehen durchschnittlich den Weiden an der Ruhr nach. Ihre Lage ist tiefer am Wasserspiegel, diese kleinen Gewässer treten leichter aus, weil ihnen das Gefälle fehlt und sie alle Niederschläge des ganzen Hellweges aufnehmen müssen, um es in die Lippe abzuführen.

Die Behandlung dieser Weiden in den einzelnen Flußgebieten, besteht in nichts anderm, als, daß solche vor dem Abbruch, welcher oft bedeutende Kosten verursacht, geschützt, die Einfriedigungen, welche aus 7zölligen eichenen Brettern, Schliggen benannt, bestehen, die durch 5' lange 6" □ starke Pöste gehen, verwahrt und unterhalten, die Maulwurfshaufen planirt und die Unkräuter, Disteln und Hartriegel, vertilgt werden.

Die Benutzung geschieht, so weit sie nicht mit milchgebendem und Zuchtvieh für den Haushalt betrieben werden, zum Fettweiden des Rindviehes. Der Bedarf ist gewöhnlich 2 Morgen für jede Kuh, indeß, wenn die Weide vorzüglich gut, oder das Vieh nicht allzuschwer ist, reichen auch $1\frac{1}{2}$ Morgen hin, um vom 5. Mai bis 1. November eine Kuh vollständig zu ernähren.

Das Gewicht des Weideviehes, welches fett werden soll, bewegt sich zwischen 350 bis 500 Pfd. Schlächtergewicht pro Stück. Der Pachtpreis ist, da die meisten

Weiden zu den Rittergütern gehören und an Schlächter oder Viehhändler verpachtet werden, für die Kuhweide $2\frac{1}{2}$, 3, $3\frac{1}{2}$ bis 4 Friedrichsd'or in Golde.

Alles Vieh, welches auf den Weiden an Flüssen geweidet wird, bleibt Tag und Nacht auf den Weiden, und es wird nicht gerne gesehen, daß sie mit Bäumen bepflanzt werden, weil das Vieh im Schatten das Gras vertritt, der Dünger sich nicht vertheilt, und der Graswuchs unter den Bäumen immer schlechter ist, als im Freien.

Außer diesen Weiden befinden sich auf dem Hellwege, besonders in demjenigen Theile, welcher in der Mulde liegt und oft zu Ackerland zu feucht ist, auch viele, welche Binnenweiden genannt werden, und von den Besitzern für ihr eigenes Melk- und Faselvieh, so wie zur Annahme fremder Rinder, benutzt werden.

Aus diesem Grunde befinden sich auch 10 pCt. der ganzen Oberfläche an Weiden und Huhden im Gebiete des Hellweges.

Künstliche oder wechselnde Weiden sind sehr wenige vorhanden, nur in den Gegenden, denen die Binnenweiden fehlen, wird wilder Klee zur Weide benutzt, der vorzüglich gedeiht. Der Acker wird für diesen Fall, weil die Grasbesaamung noch nicht bekannt ist, ganz mit wildem Klee eingesäet. Derselbe muß im ersten Jahre, wegen Gefahr durch Aufblähen, vorsichtig beweidet werden, demnächst kommen Gräser zum Vorschein, welche die Gefahr vermindern, und wenn nach 3 oder vier Jahren der Klee nachläßt, wird gewechselt.

Dergleichen Stücke Feldes werden für Rindvieh und auch von den Schäfereibesitzern zum Fettwerden der Hammel eingerichtet. Der Ertrag ist dem Weideboden in den ersten Jahren fast gleich.

Den Futterbau auf dem Acker betreffend, so geräth der rothe Klee in den niedrigen Lagen, welche Mergel- oder Kleiboden haben, am besten, auf magerem abhangendem Lehmboden am schlechtesten. Hier wird denn auch, wie auf Mittelboden, durch Düngung mit Salinenabfällen und sonstigen Dungmitteln nachgeholfen. Der Standort dieser Kleeart ist nach Brachrüben in Gerste oder in Brachroggen, selten in Hafer. In dem Roggen findet die Aussaat im März oder Anfangs April statt. Man säet 5—8 Pfd. pro Morgen. Gewöhnlich werden zwei, in guten Jahren 3 Schnitte, und von 40—50 Centner bis herab 20—25 Centner geerndtet.

Weißer, sogenannter wilder, Klee wird bei der Stallfütterung als Weide, von den Schaafzüchtern namentlich zum Fettweiden der Hammel benutzt. Man bauet ihn nach gedüngtem Roggen, selten nach Hafer. Saatquantum: 4—6 Pfd. pro Morgen.

Da, wo es an Weiden fehlt, und Stallfütterung besteht, säen die Hellweger Grünfutter, das in einem Gemenge von Hafer, Wicken und etwas Erbsen besteht, dergestalt an, daß es zur Zeit, wenn der Klee zu hart ist, zum Verfüttern genug herangewachsen und geschnitten werden kann. Es wird dazu in der Regel ein gut gedüngtes Haferfeld genommen. Andere Futterkräuter werden nicht gebauet. Versuche mit Graseinsaat haben ergeben, daß der rothe Klee den höchsten Ertrag liefert, und der zweite Grasschnitt zu Heu auf angesäeten Feldern, wegen Mangels an Regen, ganz zurückbleibt. Zur Esparsette fehlt der geeignete Boden, Lucerne geht zu leicht in den folgenden Jahren aus, und Spergel gedeihet blos im Sande.

Erdgewächse: Kartoffeln, Runkeln, Wasserrüben, deren Cultur im Großen betrieben wird, werden immer als Brachfrucht mit starker Düngung angebauet. Zu den Kartoffeln wird die Pflanzung in dem sorgfältig zubereiteten Lande hinter dem Pfluge, 2 auch 3 Furchen und 1 Fuß auseinander, mit 10—12 Scheffeln pro Morgen Saatgut, vorgenommen. Früher, vor 20 Jahren, wurden die Köpfe der Saatknollen abgeschnitten und mit Kohlenasche aufbewahrt; später, als sie bei diesem Verfahren nicht aufgehen wollten, schnitt man die Kartoffeln durch; als sich ergab, daß die vor 8—14 Tagen durchgeschnittenen nicht alle wuchsen, mußten sie am Tage des Setzens geschnitten werden; am Ende ist man dazu übergegangen, ganze Kartoffeln zu pflanzen, welche den besten Ertrag liefern. In den Gärten werden mehrere Arten, im Felde nur die weiße, die bunte Viehkartoffel, die rothe und die kleine blaue Kartoffel gebauet. — Der Ertrag der Kartoffeln variirt zwischen 50, 80, 100 Scheffel pro Morgen.

Der Anbau der Runkelrüben geschieht noch nicht in einem beträchtlicheren Umfange, als daß die größeren Ackerwirthe 1—2 Morgen anbauen. Die rothen langen Runkeln sind die vorherrschendsten, die große Amerikanische Runkelrübe, wovon der Amtmann Przihoda bei Brünn Saamen zum Geschenke machte, ist nicht weit verbreitet. — Der Acker zu Runkeln wird früh gedüngt, und wer Schaafe hat, läßt ihn mit Hürdenschlag versehen. Das Pflanzen der, im März auf fettes Gartenland ausgesäeten, Rüben geschieht in 1½ zölliger Entfernung der Pflanzen. Man gewinnt 120, 150 bis 200 Scheffel pro Morgen.

Die Bestellung der Wasserrübe ist mit der der Runkeln, was Standort und Bodenbereitung anlangt, übereinstimmend. Von englischen Turnips, die man alle Jahr säet und deren Saamen von Booth u. Comp. in Hamburg bezogen wird, werden in gedeihlichen Sommern auch Rüben von 7—7½ Pfund Schwere gezogen. Die runde gelbe und rothköpfige geräth am besten. Stoppelrüben bauet man auf dem besten Boden, wo sie einen guten Ertrag liefern, wenn die Jahreszeit nicht allzu trocken ist. Die Erndte der Wasserrüben schwankt zwischen 60—120 Scheffel pro Morgen.

Topinambur betrachtet der Hellweger als Unkraut, Kohlrüben und Möhren cultivirt er in der Regel nur im Küchengarten. —

Zum Cerealienbau übergehend, bemerken wir zunächst, daß in den Gegenden des Amts Hamm und der Soester Börde, wo der Klei- (Thon-) Boden vorherrschend, der Weizen die Hauptfrucht ist, und Roggen nicht viel mehr angebauet wird, als der Bedarf an Brodgetreide erheischt. Aus den oben mitgetheilten Fruchtfolgen erhellt, daß man den Weizen in reine Brache, nach gedüngten Blattgewächsen oder nach Klee bringt. Gewöhnlich säet man (Mitte und Ende Octobers) 12 Metzen. Wenn der Boden im Frühjahr nicht locker und zugeschlagen ist: so wendet man dann die treffliche Operation des Aufeggens an. Der Ertrag ändert ab: bei den Körnern von 6—12 Scheffeln, bei dem Strohe von 12—16 bis 24—26 Ctr. pro Morgen. Das gewöhnliche Verhältniß der Körner zum Stroh ist 1½—2 Centner.

Der Roggen findet seine Stelle in reiner Brache, auch wohl nach Roggen, sonst nach Blattfrüchten. (Vgl. oben die Fruchtfolgen.) Auf Lehmboden ist er die Hauptfrucht und gedeihet auf der Mulde des Hellweges am besten. Die Aussaat geschieht Michaelis zu 10—16 Metzen, die Erndte Jacobi. Eine geringe Erndte sind 6, eine mittlere 10, eine starke 15 Scheffel pro Morgen. Den Strohertrag giebt man zu: 12—16, 22—26, 30—32 Centner an. Die Verschiedenheit des Verhältnisses der Körner zum Strohe liegt in dem mehr oder minderen Ausfall; das gewöhnliche ist 2 Ctr.

Von der Sommergerste wird die kleine vierzeilige Art selten, in den besten Lagen blos die zweizeilige angebaut. Man säet dieselbe nach Brachrüben oder Brachroggen, früh Anfangs Mai oder spät Anfangs Juni, zu 12 Metzen, und erndtet im August und Anfang Septembers 8—15 Scheffel Körner und 10—15 Centner Stroh. Der Durchschnitt dieses letzteren Verhältnisses ist 1 Ctr.

Die hier gleichfalls cultivirte Wintergerste liefert in geeignetem Boden und bei gutem Düngungsstande desselben einen hohen Ertrag. Am meisten lohnt sie, wo Lehm- und Mergelboden vermischt vorkommt. Ihr Standort ist nach Kleeweide, auch nach Brachroggen. Der Acker wird frühzeitig bestellt und gut zubereitet. Die Saat findet Mitte Septembers zu 13 Metzen, die Erndte Anfangs Juli statt. Geerndtet werden: 10, 18, 30 Scheffel Körner und 12, 22, 30 Ctr. Stroh. Insgemein ist das Verhältniß der Körner zum Stroh 1 Ctr.

Hafer liefert hier bei sorgfältiger Cultur und wegen seines fast beständig guten Preises gemeiniglich die besten Erträge. Man bringt ihn nach Winterfrucht, auch in das abgeerndtete Kartoffel- oder Kleefeld. Die durchschnittliche, in der Regel Ende April beschaffte Aussaat ist 24 Metzen pro Morgen. Geerndtet werden 12, 20, 36 Scheffel Körner und 12, 20, 30 Ctr. Stroh. Letzteres wird von den Papiermühlen stark gesucht, woselbst die 100 Pfd. gewöhnlich mit 15 Sgr. bezahlt werden.

Sommerweizen und Sommerroggen baut der Hellweger selten, letzteren auf dem Sandgebiete des Lippethals, wenn die Bestellung des Winterroggens fehlschlägt. Die Spelz- und Hirse-Arten, wie auch den Mais, sieht man nirgends.

Der Hülsenfruchtbau erstreckt sich auf die Cultur der Erbsen, Wicken und Bohnen. Linsen erzeugt man gar nicht, Phaseolen auch ebensowenig als, beiläufig bemerkt, Buchweizen, welcher nur auf einer kleinen Fläche an der Lippe, wo Sandboden ist, getroffen wird.

Die erstgenannten cultivirten Hülsengewächse dienen sämmtlich als Vorfrüchte der Winterfrucht, ihr Platz ist daher die gedüngte Brache. — Mit den Erbsen geht es hier wie überall: hat der Boden die rechte Mischung und Lage, so ist die Erndte lohnend; dahingegen kann sie auch zuweilen nur die Saat liefern. Bei einer Aussaat von 12 Metzen (im April) werden 4, 6, 8 Scheffel Körner und 6, 12, 20 Ctr. Stroh gewonnen; das gewöhnliche Verhältniß der Körner zum Stroh ist 2 Ctr.

Wicken zieht man nur als Schaaf- und Pferdefutter; sie gelangen nicht vollends zur Reife und werden dann gemähet und aufgefahren. — Saat- und Erndteverhältnisse wie bei den Erbsen.

Die Bohnen (Pferdebohnen) werfen auf feuchtem Weizenboden einen hohen Ertrag ab; in den mehr höhern Gegenden, wo Lehmboden ist, wird die Bohne nicht viel gebauet. Es bedarf noch 2 mal so viel Saatkorn, als bei den Erbsen und Wicken. Die Erträge sind: 4, 10, 12 Scheffel Körner und 6, 15, 24 Ctr. Stroh.

Den Handelsgewächsbau endlich anlangend, so besteht dieser der Hauptsache nach aus: dem Winterraps-, Winterrübsen- und Flachsbau.

Da der Raps hier fast jährlich von dem Pfeifer leidet, nimmt der Anbau desselben wieder ab, um so mehr, als eine Roggensaat bei gleicher Sorgfalt eine eben so gute und fast noch bessere Erndte liefert. Reine, gut und wenn möglich früh gedüngte, tief und klar geackerte Brache ist sein Standort, wo man ihn um Bartholomäus, meist breitwürfig, aussäet, neuerer Zeit aber einzeln auch eindrillt; in welchem letzteren Falle er dann vor dem Winter noch angepflügt wird. — Ertrag: 8—15 Scheffel vom Morgen.

Winterrübsen wird meist als Stoppelsaat, selten in der Brache gebauet. Der Ertrag kann zwar im ersteren Falle, wenn der Acker nicht zu mager ist, sehr lohnend werden; den höchsten Ertrag liefert aber allerdings der Brachsaamen. Gewöhnlich reicht die Saat nicht über den häuslichen Bedarf hinaus. Ertrag: 5, 6, 8—12 Scheffel.

Flachs zum Handel wird auf dem Hellwege fast gar nicht gezogen, sondern blos zu Hausmacherleinen. Der gewöhnliche Platz des Leins ist ausgetragenes, jedoch gedüngtes Stoppelfeld. Ohne Düngung geräth derselbe nicht anders als in der Kleestoppel oder im Dreischlande. Der Säetermin ist zum Frühlein der 100ste Tag, sonst Vitus (15. Juni). Aussaat: 24 Metzen. — Die Behandlung während der Vegetation beschränkt sich auf sorgfältiges Gäten; das Ländern des Flachses ist hier unbekannt. — Die Thauröste herrscht vor, jedoch nicht ausschließlich; in einigen Gegenden wird die Wasserröste angewandt. Die Verarbeitung geschieht durch Handbrechen, Schwingen und Hecheln, auf keineswegs vollkommene Weise. In einigen Gegenden, namentlich Soest, Unna, geräth der Flachs fast alle Jahr vorzüglich.

Sommerraps wird gar nicht, Sommerrübsen in der Gegend von Dortmund meistens angebauet, wo der Ertrag dem des Winterrübsens im Stoppelfelde gleich geschätzt wird. Dotter kommt zuweilen in Gärten, Mohn nirgends, Hanf wenig an der Lippe vor.

Färbe- und Gewürzpflanzen werden wegen des hohen Tagelohns auf dem Hellwege nicht gezogen.

Diesen besonderen Bemerkungen über den Feldgewächsbau auf dem Hellwege mögen sich hier gleich diejenigen über die dortige Viehzucht anreihen, welchen dann schließlich noch ein Wort über den Betrieb des Garten-, Obst- und Waldbaues folgen soll.

Was zuerst die Rindviehzucht des Hellweges betrifft: so hat sich der Zustand derselben neuerer Zeit durch Einführung clevischer Bullen und Rinder, welche die landwirthschaftlichen Vereine kommen ließen und versteigerten, so wie durch Aufhebung der Gemeindeweiden und durch sorgfältigere Wartung des Viehes, wesentlich verbessert. Der hiesige Landschlag ist das Product clevischen und ostfriesischen Blutes. Das Gewicht der männlichen Thiere beträgt 1000 bis 1400 Pfd., der Kühe 800 bis 900 Pfd. Die Kälber läßt man nicht saugen, sondern tränkt sie, weil man dies allgemein für Kuh und Kalb besser erachtet. — Die Starken werden im Alter von 1½ bis 2 Jahren, selten später zum Bullen gelassen. — Zu dem, was bereits früher über die Ernährung des Viehes auf der Weide gesagt worden ist, fügen wir hier bezüglich der sömmerlichen Haltung desselben hinzu, daß diese theils auch abwechselnd des Nachts im Stalle, theils Mittags und Nachts in demselben bei Fütterung von rothem Klee, Mengfutter und Garten-Abfällen stattfindet. Das Winterfutter besteht: in Stroh, Häckſel und Spreu, Wasserrüben und Runkeln, auch Kohl. Da, wo Heu vorräthig ist, wird solches Anfangs Frühjahrs gefüttert. Manche tränken kalt, andere mit aufgekochten Rüben.

Die Nutzung des Viehes auf Milch (vom 2. bis 8. Jahre, auch wohl länger, je nach dem Milchreichthum) anlangend: so werden die Milcherträge folgendermaaßen angegeben:

Vom 1. October bis 8. Mai, exclusive 8 Wochen güste	2— 3	Maaß,
vom 8. Mai bis 1. Oct., je nach dem Futter, ...	8—10	„
im ganzen Jahre, nach Maaßgabe der Wartung und Pflege	6	„

Die Verwerthung der Milch ist verschieden. Butter wird nach den Fabrikstädten abgesetzt, Käse nicht mehr gemacht, als der Haushalt erfordert.

Die hauptsächlichste Mastung findet, wie bereits früher erwähnt, auf den Weiden statt, wo 1½—2 Morgen dazu hinreichen. Stallmastung ist Ausnahme und geschieht gewöhnlich nur für den Haushalt.

Der Preis der milchgebenden Kühe, Ochsen und Stiere variirt zwischen 30 und 36 Thaler; fett werden jene, je nach dem Gewichte, mit 60—80 Thlr. bezahlt. Kälber kosten 3 Thlr., auch fett bis 11, 14 Thlr.

Krankheiten kommen nicht häufig vor. 1813 herrschte die Löserdürre und 1838 und 1846 die Maulseuche. —

Das Hellweger Schaaf ist durchgehends ein veredelter Landschlag. Es wollen hier die feinen Schaafe nicht recht gedeihen, weil sie das Lagern im Felde nicht aushalten können, und leichter der Fäule ausgesetzt sind. Der vorhandene Landschlag wird theils aus eigener Zucht, theils aus dem Paderbornschen ersetzt. An einigen Stellen muß öfter gewechselt werden, weil die Weide nicht gesund ist.

Die gewöhnliche Größe der Heerden ist 200 Stück, selten findet man sie bis 300 Stück, wogegen im Paderbornschen aber von 400 Stück. — Vorherrschend sind die Hammelschäfereien, besonders wenn die Zuchtschäfereien im Paderbornschen Lämmer absetzen; ehemals waren meist Zuchtschäfereien vorhanden.

Die Sprungzeit ist Michaelis; mit dem Sprung aus der Hand befaßt man sich nicht, Alles wird vielmehr der Natur überlassen. — Gewöhnlich saugen die Lämmer 5 Monate, entweder bis sie verkauft werden, oder die Mütter sie zum Saugen nicht mehr zulassen. —

Sobald im Winter der Schnee fällt und die Gras- oder Waldweide bedeckt ist, wird gefuttert und zwar bis daß (im März) wieder Weide vorhanden ist. Das Hauptfutter besteht in Heu und Wicken und Stroh. Cerealien und Häckerling werden wenig gefüttert.

Die Wolle des Hellweger Schaafes ist zwar — wie sich aus früherem abnehmen läßt — nicht die feinste, indessen wird sie doch zu Tuch in den nahen Fabriken bearbeitet, und wird ihre Beschaffenheit gerühmt. — Das Schurgewicht variirt zwischen 2, 3, 4½ Pfd. Der Wollpreis — die feinen Paderbornschen

Heerden ausgeschlossen ist — 30 bis 40, selten 50 Thlr. pro Centner; der durchschnittliche Verkaufspreis des Schaafviehes im geschornen Zustande: für das Mutterschaaf 2—2½ Thlr., für den Sprungbock 5—7 Thlr., für den Hammel 3 Thlr. — 3 Thlr. 10 Sgr.

Eine böse Krankheit des Schaafviehes in nassen Jahren ist die Fäule; es fallen die Heerden, von dieser ergriffen, gewöhnlich ganz. Sonstige besondere Krankheiten kommen nicht vor, wenn der Schäfer im Hüten vorsichtig ist. Bei Zuchtheerden ist, wegen der Lämmer die Sterblichkeit größer, wohl 7 pCt. der Heerde, bei Hammelschäfereien wird sie in der Regel auf 10 pCt. gerechnet.

Von dem Hellweger Pferde gilt hinsichtlich seiner Art dasselbe, was oben in Betreff des Schaafes bemerkt worden: es ist ein (durch die Gestütsbeschäler) veredelter Landschlag; 5 Fuß 3 bis 5 Zoll, oder 16—17 Hand groß. Der Preis eines Arbeitspferdes, das vom 2. und 3. Jahre ab bis zum 12—14jährigen Alter benutzt wird, ist im Allgemeinen zu 75—100 Thlr. anzunehmen. Auf den Remontemärkten stellt sich der Preis zwischen 80 und 150 Thlr. im Durchschnitt zu 105 bis 107 Thlr. für die ausgesuchtesten Pferde.

Vor mehreren Jahren wurde auf dem Lande nur Garbenhäckſel, von Hafergarben mit Wicken geschnitten, gefüttert. Seitdem die Remonte-Ankäufe geschehen und die Pferdezüchter durch Rath und Augenschein belehrt werden, geben diese nur reinen Hafer mit Häckerling aus gutem Winterstroh, und dazu Heu; — das Futter ist gleichförmiger und gesunder. Für ein Pferd, das arbeitet, wird $\frac{1}{4}$ Scheffel reiner Hafer pro Tag gerechnet; im Winter, wo das Gespann stille steht, wird weniger gefüttert, die Ration sogar bis zu 2 Metzen vermindert. Heu und Häckerling werden aber nicht abgewogen und gemessen, der Bedarf der Arbeit und der Fütterungszustand geben es an die Hand, wieviel genommen werden muß.

Die obengedachten Remontemärkte, welche den guten Absatz sichern, befördern die Aufzucht. Die besten Hengste werden dem Landmann durch die Landgestüte gestellt. Aber auch die sonst angeköhrten Hengste sind ebenfalls ein vorzüglicher Schlag, sowohl an Kraft als Körperform.

Beiläufig bemerkt, sind für die Provinz Westfalen die Berichte der Remonte-Commission in Beziehung auf die Pferdezucht nicht ohne Interesse.

Im Jahre 1845 wurden zum Verkauf ausgeführt: 1225 Stück, darunter 384 mit dem Gestütsbrand, 841 ohne denselben; 222 wurden ausgewählt und 191 gekauft für 20,170 Thlr., durchschnittlich 105 Thlr. Der höchste Preis war 180 Thlr., der niedrigste 80 Thaler. Die 109 dreijährigen kosteten durchschnittlich $94\frac{2}{30}$ das Stück, die 82 volljährigen $120\frac{1}{10}$ Thlr., und hatte sich bei diesen der Preis um 2 Thlr. gegen voriges Jahr gesteigert. Von Bauern sind 154 Stück gekauft worden. — Im Jahre 1846 wurden von 1048 vorgeführten Pferden 246 gekauft, worunter 167 mit dem Gestütsbrande. Der Bauernstand lieferte 198 Pferde zu denselben. Das Pferd kostete durchschnittlich 103⅔ Thaler, und zwar

a. 80 volljährige à 119 Thlr. 1 Sgr. 10 Pf. } durch-
b. 166 dreijährige à 96 Thlr. 8 Sgr. 10 Pf. } schnittlich.

Gehen wir schließlich zur Schweinezucht über: so finden wir durchgehends einen langgestreckten Schlag, mit großen, mitunter herabhängenden Ohren und etwas breitem Rücken, auch wohl die Paderborner Race genannt; daneben kommen Mischlinge mit Karauschem und Chinesischem Schlage vor.

Der größere Landwirth zieht seinen Bedarf an Schweinen, wenn die Getreidepreise nicht zu hoch stehen, selbst auf, wohingegen bei kleineren Besitzern, die sich 2 Schweine mästen und zum Verkaufe halten, der Ankauf üblich ist.

Zur Verbesserung dieses sonst einträglichen Zweiges sind mehrere Versuche gemacht worden; indessen hat es sich bis jetzt noch nicht erwiesen, daß fremde oder ausländische Racen besser wären, als die hier vorhandenen. Man hat Ferkel, welche im Februar jung geworden, durch gute Fütterung mit Milch und Abfall im Herbst bis auf 260 Pfund, ausgeschlachtet, gebracht. Die Karausche und die ihr verwandte chinesische Kreuzung muß älter werden und mehr ausgewachsen sein, wenn sie das Futter verwerthen soll. Um deswillen bleibt man auch bei dem bisherigen Schlage, der, wie angedeutet, im Paderbornschen ebenfalls gehalten wird.

Als eine ganz ausgezeichnete Schweineart rühmen Sachverständige das Schwein von Wales in England, von welchem sich der Graf von Kielmannsegge zu Kappenberg ein Paar aus Holland hat kommen lassen. Man meint, was der Dachs unter den Hunden sei, scheine dies Schwein unter den Schweinen zu sein. — Unter seinem obigen Namen ist es uns bisher nicht, auch in keiner Schrift über englische Landwirthschaft vorgekommen. Die renommirtesten Racen sind dermalen in England: die Chinesische, die Rudgewicker, die Hampshirer, die Berkshirer, die Tonquins, die aus Esser, Suffolk, Norfolk, Shropshire, Woburn und Dishley.

Das Alter der Benutzung des Schweins ist zwischen 1 bis 2 Jahr; Mutterschweine werden bis 3, 4 Jahr alt gehalten.

Auf Gütern ohne Holz werden die Schweine meist bis zur Stoppelzeit im Stalle gehalten. Die Fütterung besteht aus Grünem, Wurzelgewächsen, Kartoffeln, Milch und überhaupt aus passenden Abfällen aus der Wirthschaft. — Da, wo die Wälder nicht nach den holländischen Werften ausgewandert, dauert die Mast vom Anfang September bis Weihnachten. Das durchschnittliche Gewicht eines Fettschweins ist 200 Pfd.; im Allgemeinen ändert das Gewicht von 160—260 Pfd. ab. Der Preis eines solchen Mastschweins ist, je nach dem Preise des Specks — der gewöhnliche ist für geräucherten 6 Sgr. — 20—30 Thlr. Magere Schweine werden mit 4 bis 6 und 7 Thlr., Ferkel mit 2—3 Thlr. bezahlt.

Besonderer Gartenbau wird auf dem Hellwege nicht betrieben, denn die Gärten sind je nach dem Bedarf der Haushaltung eines jeden Besitzers eingerichtet.

Die Gartenländereien stehen mit Ausnahme bei den Städten nicht besonders im Preise.

Ein Gleiches gilt von der Obstbaumzucht. Es giebt einzelne Höfe, die wegen ihrer guten Lage ziemlich große Obsthöfe haben, und grünes und gedörrtes Obst in guten Jahren absetzen, indessen ist dieser Zweig der Landwirthschaft noch nicht in dem Maaße ausgedehnt, daß sich hierüber etwas Besonderes sagen ließe.

Mit Ausnahme des kältern Thales der Ruhr und des untern Theils der Möhne (woselbst keine Kirschen, Nußbäume und feine Obstsorten gedeihen wollen), gedeihen sonst auf dem Hellwege alle Obstsorten in einem vorzüglichen Grade. Alles Obst wird reif und getrocknet zu Nahrungsmitteln verwendet, Obstwein wird noch nicht bereitet, weil es dazu an hinreichendem Obste fehlt.

In den zwanzig Procent der Fläche des Hellweges, welche in Waldungen bestehen, findet selten eine geregelte forstwirthschaftliche Betriebsart statt.

Mehr und minder ruheten auf den meisten Waldungen, welche bis auf unbedeutende Ausnahmen Privatwaldungen sind, allerhand lästige Servitute, als z. B. Huhderechte, Laub- und Streu- und Leseholzsammeln, und wie solche durch die Zeit eingeschlichen oder entstanden sein mögen.

Die Abfindungen werden in Natura an die Berechtigten gegeben, wodurch bedeutende Flächen geblößt und als zerstückeltes Eigenthum abgegeben werden müssen.

Solche Stücke werden an Neubauern zu einer nicht unbedeutenden Erbpacht von 2 bis 6 Thaler pro Morgen verliehen, und die anliegenden Waldbesitzer sind oft gezwungen, sie mögen wollen oder nicht, um dem überhandnehmenden Waldfrevel vorzubeugen, ihre Parcellen abzutreiben und entweder auch zu vererbpachten oder durch Urbarmachung zu vernutzen.

Dies ist der gewöhnliche Verlauf auf den an dem Ruhrgebirge (Haarstrange und dessen Fortsetzung dem „Höchsten" bei Herdecke) herauf liegenden hügelichten, trockenliegenden Waldungen Ardey, Schelk und den Ueberbleibseln des Haarwaldes, welche über die Hälfte sämmtlicher Waldungen des Hellweges ausmachen. Die übrige Hälfte Waldungen sind zerstreut liegende einzelne, schön geschlossene Wälder, von, mitunter, wie bei Velver und in der Geiste, dem schönsten Eichenbestande.

Bis in neuere Zeit war die Zucht der Eiche und Buche die vorherrschende, weniger durch Schonungen als durch Pflanzung. In neuerer Zeit legen sich verschiedene Waldbesitzer auf die Zucht der Nadelhölzer, weil Proben aus den benachbarten ehemalig v. Brabeckschen Forsten bei den hohen Holzpreisen ein erstaunliches Resultat über die Bodennutzung, von 8 bis 9 Thlr. pro Morgen, geliefert haben.

Durch die starke Abfuhr der Schiffbauhölzer nach Holland und den ausgebreiteten Bergbau sind die Holzpreise von Eichen bis zu 15 Sgr., von Buchen-Nutzholz zu 6—7 Sgr. für den Cubikfuß, und von Klafterholz zu 3 Thlr. 13 Sgr. gestiegen. Da die 100 Bohnenstangen auf 15 Sgr. kommen, und auf gutem Boden in 7—8 Jahren gezogen werden, so giebt dies, durch Kieferansaat, den höchsten Ertrag.

Die Preise des Waldbodens auf dem Hellwege, den Verkauf im Emscherbruche bei Horst im Bruch ausgenommen, bewegen sich, je nachdem er gelegen liegt und gut ist, zwischen 20—100 Thaler den Morgen, den Holzbestand nicht mit eingerechnet. Die Preise steigen durch Anbau und Urbarmachung von Jahr zu Jahr so, daß mit Gewißheit dieselben nicht angegeben werden können.

Innerhalb der Feldfluren fand von 1816 in dem

nordöstlichen Theile des Hellweges, in dem Amte Hamm, eine ziemlich einträgliche Holzcultur in folgender Art statt.

Der nasse Kleiboden hat in alten Zeiten eine Trockenlegung gefordert, wodurch die Felder dieser Gegend mit tiefen breiten Gräben hin und her durchschnitten sind. An den Kanten dieser Gräben stehen große Kopfeichen und Eschen und hier und da auch Hecken. Diese gaben eine bedeutende Quantität Schlagholz, welches in schwere Bünden gebunden nach der Saline zu Werl verkauft wurde. Nebenbei waren auch noch einige Schlagbüsche zerstreut vorhanden, welche zusammen so viel Holz lieferten, daß mehrere Hofesbesitzer daraus jährlich bis an 200 Thaler zogen, wobei aber das Fuhrlohn nicht gerechnet wurde.

Seit dem Jahre 1816, als die Chaussee von Unna über Werl nach Paderborn gebaut, wurde bei der Saline Werl die Steinkohlenfeuerung eingeführt und die Holzfeuerung abgeschafft.

Dies hat die Urbarmachung jener mit Holz bewachsenen Raine größtentheils zur Folge gehabt und der Ackerbau hat durch Lüftung in dieser Gegend so sehr gewonnen, daß das Getreide sich gebessert, und der Landmann nicht mehr nöthig hat, an solchen Rainen Trespe zu säen, weil der Roggen nicht gedeihen wollte; denn vor einigen Jahren war es noch Regel, daß wenn der Roggen gesäet war, an den Furchen herum besonders noch Trespe nachgesäet wurde.

Durch Beschränkung der Holzcultur, durch Erhöhung der Preise stellt sich in nasser Zeit das Verhältniß heraus, daß der Waldboden seiner Bonität nach mit dem Ackerboden wetteifern wird.

Im Ganzen kann der Hellweg als eine der fruchtbarsten und bestcultivirten Landschaften Deutschlands bezeichnet werden. Wiewohl auch die Höhebauern, besonders die Haarschulzen, sich in guter Lage befinden, so ist doch der niedere, nördlich der Köln-Berliner Straße liegende Theil der Landschaft der ergiebigere, dichterbewohnte und wohlhabendere. Der Hellweg liefert, außer dem eignen Bedarf seiner zahlreichen Einwohnerschaft, den Hauptgetreidebedarf für das benachbarte Märkische und einen Theil des Bergischen Fabriklandes, und sein Wohlstand beruht wesentlich auf dem, durch dessen Gewerbthätigkeit bedingten steten günstigen Absatze. In den westlichen Provinzen kann dem Hellwege nur die Jülicher Kornebene zur Seite gesetzt werden, welche nach Fruchtbarkeit, Lage, landwirthschaftlicher Betriebsamkeit, Absatzgelegenheit und Wohlstand viele Vergleichungspuncte mit dieser trefflichen, für jeden Landwirth interessanten Landschaft darbietet. —

Der Kreis Soest im Besonderen.

Clima. Beschaffenheit der Oberfläche. Bodenarten. Bodenclassen. Tiefe der Ackerkrume. Untergrund. Producte. Absatzwege. Wirthschaftliche Nebengewerbe. Größe der Güter; Lasten, Gerechtsame, Theilbarkeit, Vererbungsverhältnisse. Verkaufs- und Pachtpreise derselben. Betriebscapitalien. Rein- und Roh-Erträge. Die Arbeiterclasse. Gesinde. Lohnsätze. Nebenbeschäftigungen der ländlichen Bevölkerung. Unterhaltsbedarf einer Arbeiterfamilie. Anwendung landwirthschaftlicher Maschinen. Gespannhaltung. Nutzvieh. Fruchtfolgen. Düngerwirthschaft. Bodenbearbeitung. Pflege der Feldgewächse; vorherrschende Unkräuter. Erndte-Methoden 2c. Wiesenwirthschaft. Weiden. Feldfruchtbau: Futterkräuterbau; Halmfruchtbau; Hülsenfruchtbau; Wurzelgewächsbau; Handelsgewächsbau; Gewürz- und Fabrikpflanzenbau. Viehwirthschaft: Rindviehzucht; Schaafzucht; Pferdezucht; Schweinezucht; Ziegenzucht; Eselzucht; Federviehzucht; Bienenzucht; Fischerei. — Garten-, Wein-, Obst- und Waldbau.

Der District, welchen wir hier speciell im Auge haben, umfaßt die zum Kreise gehörigen Magistratsbezirke Soest und Werl, und die Amtsbezirke Werl, Schwefe, Borgeln, Ostingshausen, Lohne und Körbecke. In climatischer Beziehung zerfällt diese Gegend in zwei Theile:

den nördlichen, von dem Hellwege durchzogenen und theilweise an die Lippe anstoßenden Theil, und in den südlichen, welcher den Haarstrang mit seiner südlichen und nördlichen Abdachung umfaßt. Der nördliche Theil hat ein bei weitem milderes Clima, die Ackerarbeiten können im Frühjahre zeitiger beginnen, die Aussaat des Wintergetreides beginnt erst gegen Michaelis, und dennoch ist die Erndte desselben meist schon im Juli und die ganze Erndte im August beendigt; wogegen im südlichen Theile, in Folge des stärkeren Schneefalles, der späten, oft anhaltenden Nachtfröste erst später im Frühjahre der Pflug zu Felde ziehen kann, die Aussaat des Wintergetreides schon im Anfange des September beginnt, die Erndte aber dennoch später reift, und die völlige Beendigung derselben oft weit in den October hinein sich verzögert. —

Der nördliche Theil der Vereinsgegend ist größtentheils eben, mit wenigen sanften Abdachungen, und von allen Seiten offen; der südliche Theil dagegen erhebt sich vom Hellwege nach der Höhe des Haarstranges, und dacht sich südlich wieder ab, wo er dann durch den Arnsberger Wald und die Ruhrgebirge geschlossen wird. Durch diese verschiedene Lage ist denn auch die Verschiedenheit des Climas bedingt, welches, je näher den Gebirgen, desto rauher wird. —

Die vorherrschenden Bodenarten sind Thon und Lehm; eigentlicher Sandboden kommt im Bereiche des

Vereins nur sehr wenig, und zwar nur in der unmittelbaren Nähe der Lippe vor. —

Die vorherrschenden Bodenclassen sind deshalb auch Weizen- und Roggenboden. Wo ersterer nicht mehr, wegen climatischer Verhältnisse, was namentlich an der südlichen Abdachung der Haar in Folge der herrschenden kalten Nebel und dadurch so häufigen Erkältungskrankheiten der Fall ist, mit gutem Erfolge gebaut werden kann, tritt der Roggen mit sehr lohnendem Erfolge an seine Stelle. —

Die Tiefe der Ackerkrume ändert, wie die climatische Beschaffenheit, mannigfach ab; denn während in dem ebenen an den Hellweg anschließenden Theile eine Ackerung von 9 bis 10 Zoll möglich, und beim Tiefpflügen oft angewandt ist, stößt man häufig in dem Haardistricte schon bei 3 und 4 Zoll auf den steinigen Untergrund; doch findet sich auch hier ein großer Theil tiefen Ackerbodens, dessen Lockerung und Bearbeitung bis 8 und 9 Zoll möglich ist.

Der Untergrund in der Niederung ist mehrentheils durchlassend, in einigen tieferen Lagen nur leidet er an Stauwasser, in Folge von Letten. Ein großer Theil des Bodens ruht auf Muschelkalk, während der ganze südlich vom Hellwege liegende Theil mergeligen Untergrund hat. Bei nasser Witterung findet auch in den höher gelegenen Theilen an der Haar, wo die im Allgemeinen seichte Ackerkrume auf einem steifthonigen Untergrunde, und dieser wieder auf dem horizontal liegenden Mergelgebirge lagert, das Wasser nirgend Abzug in die Tiefe. Ebenso aber leidet dieser Boden bei anhaltend trockener Witterung an Dürre, indem die seichte Ackerkrume mit dem festen Untergrunde gar zu wenig Feuchtigkeit anzuhalten im Stande ist. —

Der Soester Landbauer erzeugt vornehmlich Weizen, Roggen und Gerste. Hafer und Hülsenfrüchte kommen weniger zum Verkauf, weil sie größtentheils zur Mästung und Fütterung verwendet werden. Die vorzüglichsten Absatzwege für die Gegend sind nach den Getreidemärkten von Witten und Herdecke; nachdem jedoch seit einigen Jahren auch in Soest und Werl wöchentliche Kornmärkte eingeführt sind, wird auch hier sehr viel Getreide abgesetzt indessen größtentheils von Aufkäufern erstanden, um nach den erstgenannten Orten transportirt, und von da hauptsächlich in das Bergische — als dessen Mittelpunct Elberfeld zu betrachten ist — abgesetzt zu werden. —

Als Nebengewerbe werden bei den Wirthschaften nur Brennereien, und zwar fast ausschließlich Kornbrennereien betrieben, welche jedoch sämmtlich nicht von großer Ausdehnung sind, auch mehrstens noch auf althergebrachte Weise (mit Geräthen alter Construction, ohne Dampf ꝛc.), betrieben werden. Brauereien kommen auf dem Lande nicht vor.

Die Größe der Güter variirt zwischen 60 und 400 Morgen an Ackerland, wozu bei den an den Bächen und Flüssen gelegenen noch eine oft ziemlich bedeutende Wiesen- und Weidenfläche kommt. Als große werden die Güter bezeichnet, welche einen Ackercomplex von mindestens 250 Morgen haben, doch dürfte die Anzahl der unter dieser Größe erscheinenden Güter wohl unbedingt als die vorherrschende betrachtet werden. Die im Kreise befindlichen Rittergüter stehen den größeren bäuerlichen Besitzungen hinsichtlich der Größe an Ackerländern ganz gleich. Beide liegen mehrentheils isolirt und mehr oder weniger von den Dorfschaften getrennt, und dürfte zunächst in dieser von den Ortschaften getrennten Lage die Ursache der bestehenden Größe zu suchen sein, indem die zubehörigen Ländereien meist ein unzertrenntes Ganzes bilden. —

Die adeligen Güter haben hin und wieder noch Spann- und Handdienstgerechtsamen, doch sind diese großentheils schon abgelöst, ebenso sind die bestandenen Natural-Zehnten meist fixirt. Außer Jagd-, Fischerei- und Schäfereigerechtsamen stehen ihnen keine weiteren Rechte zu. Letztere ist die einzige Gerechtsame, welche auch den mehrsten größeren bäuerlichen Besitzungen anklebt. Die mitunter bestehenden

Holzgerechtsamen sind als solche eigentlich nicht mehr zu betrachten, indem zwischen dem, die Oberhoheit über die Waldungen früher zustehenden Fiscus und den Berechtigten eine Realtheilung stattgefunden hat, und so die Wälder in den Besitz der einzelnen Güter übergegangen sind, welcher zwar für den Augenblick noch ein mehreren Corporationen gemeinschaftlicher ist, jedoch binnen wenigen Jahren durch die im Gange befindlichen Specialtheilungen in die Hände der einzelnen Berechtigten übergehen wird.

Außer den öffentlichen Abgaben an den Staat und den Parochial- und Communal-Abgaben haften keine besondere Lasten auf den Rittergütern. Die Mehrzahl der Bauerngüter dagegen sind Erbpachtungen, auf denen außer den oben erwähnten Abgaben, die entweder an die Domainen oder an Private zu entrichtenden gutsherrlichen Gefälle, bestehend in Geld, Getreide, Holz, thierischen Producten 2c. haften. —

Einer Theilbarkeit der Güter steht gar nichts im Wege, und sind Dismembrationen in der Nähe volkreicher Dörfer schon häufig vorgekommen, weniger jedoch bei isolirten Gütern, da bei diesen eine Zersplitterung nicht gut ausführbar ist. —

Die adeligen Güter sind größtentheils Fideicommiß-, theils Allodialgüter, bei denen in Vererbungsfällen die gesetzliche Abschichtung der übrigen Betheiligten stattfindet. Bei den bäuerlichen Besitzungen übergeben die

Alten in der Regel einem der Kinder das Gut, für sich eine Leibzucht ausbehaltend, und für die übrigen Kinder eine verhältnißmäßig nur geringe Aussteuer festsetzend. Hierdurch wird nun zwar der Wohlstand der Hofesbesitzer aufrecht erhalten, doch sind die übrigen Kinder genöthigt, wenn sie nicht durch eine Heirath ihre Existenz sichern, in dienenden Verhältnissen ihr Leben zu verbringen. Theilungen selbst der größeren Besitzungen, denen nichts entgegensteht, sind bis jetzt noch gar keine vorgekommen, wodurch allein der Bauernstand ein kräftiger geblieben ist. —

Die Verkaufspreise der Güter sind in den letzten Decennien sehr bedeutend gestiegen, so daß Güter, bei denen vor 15 Jahren ein durchschnittlicher Verkaufspreis von 30 Thlr. pro Morgen angenommen werden konnte, jetzt schon den doppelten Preis erlangt haben. Die Grundstücke, welche einzeln verkauft werden können, haben einen bedeutend höheren Verkaufswerth, welcher in der Nähe der Städte Soest und Werl bis 300 Thlr. pro Morgen steigt. Die Wiesenflächen an der Ahse und Lippe kosten von 200 bis 300 Thlr., die an der Ruhr und Möhne dagegen, welche einen in Qualität und Quantität geringeren Ertrag liefern, stehen im Preise von 100 bis 200 Thlr. pro Morgen — desto höher, je mehr sie wässerungsfähig sind.

Die Pachtpreise der Ackerländer werfen selbst bei hohen Bodenpreisen noch immer eine lohnende Rente ab, indem die besseren in der Nähe der Städte Soest und Werl bis 12 Thlr. und darüber pro Morgen, und selbst in den schlechteren Districten des Kreises selten unter 4 Thlr. verpachtet werden. Bei Verpachtungen ganzer Guts-Complere, die im Allgemeinen im Kreise wenig vorkommen, stellt sich der Pachtpreis selten über 4 Thlr. pro Morgen. Die Wiesengrundstücke werden selten auf längere Jahre verpachtet; am gebräuchlichsten ist, die Abnutzung derselben kurz vor der Erndte zu verkaufen, und hier stellt sich der Verkaufspreis für das Gras in den besseren Lagen bis 15 Thlr., und fällt, selbst bei den schlechteren Wiesenflächen selten unter 4 Thlr. —

Die zum Betriebe der vorhandenen Güter-Complere erforderlichen Inventarien benöthigen ein Capital, welches dem 8ten Theile des Gutswerthes ziemlich gleichkommt; soll aber die Wirthschaft einen einigermaaßen gedeihlichen Fortgang haben, so ist als ferneres Betriebscapital noch mindestens die Hälfte des Roh-Ertrages anzunehmen. Der Anfang des Wirthschaftsjahres ist, wenn auch nicht landüblich wegen der im Allgemeinen unvollständigen Buchführung, doch immer am richtigsten bei Johanni anzunehmen, weil alsdann die alten Vorräthe größtentheils consumirt und verkauft sind, und die neue Erndte bevorsteht. Die mehrsten Kosten veranlaßt die Erndte selbst, und die demnächstige Bestellung, auch fällt die Erhebung der mehrsten Abgaben in die herbstliche Zeit, wo der Landmann, da er das Dreschen nur mit den eigenen Leuten besorgt, wegen der sich drängenden Arbeiten aus der neuen Erndte noch nicht die nöthigen Gelder herbeischaffen kann. Will er daher einigermaaßen vortheilhaft wirthschaften, so muß er mindestens die Hälfte des zu erzielenden Roh-Ertrages als Betriebscapital einlegen, was auch im Allgemeinen bei den wohlhabenderen Landleuten als thatsächlich anzunehmen ist. —

Dadurch, daß bei den ländlichen Besitzungen sämmtliche Arbeiten fast ausschließlich durch eigene Dienstboten verrichtet werden, die das ganze Jahr hindurch in Kost und Lohn stehen, und in Folge der sehr kostspieligen Ernährungsweise derselben, fällt der Rein-Ertrag gegen den Roh-Ertrag bedeutend, so daß er bei den größeren Gütern nicht wohl über $\frac{1}{4}$ des Roh-Ertrages angenommen werden kann, und bei den kleineren häufig noch weiter heruntergeht. —

Die Arbeiterclasse befindet sich im Allgemeinen in einem Zustande, der zwar entfernt von Wohlhabenheit, doch auch ebenso entfernt von eigentlicher Noth ist. Die Classe der eigentlichen Tagelöhner ist namentlich auf dem Lande nicht sehr zahlreich, und daher kommt es, daß sie fortwährend Beschäftigung und Verdienst findet, und ihre Existenz noch dadurch erleichtert wird, daß ein Stückchen Ackerland zum Anbau der Kartoffeln meist gegen billigen Pacht, oder gar gegen zu leistende

Dienste für sie zu haben ist, auch bei den von ihr verrichteten Arbeiten selbst neben dem Tagelohn die Beköstigung verabreicht wird. Anders ist es freilich in der Stadt, wo häufig, namentlich im Winter, wenn das Dreschen beseitigt ist, Mangel an Beschäftigung, und dadurch Verdienstlosigkeit herbeigeführt wird. Die Folge davon ist, daß in dieser Jahreszeit das platte Land häufig durch eine Schaar von Bettlern heimgesucht wird.

Bei den im Kreise befindlichen sehr guten Schulanstalten und der Strenge, womit auf regelmäßigen Schulbesuch gehalten wird, steht die ganze Arbeiterclasse im Allgemeinen auf einer ziemlich hohen Stufe der Bildung, indem kein Arbeiter und Dienstbote der jüngeren Generation gefunden wird, der nicht lesen, schreiben und rechnen könnte, und der nicht, wenigstens im Allgemeinen, mit der vaterländischen neuesten Geschichte einigermaaßen vertraut wäre. Daß dies Alles auf die Sittlichkeit einen nicht zu verkennenden Antheil ausübt, ist wohl nicht in Abrede zu stellen, wenn diese nur nicht wieder durch das oft von Seiten der Herrschaften so ganz unbeachtete Zusammensein der Dienstboten beiderlei Geschlechts bedeutenden Abbruch erlitte, und hieraus theilweise wieder eine Menge der Folgen entstände, welche der so allgemeinen Klage über fehlende gute Diestboten zu Grunde gelegt werden. —

Das zu haltende Gesinde steht ziemlich zutreffend in ganz gleichen Verhältnissen mit dem zu haltenden

Zugviehbedarf, welcher etwa, nach Verschiedenheit der leichteren oder schwereren Bearbeitung des Bodens, auf je 25 bis 35 Morgen ein Pferd ist, mithin auch auf denselben Flächenraum 1 Dienstboten, Knechte und Mägde zusammengerechnet, erfordert, wovon dann meist wieder ⅓ Mägde und ⅔ Knechte und Jungen sind.

Der gewöhnliche Lohn, welcher den Dienstboten gegeben wird, besteht in Naturalien. Früher erhielten die Knechte allgemein ihren Lohn auf dem Felde an stehenden Früchten zugemessen, und hatten sie das Recht, ihren Theil da abmessen zu lassen, wo sie glaubten, daß das Korn am besten sei. Dieser Lohn bestand für den ersten Knecht meist in ½ bis ¾ örtlichen Morgen Roggen und ebensoviel Gerste, die geringeren Knechte und Jungen erhielten verhältnißmäßig weniger. Jetzt ist diese Art der Löhnung weniger gebräuchlich, und hauptsächlich durch die vielen dabei vorgekommenen Mißbräuche und Uebergriffe der Knechte abgekommen. An ihre Stelle ist die Löhnung in reinem gedroschenem Korne getreten. Hiernach erhält der 1ste Knecht 12 bis 14 Scheffel Roggen und ebensoviel Gerste, auch 1½ Thlr. an Weinkauf, 2 Paar Schuh, und häufig auch noch Leinewand zu 2 Hemden und 1 Kittel. Der Lohn für die folgenden Knechte fällt bis auf etwa ⅓ des obigen. Wo in Gelde gelohnt wird, beträgt der Lohn 40 bis 42 Thlr. nebst 2 Paar Schuhen, und fällt in obigem Verhältnisse für die folgenden Knechte. Die Mägde erhalten bei den Bauern eine Menge von

Naturalien, hauptsächlich Gerste, Leinewand und Schuhe, weniger an baarem Gelde, doch beträgt der Lohn nach mittleren Preisen immer gegen 20 bis 24 Thlr.

Bei den Tagelöhnern ist Stücklohn ziemlich ungebräuchlich, nur beim Dreschen erhalten sie zuweilen nach Scheffeln bezahlt, und steht der Lohn dann zwischen dem 10ten und 13ten Scheffel; auch wird zuweilen ein Lohn von 1½ bis 3 Sgr. nebst der Kost pro Scheffel gegeben. Meistens wird neben dem Tagelohn die Kost verabreicht, und steht dann der Lohn für 1 Mann auf 3 bis 4 Sgr. und in der Erndte auf 5 bis 6 Sgr., für eine Frau durch das ganze Jahr auf 2 bis 2½ Sgr. Kinder werden weniger in Tagelohn zur Arbeit verwendet, und geschieht dies fast nur in der Kartoffelerndte, wo alsdann der Lohn für Kinder von 12 bis 15 Jahren 1 bis 1½ Sgr. bei der Kost beträgt. Wo die Kost den Arbeitern nicht gegeben wird, da steht der Lohn für den Mann auf 7 bis 8 Sgr., welcher zur Erndtezeit bis zu 12 und 14 Sgr. oft sich steigert, und für eine Frau auf 5 bis 6 Sgr. —

Nebenbeschäftigungen, wodurch die Familie außer dem Tagelohne noch etwas erwerben könnte, werden von der ländlichen Bevölkerung fast gar nicht betrieben. Das Spinnen ist zwar ganz allgemein, indem das Spinnrad in keiner einzigen Haushaltung fehlt, doch wird es mehrentheils nur zum eigenen nothdürftigen Bedarf, und nur in wenigen Dorfschaften so stark betrieben, daß es mit zum Gelderwerb würde. —

Der Bedarf zum Unterhalte einer Arbeiterfamilie von 2 erwachsenen Personen und 4 Kindern, ganz zu Gelde angeschlagen, ist nicht unter 120 Thlr. anzunehmen. —

Einer allgemeinen Anwendung haben Maschinen beim Betriebe des landwirthschaftlichen Gewerbes bis jetzt im Bereiche des Kreisvereins sich nicht zu erfreuen gehabt, wenn man hierzu nicht die beim Reinigen des Getreides angewandte Fegemühle rechnen will, deren Gebrauch so allgemein seit langen Jahren ist, daß das Worfeln ganz abgeschafft ist, und nur noch beim Aussondern des zur Saat bestimmten Sommergetreides zur Anwendung kommt. Hin und wieder ist zwar auch eine Flachsbrechmaschine mit 3 hölzernen eingekerbten Walzen in Gebrauch, doch will diese, trotz ihrer anerkannt guten Leistungen, bei dem Widerwillen des Landmannes gegen alles Neue bis jetzt noch keine allgemeine Verbreitung finden. —

Als Spannvieh werden fast ausschließlich Pferde benutzt, indem Ochsen und Kühe nur in den kleineren Wirthschaften zum Zuge gebraucht werden, wo der Besitzer selbst damit arbeitet, was seinen Grund wohl hauptsächlich in dem Widerwillen der Knechte, mit Hornvieh zu arbeiten, hat. — Bei den kleineren Wirthschaften kommen durchschnittlich 25 bis 30 Morgen auf ein Pferd, und bei den größeren bis 40. Der Pferdeschlag ist im Allgemeinen kräftig, größtentheils aber eingeführt, da die Aufzucht fast nur mit Stuten betrieben wird, die neben der Arbeit noch das Fohlen säugen müssen, und deren Anzahl im Verhältniß zu der im Kreise gehaltenen Pferdezahl sehr gering ist. —

Das gehaltene Nutzvieh entspricht den örtlichen Verhältnissen angemessen. Da wo Weiden und Wiesen sind, ist der Rindviehschlag schwerer und kräftiger, wo aber diese mangeln, in Folge der schlechteren Ernährung auch leichter. Vielfältig liegt der Grund hierzu auch in der unverhältnißmäßig großen Zahl des nachgezogenen jungen Viehes, indem dies oft die vorhandenen Futterkräfte übersteigt, und gar zu häufig die Anzahl des gehaltenen eigentlichen Milchviehes übertrifft. Durchschnittlich kommt auf 10 Morgen Ackerland 1 Stück Rindvieh, altes und junges zusammengerechnet.

Die Schaafe sind mehrstens Landschlag, dessen Wollpreis sich etwa zwischen 24 und 34 Thlr. pro Centner im Durchschnitte der Jahre stellt. Das Vieh ist zwar kräftig, doch auch hier findet derselbe Fall, wie beim Rindvieh statt: die Anzahl der Nachzucht steht zu dem gehaltenen alten Viehe in zu ungleichem Verhältnisse. Bei den solchergestalt zusammengesetzten Heerden werden die Hammel schon als Lämmer oder Jährlinge verkauft, und die abgängigen alten Schaafe jährlich losgeschlagen. Die Haupteinnahme bei diesen Heerden besteht, wie beim Rindvieh, aus dem Verkaufe der Nachzucht, ohne daß die Besitzer berücksichtigen, was dieselbe durch das nothwendig für sie aufzuwendende Futter kostet, und ohne zu berücksichtigen, ob auch das verwandte Futter gehörig verwerthet wird. Die Zahl der auf 1 Morgen des Ackercomplexes gehaltenen Schaafe übersteigt selten 1 Stück. —

Die am mehrsten vorkommende Fruchtfolge ist eine Sechsfelderwirthschaft, oder eigentlicher eine Dreifelderwirthschaft mit Benutzung der halben Brache.

Sie hat im 1sten Jahre Brache,
" 2 " " Roggen,
" 3 " " Gerste,
" 4 " " Rauhfutter,
" 5 " " Weizen,
" 6 " " Hafer.

Im 4ten Jahre wird auch statt Rauhfutter etwas weniger Klee gesäet, doch ist der Kleebau, der seit dem Ende des vorigen Jahrhunderts eingeführt ist, von nicht sehr großer Ausdehnung. Kartoffeln und andere Hackfrüchte werden wenig, und fast nur zum häuslichen Bedarf und zur theilweisen Mastung der Schweine angebaut, und kommen dann entweder in das Sommerfeld statt der Gerste, oder nach Klee ins Weizenfeld.

Neben dieser Sechsfelderwirthschaft trifft man namentlich im Haardistricte, noch eine Fünffelderwirthschaft, mit folgendem Turnus:

1stes Jahr Brache,
2 = = Roggen,
3 = = Gerste,
4 = = Rauhfutter,
5 = = Weizen oder Hafer;
auch wohl 4 = = Hafer,
5 = = Hafer.

Letztere Fruchtfolge ist jedoch nur bei den schlechtern Wirthen und auf den schlechtesten Ländereien gebräuchlich. Auch bei diesen Fruchtfolgen werden Klee und Kartoffeln ebenso mäßig und in denselben Schlägen angebaut, als in der Sechsfelderwirthschaft.

Seit wie lange diese Fruchtfolgen bestehen, ist schwer zu bestimmen, indem die ältesten Leute sich keiner andern zu entsinnen wissen. Die Cultur der Kartoffeln ist erst seit dem Anfange dieses Jahrhunderts mit in den Feldbau, wenn schon bis jetzt noch nicht in den Turnus selbst übergegangen, indem sie früher nur ganz im Kleinen und zwar nur in den Gärten gepflanzt wurden. In den 80ger Jahren noch standen sie in einem solchen Werthe und Ansehn, daß zwei Kartoffeln z. B. bei der den Schäfern mit in das Feld gegebenen Beköstigung häufig gegen drei Eier gerechnet wurden.

In einem Theile des Kreises, namentlich in dem

Striche der Niederbörde, welcher der Ahse zunächst liegt und gleichzeitig auch eine ziemliche Menge Wiesen besitzt, ist die reine Brache seit längern Jahren so sehr eingeschränkt, daß sie nur dann angewendet wird, wenn es der vergraste Zustand der Ländereien erfordert, und hat sich jetzt eine ganz freie Wirthschaft gebildet, welche sehr gute Resultate erzielt, obschon auch hier noch der Futterbau in seiner Kindheit ruht. Bei dem Zuschusse an Wiesenheu und der außerordentlichen Productivität des Bodens an Stroh ist es diesen Wirthen möglich, oft und gerade da zu düngen, wo es nöthig ist. Die im Ganzen sehr nasse Beschaffenheit der Ackerländer mag mit ihren Antheil an dieser Wirthschaftsweise tragen, indem es in nassen Jahrgängen nicht immer möglich ist, innerhalb eines regelmäßigen Turnus zu wirthschaften. Auch einige städtische Wirthe haben bei starkem Futterbau und reiner Stallfütterung ganz freie Wirthschaft ohne alle Anwendung der Brache. Im Allgemeinen ist jedoch die Brache wenig abgeschafft und als vor der Hand nicht zu entbehren betrachtet, woran hauptsächlich der geringe Futterbau Schuld trägt. — Außerdem kommen bei einzelnen intelligenten Wirthen noch folgende Fruchtfolgen vor:

1stes Jahr Brache (gedüngt),
2 „ „ Rübsen,
3 „ „ Weizen,
4 „ „ Gerste,

5tes Jahr Rauhfutter, Klee,
6 " " Roggen (gedüngt),
7 " " Hafer.

Dann auf den schlechtern Ländereien eines Gutes eine vierfelderige, und auf den bessern eine achtfelderige Wechselwirthschaft mit folgendem Turnus:

1) 1stes Jahr Brache,
2 " " Roggen,
3 " " halb Rauhfutter, halb Klee,
4 " " Hafer.

2) 1stes Jahr Brache,
2 " " Roggen,
3 " " Bohnen und Erbsen,
4 " " Weizen,
5 " " Hackfrüchte,
6 " " Gerste mit Klee,
7 " " Klee,
8 " " Hafer und Weizen.

Außer diesen angeführten Fruchtfolgen sind noch einzelne andere in Anwendung, welche jedoch zur Basis die allgemeine Sechsfelderwirthschaft haben, und nur innerhalb dieser, jedoch meist ohne Regelmäßigkeit, Abänderungen erleiden. —

Die **Düngerwirthschaft** anlangend, so wird als vorherrschendes **Streumaterial** das Stroh angewandt. Nur in den Theilen des Kreises, welche dem Walde zunächst liegen, wird, jedoch nur von den kleineren Wirthen, zur Aushülfe Heide geholt, und, mit Stroh untermischt, zum Unterstreuen für das Vieh benutzt.

Im Stalle bleibt der Dünger, namentlich im Winter, mehrentheils 8 Tage liegen, seltener wird täglich ausgemistet. Auf die Düngstätte gebracht, wird er daselbst meist sorgfältig ausgebreitet und, da jene gewöhnlich unmittelbar vor den Stallungen liegt, von dem ein- und ausgehenden Viehe festgetreten, so daß einem zu losen Liegen und dadurch veranlaßten Schimmeln desselben vorgebeugt ist. Die Dungstätten an und für sich sind aber allgemein zu schlecht construirt, als daß auf einen durchgehends kräftigen Dünger daraus gerechnet werden könnte.. Gewöhnlich fließt alles auf den Höfen sich sammelnde Wasser durch den Düngerpfahl, und dieser, nach einer Seite abhängig, dient als Filtrirmaschine, indem das einfließende Wasser nach Möglichkeit die Kraft des Mistes auswäscht, und dann meist auf die Straße führt. Derselbe wird dann häufig zur Brache erst ausgefahren und da tritt denn bei trockener und warmer Witterung noch der Uebelstand ein, daß der schon eines guten Theils seiner Kraft beraubte Dünger verbrennt. — Auf Anregung der Landesculturgesellschaft zu Arnsberg und durch die Bemühungen des Soester landwirthschaftlichen Vereins *) ist in den letzten Jahren mehreres für die Ver-

*) Die Anzahl der Mitglieder dieses Vereins beträgt gegen-

besserung der Düngergruben gethan. Namentlich sind nach einem aus dem Kreise Wittgenstein erhaltenen sehr zweckmäßigen Modelle mehrere Düngstätten angelegt, die auch selbst bei den Landleuten allgemeinen Beifall finden. Wie aber der Bauer schwer von dem Althergebrachten abzubringen ist, so kann er sich auch so schnell nicht zur Besserung seiner alten Mistfälle entschließen, und muß hier der Zeit das Beste überlassen werden. Der Schaafdünger bleibt, wie fast aller Orten, den Winter über unter den Schaafen liegen, und wird dann im Sommer erst ausgefahren.

Der flüssige Dung, die Jauche, fließt, wie schon oben erwähnt, meistens auf die Straße, und wird er nur da, wo besser und zweckmäßiger eingerichtete Düngergruben sind, in Senkgruben aufgefangen und entweder zum Uebergießen des Düngers selbst benutzt, oder mittelst Tonnen auf das Feld gefahren, zur Ueberdüngung des Klees oder der Winterfrüchte.

Da reine Stallfütterung im Kreise nur ausnahmsweise vorkommt, und ganz reine Weidewirthschaft auch nur wenig stattfindet, so stehen die Verhältnisse allenthalben ziemlich gleich, und ist durchschnittlich anzunehmen, daß von einer Kuh 4 bis 5, von einem Pferde

wärtig 96, unter denen 11 Eigenthümer von Rittergütern, 55 Eigenthümer anderer Güter, 4 Pächter und 1 Administrator von Rittergütern, 1 Pächter eines freien Gutes und 27 nicht mit dem practischen Betriebe der Landwirthschaft Beschäftigte sich befinden.

5 bis 6, von einem Stück Jungvieh 2 bis 3, und von einem Schwein etwa ½vierspänniges Fuder Dünger pro Jahr gewonnen werden. Beim Schaafdünger, der durch seine specifische Leichtigkeit ein bei weitem größeres Volumen zu einem Fuder bedingt, sind etwa auf 10 Stück 2 Fuder Stalldünger zu rechnen.

In dem Theile des Kreises, wo die Sechsfelderwirthschaft besteht, und der den bessern Boden, eine kräftigere Vegetation und mehr Strohgewinn hat, wird die Hauptdüngung zur Brache ausgeführt, und dann nocheinmal, entweder zu Rauhfutter oder zu dem darauf folgenden Weizen, jedoch schwächer gedüngt. Zur Brache werden durchschnittlich 5—4spännige Fuder und zur spätern Düngung 2½ bis 3 Fuder gegeben. In dem Theile des Kreises, wo die Fünffelder- und theilweise Sechsfelderwirthschaft vorherrscht, namentlich am Haarstrange wird in dem ganzen Turnus nur einmal gedüngt, und erhält die Brache dann selten mehr als 4 bis 5 Fuder pro Morgen. Der kleine Theil des Ackers, der mit den zur Haushaltung erforderlichen Kartoffeln bepflanzt wird, bekommt noch eine ziemlich starke Düngung, die ihm jedoch, da Kartoffeln in den Turnus nicht aufgenommen sind, sondern jedesmal nur eingeschoben werden, nicht angerechnet wird.

Von verschiedenen Wirthen des Kreises wird zur Besserung der Aecker viele Erde aufgefahren, zu deren Ansammlung sich in dem niedrigeren Theile des

Kreises durch die vielen vorhandenen Gräben, Teiche und die Bäche sehr gute Gelegenheit darbietet. In dem höher gelegenen Theile, wo die Aecker mehrentheils abhängige Lage haben, und wo schon bei jedem Regen das Feldwasser anfängt zu fließen, sind allenthalben Erdfänge angelegt, um die von den Feldern und den Wegen abfließende Erde aufzufangen. Zu einer gehörigen Beerdung rechnet man auf 1 Morgen 45 bis 60 Fuder.

Beim Klee und den Hülsenfrüchten wird vielfältig Gyps angewandt, der im Frühjahre, wenn jener das dritte Blatt zeigt, und diese eine gleiche Höhe haben, zu ½ Scheffel pro Morgen aufgewendet wird. Am liebsten säet man den Gyps nach einem Regen oder starken Thau, und wo möglich bei nicht zu starkem Winde. Außer dem Gyps benutzt man den aus den Salinen zu Sossendorf und Werl leicht zu beziehenden Abfall aus den Salzpfannen, der jedoch stark mit Steinkohlenasche untermischt erkauft wird, in gleicher Art wie der Gyps.

Auch der Mergel findet häufige Anwendung, besonders auf solchen Aeckern, die einen milden, losen Boden haben. Man hat hier mehrentheils den blauen Steinmergel, welcher fast nur im Winter oder zur Brache aufgefahren wird, damit er durch den Einfluß der Witterung erst zergehen kann, bevor er zur Unterackerung gelangt; die dann noch übrigen Steine werden zerschlagen, damit sie der Bearbeitung des Bodens nicht hinderlich sind. Auf 1 Morgen rechnet man 25 bis 30 Fuder Mergel.

Der bei seinem ersten Erscheinen so viel Aufsehen erregende Guano ist auch versuchsweise in den letzten Jahren angewandt, doch hauptsächlich seiner großen Kostspieligkeit und auch der nicht sehr glänzenden Erfolge wegen, nicht weiter benutzt. Weitere Dungmittel sind allgemein nicht in Gebrauch und kommt selbst die Düngung mit Knochenmehl und Holzasche nur ausnahmsweise vor. Ebenso wird die grüne Düngung hier und da nur in der Art angewendet, daß Klee in die Brache gesäet, davon nur der erste Schnitt benutzt, und der zweite Schnitt, wenn er halb herangewachsen, untergepflügt wird. Nebst diesem wird dann dem Lande noch eine halbe Düngung gegeben und diese mit dem Klee untergebracht. —

Wenden wir uns zur Bodenbearbeitung: so bemerken wir zunächst, daß der Pflug, welcher allgemein in Anwendung ist, in seiner Construction dem Brabanter am nächsten kommt. Er hat ein Rädervorgestell. Das Streichbrett ist von Eisenblech und gewunden, so daß es die Furche leicht umlegt; das spitzig auslaufende Haupt ist mit einem sogenannten Kopfbande beschlagen, woran das Streichbrett genau angepaßt ist, so daß er mit diesem ein Ganzes bildet. An dem Kopfbande ist vorne eine Oeffnung, in die die Schar eingeschlagen ist. Die

Schar ist jedoch bedeutend kleiner, als an dem Brabanter Pfluge. Die größte Länge und Breite ist selten über 6 Zoll, so daß die ganze Furche nicht abgeschnitten werden kann, sondern ein Theil derselben von dem Streichbrett noch ab- und umgetrieben werden muß.

Die mit diesem Pfluge abgeschnittene Furche hat gewöhnlich eine Breite von 8 bis 10 Zoll, und kann damit, wenn es der Boden gestattet, bis zu einer Tiefe von etwa 1 Fuß damit geackert werden.

Der Soester landwirthschaftliche Verein hat im verflossenen Jahre den Pietzpuhler Untergrundpflug angeschafft, und sind die damit gemachten Versuche so günstig ausgefallen, daß eine weitere Ausbreitung desselben nicht nur zu wünschen, sondern auch zu erwarten steht, hauptsächlich in dem höheren Theile des Kreises, der am meisten undurchlassenden Untergrund hat.

Wie oft der Landmann seine Pflugarbeit wiederholen soll, darüber beobachtet er meist das Altherkömmliche, was ihm die zu jeder Frucht erforderlichen Culturen vorschreiben. Die Brache pflügt er 4 bis 5mal, zur Gerste 3mal, zum Rauhfutter 1mal, zu dem nachfolgenden Weizen 1 bis 2mal und zum Hafer 2 bis 3mal. Die öftere Anwendung des Pfluges findet dann statt, wenn wegen vorhandenen Grases und Quecken ein seichtes Pflügen erforderlich ist.

Die den einzelnen Furchen gegebene Tiefe ist sehr verschieden. Die Herbstfurche wird meist 4 Zoll tief gegeben, das Streichen zur Lösung und Vertilgung der Quecken geschieht 2 Zoll tief, die Wendefurche oder das Tiefpflügen, welches der Regel nach nur der Brache und der Gerste als Vorbereitungsfurche zu Gute kommt, findet bis 6 und 10 Zoll nach Beschaffenheit des Bodens, jedoch dergestalt statt, daß kein unartbarer Acker zu Tage gefördert werde. Das Unterbringen des Düngers geschieht mit 3 bis 4 Zoll, und die Saatfurche wird dann 4 bis 6 Zoll tief gegeben.

Die zur Anwendung kommenden Eggen sind größtentheils mit hölzernen, weniger mit eisernen Zinken. Sie bestehen aus 4 Balken, die durch 3 Querscheiden verbunden sind. In jedem Balken befinden sich 8 Zähne, die in einem Winkel von 45 Grad eingebohrt und so gerichtet sind, daß sie bei Anlegung des Zuges hinter dem 1sten Zahn des vordersten Balken geradeaus stehen. Die Eggen werden fast nur einspännig gebraucht, und nur da, wo es gilt in steifem Boden eine tiefere Lockerung hervorzubringen, werden bisweilen schwerere Eggen mit eisernen Zinken für 2 Pferde angewandt. Beim einspännigen Eggen führt der Knecht das erste Pferd mit der rechten Hand, und die übrigen Pferde, oft 4 bis 5 an der Reihe, folgen, jedesmal das nächste an die Egge des erstern gebunden.

Zum Ersatze einer tiefen Eggen- oder flachen Pflugarbeit ist in einzelnen Exemplaren ein 7füßiger Exstirpator, auch ein 3scharige Scarificator in Gebrauch, doch sind diese nichts weniger als allgemein.

Bei Bearbeitung der Hackfrüchte, namentlich der Kartoffeln, wird, nachdem dieselben hinter dem Pfluge gelegt sind, zum Reinigen der Zwischenreihen öfter ein dreifüßiger Exstirpator gebraucht, dem dann zum Anhäufeln der gewöhnliche Kartoffelpflug mit 2 Streichbrettern folgt, welcher häufig auf das Vordergestell des gewöhnlichen Pfluges gelegt, meist aber ein eignes Vorgestell mit einem Rade, oder eine Schleife hat. Außerdem kommt, jedoch nur bei den kleinern Wirthen, die Handhacke zur Anwendung, und ersetzt diese dann alle durch die Pferdewerkzeuge zu verrichtende Arbeiten.

Die nach Beschaffenheit des Bodens entweder sehr schwere zweispännige oder leichtere einspännige Walze wird, wenn der Acker einigermaaßen schollig sich verarbeitet, so oft angewandt, bis er gehörig klar sich abeggt; demnächst auch zum Niederwalzen der jungen Sommersaat, sobald diese aufgegangen. Die große Walze ist bis 10 Fuß lang und oft 1½ Fuß im Durchmesser, die kleine dagegen 6 bis 9 Zoll stark und bis 8 Fuß lang. — Schleifen und ähnliche Werkzeuge kommen beim Ackerbau nicht in Anwendung. —

Eine Bearbeitung des Bodens mit der Hand ist in größerer Ausdehnung im Kreise gar nicht üblich, nur, wie schon oben erwähnt, wird bei kleineren Wirthen das Kartoffelland mittelst der Handhacke bearbeitet; doch beschränkt sich auch hier der Umfang der zu bearbeitenden Flächen auf höchstens 2 Morgen. Ein Graben des Ackers mit Spaten findet nur in der unmittelbaren Nähe der Stadt auf kleinen Parcellen von ¼ Morgen statt. —

Ein Wechsel mit Saatkorn kommt fast gar nicht vor; meistentheils wird das Saatkorn von der eignen Fechsung wieder entnommen, und nur in dem Falle, wo das eigne Product nicht gerathen, greift man zu anderm Korne, ohne sich an eine bestimmte Gegend zu binden. Die einzige Ausnahme hiervon macht der Lein, zu dessen Aussaat fast jährlich frischer Rigaer oder Seeländer Saamen verwendet wird. Der hiervon selbstgezogene Saamen wird dann höchstens noch einmal gebraucht, da er in den nachfolgenden Jahren schon so ausartet, daß nur ein spärlicher Ertrag von ihm zu hoffen ist.

Das Wintergetreide wird mittelst der Fegemühle von den leichten Körnern und etwaigen Unkrautsaamen befreit. Beim Weizen wendet man eine Kupfervitriolbeize gegen den Brand an, wobei man auf jeden Scheffel 2 bis 4 Lth. rechnet, welche in heißem Wasser aufgelöst und durch Jauche oder auch klares Wasser verdünnt werden. Hafer und Gerste werden meist geworfelt und dann nur das schwerere Korn zur Saat verwendet, nachdem die Unkrautsaamen durch Sieben entfernt sind.

Im Allgemeinen sind die hiesigen Landwirthe in Auswahl und Zubereitung des Saamens sehr vorsichtig, nur eins kann hier nicht unerwähnt bleiben. Einzelne Wirthe hegen beim Weizen die Meinung, es sei hinreichend, wenn das Korn nur eben keimfähig, die Anwendung des Vitriols schütze hinreichend vor Brand, und wenn die junge Pflanze nur erst aufgegangen sei, dann müsse Boden und Witterung schon das übrige Wachsthum bringen. Aus diesen Gründen verwenden sie auch nur den allerschlechtesten, den sogenannten Hinterweizen zur Saat. Trotz der in der Regel spärlichen Erndten sind diese Leute doch von dem einmal gefaßten Vorurtheile nicht abzubringen, und ein in guten Jahren ausnahmsweise günstiger Erfolg bestärkt sie um so mehr in ihren Ansichten. Auch schon der augenblickliche Vortheil, den guten Weizen zu Gelde zu machen und dafür den schlechten säen zu können, mag viel Schuld tragen, daß diese sich fast immer selbst strafende Verfahrungsweise noch nicht ausgerottet werden kann.

Die breitwürfige Aussaat des Getreides mit der Hand ist die ausschließlich allgemein übliche, und steht der Anwendung der Säemaschinen hier vielfältig die Schwierigkeit, dieselben zu erhalten, entgegen. Der Rapsbau, wo zunächst die Saat mit der Maschine wohl angewendet werden möchte, wird zu wenig betrieben, als daß da, wo er stattfindet, Veranlassung genommen werden könnte, für die kleinen Flächen Maschinen anzuschaffen. —

Die einzigen in Reihen angebauten Früchte sind Kartoffeln und Runkelrüben, letztere jedoch in sehr geringer Ausdehnung. Die Kartoffeln werden, nachdem sie aufgegangen, gleich tüchtig geeggt, und wenn durch Einfluß der Witterung der Acker fest geworden und viel Unkraut in den Zwischenreihen sich zeigt, diese mit einem dreischarigen Exstirpator durchsurcht; sobald die Höhe der Kartoffeln das Anpflügen erlaubt, häufelt man sie mit dem oben beschriebenen Kartoffelpfluge an, welches, wenn die Kartoffeln in die Blüthe treten, meistens wiederholt wird.

Die vorherrschenden Unkräuter sind Quecken, Hederich und Huflattich. Auch kommt die Wucherblume in einigen Theilen des Kreises vor, doch ist ihr Auftreten und ihre Ausdehnung nicht so bedeutend, daß auffallender Schaden davon zu bemerken wäre. Zudem hält sie sich ausschließlich auf den Feldern, in denen sie heimisch ist, und kommt nicht leicht ein Beispiel vor, daß sie sich auf andern Feldern desselben Gutes zeigte, wohin sie durch den Dünger gebracht sein könnte. Das mit dem besten Erfolge dagegen angewandte Mittel ist fleißige Cultur und kräftige Düngung, und dadurch hervorgebrachter starker Stand der Saaten. Der oft die ganzen Fluren wie ein gelbes Saatfeld erscheinen lassende Hederich ist bei weitem lästiger. Häufig wird seine

Vertilgung durch Ausjäten erstrebt, doch mit nur geringem Erfolge, indem der Boden zu sehr mit dem Saamen erfüllt ist. — Der Huflattich, der besonders auf thonigem Boden mit mergeligem Untergrunde sich findet, ist den Sommerfrüchten häufig sehr nachtheilig, indem er ganze Stellen der Felder einnimmt. Seine Ausrottung ist verschiedentlich durch tiefes oft wiederholtes Pflügen versucht, doch auch ohne den gehofften und gewünschten Erfolg. Gegen die Quecken, die besonders nach nassen Jahrgängen und bei nicht gehöriger Behandlung der Aecker oft überhand nehmen, wird ein öfter wiederholtes flaches Pflügen und Ausueggen angewendet. Ueberhaupt hat sich bei allen diesen und den übrigen noch vorkommenden Unkräutern eine fleißige Bearbeitung des Ackers und kräftige Düngung als das beste Gegenmittel bewährt, und zeigen auch die Felder der fleißigsten Landwirthe die wenigsten Unkräuter, ohne daß diese besondere Mittel gegen deren Vertilgung aufwendeten.

Das Abbringen des Halmgetreides geschieht theils mit der großen Gestellsense, theils auch, besonders in dem Amtsbezirke Schwese und Werl, mittelst des Sieden (Siget). Wo mit der Gestellsense gemäht wird, da wird das Wintergetreide angehauen, eine nachfolgende Frau nimmt das angehauene Korn aus, legt einen Arm voll zur Erde und bindet ihn als Garbe zu. Das Sommergetreide wird meistens ausgeworfen und dann später aufgeharkt und in dem eignen Stroh zugebunden. Der Sieden ist wie bereits früher bemerkt, einer großen Sichel ähnlich, an der die aufrechtstehende Handhabe etwas im spitzen Winkel neigt. Er wird bekanntlich mit der rechten Hand geführt, in der linken Hand hält der Arbeiter einen, an einem Stocke befindlichen Haken, mit dem er das Getreide zu sich hin und gleichzeitig in die Höhe zieht, während mit der rechten Hand der Hieb des Siedens unter die Halme geführt wird. Mit diesem Instrument schafft zwar die Arbeit nicht so gut, wie mit der Sense, da ein fleißiger Arbeiter nicht viel über einen Morgen, oder 4- bis 500 Garben zu mähen im Stande ist, die Arbeit wird aber schöner, indem die Garben ganz gleichmäßig zusammengewickelt, die Stoppeln ganz gerade abgeschnitten und nicht so viele Halme auf dem Lande verstreut werden. Bei Getreide, was sich stark gelagert hat, geschieht die Anwendung des Sieden mit Vortheil, weil mit dem Haken das liegende Getreide aufgezogen und dann besser abgemäht werden kann. Das Abbringen des sogenannten Rankenkorns, der Erbsen, Wicken ꝛc., geschieht durchgehends, auch da, wo die Gestellsense sonst in Gebrauch ist, mit dem Sieden.

Nachdem das Getreide in Garben gebunden, wird es, in dem untern Theile des Kreises meist zu 20 Garben gegeneinander aufgerichtet, in sogenannte Richten gestellt. Hierin trocknet es rasch ab, wird jedoch bei einfallendem Regen eben so leicht auch wieder naß. Im obern Theile des Kreises ist es am gebräuchlichsten, das in Garben gebundene Getreide in Haufen zu setzen. Diese, aus 100 bis 150 Garben bestehenden Haufen stellt man dergestalt auf, daß die daran befindlichen Garben, indem sie rundum angesetzt werden, mit den Aehren nach oben eine schräg abhangende Richtung haben. Ein solcher Haufen hat das Ansehen eines Kegels, und widersteht, wenn er sonst gut gelegt ist, selbst dem anhaltendsten Regen, indem nur die oberen Garben durchnäßt, die übrigen aber geschützt bleiben. Wenn die Erndtearbeiten sich sehr drängen, ist es auf diese Art möglich, den größten Theil des Getreides draußen stehen zu lassen, ohne befürchten zu müssen, daß etwa einfallende böse Witterung bedeutenden Schaden verursache, und kann dann das Einfahren bis zum passenden Augenblicke verschoben werden. Das Korn trocknet in diesen nicht zu großen Haufen sehr gut aus, und gewähren dieselben noch den Vortheil, daß die Garben, schon zusammengedrückt, in der Banse nicht so vielen Raum einnehmen.

Die Frucht wird in den Scheunen und den eigens dazu eingerichteten Bodenräumen der Bauernhäuser aufbewahrt; nur bei reichlichen Erndten, wo die vorhandenen Räume nicht ausreichen, werden Feimen im Felde gesetzt, die man dann mit Stroh eindeckt. Die Einrichtung der Bauernhäuser ist die mehrfach geschilderte. Auch hier ist der kleinere Theil des Hauses die eigentliche Wohnung, die größere Hälfte enthält die Tenne, welche der Länge nach durch das ganze Gebäude läuft, zu deren beiden Seiten sich die Stallungen für das Rindvieh und die Pferde befinden; fast der ganze Bodenraum dient zur Aufbewahrung des Getreides. Selbst bei den größern bäuerlichen Besitzungen wird das ganze Wintergetreide mehrentheils auf dem Hausboden aufgebanst, was dadurch möglich wird, daß diese Häuser eine Länge von oft 120 bis 140 Fuß haben, bei einer Breite von 45 Fuß. Nur das Sommergetreide und das Rauhfutter kommt da in die Scheunen.

Das Enthülsen des Getreides geschieht mittelst des Dreschflegels. Dreschmaschinen sind gar nicht in Gebrauch. Das Dreschen selbst geschieht meistens in der Uchte, d. h. in den frühen Morgenstunden von 2 bis 6 Uhr bei der Laterne. Ein Dreschen bei Tage findet selten und nur dann statt, wenn wegen schlechter Witterung nichts anders zu beginnen ist.

Die Aufbewahrung der Körner findet häufig in eigens dazu erbauten, sehr luftigen Speichern, sonst auf den Böden der Häuser statt, und werden sie gewöhnlich nur aufgeschüttet, nachdem sie völlig von Kaff (Spreu) und Staub gereinigt, und zum Verkaufe fertig sind. —

Die Wiesenwirthschaft des Kreises betreffend: so haben die in demselben befindlichen Wiesen im allgemeinen eine ebene oder nur sanft geneigte Lage. Ganz trockene Wiesen kommen nur wenige vor, und zwar hauptsächlich an den grandführenden Flüssen Mohne und Ruhr. Sumpfige Wiesen finden sich verhältnißmäßig auch nur wenige, und besonders nur da, wo für die Cultur derselben noch nichts geschehen ist.

Die vorhandenen Wiesen werden theils ein- und theils zweischürig benutzt. Durchgehend zweischürig sind die im nördlichen Theile des Kreises an der Lippe, der Aahse und den verschiedenen Bächen liegenden Wiesen, und werfen diese einen Ertrag in beiden Schnitten von oft 30 bis 36 Ctr. ab. Die nicht gebauten Wiesen im südlichen Theile des Kreises sind meist nur einschürig, die kunstmäßig angelegten dagegen werden zweischürig benutzt. Der Ertrag der einschürigen steht zwischen 10 und 18 Ctr., der der zweischürigen dagen, abgesehen von der bessern Qualität des producirten Grases, steigt oft bis 35 Ctr.

Außer den, den größten Theil der Wiesenpflanzen ausmachenden Rispengräsern, Schaafschwingel rc. finden sich auf trocknen und trockengelegten Wiesen besonders häufig die verschiedenen Kleearten.

Für die Trockenlegung der, der Inundation ausgesetzten Wiesen geschieht im Ganzen wenig, und kann auch, ohne Aufwand sehr bedeutender Kosten nicht viel geschehen, indem die sehr ebene Lage der mehrsten derselben zu wenig Gefälle darbietet, um das Stauwasser durch Gräben abzuleiten. Ein Auffüllen dieser nassen und sumpfigen Stellen durch Sand, was in der Nähe der Lippe wohl ohne zu bedeutende Kosten mit sehr lohnendem Erfolge zu bewerkstelligen wäre, ist bis jetzt noch nicht versucht. Bei den kunstmäßig angelegten und im Umbau begriffenen Wiesen geht die Entwässerung mit der Bewässerung gleichen Schritt.

Die kunstmäßige Bewässerung der Wiesen hat bis jetzt an der Mohne die meisten Fortschritte gemacht. Es sind hier mehrere große Wiesenflächen kunstmäßig angelegt und gebaut, namentlich die des Rittergutes Böllinghausen, dem Landrath des Kreises gehörig, die des Hofesbesitzer Blome zu Wameln, und die des Rittergutes Delecke, dem Lieutenant Roth gehörig. Der bei diesen Wiesenanlagen beobachtete Bau ist ein gemischter Rücken- und Hangbau, unter hauptsächlicher Berücksichtigung der natürlichen Lage der zu bebauenden Flächen. Außer diesen kommen noch mehrere kunstmäßig ausgeführte Anlagen vor, bei denen ebenfalls, unter Berücksichtigung der natürlichen Lage und wo diese es wegen hinreichenden Gefälles gestattete, Hangbau, weniger Rückenbau angewandt ist.

Die Hauptbewässerung erhalten die Wiesen im Herbste besonders mit den ersten Fluthen, und wird diese fortgesetzt, bis das Eintreten des Frostes das Aufführen des Wassers auf die Wiesen verhindert. Die einzelnen Wiesenflächen werden abwechselnd, meist mehrere Tage nach einander berieselt und dann wieder mehrere Tage trocken gelegt. Im Frühjahr, sobald das Schneewasser fort ist, was man den Wiesen schädlich hält, wird die Berieselung in derselben Art fortgesetzt, und zwar so lange, bis das Wasser mit Anfang Mai bei eintretender größerer Wärme den den Wiesen nachtheiligen grünen Schleim zuführt. Hier wird gewöhnlich die Bewässerung beendigt, wenn nicht anhaltend trockene Witterung ein Befeuchten nöthig macht, dann aber wird solches hauptsächlich des Nachts vorgenommen.

Die ausgezeichnet günstigen Erfolge, welche die Besitzer der kunstmäßig gebauten Wiesen erlangt haben, spornt immer mehr zur Nachahmung an, und steht zu erwarten, daß binnen nicht gar langer Zeit allenthalben, wo die Lage der Wiesen am Wasser hinreichendes Gefälle darbietet, auch deren kunstmäßiger Umbau vorgenommen werden wird.

Eine Bedüngung der nicht flößbaren und der der Inundation nicht ausgesetzten Wiesen findet mit Asche und feiner durchlegener Erde statt. Wo Vorrichtungen zum Jauchefangen sind, wird auch diese bei nasser Witterung den Wiesen zugeführt.

Das Ebnen der Wiesen von Maulwurfshaufen und sonstigen Unebenheiten geschieht entweder mittelst der Wiesenschleife, besonders bei den größeren Flächen, oder mittelst der Handschaufel. Zur Vertilgung des auf nicht flößbaren Wiesen häufig sich findenden Moo-ses wendet man häufig ein Aufreißen mit eisernen Eggen an, dem dann ein Aussäen von Düngesalz folgt. —

Die Weiden anlangend, so ist die Lage bleibender, natürlicher, meistens eben, und ist ihre Beschaffenheit der Art, daß sie fast sämmtlich zu Wiesen benutzt werden könnten. Sie liegen größtentheils an den Flüssen und Bächen, oder man hat ihnen solche Stellen innerhalb der Feldfluren angewiesen, die durch ihre feuchte und nasse Lage sich nicht wohl als Ackerland benutzen lassen. Die für das Milchvieh benutzten Weiden liegen meistens in der unmittelbaren Nähe der Gehöfte und ist hier wohl oft mehr auf die Bequemlichkeit, als auf die wirkliche Qualification zur Weide Rücksicht genommen. — Die den Schaafen zugewiesenen Weiden haben mehrstens eine hohe trockene Lage, und rühren theilweise aus den stattgehabten Gemeinheitstheilungen her. Ihre unebene Lage oder ihr undankbarer Boden haben eine Umwandlung in Ackerland nicht lohnend genug herausgestellt.

Die Rindviehweiden sind entweder durch lebendige Hecken, oder durch Stangen- oder Bretterzäune eingefriedigt. Außer, daß sie von Maulwurf- und Ameisenhaufen im Frühjahre gereinigt werden, wird keine weitere Pflege darauf verwendet. Oefter werden sie auch abwechselnd als Wiesen benutzt, und dann meist eine Schur davon genommen, und das Grummet als Nachweide abgehütet.

Die bessern Weiden werden dem Mastviehe als Fettweiden, und die minderguten, da wo sie in der Nähe der Wirthschaftshöfe liegen, dem Milchviehe zugewiesen.

Von den bessern Weiden für Mastvieh genügt 1 Morgen pro Stück, und steigt die erforderliche Fläche bis 2 Morgen. Bei dem Milchviehe, welches mehrentheils noch, entweder des Abends, oder Mittags und Abends auf dem Stalle gefüttert wird, rechnet man nur bei den schlechten Weiden über 1 Morgen pro Stück. Die raumen Weiden für Schaafe sind selten mit mehr als 3 Stück pro Morgen besetzt.

Die Weidezeit des Rindviehes beginnt gewöhnlich mit dem 1. Mai und endigt mit Anfang November, wo auf den alsdann stattfindenden Viehmärkten das fette Vieh gewöhnlich verkauft wird. Das Milchvieh benutzt die Weiden bis zum Eintritt des Frostes, bis wohin auch die Schaafe ihre Ernährung draußen finden, welche über dies hinaus noch häufig auf die vom Rindvieh verlassenen Weiden getrieben werden, und wenn nicht allzuhoher Schnee es verhindert, dann den ganzen Winter dort zubringen.

Das zur Fettweide eingetriebene Rindvieh, und, wo Pferde und Fohlen aufgetrieben sind, auch diese, übernachten auf den Weiden; das Milchvieh dagegen kommt des Abends in der Regel in den Stall, wogegen auch das ganze Vieh die Nächte auf den Weiden zubringt.

Die Weiden sind mehrentheils mit Eschen, Eichen, oder Weidenbäumen umpflanzt, die als Kopfholz benutzt werden, und daneben, daß sie dem Viehe Schutz gegen Sonne und Unwetter gewähren, noch einen ausgiebigen Ertrag an Brennholz abwerfen.

Die künstlichen Weiden werden größtentheils mit wildem oder weißem Klee angesät.

Die Ansaat dieser Weiden findet nur da statt, wo Mangel an natürlichem Graslande ist, und zur Aushülfe des auf dem Stalle zu verabreichenden mangelnden Grünfutters. Da sie in einen regelmäßigen Turnus nicht aufgenommen sind, so wird ihnen ihre Stelle auf noch möglichst kräftigen Aeckern angewiesen und findet deshalb auch ein Bedüngen, außer zuweilen mit Düngsalz, nicht weiter statt. Ein Bestreuen mit Gyps hält man für nachtheilig, weil dadurch das Vieh leicht aufblähen soll.

Die Benutzung dieser Weiden dauert meist nur 1 Jahr, auf längere Zeit werden selten Weiden niedergelegt. Vielfältig kommt jetzt der Gebrauch in Anwendung, unter den Roggen weißen Klee zu säen, und diesen dann nur als Herbstweide zu benutzen; im Frühjahre wird er umgebrochen und einjährig Hafer darauf gesät, welcher ausgezeichnet gedeiht.

Die Benutzung der Kleeweiden geschieht vorzüglich mit milchendem Rindvieh, demnächst auch mit Schaafen, besonders solchen, welche für den Fleischer bestimmt sind.

Bei der neben der Weide fast immer gegebenen halben Stallfütterung reicht für 1 Stück Rindvieh ½ bis ¾ Morgen aus. Bei den Schaafen, welchen gewöhnlich die minder guten Kleeweiden zugewiesen werden, rechnet man 6 bis 8 Stück auf einen Morgen. —

Das Wiesengras findet seinen Standort nur auf den natürlichen Wiesen, künstlicher Anbau desselben kommt im Kreise nicht vor. Es liefert, nach Beschaffenheit des Bodens rc. 1 und 2 Schnitte und wird mehrentheils mit Eintritt der Blüthe zum ersten Male geschnitten, häufig aber bleibt er auch bis zur völligen Reife stehen, wo dann Qualität und Quantität gleichmäßig verloren haben. Der Ertrag desselben stellt sich pro Morgen zwischen 10 und 36 Ctr. —

Von den hier cultivirten Futterkräutern wird der rothe Klee in die 2. oder 3. Geile, öfter auch in die Brache gesät. Gern säen auch einzelne Wirthe denselben unter das Sommergetreide, welches nach Kartoffeln angebaut wird, weil er hier fast regelmäßig gut geräth. Er wird breitwürfig entweder unter den Roggen gesäet, wo seine Unterbringung dem Regen und Thau überlassen bleibt, oder man streut ihn mit dem Sommergetreide aus, und zwar vor dem letzten Eggenstriche, so daß er mit diesem leicht eingeeggt wird. — Zu einer schwachen Aussaat rechnet man 6½, zu einer mittleren 7½ und zu einer starken 10 Pfd. auf den Morgen. Die Aussaat unter den Roggen geschieht im März oder April, überhaupt, sobald es die Frühjahrswitterung gestattet, die Aussaat unter das Sommergetreide von April bis Juni, wo die letzte Gerste gesäet wird.

Bei kleinern Flächen wird der Klee häufig im Herbste mit langem Dünger bedeckt, welcher im Frühjahr wieder abgeharkt wird. Dann werden im Frühjahre die auf dem Lande befindlichen Steine sorgfältig abgelesen, und der Klee mit Gyps oder Düngesalz, auch wohl mit Asche, Ruß 2c. bestreut. Er wird meist nur ein Jahr benutzt, und demnächst 2-, auch in günstigen Fällen wohl 3mal geschnitten. Den in die Brache angesäeten Klee mähet man dagegen gewöhnlich nur einmal und pflügt dann den zweiten Schnitt zur Düngung unter. Sobald er anfängt die Blüthen anzusetzen, wird mit dem Abschneiden zum Grünfutter gewöhnlich begonnen, zu Heu wird er erst dann gemäht, wenn er in voller Blüthe steht. Der Ertrag an trocknem Futter stellt sich zwischen 36 und 48 Ctr. pro Morgen.

Der weiße Klee steht meist in der Brache, zuweilen auch in der 2. oder 3. Geile; er wird breitwürfig, wie der rothe Klee gesäet und bei der Aussaat ebenso behandelt. Im Durchschnitt rechnet man 6 Pfd. auf den Morgen, selten bis 8 Pfd. Die Zeit seiner Aussaat fällt in dieselben Perioden, wie die des rothen Klees. Im Frühjahre wird das Feld möglichst von Steinen befreit und dann zuweilen mit Düngsalz bestreut, weil das Vieh den Klee alsdann sehr gern frißt; mit Gyps wird er deshalb nicht bedüngt, weil man annimmt, daß jenes leicht darnach aufbläht. — Er wird meistens auch nur ein Jahr benutzt, und zwar nur zur Weide, nebenbei auch in kleinen Flächen zur Saamengewinnung. — Sobald er etwa eine Handhoch herangewachsen ist, wird er dem Vieh zur Weide eingeräumt.

Gemischte Klee- und Grassaat wird im Kreise nicht angebaut.

Für Lucerne wählt man am liebsten ein möglichst tiefgründiges, noch in kräftiger Düngung stehendes Feld, wo möglich nach Kartoffeln. Der Saamen wird entweder mit dem Sommergetreide, oder für sich allein angebaut, und rechnet man auf den Morgen zu einer vollen Saat 14 bis 16 Pfd. Die Aussaat selbst geschieht im April oder Mai. Ist ihr Stand im ersten Jahre nicht so stark, daß sie im Stande ist, das mit aufwachsende Unkraut unterzuhalten, so wird sie gejätet, dann aber jährlich im Herbste mit eisernen Eggen geeggt und im Frühjahre mit Gyps besäet. Ihre Benutzung beginnt im 2. Jahre und dauert 8 bis 10 Jahre; bei sorgfältiger Behandlung, und hauptsächlicher Aufmerksamkeit darauf, daß kein Gras einwuchert, auch wohl einige Jahre länger. Sie gewährt meist 3 volle Schnitte, besonders, wenn der erste vor dem Eintritt der vollen Blüthe genommen ist, und steigt ihr Ertrag an trocknem Futter bis über 50 Ctr. pro Morgen.

Dieses Futterkraut wird im Ganzen im Kreise wenig cultivirt, wohl meist aus dem Grunde, weil die Districte, welche den für sie geeignetesten Boden haben, viele Wiesen und für das Milchvieh gute Weiden besitzen.

Esparsette sieht man vorzüglich auf dem schweren Kleiboden der Kirchspiele Lohne und Neuengeseke cultivirt, und meistens da auf solchen Gründen, welche durch ihre zähe Beschaffenheit immer schlecht zu verarbeiten sind. Sie wird entweder für sich allein, oder mit Hafer gleichzeitig ausgesäet und rechnet man auf 1 Morgen 3 bis 3½ Scheffel. Wird die Esparsette für sich ausgesäet, so geschieht dies meist im Herbste, im Anfange des September in ein gebrachtes und gedüngtes Feld, wird sie aber mit Hafer gesäet, so fällt ihre Aussaat in den Mai. Sie wird sorgfältig in den ersten Jahren vor Unkraut und Gras gewahrt und dann wo möglich jahrlich im Herbste geeggt und im Frühjahr gegypst. Erst im 3. Jahre nach der Saat fängt sie an nutzbar zu werden und dauert ihre Benutzung dann 6 bis 7

Jahre; nach dieser Zeit läßt ihr Ertrag nach, so daß sie dann meistens umgebrochen wird. Sie gewährt jährlich einen vollen Schnitt und wird dann gemeiniglich von Rindvieh abgehütet. Schaafe jedoch läßt man nicht darauf weiden. Zu Grünfutter wird sie gemäht, sobald sie mit der Sense zu fassen ist, was in günstigen Jahren schon Anfangs April stattfindet. Zu Heu aber wird sie erst genommen, wenn sie in voller Blüthe steht. Ihr Ertrag an trocknem Futter ist 24 bis 26 Centner pro Morgen.

Die Esparsette liebt bekanntlich einen kalkhaltigen Boden, doch auf dem Mergelboden der Haar hat sie trotz vielfältig angestellter Versuche bis jetzt noch keinen gedeihlichen Fortgang nehmen wollen, woran hauptsächlich die horizontale Lage des Gesteins und die wenigen darin befindlichen Klüfte und Spalten Schuld sein mögen, wodurch die Wurzeln verhindert werden, in die Tiefe zu dringen und deshalb die Pflanzen bald wieder eingehen. Die Ortschaften der Kirchspiele Lohne und Neuengeseke haben dieselbe Lage des Mergelgesteins, doch sind die obern Schichten nicht so fest, als an der Haar. Sobald aber diese von den Esparsettewurzeln durchdrungen sind, gelangen sie auf einen festen Mergelsandstein, und erklärt sich hieraus auch die nur wenig jährige Dauer und Nutzbarkeit.

Der Spergel ist zwar hin und wieder im Kreise anzubauen versucht, doch sind die Versuche ungünstig ausgefallen und hat man deshalb seine Cultur gänzlich jetzt unterlassen.

Als Grünfutter zum ersten Abfuttern im Frühjahre wird Roggen verwendet, der dann meistens, jedoch nur in kleinen Stücken in den Hausgärten angesäet wird. Er kommt dann gewöhnlich in die Stücke, welche frühe Kartoffeln getragen und wird doppelt so stark, wie gewöhnlich, also 2 Scheffel pro Morgen angesät. Die Aussaat findet Ende August oder Anfangs September statt, und wird er im Frühjahre, bevor der junge Klee genommen werden kann, verfuttert.

Als Mengfutter wird ein Gemisch von Wicken und Hafer häufig cultivirt, und wird diesem sein Stand meistens in der Brache angewiesen. 2 bis 3mal wird dazu gepflügt und eine möglichst starke Düngung gegeben, damit das Futter recht geil und saftig werde. Das mittlere Aussaatquantum ist 2 Scheffel, halb Hafer und halb Wicken. Die Aussaat findet gewöhnlich in Zwischenräumen von 8 bis 14 Tagen statt, von Anfang des April an, so daß das Futter zwischen dem 1. und 2. Kleeschnitt zeitig ist, wo es dann einen guten und vollen Schnitt gewährt; es wird selten zum Trocknen benutzt, doch ist auf einen Ertrag von 20 bis 25 Ctr. pro Morgen an Heu zu rechnen, nach Verschiedenheit des verwendeten Düngers und der aufgewandten Arbeit.

Sonstige Futterkräuter werden allgemein nicht angebaut. Mit der Pimpinelle wurden in den letzten Jahren Versuche angestellt, die sehr günstig ausgefallen sind, und deshalb auch zur Fortsetzung derselben, besonders auf den schlechtern Ländern an der Haar, dringend auffordern. Sie wird vom Viehe sehr gerne gefressen, gewährt mindestens 2 gute Schnitte auch da, wo der Klee mit Sicherheit nicht gezogen werden kann, und scheint sich besonders als Weidepflanze für die Schaafe zu eignen, da sie nach dem Abfressen immer desto stärker wieder ausschlägt.

Den Halmfruchtbau anlangend: so steht hier der Weizen selten in der reinen Brache; meist wird ihm sein Standort nach besömmerter Brache, nach Klee, Hülsenfrüchten oder Wurzelgewächsen angewiesen. Auch folgt er nach Raps und Rübsen, wo diese nach vorheriger Brache gebaut werden, und widmet man ihm immer die schwereren thonigen Gründe. Seine Bestellung, wenn er in der Brache gesäet wird, ist nach 3 bis 4maligem Pflügen und kräftiger Düngung; nach Klee und Kartoffeln wird er gewöhnlich einfährig bestellt. Nach Rauhfutter pflegt man meistens das Land zur Vertilgung des etwa vorhandenen Grases abzustreichen und auszueggen, zu düngen und dann zur Saat zu pflügen. Das gewöhnliche Aussaatquantum ist 12 bis 14 Metzen pro Morgen, welche, nachdem sie die gebräuchliche Vitriolbeize erhalten haben, etwa 1 Scheffel gequellten Saamen geben. Die Aussaat findet von Ende September bis Anfang November statt, und zieht sich oft noch spät in den November hinein.

Nur bei einzelnen Wirthen findet ein Aufeggen des Weizens im Frühjahre statt; trotz des günstigen Erfolges stemmt sich das Vorurtheil des Landmannes noch dagegen, indem dieser stets befürchtet, durch die Egge zu viele Pflanzen zu vertilgen. — Die Erndte findet im nördlichen Theile des Kreises im Anfange des August, im südlichen mit Ende August statt, ja oft sogar erst im September. Der Ertrag an Körnern stellt sich nach Verschiedenheit der Bodengüte zwischen 4—8 und 12 Scheffeln und an Stroh auf 700—1500 und 2000 Pfd. pro Morgen. Ein gewöhnliches Verhältniß des Strohes zum Korn ist, wenn aus 40 bis 50 Garben, à 6 Pfd. incl. Korn, 1 Scheffel gedroschen wird.

Sommerweizen wird nur wenig cultivirt und entweder statt des durch Schneckenfraß ꝛc. ausgegangenen Roggens, oder auch wohl an Stelle der Gerste auf feuchten und sonnigen Feldern gesäet. Nach ausgegangenem Roggen erhält er eine, sonst drei Furchen, und rechnet man 1 Scheffel pro Morgen Einsaat. Die Aussaat findet Ende April oder Anfang Mai statt; die Erndte tritt mit Ende August ein. Der Ertrag an Körnern stellt sich gegen 7 bis 8 Scheffel pro Morgen, mit einem Strohertrage von 1000 Pfd.

Der Winterroggen wird hauptsächlich in reine Brache gesäet, dann aber auch nach besömmerter Brache und wo freie Wirthschaft ist, nach sich selbst, nach Weizen und Hafer. Wird er in reiner Brache angebaut, so bekommt er mindestens 4 Pflugarten und eine volle Düngung von 4 bis 5 Fudern pro Morgen. Wo er nach Rauhfutter oder Klee gesät wird, erhält er meist eine flache Furche, die zur Vertilgung des Grases und Unkrautes tüchtig abgeeggt wird, dann eine gute Düngung, und wird er demnächst auf die Furche, womit der Dünger untergebracht ist, breitwürfig ausgesät. Folgt er nach Halmfrüchten, so giebt man ihm stets eine Düngung und meist 3 Furchen. Die Zeit der Aussaat beginnt mit Anfang September für den südlichen Theil des Kreises, und mit Ende September für den nördlichen. Nach der Zeit der Aussaat richtet sich auch das Aussaatquantum, und wird bei dem früh gesäten Roggen 12 Metzen und bei dem spätern bis 1 Scheffel pro Morgen gebraucht. — Die Erndte tritt in den letzten Tagen des Juli bis gegen den 10. August ein. Der Morgen liefert einen Ertrag an Körnern von 8 bis 14 Scheffeln, nebst einem Strohgewinn von 1600 bis 2800 Pfd. Auf den höheren Feldern der Haar, wo der Strohwuchs nicht so stark ist, als in der Niederung, ist das gewöhnliche Verhältniß des Strohes zum Korn, daß 40 Garben à 6 Pfd. 1 Schfl.

geben; in der Umgebung des Hellweges liefern jedoch 55 bis 60 Garben 1 Scheffel.

Die große Gerste, welche ausschließlich im Kreise gebaut wird, folgt immer nach Roggen, welcher in der Brache gestanden, also in 2ter Fettung (Gaile). Sie erhält 3 Pflugarten und wird nur in mürben, klar zurechtgemachten Boden gesäet. Wo Schaafe gehalten werden, erhält sie meist noch einen halben Hordenschlag. Auf 1 Morgen rechnet man 16 bis 18 Metzen, und fällt die Aussaat im nördlichen Theile des Kreises in die letzte Hälfte des Mai, im südlichen dagegen erst in den Juni; jedoch muß auch hier bis zum 15. die Einsaat beendigt sein. Meist wird sie nach dem Säen gleich zugewalzt, um ein rasches und gleichmäßiges Aufgehen zu befördern. Die Erndte tritt im August bis Ende September ein, je nachdem die Einsaat früher oder später erfolgte. Der Ertrag pro Morgen steht zwischen 8 und 15 Scheffeln pro Morgen, mit einem Strohertrágniß von 1000 bis 1400 Pfd. Der Ausdrusch ergiebt gewöhnlich von 19 bis 20 Garben, à 6 bis 7 Pfd., 1 Scheffel Korn.

Wintergerste wird wenig angebaut. Man bauet sie entweder statt Sommergerste nach Roggen, oder in reiner Brache. Ihr Ertrag ist aber nur dann lohnend, wenn sie sehr früh und in frisch gedüngtem Lande gesäet wird, weil sie, wenn sie sich nicht sehr bestockt hat, dem Auswintern zu sehr ausgesetzt ist. Nach

Roggen erhält sie 2 Pflugarten, und wird sie dann selten nur gedüngt. In der Brache kommt ihr die ganze Bracharbeit mit der vollen Düngung zu gute. Zur Saat rechnet man 1 Scheffel pro Morgen. Die Einsaat fällt in die letzten Tage des August oder die ersten des September, ihre Erndte in die letzten Tage des Juni bis Anfang Juli. Häufig giebt sie bis 26 Scheffel pro Morgen und einen Strohgewinn von 12 bis 1600 Pfd. Aus 17 bis 20 Garben im Gewichte von 6 bis 7 Pfd. erwartet man einen Scheffel Korn.

Der Hafer ist mehrstens die letzte Saat, auch wird ihm die letzte Stelle im Turnus angewiesen. Er erhält 2 Pflugarten, und wird theilweise, und zwar mit günstigem Erfolge, auf die Herbstfurche gesäet und dann blos eingeeggt. Auf den Morgen werden 20 bis 24 Metzen Einsaat gerechnet; diese findet vom Eintritt des Frühjahrs an bis zu Ende Mai statt. Zuweilen wird der aufgegangene Hafer geeggt, doch will trotz des günstigen Erfolges das Eggen noch keinen rechten Eingang finden. Eine andere Behandlung dagegen ist allgemeiner. Der Hafer, wenn er durch unmittelbar nach der Einsaat folgenden Regen zugeschlagen, oder das Land an und für sich sehr steif war, und nicht tüchtig klar durchgeeggt werden konnte, wird, sobald er anfängt den Graskeim zu treiben, ganz flach aufgepflügt, und dann wieder glatt geeggt. Diese

Behandlung wirkt sehr vortheilhaft auf das Gedeihen des Hafers und verdiente allgemeiner angewendet zu werden, wie es der Fall ist. Die Erndte erfolgt, je nachdem die Einsaat früh oder spät geschah, gegen die Hälfte August bis Ende September. Der Morgen giebt einen Körnerertrag von 8 bis 16 Scheffeln, mit einem Strohgewicht von 6- bis 1600 Pfund. Durchschnittlich sind 20 Garben von 6½ bis 7 Pfd. zu einem Scheffel Hafer erforderlich.

Erbsen läßt man in der gewöhnlichen Reihenfolge nach Gerste folgen; sie werden einjährig bestellt, und wird auf den Morgen 15 bis 16 Metzen Saamen gerechnet. Die Aussaat geschieht Ende April bis Mitte Mai. Selten wird zu den Erbsen gedüngt, und wo es geschieht, wird der Dünger mit der Saatfurche untergepflügt. Die Erndte erfolgt Mitte bis Ende August. Der Körnerertrag variirt zwischen 5 bis 8 Scheffeln. An Stroh geben sie zwischen 1200 und 2000 Pfund.

Die Linsen erhalten in dem Fruchtumlaufe dieselbe Stelle, wie die Erbsen, doch werden sie meist nur auf den schlechtern und dünnern Aeckern an der Haar angebaut. Ihre Aussaat geschieht auf die erste ungedüngte Furche, nachdem das Land vorher klar abgeeggt ist, zu 12 Metzen auf den Morgen, gegen Anfang Mai. Die Erndte erfolgt dann gegen

Ende August. Der Ertrag stellt sich auf 6 bis 8 Schfl. pro Morgen, mit einem Strohertrage von 5 bis 900 Pfd. Mehrentheils werden sie als Raufenfutter für die Pferde verwendet und werden nur so viel ausgedroschen, als zur Aussaat wieder erforderlich sind.

Wicken werden nach Gerste oder Hafer, meistens auf die leichtern oder steinigern Aecker gesäet, die den gröbern Rankenfrüchten, den grauen Erbsen, nicht mehr recht zusagen. Sie werden einfährig, ohne Dünger bestellt, und zu 14 bis 16 Metzen pro Morgen gegen Mitte bis Ende April ausgesät. Die Erndte fällt in die letzten Tage des August und geben sie einen Körnerertrag von 5 bis 7 Scheffeln mit 1000 bis 1500 Pfd. Stroh vom Morgen. Meist werden sie ungedroschen zu Schaaffutter, besonders für die Mutterschaafe gebraucht, und nur das zur neuen Saat erforderliche Quantum wird ausgedroschen.

Die Bohnen erhalten ihren Platz in dem schwersten und tiefsten Boden, im gewöhnlichen Fruchtumlauf ebenfalls nach der Gerste. Ihre Bestellung geschieht immer in frischen Dung, etwa 4 Fuder auf den Morgen, und werden sie mehrentheils mit dem Dünger flach eingepflügt. Oft bleiben sie in rauhen Furchen liegen, bis sie gekeimt sind, und werden dann erst eingeeggt. Die gewöhnliche Saat sind 24 bis 28 Metzen auf den Morgen und säet man sie wo möglich schon im März, sonst früh im

April. Die Erndte erfolgt Ende August bis Mitte September. Ihr Körnerertrag ändert von 6 bis 10 Scheffeln nebst 12= bis 1800 Pfund Stroh ab.

Die grauen Erbsen — welche man hier allgemein mit dem Namen Rauhfutter bezeichnet — werden selten für sich angebaut, sondern meistens mit Wikken vermischt. Sie kommen auf die bessern Aecker nach der Gerste auf die erste Furche, fast immer ohne Düngung. Auf den Morgen rechnet man 20 bis 22 Metzen. Die Aussaat findet im Frühjahre, sobald die Witterung es erlaubt, die Erndte mit Ende August statt, und werfen sie einen Ertrag von 8 bis 12 Scheffel Korn mit 12= bis 1800 Pfd. Stroh pro Morgen ab. Dieses Rauhfutter bildet einen großen Theil des Futters für die Pferde, denen es im Winter, mit einem Zusatz von Hafer= oder Weizenstroh geschnitten, gegeben wird. Ausgedroschen dient es als Mastfutter für die Schweine und wird es fast regelmäßig dem Roggen zur Bereitung von Schwarzbrod zugesetzt. —

Zum Wurzelgewächsbau übergehend, und hier uns zunächst zum Kartoffelbau wendend, bemerken wir, daß dieser Frucht allgemein ein möglichst mürber Boden, entweder nach Roggen oder auch sehr gern nach Klee angewiesen wird. Der Acker wird sehr klar, durch 3= bis 4maliges Pflügen zurechtgemacht, dann gedüngt und mit dem Dünger die Kartoffel in die zweite Furche flach eingepflügt. Häufig wird jetzt auch der Dünger schon im Herbste ausgefahren, wodurch nicht nur im Frühjahre der Boden sehr mürbe, sondern auch anscheinend der herrschenden Kartoffelkrankheit mehr oder weniger vorgebeugt ist. Das gewöhnliche Aussaatquantum ist 8 bis 12 Scheffel auf den Morgen, die gangbare Pflanzzeit von Anfang bis Mitte Mai. Ihre Bearbeitung findet theils mit der Handhacke, theils mit der Pferdehacke statt. Die Bearbeitung mit der Hand kommt hauptsächlich nur bei kleinern Flächen vor, wo die Kartoffeln entweder mit dem Spaten, oder auch hinter dem Pfluge, jedoch in jede Furche gelegt sind, so daß hier die Zwischenräume zu enge sind, um eine Bearbeitung mit der Pferdehacke zu gestatten. Auf den größern Stücken, wo das Einlegen in ein um die andere Furche geschehen, werden sie mit dem Kartoffelpfluge ein-, auch bisweilen zweimal angehöht, nachdem vorher das Unkraut, mittelst eines flachen Bearbeitens mit der Handhacke oder mittelst eines 3füßigen Exstirpators, in den Reihen vertilgt ist. Die Erndte der Kartoffeln erfolgt gegen Michaelis bis Ende October, und werfen sie einen Ertrag von 100 bis 180 Scheffel pro Morgen ab. Die am mehrsten angebaute Sorte ist die gewöhnliche weiße, demnächst die große hellblaue mit glatter Schale. Zur Saat werden entweder die mittlern Knollen ausgesucht, oder die größern zerschnitten. Vom Zerschneiden ist man in den letzten Jahren sehr zurückgekommen, weil die abgeschnittenen Stücke häufig trockenfaul wurden und nicht aufgingen. Lieber werden dafür die ganz kleinen Kartoffeln zur Saat gebraucht, deren dann 2 in ein Loch geworfen werden.

Die Runkelrüben werden zwar in fast allen Wirthschaften angebaut, doch meist nur in kleinen Quantitäten. Es wird ihnen ihr Platz in großen Außengärten, oder an ein- für allemal dazu bestimmten Stellen im Felde angewiesen, wo sie immer in sehr kräftiger Düngung stehen und größtenheils mit dem Spaten und der Hacke behandelt werden. Wo sie auf einzelnen Gütern im Großen auf dem Felde gezogen werden, erhalten sie ihre Stelle auf möglichst tiefgründigen Aeckern und wird der stark gedüngte Boden so oft geackert, als zu seiner völligen Klarmachung und Lockerung erforderlich ist. Entweder werden dann die Kerne im April hinter dem Pfluge auf die Furchenkämme, oder auf das gleich geeggte und durch den Marqueur bezeichnete Land gelegt, oder die im Garten gezogenen Pflanzen werden Anfangs Juni auf das vorbereitete Feld gepflanzt, wo man dann auf einen Morgen bis 11500 Pflanzen rechnet. Sie werden immer mit der Hand bearbeitet, was bei den in Kernen gelegten zweimal, und bei den ausgepflanzten einmal geschieht. Mitte October beginnt die Erndte, indem gewöhnlich das noch daran befindliche Laub mit einer Sichel abgeschnitten und dann die Runkelrüben ausgegraben werden. Ihr Ertrag ist zwischen 120 und 200 Ctr. Mehrentheils werden die Blätter schon von August an für die Schweine, mitunter auch für das Rindvieh abgeblattet. — Die Runkelrüben werden nur zum Gebrauch für das Vieh angepflanzt, weshalb auch nur die größten Sorten, ohne Berücksichtigung ihres Zuckergehaltes cultivirt werden.

Die Kohlrüben kommen lediglich in der Gartencultur vor, und werden sie auch meist nur als Nahrungsmittel für die Menschen verbraucht.

Die Wasserrübe wird theils als Brachrübe, theils als Stoppelrübe cultivirt. Im ersten Falle wird sie gegen Johannis in möglichst klar und mürbe zurechtgemachten Acker gesäet, der wo möglich mit kurzem Dünger oder fetter Erde gedüngt ist. Ist ihr Stand nach dem Aufgehen zu dick, so eggt man, wenn die Rüben fingerslang sind, das Feld tüchtig durch, was für das fernere Wachsthum von sehr gutem Erfolge ist. Wenn alles andere Grünfutter verzehrt ist, werden die Rüben erst aufgenommen, und dann vor und nach die Blätter mit dem Vieh verfuttert, die abgeschnittenen Rüben aber zum Futter für den Winter aufbewahrt. Der Ertrag der Rüben stellt sich bis 10 Fuder pro Morgen mit einem annähernden Gewichte von 120 Ctr. — Die Stoppelrüben werden, sobald der Roggen gemäht, mit Ende Juli oder in den ersten Tagen des

August in die umgestürzten Stoppeln gesäet. Sie geben zwar keinen so hohen Ertrag, als die Brachrüben, doch dienen sie hauptsächlich als Uebergangsfutter vom grünen zum trocknen, indem mit dem Ende der Weidezeit dieselben zwischen das Trockenfutter zerschnitten dem Viehe vorgelegt werden.

Die Möhren werden nur in den Hausgärten gezogen, nur zur menschlichen Nahrung verwendet und als Viehfutter nicht gebraucht. —

Betrachten wir endlich den Handelsgewächsbau, so sieht man zuvörderst den Raps nur auf einigen wenigen Gütern im Kreise gebaut. Es wird ihm da der tiefgründigste beste Boden in dem jedesmaligen Brachschlage angewiesen. Das Land wird mindestens 4- bis 5mal gepflügt, damit dasselbe möglichst klar und mürbe wird, und erhält er eine volle Düngung von 5 bis 6 Fudern pro Morgen und wo möglich noch einen halben Hordenschlag. Die Aussaat geschieht dann auf das klar zurechtgemachte Land breitwürfig, zu 1 Metze auf den Morgen. Je früher die Aussaat bewerkstelligt werden kann, auf desto sicheren Ertrag ist zu rechnen, weshalb schon Ende Juli die Aussaat beginnt, welche über den 15ten August nicht verschoben wird. Die Erndte erfolgt Anfangs Juli. Der Morgen giebt in günstigen Fällen einen Ertrag bis 20 Schfl. Die Garben werden selten gebunden, meistens bleiben sie los auf der Erde liegen und werden dann mit eigenen Saatgabeln aufgeladen.

Der Winterrübsen wird häufiger angebaut. Entweder wird ihm reine starkgedüngte Brache angewiesen, oder er wird ohne Dünger, oft nach Gerste, oft auch nach Hafer gesäet, so daß er in diesem Falle in der Brache als Brachfrucht steht, in welchem Falle man ihn Raksaat nennt. Brachrübsen erhält bei guter Düngung 4 bis 5 Pflugarten, und wird, nachdem das Land vorher klar abgeeggt, breitwürfig beinahe zu 1 Metze auf den Morgen ausgesäet. Die Aussaat fällt in die letzten Tage des August, die Reife Ende Juni oder Anfang Juli. Er wirft einen Ertrag von 5 bis 10 Schffl. und in sehr günstigen Fällen von 15 Schffl. ab. Der sogenannte Raksaamen wird häufig mit der im Juni ausgesäeten Gerste ausgeworfen, so daß er, wenn die Gerste das Feld räumt, deren Platz gleich einnimmt. Wird er nach Hafer als Brachfrucht gesäet, so wird die Haferstoppel ein- bis zweimal flach gepflügt, um Gras und Unkraut zu vertilgen, dann dem Lande eine ziemlich tiefe Furche gegeben, dasselbe klar abgeeggt und demnächst der Saamen breitwürfig darauf gesäet. War das Land noch in einiger Kraft, und nur solches wird in der Regel dazu genommen, dann giebt dieser Saamen bei günstigen Jahren oft noch einen Ertrag von 7 bis 10 Scheffeln; geräth er nicht, so ist nichts weiteres verloren, als der wenige Saamen, indem die aufgewandte Pflugarbeit der folgenden Brache wieder zu Gute kommt.

Der Sommerrübsen wird fast immer als Brachfrucht gesäet, indem die späte Aussaat eine völlige Brachbearbeitung des Landes gestattet. Da man ihn nur in kleinen Flächen, nur zum häuslichen Bedarf anbaut, so wird ihm in der Regel eine starke Düngung von Hof- und Spanerde gegeben, oder sehr kurzer Mist mit der Saatfurche untergebracht; auf das sehr fein vorbereitete Land wird er dann Mitte Juni breitwürfig ausgesäet, mit einem Eggenstrich untergebracht und gleich zugewalzt. Der Ertrag steigt selten über 8 Scheffel und fällt in ungünstigen Jahren oft bis 3 oder 4 Schffl. vom Morgen.

Den Dotter bauet man ebenfalls meist als Brachfrucht, wo er dann dieselbe Behandlung, wie der Rübsen erhält, nur mit dem Unterschiede, daß er noch mehr mit Strohmist gedüngt wird. Das Land wird fein vorbereitet, und der Saamen dann, früh im Mai, breitwürfig, 1 Metze auf den Morgen, ausgesäet. Der Ertrag pro Morgen stellt sich auf 6 bis 10 Scheffel. — Der Dotter wird deshalb gern gesäet, weil er weniger Feinden und minder dem Mißrathen ausgesetzt ist, als der Rübsen. Ist er nur erst gleichmäßig aufgegangen, so wird die Erndte als ziemlich gesichert betrachtet.

Auch das Oel wird dem Rüböl gleich gehalten, nur die davon gewonnenen Kuchen hält man für nicht so gut als Rübsenkuchen.

Den Mohn zieht man nur hin und wieder in den Hausgärten zum eignen Bedarf und zwar wird hauptsächlich der blaue Mohn mit geschlossenen Köpfen gesäet. —

Den Lein cultivirt man entweder statt der Gerste oder nach Klee. Das Land wird möglichst klar durch mehrmaliges Pflügen und tüchtiges Eggen und Walzen zubereitet, und wenn es nicht in hinlänglichem alten Dunge steht, mit kurzem Mist oder Erde, oder mit den Hürden gedüngt. Die Aussaat geschieht an einem möglichst windstillen Tage, jedesmal des Vormittags, nachdem das Feld vorher ganz fertig geeggt ist; der Saamen — wovon man auf den Morgen 2 bis 2½ Schfl. rechnet — wird dann durch leichtes Eineggen untergebracht. Der Lein- wird als Früh- und Spätlein gebaut. Im erstern Falle geschieht die Aussaat im Anfange des April. Allgemeiner ist der Spätlein, welcher in der ersten Hälfte des Juni gesäet wird. Nachdem der Lein fingerslang geworden, wird er vom Unkraut gejätet, und, sobald er in die Gelbreife tritt, was gegen Ende August oder Anfang September geschieht, gezogen. Der Ertrag vom Morgen ist gegen 80 bis 100 Bund gerösteten Flachs, welcher nach Verschiedenheit der Qualität an rohem gebrakten und geschwungenen Flachse 3- bis 500 Pfund liefert. Der Flachs erhält allgemein die Wasserröste, wird dann nach etwa 14 Tagen bis 4 Wochen auf einem Stoppelfelde gespreitet, bis der Bast gut abläßt, und demnächst in große Bunde gebunden. Das Brechen geschieht meist mit den Handbrechen, nachdem der Flachs im Ofen oder in der Sonne gedörrt ist. Hin und wieder ist auch in neuerer Zeit eine Brechmaschine in Anwendung gekommen, die aus 3 eingekerbten Walzen besteht, von denen 2 unten liegen und die dritte obenauf geht. Diese Maschine leistet sehr gute Arbeit und fängt vielfach an die Handbrechen zu verdrängen.

Hanf wird im Kreise wenig gezogen, doch haben die einzelnen Versuche gezeigt, daß er sehr gut gedeiht. Als Standort wird ihm ein tiefer mürber Acker als am entsprechendsten zugewiesen, und säet man ihn, nachdem dieser gehörig klar verarbeitet, entweder nach Hordenschlag, oder düngt ihn auch nach der Saat mit ganz kurzem Miste. Zur Aussaat wird auf den Morgen mindestens 3 Schfl. erfordert, und findet diese im Anfang des Mai statt. Ein Jäten ist selten nöthig, indem der Hanf unter sonst günstigen Verhältnissen schnell das Land einnimmt und alles Unkraut überwächst. Wenn der männliche Hanf anfängt trockene Spitzen zu zeigen, wird selbiger ausgezogen. Der weibliche Hanf bleibt bis zur eintretenden Gelbreife des Saamens stehen, wird dann gezogen, in Bündel zusammengestellt und mit einer Strohkappe bedeckt, bis das gehörige Nachreifen des Saamens beendigt, hierauf abgedroschen und, wie der männliche Hanf, nach erhaltener Wasserröste auf dem Felde nachgeröstet. Er erlangt mitunter eine Länge von 6 bis 8 Fuß. Annähernd stellt sich der Ertrag auf 6- bis 800 Pfund rohen ungehechelten Hanf. —

Hopfen wird nur in kleinen Plantagen cultivirt. Man weist ihm da einen gegen die herrschenden und rauhen Winde geschützten, möglichst tiefgründigen Platz an, arbeitet zur ersten Anlage den Boden tief durch, rajolt auch in einzelnen Fällen und düngt vor'm Winter tüchtig. Im nächsten Frühjahre werden die jungen Fechser zu dreien um die, in einer Entfernung von 3 bis 4 Fuß im Kleeblatt eingesetzten, Stangen gepflanzt, bei vorschreitendem Wachsthum angehäuft und an jene angeleitet. Durch mehrmals wiederholtes Behacken und Anhäufen wird die Pflanzung von Unkraut möglichst rein gehalten. Bei der mit Ende September eintretenden Erndte schneidet man die Ranken unten an den Stangen ab, zieht die letzteren auf und pflückt sodann die Hopfenköpfe ab, welche demnächst auf einem luftigen Söller zum Trocknen ausgebreitet werden. Die stehenbleibenden Pflanzen erhalten vor Winters eine Mistdecke, die mit eintretendem Frühjahre abgeharkt und theilweise zur

Düngung mit untergebracht wird. Zeigen sich bei beginnender Vegetation an einem Stocke mehr als 5 Pflanzen, so werden die übrigen abgebrochen. Der Ertrag von den vorhandenen kleinen Anpflanzungen ist nicht von großem Belang, um so mehr, als der Hopfen oft sehr nachlässig behandelt wird. Die gewerblichen Brauer beziehen ihren Bedarf sämmtlich von auswärts und der selbstgezogene Hopfen wird nur zur Bereitung des Haustrunkes verwendet.

Der Kümmel wird im Kreise als Culturpflanze nicht gezogen. Häufig findet er sich in trocknen Wiesen und wird hiervon vielfältig der Bedarf der Hausfrauen zur Käsebereitung entnommen.

Die Cichorie, obschon sie als Caffee-Surrogat in hohem Ansehen steht, bauet man immer nur im Kleinen, oft kaum den eignen häuslichen Bedarf dadurch deckend. Sie wird meistens, mit Möhren untermengt, in den Hausgärten gesäet.

Tabak ist im Kreise bisher nur versuchsweise angebaut worden. Die letzten, mehr ausgedehnten Versuche sind jedoch in jeder Hinsicht sehr günstig ausgefallen, so daß eine weitere Ausbreitung dieser Cultur zu erwarten steht. Man wählt für den Tabak einen möglichst gegen starke Winde geschützten Standort. Der tiefe Thonboden und der mergelige Untergrund scheinen ihm sehr gut zuzusagen. Der Acker erhält eine sorgfältige Bearbeitung und eine Düngung, mit Hordenschlag oder Schweinemist.

Zur Erziehung der Pflanzen wird ein Mistbeet hergerichtet. Gegen Mitte April findet die Aussaat des Saamens statt, und um die Hälfte bis Ende Mai sind die Pflanzen so weit herangewachsen, daß die Auspflanzung geschehen kann. Das Feld wird nun in 2½ Fuß breite Beete mit Zwischenräumen von 1 Fuß abgetheilt und auf diese werden in 1½füßiger Entfernung 2 Reihen Pflanzen ausgesetzt, welche man tüchtig einschlämmt, und bei trockner Witterung mit etwas nassem Grase bedeckt. Sobald die ganze Pflanzung beendigt ist, sind die frühesten Pflanzen schon so weit herangewachsen, daß das erste Behacken beginnen muß. Haben die Pflanzen ungefähr das 4te Blatt getrieben, so wird das Hacken wiederholt und gleichzeitig die Erde an die Pflanzen gezogen. Die jetzt aufschießenden Blüthenstengel werden ausgebrochen, so daß etwa 12 bis 14 Blätter an der Pflanze bleiben, was nöthig ist, damit die ganze Kraft zur möglichsten Ausbildung der Blätter verwendet werde. Die eintretende Reife zeigt sich bei den untersten Blättern, dem Sandgute, zuerst durch Gelbwerden derselben, und wird dann sofort zu deren Erndte geschritten. Demnächst reift die zweite Sorte, das Erdgut, und gegen Anfang Octobers werden die letzten Blätter, das Bestgut geerndtet. Der Zeitpunct der Reife wird sehr genau beobachtet, weil bei zu weit vorgeschrittener Reife Verlust in Qualität und Quantität befürchtet wird. Der günstigste Zeitpunct zur Erndte ist, wenn die Blätter das dunkele Grün verlieren und eine gelbliche Färbung annehmen. Behufs des Trocknens werden die Blätter in dem dicken Rückenstengel aufgeschlitzt, auf 6 bis 7 Fuß lange Stöcke aufgereiht und mit diesen aufgehängt. Nachdem sie die gehörige Trockne erlangt haben, bindet man sie in Bündel zusammen und bewahrt sie bis zum Verkauf an einem trocknen, jedoch vom Zug freien Orte auf. Der Ertrag vom Morgen stellt sich zwischen 16 und 20 Centner.

Wir gehen jetzt zur Viehzucht über, und betrachten zunächst das Rindvieh und dessen Haltung ꝛc.

Die im Kreise gehaltene Race ist mit wenigen Ausnahmen Landschlag, doch ein nach der Oertlichkeit sehr verschiedener. Da, wo Wiesen und Weiden die Viehzucht begünstigen, ist der Viehschlag schwerer, wo diese mangeln, bei weitem leichter, so daß das Gewicht der lebenden Milchkühe zwischen 350 und 600 Pfund schwankt. Bei den Bullen ist im 3jährigen Alter ein Gewicht von 500 bis 1000 Pfd. anzunehmen. Die wenigen zum Zuge verwendeten Ochsen werden größtentheils von Außen eingeführt, und haben diese ein Gewicht von 5- bis 600 Pfd. Die Zeit der Benutzung der Milchkühe dauert oft bis zum 14ten Lebensjahre, die Bullen dagegen werden selten länger benutzt, als bis in ihr 5tes Jahr.

Die Kälber werden nur von einigen wenigen Wirthen zum Saugen zugelassen, und saugen dann in der Regel bis zur 4ten oder 5ten Woche. Meist werden dieselben, sobald sie nur eben erst von der Mutter trokken geleckt sind, von derselben entfernt. In den ersten 4 Wochen erhalten sie dann süße unabgerahmte Milch, welche nach und nach durch abgerahmte Milch mit einem Zusatze von gekochter Gerstengrütze ersetzt wird. Nach Verlauf des ersten Vierteljahres wird die Milch fast ganz abgezogen und ein größerer Zusatz von Gerstengrütze gegeben. Nebenbei erhalten die Thierchen jetzt auch feines Heu und kurz geschnittenes Häcksel, und im Sommer mitunter grünes Futter. Häufig auch werden sie in die in der Nähe der Ställe befindlichen sogenannten Kälberhöfe ans Gras gelassen, doch eben so oft auch das erste ganze Jahr im Stalle behalten. Nach zurückgelegtem 2ten Jahre werden die Rinder zum ersten Male zugelassen, die Bullen aber werden oft schon im 2ten Jahre zur Fortpflanzung gebraucht.

Bei der geringen Cultur der Knollengewächse kann dem Rindviehe im Winter auch hiervon nicht viel verabreicht werden, und meistens bewahrt man die gezogenen Runkelrüben für die frischmilchend werdenden Kühe auf. Die Fütterung im Winter besteht daher auch größtentheils in trocknem Futter, und wird dies in der Regel 3mal umgeschnitten, als Wirrstroh, und 2mal in Häckſel vorgelegt. Letzteres besteht aus Roggen- und Gerstenstroh nebst darauf geschnittenem Rauhfutterstroh, und wo Wiesen sind, aus einem Theile Heu. Sind die Brachrüben gut gerathen, so werden etwas zerstampfte Rüben dem Häckſel zugemischt. Zur Tränke wird das Rindvieh den ganzen Winter hindurch meist ans Wasser gelassen, selten im Stalle getränkt, und nur solchen Stücken wird eine Zulage an Schrot oder Kartoffeltrank gegeben, welche die meiste Milch geben oder frisch gekalbt haben. — Die sömmerliche Ernährung findet großentheils auf Weiden, entweder auf den Kuhkämpen oder auf einem Stücke wilden Klees, und wo beides fehlt, auf dem Brachfelde statt, welches letztere alsdann für die Schaafe geschlossen ist. Auf dem Troge erhalten die Kühe Mittags und Abends Klee vorgelegt, desto mehr, je besser er gerathen ist. Ganze Stallfütterung kommt nur bei einzelnen wenigen Wirthen vor, ebenso, wie auch ganze Weidewirthschaft nicht sehr häufig ist.

Der Verkaufspreis der Kälber stellt sich im Alter von 14 Tagen zu 2 bis 4 Thaler. Der der Kühe, wenn sie frischmilchend sind, zu 25 bis 45 Thaler. Ein guter Bulle wird im 2jährigen Alter häufig bis 30 Thaler bezahlt, und ein Zugochse im Alter von 4 bis 5 Jahren mit 35 bis 45 Thalern.

Der Milchertrag der Kühe sinkt im Winter nicht selten unter ½ Quart, auch steigt er im Sommer nicht leicht über 10 bis 15 Quart, so daß sich der durchschnittliche Milchertrag des Viehes für die 9 Monate, in welchen sie gemolken werden, nicht über 3 bis 7 Quart annehmen läßt. Die Milch wird zu Butter und Käse verarbeitet, letzterer jedoch nur aus der abgerahmten Milch fabricirt. Die Butter findet zu einem durchschnittlichen Preise von 5 Sgr. sehr guten Absatz theils ins Bergische, theils nach dem benachbarten Arnsberg. Der Käse dagegen wird wenig verkauft und dann mit 6 Pf. bis 1 Sgr. pro Pfund bezahlt. Ein Absatz an frischer Milch findet nur in den Städten selbst statt, und können hierbei die ländlichen Viehbesitzer nicht concurriren. —

Die Mastung für den eignen häuslichen Bedarf wird gewöhnlich durch die gewonnenen Rüben bewirkt. Außerdem dienen die in ziemlicher Menge vorhandenen Fettweiden zum Mästen, wo das Vieh bei der ihm eigenthümlichen Anlage zum Fettwerden ein ausgeschlachtetes Gewicht von 400 bis 600 Pfund erlangt.

Der Gebrauch der Ochsen zum Zuge kommt wenig vor, desto häufiger werden Kühe von den kleinern Grundeigenthümern dazu verwendet, welche sich im Ganzen sehr gut dazu eignen; als Zuggeschirr dient ein halboffenes Kummet, welches über den Nacken vor die Schultern gelegt wird.

Die häufigsten unter dem Rindviehe vorkommenden Krankheiten sind da, wo dasselbe noch in die Wälder und Hölzer zur Weide getrieben wird, das Blutharnen und Stockblut, von welchen oft die halben Heerden im Frühjahre befallen werden. Sonstige Krankheiten, besonders ansteckende, treten nur sehr selten auf. —

Was zweitens die Schaafzucht des Kreises anlangt: so wird nur einzeln feine Schäferei betrieben — die meisten Heerden bestehen aus Landvieh. Das durchschnittliche Gewicht der Schaafe stellt sich im lebenden Zustande auf 60 Pfund. Die Schaafe werden bis in ihr 5tes und 6tes Jahr zur Zucht benutzt, während die Hammel theils als Lämmer, theils als Jährlinge umgeschlagen werden. Die Heerden bestehen selten aus mehr als 300 Stück, und sind in der Regel Zuchtschäfereien; Hammelheerden werden nur hier und da, und zwar hauptsächlich von Händlern gehalten. Häufig wird das Muttervieh als Jährlinge schon zugelassen, in der Regel jedoch erst mit dem folgenden Jahre als Zeitvieh. Gegen Michaelis kommen die Böcke unter die Schaafe, bei denen nur darauf gesehen wird, daß sie tüchtige Glieder und viele Wolle haben. Auf 50 Schaafe wird dann 1 Bock gerechnet, der Sprung selbst aber nach gar keinen Grundsätzen geregelt, sondern den

Böcken wie den Schaafen bei der Begattung ganz freie Wahl gelassen. Dadurch kommt es auch, daß häufig schon kräftige Jährlinge den Bock annehmen, wenn diesem nicht, was häufig geschieht, durch ein Zunähen mit Lappen vorgebeugt ist. — Die Lämmer werden meist beim ersten Weidegange der Mutter schon mit herausgelassen, weshalb nicht selten auch spätere Lämmer auf den Weiden geboren werden; diese saugen dann so lange, bis sie wegen Mangel an Muttermilch von selbst sich absetzen.

Selten werden die einzelnen Partieen bei der Aufstallung von einander getrennt; es geschieht dies nur dann, wenn Hammel bei der Heerde sind, von denen zu befürchten ist, daß sie das schwächere Vieh von den Raufen abdrängen. So lange die Mutterschaafe noch nicht abgelammt haben, wird zweimal täglich in Raufen gefüttert; das erste Futter besteht meistens in Wirrstroh, das zweite in halb Stroh und halb ungedroschenen Wicken. Sobald die Ablammung beginnt und die Tage schon länger werden, wird dreimal gefüttert. Das erste Futter besteht dann wieder in Stroh, das Mittagsfutter aus Heu mit übergelegtem Stroh, und das Abendfutter aus Wicken, oder wo es der Heuvorrath erlaubt, wieder aus Heu mit Stroh. Ueberhaupt wird darauf gesehen, daß alles Stroh, was auch dem übrigen Viehe untergestreut wird, erst den Schaafen vorgelegen hat und von diesen ausgefressen ist. — Eine regelmäßige Eintheilung der Rationen für die Schaafe findet nicht statt; dem Ermessen der Schäfer wird es überlassen, mit den geerndteten und aufgefahrenen Futterquantitäten auszureichen, und kommt es daher auch nicht selten, daß bei spät eintretenden Frühjahren große Verlegenheiten in den Schaafstallungen für Beschaffung des Futters entstehen.

Die Hammelschäfereien überwintern selten im Stalle. Meistens treiben diese auf Winterhuden in solche Gegenden, wo entweder viele Wiesen und Weiden, oder kahle Berge mit vieler Heide sind, und wo sich das Vieh dann, so lange die Erde von Schnee entblößt ist, ohne Beifutter ernähren muß. Fällt Schnee ein, so wird gewöhnlich einmal gefüttert, und um so sparsamer, als alles Futter dann für baares Geld erkauft werden muß; den übrigen Unterhalt müssen die Hammel unter dem Schnee sich hervorsuchen. Mit eintretendem Frühjahre kehren diese Heerden in den heimischen Stall zurück und werden nun, wie die zu Hause überwinterten Schaafe, selten mehr auf dem Stalle gefüttert, sondern gleich in die Hürden gebracht.

Im Sommer weist man den Schaafen meist die aus den Gemeinheitstheilungen herrührenden schlechtern Gründe als Weide an, und giebt ihnen, wo diese allein nicht ausreichen, Kleeweide zu. Wo die Aufhude auf fremden Grundstücken stattfindet, sind mehrentheils die Brachen vom 1sten Mai an geschlossen, indem diese als Rindviehhude benutzt werden, und dürfen die Schaafe solche erst wieder betreten, wenn gegen Johanni dieselben umgebrochen werden.

Der Character der Landwolle ist durchgehends sanft und geschmeidig. Wegen ihrer Länge eignet sie sich mitunter sehr gut für den Kamm, wozu sie auch, wie zu den ordinairen Tuchwaaren, stark gekauft wird. Die im Kreise gezüchtete feine Wolle ist sehr sanft und elastisch und würde sie bei rationeller Züchtung gewiß nicht den letzten Rang einnehmen.

Der Wollertrag bei den Landschaafen stellt sich in den Mutterschäfereien zu 2 bis 2½ Pfd. und bei den Hammeln bis 3½ Pfd. pro Stück. Der Verkaufspreis der Mutter, so lange sie zur Zucht gut tauglich, steht von 2 bis 2½ Thlr. Ein Zuchtbock kostet 1 bis 2 Louis d'or und ein ausgewachsener Hammel 3 bis 3¾ Thlr.

Der Verkaufspreis der Wolle variirt zwischen 24 und 34 Thlr. bei den Landschaafen, die feine Wolle dagegen wird mit 55 bis 75 Thlr. bezahlt.

Die am häufigsten bei den Schaafen vorkommende Krankheit ist die Drehkrankheit, sowie noch in den Niederungen die Egelkrankheit und Lungenfäule. Die Drehkrankheit verläuft innerhalb 4 bis 6 Wochen vom ersten äußern Anzeichen an, indem bekanntlich das kranke Thier durch Stehenbleiben das vorhandene Leiden zuerst bekundet, endlich bei fortwährendem taumelnden Rundgehen keine Nahrung mehr zu sich nimmt und dann an Entkräftung eingeht. Die vielfältig mit der Heilung angestellten Versuche haben fast kein Resultat geliefert und steht es daher als Regel fast fest, daß bei den ersten Krankheits-Symptomen die Patienten geschlachtet werden. — Die Egelkrankheit und Lungenfäule kommen in einigen Schäfereien so häufig vor, und werden bei der nassen Beschaffenheit eines großen Theils der Hürden derselben so leicht erregt, daß ein Eingehen des größten Theils der Heerden jedes fünfte bis sechste Jahr zu befürchten steht, wenn nicht durch große Aufmerksamkeit dem Uebel vorgebeugt wird. Leider wird der Salzfütterung, bei der im Ganzen zu wenig aufmerksamen Behandlung der Schäfereien, noch gar zu wenig Aufmerksamkeit geschenkt, und unterliegt es gar keinem Zweifel, daß die letztern Uebel bei gehörig und zur rechten Zeit gegebenen Salzlecken sehr bedeutend an Umfang verlieren würden. — Im Durchschnitt erreicht die Sterblichkeit unter den Schaafen in gewöhnlichen Jahren selten mehr als 6 bis 7 pCt. —

Zur Pferdezucht übergehend, haben wir zuvörderst anzuführen, daß sich als Landschlag die im Kreise gehaltene Pferderace nicht wohl bezeichnen läßt, indem seit langen Zeiten zu viele Pferde eingeführt sind. Der größere Schlag ist mehrentheils Holsteiner, der kleinere dagegen mit dem in dem benachbarten Münsterlande vorhandenen verwandt. Die Größe des ersten Schlages stellt sich auf 17 bis 18 Faust, die des letztern auf 15 bis 16, und ist ein durchschnittliches lebendes Gewicht von 600 resp. 700 Pfund anzunehmen. Die im Kreise gezogenen Pferde werden meistens schon mit dem zweiten oder dritten Jahre verwendet, wenn auch nicht zu schwerer, doch zu oft anhaltender Pflugarbeit, und sind die mehrsten Pferde mit ihrem 15ten Jahre schon völlig abgenutzt, obschon auch Fälle vorkommen, wo 20- und mehrjährige Pferde noch tüchtige Arbeiter sind.

Der Preis eines Arbeitspferdes der größeren Race steht zwischen 100 und 140 Thlr. im Alter von 4 bis 6 Jahren, und selbst ein brauchbares kleineres Pferd in diesem Alter ist selten unter 80 Thlr. zu kaufen.

Die gebräuchlichste Fütterungsmethode besteht darin, daß den Pferden die Garben einer jeden Getreideart so zu Häcksel geschnitten werden, wie sie gewachsen sind, und in der Regel herrscht in den Bauernwirthschaften der Gebrauch, daß auch von derjenigen Getreideart den Pferden geschnitten wird, welche gerade zum Dreschen auf die Tenne gebracht ist. Auf diese Garben erhalten die Pferde dann meist noch Rauhfutterhäckerling geschnitten. Im Winter, wenn alle Arbeit ruht, wird häufig auch nur Stroh mit Wicken zu Häcksel für die Pferde geschnitten, was besonders bei den kleinern

Wirthen der Fall ist. — Das für den Sommer erforderliche Futter — aus Hafer und Wicken bestehend — wird gewöhnlich schon im Ausgange des Winters zu Häcksel bereitet, und in eigens dazu bestimmten Kammern fest eingetreten. Wenn im Mai alles Dreschen beseitigt ist, auch die Feldarbeit sich häuft, beginnt die Fütterung dieses sogenannten Lenzfutters.

In letzterer Zeit fängt man nachgerade an, das Nachtheilige dieser Fütterungsmethode in öconomischer Hinsicht sowohl, als in diätetischer einzusehen, indem nicht nur die Knechte gar nicht in dem zu controliren sind, was sie den Pferden füttern, sondern auch durch die vielen schweren den Pferden gegebenen Körner leicht Blindheit und andere Krankheiten entstehen. Viele der einsichtigeren Wirthe, und namentlich solche, welche bei der Cavallerie gedient haben, gehen daher von dieser alten zur reinen Hafer-Fütterung über und geben bei letzterer den Pferden täglich in der Arbeitszeit 3 bis 4 Metzen Hafer nebst 8 bis 10 Pfund Gras oder Kleeheu. Wo beides in der eignen Wirthschaft noch nicht so vollständig erzielt wird, um den Bedarf völlig zu decken, da kaufen sie Heu zu; doch unterliegt es keinem Zweifel, daß dieses Zukaufen bald aufhören und die Wirthschaften im Stande sein werden, den Bedarf aus selbst gezogenem Futter zu decken, indem nicht nur jetzt eine Menge Stroh zur Einstreu mehr erübrigt wird, welche sonst von den Pferden zerschnitten verzehrt wurde, sondern auch dem Rindvieh das ganze Haferstroh zu Gute kommt, was ehemals die Pferde verthaten.

Im Allgemeinen werden mehr Pferde angekauft als zugezogen, indem für die Zuzucht die Localitäten nicht überall günstig sind und die Stuten bei den Fohlen mehrstens arbeiten müssen.

Die zur Fortpflanzung gebrauchten Hengste sind meist königliche, welche außer der Deckzeit in dem Warendorfer Gestüt aufgestellt sind, und im Frühjahre an der für den Kreis eingerichteten Beschäl-Station Berwicke aufgestellt werden. Außer diesen königlichen Hengsten werden noch einzelne Privat-Hengste verwandt, die jährlich von dem dazu bestimmten Schauamte angeköhrt werden. Die Beschaffenheit der Hengste ist im Allgemeinen zur Hervorbringung eines kräftigen Schlages von Arbeitspferden geeignet und ist nebenbei bei den königlichen Hengsten darauf Rücksicht genommen, daß den Anforderungen an leichtere Pferde ebenfalls entsprochen werde. Die Ergebnisse der jährlich abgehaltenen Remonte-Märkte zeigen am deutlichsten, daß die Pferdezucht im Kreise am Emporblühen ist, indem die Zahl der von der königlichen Remonte-Commission angekauften Pferde in den letzten Jahren immer im Zunehmen war.

Wo die Pferdezüchter nur einigermaaßen auf Verbesserung der Race sehen und es ihnen nicht darum blos zu thun ist, ein Pferd zu produciren, da werden keine andere als königliche Hengste zur Deckung der Stuten verwendet und steigt die Zahl der von einem Hengste gedeckten Stuten oft auf 70 Stück, während bei den Privat-Hengsten durchschnittlich nicht über 30 Stuten anzunehmen sind. —

Die im Kreise vorkommenden Schweine sind ganz einheimischer Race, sie haben einen langgestreckten Körper mit breiten Seiten, kurzen Füßen, kurzem Nacken und langem spitzem Kopfe, an dem die Ohren meist herunterhangen. Die Mutterschweine gebraucht man nach zurückgelegtem ersten Lebensjahre zur Fortpflanzung, und benutzt sie dann längstens 4 Jahre zur Zucht, worauf sie, nachdem sie vorher in den mehrsten Fällen castrirt worden, geschlachtet werden Dasselbe findet bei den Ebern statt.

Das Futter der Schweine besteht in den Abfällen aus der Haushaltung, denen Roggenspreu und fein zerschnittene ungedroschene Gerstgarben nebst etwas Mehl oder gekochten Kartoffeln zugesetzt und welche dreimal täglich vorgelegt werden. Mehrentheils ist in den Höfen ein sogenannter Schweinezwinger, in welchem der Futtertrog sich befindet, und an den die Schweine nach Verschiedenheit der Größe zum Fressen eingelassen werden. Im Sommer fließen den Schweinen noch die Abfälle aus der Molkerei zu, denen statt Roggenspreu und

Gerste junger Klee, Runkelrüben-Blätter und die Abfälle der weicheren Gemüse aus den Gärten zugemengt werden; dabei werden die Schweine, wenn die Witterung es eben gestattet, auf das Feld, oder, wo Waldweide ist, hierhin zur Weide getrieben.

Zur **Mastung** werden hauptsächlich aufgequellte Bohnen, geschrotene Gerste mit untergemengtem Rauhfutter, zuweilen Hafer und dann Kartoffeln verwendet, und ist diese Mast meist in 3 Monaten beendigt. — Von einem Theile des Kreises wird noch ein Mastrecht im Arnsberger Walde ausgeübt, doch ist der Stand der Mastbäume daselbst durch jahrelange schlechte Culturen ein derartiger geworden, daß seit langen Jahren davon kein Gebrauch zur Mastung hat gemacht werden können. Nur für das Faselvieh ist etwa alle 5 Jahre daselbst noch auf ein nothdürftiges Durchwintern zu rechnen, indem die vorhandenen jungen Buchenbestände die erforderliche Nahrung an Bucheckern abgeben.

Das durchschnittliche Gewicht eines ausgeschlachteten Mastschweins stellt sich zu 280 Pfd. Alte Sauen und verschnittene Eber, wenn sie völlig ausgemästet sind, erlangen wohl ein Gewicht von 450, ja 500 Pfd.

Im Allgemeinen ist die **Aufzucht** der Schweine im Kreise vorherrschend, indem nur selten ein Ankauf der Schlachtschweine stattfindet. Dieselbe ist so bedeutend, daß jährlich nicht unansehnliche Transporte von fremden Händlern aufgekauft und hauptsächlich in das

Bergische eingeführt werden. Solchergestalt macht hier die Schweinezucht einen namhaften Erwerbszweig vieler Wirthschaften aus.

Bei den Dorfheerden wird in der Regel ein Eber gehalten, der dann selten unter 20 Sauen zu bedienen hat. Die größeren Grundbesitzer, welche ihre Schweine gewöhnlich durch eigene Hirten hüten lassen, halten schon auf 3 bis 4 Sauen einen Eber, doch werden diesem von den benachbarten Sauen immer so viele noch zugeführt, daß die von ihm gedeckte Zahl auch gemeiniglich gegen 20 beträgt.

Der Verkaufspreis eines 6 bis 8 Wochen alten Ferkels stellt sich im Frühjahre, wo hauptsächlich der Aufkauf für das Bergische stattfindet, zwischen 2 und 3 Thlr.; im Herbste ist er bei weitem niedriger. Ein mageres Schwein, was zum Aufstellen sich eignet, kostet 12 bis 15 Thaler und bei den gemästeten Schweinen variirt der Preis zwischen 9 und 10 Thlrn. pro 100 Pfd.

Die häufigsten Krankheiten, welchen die Schweine unterworfen sind, sind die Bräune und mitunter auch der Milzbrand; diese treten in trocknen und heißen Sommern oft mit solcher Heftigkeit auf, daß nicht selten die halben Schweinebestände der einzelnen Ortschaften daran zu Grunde gehen.

Ziemlich stark werden die Ziegen, das hauptsächliche Milchvieh der geringeren Classe, im Kreise gezüchtet. Schon nach kaum vollendetem ersten Jahre werden sie zur Begattung zugelassen, um möglichst bald einen Ertrag von ihnen zu erzielen, und werden sie meist bis in ihr sechstes Jahr zur Zucht und Milch benutzt. Man füttert sie fast nur auf dem Stalle, indem es überall an solcher Weide, die mit den Ziegen ohne Nachtheil behütet werden könnte, fehlt; höchstens findet ein Ausweiden am Stricke an Feld- und Grabenrändern statt. Ihr Verkaufspreis in den nutzbarsten Jahren steht zu 3 bis 4 Thalern. Nachdem sie zum Milchen nicht mehr taugen, werden sie abgeschlachtet und gewähren so mancher Familie noch ein Stück Fleisch, welche sonst vielleicht das ganze Jahr hindurch nichts bekommen haben würde.

Esel werden auch im Kreise sehr viele gehalten, indem nicht nur fast jeder Bauer einen hat, sondern die mehrsten Mühlenbesitzer deren mindestens 6 bis 8 Stück zu halten genöthigt sind. Ihrer Aufzucht wird im Ganzen wenig Aufmerksamkeit geschenkt, indem die Fortpflanzung meist dem Zufall überlassen bleibt. Im Sommer werden die Esel mit den Kühen zur Weide geschickt, und stehen auch im Winter gewöhnlich bei diesen, so daß sie dasselbe Futter mit ihnen genießen. Sie haben sich dadurch fast ganz unentbehrlich gemacht, daß sie beinahe ausschließlich zur Fortschaffung des Getreides zu und von den Mühlen gebraucht werden, wozu sie auch von den Müllern, welche das Getreide bei den Mahlgästen abholen müssen, verwendet werden; dazu müssen sie sehr häufig alles Grünfutter, welches das Rindvieh verzehrt, den ganzen Sommer hindurch entweder auf dem Rücken oder auf kleinen Karren hereinholen. Der Preis eines Esels in den kräftigsten Jahren steht zwischen 15 und 20 Thalern und ist es nicht selten, daß Esel über 40 und 50 Jahre zum Gebrauche verwendet werden.

Maulesel werden im Kreise selbst nicht gezüchtet, die einzelnen Exemplare, die zur Bearbeitung von kleinen Ackerflächen bis 20 Morgen in Gebrauch sind, sind von auswärts eingeführt und steht ihr Preis auf 40 bis 45 Thaler.

Die Federviehzucht wird fast nur zum häuslichen Bedarf und bei den Bauern außerdem zur Deckung der jährlich als Pacht abzuliefernden Stücke betrieben. Nur wenn die Aufzucht des jungen Viehes besonders gut gerieth, wird davon verkauft; Zweck der Zucht ist eigentlich der Verkauf nicht. Gänse werden sogar sehr häufig von der obern Lippe her in den Kreis in ganzen Triften eingeführt.

Die Bienenzucht findet ebenfalls nicht in sehr großer Ausdehnung und fast nur in Stülpkörben als Schwarmbienenzucht statt. Nur in den Theilen des Kreises, welche dem Walde zunächst liegen, und wo die häufige Heide diese Zucht begünstigt, werden mehr Bienen gehalten. Gegen die Zeit der Blüthe der Heide transportirt man aus einigen Gegenden die Bienen in den Wald, wo sie, wenn das Jahr günstig war, reichlich einsammeln. Zu diesem Zwecke werden starke Schwärme aus ihren alten gefüllten Körben ab-, und in andere leere Körbe übergetrieben und dann mit den schwächern Stöcken, denen man ihren Vorrath beläßt, in die Heide übergesiedelt. Nach Beendigung der Heideblüthe werden die Stöcke nach Hause geholt, des überflüssigen Honigs durch Abnehmen der untergesetzten Kränze entledigt, oder man tödtet die nicht durchständigen Stöcke, um sich nicht Futterbienen aufzubürden. Auch Lüftungsbienenzucht ist einzeln versucht, doch trotz der günstigen Erfolge nicht consequent durchgeführt. Ueberhaupt wird die Bienenzucht nicht in der Ausdehnung betrieben, daß der gewonnene Honig Gegenstand des Erwerbes werden könnte, meistens wird er in den Haushaltungen, die ihn gewinnen, auch verbraucht.

Obschon endlich auf fast allen Gütern Teiche sich befinden, welche mit Fischen besetzt sind, so wird dennoch zahme Fischerei eigentlich wenig betrieben, sondern in den mehrsten Fällen die Fortpflanzung und Cultur der Fische der Natur überlassen, indem in ein und demselben Teiche auch alle Altersclassen von Fischen vereinigt sind. Die gewöhnlichsten Teichfische sind Carauschen, Karpfen und Hechte.

Garten-, Wein-, Obst- und Waldbau.

Ein besonderes Hervortreten des Gartenbaues in einzelnen Theilen des Kreises findet nicht statt, indem die Gärten und ihre Erzeugnisse fast allenthalben nur zum eignen wirthschaftlichen Bedarf verwendet werden. Die feineren Gemüse, besonders Spargel, der viel in den Gärten in der Nähe von Soest und Werl und in einem Theile des Amtes Oestinghausen gezogen wird, finden guten Absatz nach den Städten Arnsberg und Iserlohn. Außerdem sind die Haupterzeugnisse der Gärten: Kraut, Möhren, Erbsen, Große und Stockbohnen (Schwert-, Perlenbohnen); sowie die feineren Speisekartoffeln.

Der Preis der Gartenländereien ist nach der Oertlichkeit und dem Begehr sehr verschieden. In der Nähe von Soest und Werl wird der Morgen oft über 500 Thaler bezahlt, während er auf dem platten Lande oft kaum 100 Thaler erreicht. Die Garten-Anlagen bei den größern Gütern umfassen gegen 2 bis 3 Morgen, und werden sie nach dem Bedarf und der Größe der Güter auch kleiner.

In welchem Verhältnisse endlich der Rohertrag zum Reinertrage stehe, ist um so schwerer zu ermitteln, als fast sämmtliche Gartenproducte nur zum eignen Bedarf verwendet werden, ohne der Haushaltung zur Last gerechnet zu werden, und als ein Verkauf von Gartenfrüchten nur in einzelnen Fällen stattfindet, so daß hieraus auch kein Schluß gezogen werden kann. —

Weinbau wird im Kreise eigentlich nicht betrieben, nur in der unmittelbaren Nähe der Stadt Soest hat der Dr. med. Gauwerky in einem früheren Wallgraben eine Rebenanlage gemacht, von der er bei der ausgezeichnet günstigen Lage in dem Jahre 1842 5 Ohm und in diesem vergangenen Jahre 3 Ohm guten Wein gekeltert hat. —

Schon seit 50 bis 60 Jahren war durch die Bemühungen mehrerer ausgezeichneter Obstfreunde der Obstbau, namentlich in Soest und dessen Umgebung, auf eine ziemlich hohe Stufe emporgearbeitet; nach deren Tode hörten jedoch auch ihre gemeinnützigen Anlagen auf, und es trat mehr oder weniger ein Stillstand bei der Obstcultur ein, bis sie in den letzten Decennien dadurch wieder einen Aufschwung erhielt, daß bei allen Schulen im Kreise auch Obstbaumschulen angelegt wurden, in denen zugleich die Jugend von den Lehrern in Veredlung und Behandlung der Obstbäume unterrichtet wird. Selbst auf allen Bauernhöfen befinden sich fast ohne Ausnahme Obstplantagen, oft bis zur Größe von 3 bis 4 Morgen, in denen auch außer den ordinairen Apfelsorten noch viele feine, besonders Reinetten, Borsdorfer, Cavillen, Pepins 2c. in verschiedenen Abarten zu finden sind. An Birnen werden außer einigen frühen und feinern Sorten auf dem Lande hauptsächlich die Arten gezogen, welche sich besonders gut zum Dörren und

Saftkochen eignen. Die gewöhnliche Zwetsche wird ebenfalls häufig producirt und vielfältig zum Dörren und Muskochen gebraucht. Auch die verschiedenen edlern Kirschenarten finden allenthalben ihre Repräsentanten und werfen solche bei der häufigen Nachfrage für das benachbarte Sauerland einen oft nicht unbedeutenden Gewinn ab. Ueberhaupt bieten die Obstplantagen einzelner Güter und der Städte Soest und Werl eine Menge sehr feinen und edlen Obstes dar, welches sich sowohl durch große Schmackhaftigkeit, als großes und schönes Ansehen auszeichnet.

Zur Anpflanzung der Obstbäume wählt man gewöhnlich eine solche Oertlichkeit, die möglichst sonnig liegt und gegen die herrschenden Winde geschützt ist, zugleich möglichst tiefen und guten Boden hat und in der Nähe der Gehöfte liegt. Anpflanzungen von Bäumen in den Feldern finden nicht statt.

Als Nahrungsmittel wird das Obst hauptsächlich in gedörrtem Zustande verwendet, was besonders bei Birnen und Zwetschen der Fall ist. Die Aepfel dagegen werden mehrentheils grün in den Küchen als Gemüse zubereitet. — Fabrication von Obstwein findet nur ausnahmsweise statt. —

Was schließlich den Waldbau des Kreises betrifft, so besteht hier ein sehr großer Theil der Privatwaldungen aus Niederwald, in welchem Eichen und Birken vorherrschend sind, und ist hierbei mehrentheils eine auf Stockausschlag gegründete 10- bis 15jährige Umtriebsperiode eingeführt. In kleinern, meist in der Nähe der Gehöfte gelegenen Hölzern befinden sich mitunter sehr schöne Eichenbestände, doch findet hierbei eine Betriebsart eigentlich nicht statt, indem die Besitzer nur den eignen Bedarf aus diesen Hölzern decken, oder, um Geld zu machen, die abständigen Bäume verkaufen, und für das abgetriebene Holz dann wieder junge Eichen anpflanzen. — Nur in dem zum Kreise gehörigen Theile des Arnsberger Waldes, dessen vorherrschende Holzart Buchen mit untermischten Eichen ist, wird, soweit er im Besitze von Privaten und Corporationen ist, mehr planmäßig gewirthschaftet, obschon in den wenigsten Fällen auch hier ein eigentlicher Betriebsplan zu Grunde gelegt ist, und mehr der augenblickliche Bedarf und ein ohngefährer Ueberschlag die Größe und Eintheilung der Schläge bestimmt. — Die durch frühere gänzliche Unwirthschaft hier entstandenen sehr bedeutenden Blößen sind seit den letzten 20 Jahren durch häufige Nadelholz-Culturen in etwas verringert, doch bleibt noch, trotz der jährlich regelmäßig fortgeführten Culturarbeiten, sehr viel zu thun übrig, bevor ein gut bestandener Wald erzielt sein wird. Ein wesentliches Hinderniß stellen auch noch die mannigfachen auf dem Walde haftenden Servituten entgegen, deren Beseitigung jedoch durch die allenthalben im Werke begriffenen Ablösungen mit der Zeit zu erhoffen ist.

Das Eichen-Bau- und Geschirr-Holz hat

in den verschiedenen Theilen des Kreises einen sehr verschiedenen Preis, indem das auf dem tiefern Boden in der Nähe des Hellweges und nach der Lippe zu gewachsene zähe und kräftige Holz sehr gesucht ist und im Preise pro Cubikfuß bis 15 Sgr. steigt, während bei dem Holze des Arnsberger Waldes, wo sehr viele alte Bäume und anbrüchiges Holz vorkommen, der Cubikfuß oft bis zu 3 Sgr. heruntergeht. Bei dem Buchenwerkholze stellt sich der Preis pro Cubikfuß zu 5 bis 7½ Sgr., desto höher, je stärker das Holz im Durchmesser ist, indem dies von den Fabricanten der hölzernen Schüsseln sehr gesucht wird. Der Preis des Brennholzes steht in den Städten bis 5 Thlr. pro Klafter Buchenholz und wird von den Eisen-Gewerken das Kohlenholz im Walde mit 2½ bis 3½ Thlr. bezahlt.

Der Werth des abgetriebenen Holzbodens ist auch sehr ungleich, denn im Arnsberger Walde wird er mit 5 bis 7 Thaler bezahlt, in der Nähe der Dorfschaften jedoch bedeutend höher, und zwar um so höher, je mehr der Boden zur Umwandlung in Ackerland sich eignet, und wird er in diesem Falle mit 50 bis 60 Thlr. pro Morgen bezahlt.

Innerhalb der Feldfluren befinden sich noch einzelne Schlaghölzer, doch schwinden diese da immer mehr, wo der Boden zur Umwandlung in Ackerland sich eignet. — Früher wurden, namentlich in der holzärmern Gegend der Niederbörde, die Feldränder, besonders die

Gräben mit Bäumen bepflanzt und diese als Kopfholz in 8- bis 12jährigem Umtriebe benutzt, welche ein nicht unbedeutendes Quantum an Brennholz abwarfen. Seitdem jedoch die Steinkohlen den Verbrauch des Holzes als Brennmaterial bedeutend beschränkt haben, und man eingesehen hat, daß der Ertrag an gewonnenem Holze dem Verluste am Ertrage des Getreides an den Feldrändern nicht gleich kommt, ist man eifrigst bemüht, diese Kopfbäume wieder aus den Feldern zu entfernen, und beschränkt sich ihr Standort jetzt fast lediglich auf die Viehweiden.

Bei dem durchgehends lückenhaften Bestande der Waldungen und den mitunter so bedeutenden Uebergriffen bei der Holzentnahme, — dergestalt daß die vorhandenen Bestände voraussichtlich nicht im Stande sein werden, eine ähnliche Bewirthschaftung für die Folgezeit auszuhalten, — resultirt zwar der augenblickliche Rohertrag mitunter einen ziemlich bedeutenden Reinertrag; berücksichtigt man aber, daß die Waldungen diesen Ertrag nachhaltig nicht gewähren können und später wieder Jahre vergehen werden, bevor ein irgend erheblicher Ertrag zu erzielen sein wird: so sinkt der Reinertrag wieder so bedeutend, daß die Verzinsung der Ankaufs-Capitalien, welche augenblicklich durch die gezogenen Nutzungen mit etwa 3 pCt. stattfindet, schwerlich kaum 1 pCt. abwerfen wird.

Das Münsterland.

Blick auf die Bauernwirthschaften des Münsterlandes.

Der Colone Schriever zu Burtrup im Kreis Münster. Die hiesige Bauernöconomie im Allgemeinen. Die bäuerlichen Zustände im Kreise Lüdinghausen. Generellere Bemerkungen über die Münsterländer Bauern in den Klei- und Sandgegenden. Segensreiche Beispiele. Das Gut Horst im Amte Nienborg.

Der freundlichen Vermittelung des Vereins-Präsidenten, Herrn Regierungsraths v. Brandenstein in Münster, verdanken wir die Kenntniß mancher interessanter Specialitäten der landwirthschaftlichen Verhältnisse und Zustände des Münsterlandes, das uns, wie ganz Westfalen, den mannigfachsten Wechsel dieser darbietet. Folge uns der geneigte Leser zunächst in dem, 8 Aemter enthaltenden, Kreise Münster selbst, nach dem allerwestlichst gelegenen dieser, Rottuln, und zwar nach der Bauerschaft Burtrup, wo wir den Colonen (Zeller oder Bauerhofsbesitzer) Schriever aufsuchen wollen — ein Original, einen schlichten Landmann, der seine Bildung lediglich sich selbst zu verdanken hat, ein Genie, dessen glänzendere Entwickelung durch die Gewalt der Umstände gehindert worden ist. Er übernahm das Erbgut seiner Eltern sehr verschuldet und vernachläßigt. Seine unermüdliche Industrie hat dasselbe von allen Schulden befreit, ihm die Mittel gewährt, Capital zu sammeln, und sogar eine kleine Bibliothek sich zu verschaffen, welche er vortrefflich zu benutzen weiß. Seine kleine Wirthschaft ist, in ihrer Art, musterhaft, und er ist durch Beispiel und Belehrung der Mentor seiner benachbarten Standesgenossen. Ehrenwerth von Character und ein guter Staatsbürger, ist er nicht nur ein wahrer Schatz für den landwirthschaftlichen Kreisverein Münster, dem er als Vorstandsmitglied angehört, sondern auch ein umsichtiger Beurtheiler und Vertheidiger des Fortschritts zum Bessern.

Als im Jahr 1821 die Theilung der hiesigen Gemeinhüter und Wöhdelande bei der General-Commission eingeleitet, und 1827 beendet, die daraus erwachsenen Kosten, wegen Unvermögenheit der Interessenten, bis zur Erndte 1832 theilweise gestundet wurden: war auch unser Schriever in größter Verlegenheit, wie er sich bei der Reform, mit Berücksichtigung der den Bauern so viel gepredigten Lehren von Wechselwirthschaft und Stallfütterung, zurechtfinden werde. Im Jahre 1829 und 1830, auch 1831 ward wegen der mißlichen Witterung und daraus entstandenem Mangel und Theuerung, das Loos der hiesigen Grundbesitzer noch verzweifelter. 1832 erschien im Westfälischen

Gewerbe-Blatte eine Abhandlung: „Für die gegenwärtige Zeit besonders zu empfehlende Ackerbestellung.“ Schriever suchte die darin enthaltenen Lehren nach seinen Umständen und seiner Oertlichkeit anzuwenden. Der Aufsatz wurde für ihn ein helleuchtender Stern im Dunkel damaliger landwirthschaftlicher Wirren. „Ihm verdanke ich's — sagte er, — „Morgens mein Tagewerk sorgenfreier zu beginnen, Abends befriedigt zu vollenden.“

Obwohl dieser Aufsatz nichts enthält, was nicht der Mehrzahl der Leser dieser Blätter hinlänglich bekannt sein möchte, so will ich denselben hier doch, als ein Muster der Schreibart für ein mit dem Gegenstande nicht vertrautes Publicum, im Wesentlichen mittheilen:

„In nicht unbedeutenden Gegenden des Münsterlands treibt man fast nur reine Körnerwirthschaft, ohne allen Futterkräuter-Bau; höchstens sind allenfalls 5 Procent des ganzen Areals mit Kartoffeln bestellt. Wird nun die Körnerausbildung auf schwerem Boden durch Nässe, Frost oder Hagelschaden, und auf leichtem sandigen Boden durch die nämlichen Uebel oder wegen Regenmangels durch das häufige Eintreten des Verscheinens der Saaten gehindert, so bekommt der Ackersmamm nur wenig Körner und hat, bei den mit der Körnerwirthschaft nothwendig verbundenen ungemeinen Kosten, wenig oder gar keine Einnahme. Vielleicht ist auch in manchen Fällen und zwar auf sehr sandigen Aeckern, des geringen Körnerertrages ohngeachtet, die Bodenkraft sehr erschöpft und angegriffen. Diese Uebel oder Unglücksfälle hat aber derjenige, der ohngefähr nach Holsteiner oder Mecklenburger Art seine Aecker abwechselnd, bald zur Weide, bald zum Getreidebau benutzt, weit weniger und zum Theil gar nicht zu befürchten. Auch kommt hier sehr in Betracht, daß die Erzeugnisse einer solchen Wirthschaft, als zu verkaufendes fettes und mageres Vieh, Butter, Käse, Wolle, bei weitem nicht so sehr dem Fallen der Preise unterworfen sind, als Getreidearten.

Die mit Klee- und Grassaamen zugesäeten Aecker (Dreische), welche wohl am besten (?) das halbe Areal der ganzen Wirthschaft einnehmen, leiden nämlich, wenn sie als Weide benutzt werden, wenig durch die erwähnten Witterungsunfälle und geben außerdem in den meisten Fällen, nach Unterschied ihrer Güte, zu Fett-, Milch-, Zugvieh-, Rinder- oder Schaafweide benutzt, wenn auch einen viel geringeren Brutto-, doch einen weit höheren Reinertrag, als beständig mit Körnern bestellte Aecker. Es ist mithin hierdurch wenigstens der halbe Reinertrag einer Wirthschaft, bei viel geringeren Kosten, nicht nur jedenfalls gesichert, und noch außerdem die sonst der Mißerndten ohngeachtet sehr angegriffene Bodenkraft für das halbe Areal nicht nur völlig erhalten, sondern sogar noch bedeutend gesteigert. Ferner können die in der Dreischnarbe zu bestellenden Winterfrüchte sehr früh (in einem im Sommer vorbereiteten Acker) bestellt werden und es bestauden sich dieselben daher vor Winter schon so stark, daß sie im nächsten Frühjahr und Sommer in einem so vollständig ausgebildeten (erstarkten) Zustande zum Vorschein kommen, daß die meisten erwähnten Witterungsunfälle weniger als sonst schaden können.

Wenn man nun Milch-, Butter- und Fleischerzeugnisse, wie solche sich unerwartet bedeutend bei einer solchen Wirthschaft darstellen, und ferner noch berücksichtigt, daß hier auf geruhetem stark benarbten und daher in voller Kraft tragenden Boden gewiß von jeder Getreideart $1\frac{1}{2}$ Korn mehr als sonst über die Einsaat gewonnen wird; so wird es auch jedem, mit der vorzüglichen Graswüchsigkeit der Münsterländischen Aecker bekannten Landwirth einleuchten, daß bei dieser Bewirthschaftungsart, wegen anhaltend gesteigerter Bodenkraft, mit der Zeit eben so viele menschliche Nahrungsstoffe für viel geringere Kosten und mit viel mehr Sicherheit als bei der Körnerwirthschaft erzielt werden können."

Als Schriever i. J. 1838 von einem hohen Beschützer und Förderer der Landwirthschaft unerwartet mit Koppe's „Unterricht im Ackerbau und in der Viehzucht" beschenkt wurde (anschaffen konnte er es sich zu seiner Zeit noch nicht), war seine Freude grenzenlos. Einige Kernwahrheiten dessen bilden sein perpetuirliches Memorandum, z. B.: „Wer nicht eigene Beurtheilungskraft hat, um eine allgemeine Lehre auf seinen besonderen Fall anzuwenden, der ist durch einen breiten Vortrag nicht zu belehren." — Ferner: „Geringe Ertragsfähigkeit des Bodens, Mangel an hinreichendem Betriebscapital, unverhältnißmäßige Theuerung der Arbeit und große Wohlfeilheit der Ackererzeugnisse sind die Ursachen, welche dazu nöthigen, den Anbau des Ackers einzuschränken und stets einen Theil der Fläche durch Beweidung zu benutzen." u. s. w.

Wenn demnach eine der erwähnten Ursachen dazu hinreicht, um wieviel mehr ist es dort geboten, wo fast alle zusammen getroffen werden!

Wenden wir uns jetzt zu Schriever's Wirthschaft selbst! Nach dem Auszug aus der Grundsteuer-Mutterrolle besteht dessen Colonat aus 130 Morgen, 48 Q.-R., 61 Fuß; hiervon sind ohngefähr 9 Morgen Acker erster, 30 Morgen Acker zweiter, 60 Morgen (ehemalige Vöhdeländer) Acker dritter Classe. Die wenigen (4 M. 70 Rth.) Wiesen rangiren zur zweiten, die nicht umfangreicheren Weiden (Heidegrund, dessen Urbarmachung bereits begonnen) zur vierten, die Buschländer (18 M. 103 Rth.) zur ersten und zweiten Classe. — Der Boden wechselt vom strengsten Thon bis zum Roggenlande, unter demselben lagert meist Thonflötz, dann Sand und an einigen Stellen Eisenocker. — Durch die Gemeinheitstheilung sind hier, wie überall in der Gegend, die Länder dem Hofe möglichst nahegelegt; die mittlere Entfernung dürfte 15 Minuten betragen — die Bauart ist ganz die landübliche. Ein solcher Hof mag einen Gebäudewerth von 2500 Thalern haben. — Sch. zahlt für den seinigen an Abgaben: 1) Grund- und Classensteuer mit Communal-Beischlägen: 52 Thlr. 4 Sgr. 4 Pf.; 2) Zinsen (nach dem Rentevewandlungsvertrag) 27 Thlr.; 3) an Naturallieferungen (Weizen, Gerste, Hafer, Erbsen 2c.) dem Gutsherrn von Schlebrügge zu Münster 32 Scheffel verschiedenes Getreide 2c., welche i. v. J. incl. $\frac{1}{9}$ als Mehrpacht zu 68 Thlr. 13 Sgr. 10 Pf. gerechnet wurden; endlich 4) eine Kleinigkeit Getreide an die Kirche. —

Alle diese Verhältnisse sind im Allgemeinen bei den hiesigen Bauergütern dem mannigfachsten Wechsel unterworfen — Größe, Lasten, Kauf- und Pachtwerth so verschieden, daß einige das Doppelte und Dreifache erreichen.*) Da die Güte der Schriever'schen Aecker sehr abweichend ist: so möchte, nach Abzug der Steuern und Lasten, der Werth des hiesigen Hofes auf 3000 Thlr., also auf ohngefähr 23 Thlr. der Morgen in Pausch und Bogen zu veranschlagen sein. Das ganze Gut ist demnach nur 500 Thlr. mehr werth als seine Gebäude.

---

*) Die Bauergüter des Münsterlandes waren früher allgemein eigenhörig, passender hofhörig, d. h. sie hatten einem Gutsherrn jährlich feste Abgaben zu entrichten; der älteste Sohn war Nachfolger auf dem Colonate, die Mitgift für die andern Kinder wurde vom Gutsherrn mit bestimmt.

Schriever hat auf dem früheren Vöhdelande die folgende Schlagwirthschaft:

1) Dreisch-Sommerbrache; Umbruch nach der ersten Hälfte des Junimonds, den Dünger mit der 3ten Brachfurche untergebracht.
2) Weizen.
3) Roggen; wenn die Witterung ungünstig, Weizen.
4) Gerste oder Hafer.
5) Pferdebohnen;
   graue und weiße Erbsen, gedüngt;
   Flachs, ungedüngt.
6) Weizen, nach Felderbsen gedüngt.
7) Klee, gegypst.
8) Weizen.
9) Weißen Klee und Gras.
10)
11) } Weide.
12)

Uebrigens wird eine freie Körnerwirthschaft geführt, geboten durch die Witterung und die Umstände, als: Betriebscapital, Arbeitskräfte 2c.

Die Ackerbestellung 2c., geschieht mittelst 4 Pferde. Sonst wurden allgemein 4 Pferde vor einen Pflug gespannt, seit Theilung der Vöhden und schon jetzt ausgeführten Entwässerungen nimmt man auch weniger, bei günstiger Witterung und kräftigen Pferden blos 2. Auf guten Wegen wird zweispännig (das Fuder à 18 bis 20 Centner), auf schlechten Wegen dagegen vierspännig gefahren; hier spannt man auch wohl bis 7 Pferde an, wo denn die Nachbaren einander aushelfen. Mit Ausnahme der Sonntage und einiger (9—10) Feiertage wird das Gespann im Sommer jeden Tag beschäftigt; im Winter hängt dessen Arbeit natürlich mehr von der Witterung ab.

Als das normale Arbeits-Pensum bei der Ackerung werden 2 M. 32 Q.-R. angesehen; bei ungünstiger Witterung sinkt dasselbe bis zur Hälfte und erfordert dann noch den dritten Arbeiter. — Das Gespann erhält von Ende August bis ultimo Mai Hafergarbenhäcksel, bei anstrengenden Arbeiten neuen Zuschuß von Mehlschrottrank, die übrige Zeit aber Kleehäcksel, nach Umständen mit dürrem Häcksel vermischt, und in der schwersten Arbeitszeit gleichfalls Mehlschrottrank, Nachts: Wiesen- oder Kleeheu — wird also sehr gut gehalten.

Das Haupt-Acker-Instrument ist der Bulder'sche Kleiland-Federpflug, welcher mittelst Einsetzens verschiedener Schare, sowohl zum Rasenschälen und Felgen als zum Saatpflügen 2c. zweckmäßig modificirt wird. Außerdem wendet man Eggen von der schwersten Brabanter mit 35 eisernen gestählten Zinken für 4 Pferde, welche zu Zeiten noch beschwert wird, bis zur leichtesten einspännigen Saategge an. Die hier gebräuchlichen schwereren Walzen sind von starkem Eichenholz und haben eine Länge von 6 Fuß bei 14 Zoll Durchmesser.

Nach Boden und Pflugart wird von 3 bis zu 9 Zoll Tiefe geackert.

Der Weizen wird in der reinen Sommerbrache gebaut und mit 5—6 Fudern Dünger regalirt; der Roggen nach Weizen zweifurchig, die Gerste nach Roggen einfurchig, der Hafer und die Bohnen nach Gerste auch zweifurchig, die Erbse aber, welche gleich der Bohne mit 6—7 Fudern gedüngt wird, immer dreifurchig bestellt. Die Kartoffeln erhalten nach jeder Vorfrucht 3—4 Furchen und 6—7 Fuhren Dünger. Der Runkelnbau ist in Abnahme und beschränkt sich hier auf die Cultur im Garten. Zum Flachs, der vom 15.—20. Juni gesäet wird, giebt man zwei Furchen.*) Raps wird nur in reine Brache gesäet, ist aber selten lohnend; etwas sicherer ist, bei gleicher Behandlung, der Rübsen. Sommerraps, Mohn 2c. sind allenfalls nur Gegenstand des Gartenbaues. Die Saatzeit für den Weizen fällt in die erste Hälfte des October, die des Roggens in die Tage vom 20.—28. September. Das früheste Sommerkorn (Bohnen, Erbsen) ist selten mit Erfolg im März zu bestellen, Hafer am besten vom 11.—23. Mai, Gerste Ende Mai und Anfang Juni.

Rother Klee spielt als Futterkraut die Hauptrolle.

---

*) Im Herbst die Stoppelsturze, welche Frühjahrs, wenn es genug abgetrocknet, tüchtig geeggt wird, worauf man dann nach Mitte Mai die Saatfurche giebt und auch diese vor der Aussaat mehreremale eggt.

Er wird gemeinhin ins Wintergetreide, vorzugsweise in gedüngten oder noch in zweiter Tracht stehenden Roggen, Frühjahrs (März oder Anfang April) zu 5—6 Pfund gesäet und eingewalzt,*) 2mal (vor Ende Juni und im August) geschnitten und giebt 30—34 Centner Dürrfutter.**) In dem letzten Jahrzehnt ist der weiße Klee, sowohl zum Saamengewinn als zur Weide in Aufnahme gekommen. Der Anbau des Timothegrases, noch jünger, verspricht immer mehr Platz zu greifen, da sowohl die Gewinnung des Saamens als die Weide desselben sehr lohnend ist. Schriever's Versuche mit Lucerne sind mißglückt; er wird selbige auch fürerst nicht weiter verfolgen, da ihm die zu dieser Cultur erforderlichen Bedingnisse bekannt geworden sind. Esparsettebau findet hier nur am Dettersberge (Billerbecker Höhen) statt, wiewohl der Klee dort recht gut fortkommt.

Schriever unterstützt seinen Kleebau durch den hier trefflich wirkenden Gyps. Die Gypssteine kommen von Coblenz und werden hier gemahlen. 100 Pfund Gypsmehl kosten 20 Sgr. Auf den Morgen werden 200 Pfund genommen und der jährliche Bedarf ist 1600—2000 Pfund.

---

*) In neuerer Zeit mehrt sich und gelingt jedoch auch die Aussaat unter Gerste.

**) Der Klee giebt nur ein Nutzungsjahr, indem die Stöcke im zweiten Jahre erfrieren.

Von dem kleinen Wiesenareal dienen 2 M. 40 Q.-R. dem Melkvieh zur Weide; das übrige Wiesenland wird bald überall gewässert werden, und zwar als Theil einer 60 Morgen umfassenden Gemeindewässerungsanlage.

Schriever's Viehstand besteht, außer dem Zuggespanne und zwei Zuchtpferden, aus 4 Kühen, 5 Starken und 3 Kälbern. Das Milchvieh wird zwischen 3 und 400 Pfund wiegen und jetzt einen Werth von 25 bis 35 Thlr. haben. Vom halben Mai bis Ende October geht es auf der Dreischweide, genießt sodann die Nachweide auf der Kleestoppel und, bis zum einfahrigen Umbruche, auf dem abgeerndteten Weizenfelde, und bekommt im Winter: täglich gedroschenes Stroh, Gemenge aus Strohhäcksel, Kaff und geschnittenem Heu, Brachfutter mit grünen oder eingemachten Stoppelrüben, Kartoffeln 2c. und nach Umständen auch Mehlschrottrank. — Abgesehen von dem, in nassen Jahren sich einstellenden Blutharnen, herrschen keine Viehkrankheiten vor.

Außer dem eigenen Bedarf an Butter würden in guten Jahrgängen für dieses Product 48—60 Thaler, bei einem Preise von 4 Sgr. d. Pfd., gelöst. — Die gewöhnlich im Februar und März angezogenen Kälber bleiben bei Milch, gekochtem Gerstenschrot und gutem Heu bis zum 20—25. Mai im Stalle, und kommen dann mit den Kühen auf die Weide, wo sie bis Ende September verweilen.

Für den Absatz der Producte ist hier durch wöchentliche Getreide- und Victualienmärkte in dem 2 Meilen entferntеu Münster und den Wochenmarkt in Haltern an der Lippe (2½ M. v. B.), durch zwei Viehmärkte in Nottuln und wandernde Viehkäufer aus dem Bergischen gesorgt. Das Förderungsmittel der technischen Gewerbe fehlt ganz. Die in hiesiger Nähe, vor ohngefähr 10 Jahren, mit kühner Geldkraft aufgeführte Runkelrüben-Zuckerfabrik ist bereits theilweise wieder abgetragen, — der mit sämmtlichen erforderlichen Mitteln, unter Beistand gelehrter Leute und Massen Düngers und Düngerpulver und Laugen begonnene und einige Jahre durchgesetzte Runkelrübenbau im Großen hat sich wieder beurlaubt. Auch die demnächst eingerichtete Branntweinbrennerei feiert bereits wieder. —

Da Schriever und seine Frau täglich mitarbeiten, zwei Kinder auch bereits aus der Schule entlassen sind; so beschränkt sich die Gesindehaltung auf: 1 Knecht, der bei Kost und Wäsche, 25 Thlr. erhält, 1 Halbknecht à 14 Thlr. und 2 Mägde à 13 Thlr. Ein Heuerling, welchem Haus und Garten und 2½ Morgen Acker billig überlassen sind, auch Korn, Brennholz und Pferdearbeit wohlfeil angerechnet werden, verdient täglich, nach uralter Weise, 2 Sgr. 2 Pf. Fremden Tagelöhnern bezahlt man bei gegebener Kost für gewöhnlich 2½ Sgr., in der Erndte 3¾ Sgr.

Das Mähen eines M. u. 16 Q.-R. Wiesen kostet		10 Sgr.	
„ „ „	Winterfrucht	7½—10 „	
„ „ „	Sommerfrucht . . .	7½ Sgr.	8—9 Pf.
„ „ „	Erbsen und Pferdebohnen	11 „	3 „

Die Arbeit beginnt vom 17. September bis 18. October des Morgens präcise 3 Uhr, und zwar werden 6 Beete gedroschen, worauf das Frühstück eingenommen und zur Feldarbeit gegangen wird. Vom 18. October bis in November wird vor 4, später, bis die Tage wieder zunehmen von 4½, dann rückwärts wieder von 3 Uhr ab, und zwar nicht weniger als 3 und nie mehr als 4 Beete gedroschen. Die Feldarbeit findet in den langen Tagen von 6—12 Uhr und von 2 Uhr Nachmittags bis 7½ Uhr Abends statt; im Winter richtet sich die Männerarbeit nach der Tageslänge, das weibliche Personal spinnt Winters gewöhnlich bis 10, 11 Uhr Abends; mitunter nehmen auch Mannspersonen daran Theil.

Der hiesige Landmann ist demnach ein ganz fleißiger Schlag Menschen. Er ist auch empfänglich für das Bessere, d. h., sofern es nur in seine Nähe gebracht wird; denn das Haschen nach Neuem ist keineswegs seine Sache. — Sind überhaupt die intellectuellen wie sittlichen Zustände der ländlichen Bevölkerung unleugbar im Fortschreiten, so läßt sich doch auch nicht in Abrede stellen, daß dabei auch sichtbarer das hervortritt, was der verewigte Oberpräsident von Vincke vor nur einigen 20 Jahren voraussagte *): „Zwar wird Zerstückelung den Erwerb vom Boden erleichtern, das Heirathen befördern, die Menschenzahl vermehren, zumal in einer Zeit, wo dem Menschen jedes Abhängigkeitsverhältniß verhaßt ist, wo jeder eilt, nur seinen eigenen Heerd zu gründen, und einen Heerd, den er sein nennt, zu besitzen. Aber dem Staate sind diese Menschen, welche nur von der Hand in den Mund leben, welche — selbst wenn sie nicht wähnen, durch ihr Dasein allein schon ein Recht auf die Ernährung durch Andere ohne eigenes Zuthun ertrotzen zu können — jede Stokkung ihrer von Zufälligkeiten abhängigen Unterhaltungsmittel an den Bettelstab bringt, eine Last, kein Gewinn."

Erfreulich hingegen ist die Emsigkeit der kleineren Grundbesitzer, welche ihren Antheil in den Gemeinheiten erhielten, und für ihr Weiderecht auf dem Vöhdelande durch Acker entschädigt wurden, erfreulich zu sehen, mit welcher Ausdauer selbige die Urbarmachung des ihnen gewordenen Grundbesitzes ausführten, auch die meisten als fleißige Kuhbauern, deren Namen man vor 20 Jahren noch nicht kannte, ihr tägliches Brod im Schweiße ihres Angesichts essen. Auf das Ganze des hiesigen Ackerbaues wirkt dieses um so vortheilhafter, je mehr geschickte Handwerker die Hand an den Pflug legen. —

Verfolgen wir von Nottuln aus die gerade Rich-

*) Westfäl. Gewerbe-Blatt. Jahrg. 1834. S. 132.

tung nach Süden, so finden wir in dem angrenzenden Kreise Lüdinghausen denselben Fleiß bei der landwirthschaftlichen Bevölkerung, denselben Grad allgemeiner Sittlichkeit, aber auch in der höheren geistigen Ausbildung des Landmannes ähnliche Mängel, wie sie sich im ganzen Münsterlande uns eindrücken. Verständige Männer sprechen sich hierüber folgendermaaßen aus: „Da der Vater seinen Sohn selten über die Grenzen seiner Bekanntschaft hinaus zur Ausbildung in seinem Fache schickt, da der Bauer keine Anleitung und Aufmunterung zum Studium landwirthschaftlicher Schriften erhält, dabei auf seinem Hofe ganz allein wie abgeschlossen von der übrigen Welt lebt und nur Sonntags andere Menschen zu Gesichte bekommt — so ist wohl gesunder Menschenverstand, aber sehr wenig Intelligenz bei ihm zu finden. Dagegen ist der moralische Zustand der hiesigen ländlichen Bevölkerung so vortrefflich, wie schwerlich ein zweites westfälisches Bauernvolk zu finden sein wird. Uebereinstimmend ist man hier in der letzteren Beziehung der Ansicht, daß das isolirte Wohnen der Landleute gewiß an diesem guten sittlichen Zustande keinen geringen Antheil habe."

Die Bauergüter sind auch hier durchgängig von guter Beschaffenheit, d. h. sie haben ein richtiges Verhältniß von Acker, Weiden, Wiesen und Holz, liegen sämmtlich vereinzelt und sind meistens gut arrondirt. Die Bauart weicht von der früher mehrfach geschilderten nicht ab. Außer dem Wohnhause findet man gemeiniglich ein kleines Schweinehaus und eine Wagenremise, bei größeren Höfen auch einen Speicher und Schaafstall. Die Größe wechselt von 50—100 Morgen und darüber. Da der Adel die Bauerhöfe zu 2 pCt. ankauft, wo selbe nur verkäuflich werden, so ist der Kaufpreis dermalen sehr hoch, man bezahlt 30, 40 bis 50 Thlr. pro Morgen. Dahingegen ist der Pachtpreis solcher Güter — die übrigens im Ganzen auch nur sehr selten verpachtet werden — sehr gering, nicht über 1 Thlr. pro Morgen anzunehmen. Bei Verpachtungen, die stückweise vorgenommen werden, verdrei- und versechsfacht sich dieser Satz bei gelegener Lage, wo dann aber auch das Kaufpretium selbigem analog ist. Als Abgaben haften auf den Gütern, außer denen an die Gutsherren, die fast sämmtlich in fixer Rente bestehen, Grund-, Classen- und Gemeindesteuer.

Nach den Oertlichkeiten finden natürlich in den obigen Verhältnissen auch hier Modificationen statt. In und um Lüdinghausen selbst findet man Besitzungen von 2500—3400 Morgen, ja einzelne Schulzenhöfe haben ein Areal bis 800 Morgen und darüber. Man giebt hier den Pachtpreis, mit Abrechnung der Heide- und Wildgrundstücke, zu 1 Thlr. 25 Sgr. an; gekauft wird zu $3\frac{1}{2}$, 3 pCt., auch darunter, Zinsen.

Das Gut des ꝛc. Forkenbeck in Lüdinghausen hat:

200	Morgen	Acker,
20	"	Wiesen,
80	"	Weiden,
72	"	Wald,
2	"	Garten.

Der Boden ist zum größten Theil ein bindender feuchter Lehm mit Unterlage von gelbem Thon und Mergel, wovon $\frac{2}{5}$ und in nassen Jahren die Hälfte als Dreischweide und in Sommerbrache liegen. Der Morgen dieses Landes hat einen Kaufwerth von 40 und 50 Thalern. Der Besitzer bezahlt an Abgaben: dem Staate: 100 Thlr.; Gemeindelasten: 25 Thlr.; außerdem an Zinsen: 28 Thlr., und dem Pfarrer und Küster 3 Thlr.

Das Gut des rc. Brüning in Botzlar, zwischen Selm und Bork, hat ein Areal von:

250	Morgen	Acker,
100	"	Wiesen,
500	"	Wald,
3	"	Garten.

Der Acker besteht zur Hälfte aus einem guten, ziemlich trocknen Sande, für Kartoffeln, Roggen, Buchweizen, auch wohl Hafer, zur Hälfte aus niedrigem kalten und an Nässe leidenden, unerhört stark dem Verjauchen ausgesetzten Boden, der nicht gern vom Pflugeisen losläßt. Der Untergrund ist theils undurchlassender, lehmiger Mergel, theils undurchlassender, eisenschüssiger kalter Sand. Der Mittelpreis von Aeckern derselben Art, wenn sie im Ganzen verkauft werden, ist circa 50 Thlr., bei Einzeln- oder Stückweiseverkauf, nach Maaßgabe der Lage, oft viel höher.

Die meisten Bauerhöfe liegen in Verkoppelungen, hier Kämpe genannt, zusammen. Darauf ist die Bewirthschaftung ohngefähr wie folgt:

Das erste, zweite, dritte, vierte, auch wohl fünfte Jahr wird gedreischt. Demnach wird das Land umgebrochen (i. Herbste) und Frühjahrs mit Dreischhafer bestellt. Diesem folgt Winterung in Plaggendung; *) hiernächst noch einmal Winterung oder Hafer, worauf das Feld wieder in Gras gelegt wird. Im ersten Jahre ist der Grasertrag freilich ein geringer, im zweiten hat der Boden sich schon mehr berast. Die einzelnen zwischen fremdem Felde liegenden Stücke oder kleineren sich nicht zur Beweidung eignenden Kämpe werden nach Laune, Witterung, oder auch nach Bedürfniß — indem der Bauer alles dasjenige, was er braucht, auch selbst erzieht, bestellt. An eine Regelmäßigkeit wird dabei nicht gedacht. Diese ist aber auch häufig nicht nützlich, indem die Witterung auf solchen undurchlassenden Ländern einen so bedeutenden Einfluß hat, daß alle Voranschläge zu Schanden werden.

---

*) Die aus den ehemaligen Heiden den Höfen zugefallenen Antheile werden größtentheils zu Plaggenstich und als Schaafhude benutzt.

Der obengenannte **Brüning** zu Botzlar baut:

a. Da, wo Kartoffeln cultivirt werden können:
   1) Kartoffeln, stark gedüngt.
   2) Gerste, wo der Boden sich dazu eignet; sonst: Roggen.
   3) Klee, wo Roggen gewesen, nochmals Roggen.
   4) Weizen; wo Roggen stand, werden Kartoffeln in Knochenmehl gepflanzt, worauf dann wieder zweimal Roggen folgt.
   5) Hafer.

b. Da, wo wegen der niedrigen Lage der Aecker die Kartoffeln unsicher sind:
   1) Erbsen und Bohnen, oder Gerste, gedüngt (mit 7 vierspännigen Fudern).
   2) Weizen oder Roggen, nach der Gerste Klee ꝛc.
   3) Gerste oder Hafer.
   4) Hafer.

Perennirende Futterkräuter werden nicht cultivirt, weil der Boden zu sehr dem Vergrasen unterworfen ist und das Gras jene im zweiten Jahre verdrängt haben würde, wie vielfache Versuche gelehrt haben.

Zur Erläuterung dieser Fruchtfolge bemerken wir nun aber, daß sie sich auf eine Kartoffelbrennerei gründet,*) und daß diese Wirthschaft nur möglich gemacht wird durch die bedeutende Zulage von 100 Morgen

---

*) Welche die Kartoffeln zu 10 Sgr. pr. 100 Pfd. verwerthet.

Wiesen und den Ankauf von Heu, Stroh und Knochenmehl. Ersteres bezahlt man dort mit 15 Sgr. den Centner, das Stroh mit 1½ Thlr. pro 1000 Pfund, und das Knochenmehl mit 1½ Thlr. die 100 Pfund.

Durchweg findet man auch in diesen Gegenden den landüblichen Pflug (den Bandpflug). Verständige Landwirthe äußerten sehr treffend: daß ein Arbeiter mit einem mangelhaften Pfluge, den er zu handhaben wisse, bessere Arbeit mache, als mit einem vollkommenen, dessen Manipulation er nicht kenne. Wird gewöhnlich auch zweispännig geackert, so gewahrt man doch oft 4, und bei nasser Witterung 5 bis 6 Pferde vor dem Pfluge. Gefahren wird überall vierspännig mit Ladungen von 3=—4000 Pfd. — Die Pflugtiefe variirt von 3—9 Zoll.

Nach verschiedenen Angaben sind die hiesigen Ackererträge folgende:

Fruchtgattung.	Aussaat. Scheffel.	Ertrag. Korn in Scheffeln.	Dürrfutter.
Weizen, nach Brache, Klee, Erbsen und Bohnen	1	4½—6	1400—1800 Pfd.
Roggen, nach Brache	1¼	6 (Lüdinghausen)	1800 Pfd.
nach Rauhfutter	—	9 } Botzlar	2500 =
nach Roggen . .	1½	6 } Botzlar	1600 =
nach Kartoffeln .	—	8 } Botzlar	2000 =
Gerste, nach Weizen	1¼	6	1000 =
nach Kartoffeln .	1	10	1600 =
Hafer, nach Weizen, Gerste rc. . . .	1⅔—2	7, 8—12	1100—1500 Pfd.
Erbsen, nach Hafer oder Weizen . .	1¼	5	1200 Pfd.
gedüngt	2	8	1000 =
Bohnen, nach Hafer	1½	6	1200 =
gedüngt	2	8	1000 =
Wicken, nach Weizen	1	5	1100 =
Raps und Rübsen, nach Brache . .	1/12	5	1200 =
Klee, nach Gerste oder Winterung .	8 Pfd.	—	22—30 Ctr.
Kartoffeln, nach Dünger	8 Schfl.	84 — 100	Scheffel Knollen
nach Hafer oder Winterung	9 =		

Der Ertrag der besten Wiesen variirt zwischen 20 bis 24 Ctr. In Lüdinghausen rechnet man 3 Morgen zu einer Kuhweide (bei 325 Pfd. Schwere des Viehes) à 5 Thlr. Die Viehwirthschaft beschränkt sich auch hier nur auf Molkerei, Rinderzucht, Ochsenmast und Schweinezucht. Der heimische Schlag Vieh hat eine Schwere von circa 330 Pfd., wird aber mittelst Mast (mit Wurzelgewächsen, Mehl rc.) auf 4—500 Pfd. und darüber gebracht. Das Milchvieh geht im Sommer auf die Weide, wird im Winter aber meist mit Stroh, wenig Heu, etwas Oelkuchen, Mehltrank rc. ernährt. — Fäule und Blutharnen sind beim Rindvieh, Drüsen rc. bei den Pferden die gewöhnlichsten Krankheiten.

Das Gesindelohn stellt sich dem im Kreise Münster ziemlich gleich. Der Tagelohn bei Kost ist (für den Mann) auch 2½ (—3¾) Sgr., ohne Kost 6½, 7½ —10 Sgr. (im Sommer).

In Lüdinghausen sind die Durchschnittspreise der gewöhnlichsten Wirthschaftsproducte:

Weizen, d. Berl. Scheffel . .	1 Thlr. 20—25 Sgr.
Roggen, Erbsen, Bohnen . .	1 Thlr. 12 Sgr.
Gerste	1 Thlr. bis 1 Thlr. 5 Sgr.
Hafer	25 Sgr.
Raps oder Rübsaamen . . .	2 Thlr. 7½ Sgr.
Butter, 7 Pfd.	1 „
Fettes Schweinefleisch pro 100 Pfd.	8 „
Fettes Rindfleisch, incl. der Haut	8 „
Holz pro Klafter	4 „

Sehen wir uns noch weiter im Einzelnen auf den Bauergütern des Münsterlandes um: so ergeben sich uns endlich bei der großen Mannigfachheit der obwaltenden Verhältnisse doch zwei Normal-Unterschiede für die beiden großen Hälften des Landes, dessen Osthälfte in alter Zeit das Land auf dem Drein oder auf dem

Klei, die Westhälfte das Land auf dem Brau oder auf dem Sande genannt wurde, nämlich: daß größere Güter in den Kleigegenden (in den Kreisen Cösfeld, Lüdinghausen, Beckum, Warendorf und Münster,) wo die alte Wirthschaft der Deutschen (die Dreischwirthschaft, die natürliche Berasung) heimisch ist, kleinere Besitzungen von 60 bis 80 Morgen Acker aber in den Sandgegenden (in den Kreisen Ahaus, Steinfurt, Borken und Recklinghausen) vorwalten. Ganz im Allgemeinen überwiegt im Münsterlande das große Grundeigenthum das kleinere, wenn auch neuerer Zeit, in Folge Beschaffung der Ablösungen, manche Parcellirungen vorgekommen sind. Dabei sind die Landpreise, während die großen Heiden getheilt, die Marken und Böhden der freien Benutzung wiedergegeben worden sind, successiv gestiegen. Der Morgen Acker, welcher vor 10 Jahren für 50 Thaler verkauft wurde, kostet jetzt 75 Thaler.

Körnerbau ist im Münsterlande Eins und Alles. In den Sandgegenden wird möglichst viel Roggen gebaut; es folgt sich derselbe mindestens zweimal, nicht selten viermal, wo dann Buchweizen und Rauhhafer eingeschoben werden. In den Kleigegenden tritt ein, was Tacitus sagt: „arva mutant et superest ager;" — der entkräftete Acker wird der natürlichen Berasung überlassen. Der Futterbau kommt noch in zu geringer Ausdehnung vor; daher ist der Viehstand im Allgemeinen zu gering und schlecht.

In den Kleigegenden wird der Reinertrag durch folgende zwei Uebelstände sehr erschwert: 1) werden zu viele Zugthiere und nur Pferde gehalten; 2) sind Speise und Trank zu gut und übermäßig; hier könnten die Münsterländer von den Paderbornern lernen. Manche Landwirthe verschaffen sich Gesinde aus dem Paderbornschen, weil das hiesige zu verwöhnt ist.

Im Allgemeinen fehlt es auch noch an den wichtigsten Hauptverbesserungen. Der Mergel, welcher fast überall vorkommt, wird zu wenig gebraucht, die Gelegenheit zu künstlichen Bewässerungen wenig benutzt. Nur allmählig finden dergleichen Meliorationen jetzt durch die Kreisvereine und Anregung des Hauptvereins Eingang. Mit ihrer Verbreitung steht hoffentlich die Verminderung des leidigen Hollandgehens, das jetzt, wo der bäuerliche Wirth wenig Tagelohn ausgiebt, und jeder Colonus ein oder einige Leibpächter (kleine Zeitpächter) hat, denen er aber wenig Arbeit giebt, bei den kleinen Leuten hergebracht ist, zu erwarten.

Trotz alle dem herrscht hier im Allgemeinen Wohlstand vor; die alten Holzbestände, die hohen Preise helfen aus, obwohl auch die Grundsteuer hier bedeutend höher ist, wie im benachbarten Hannöverschen.

Die sittlichen Zustände der ländlichen Bevölkerung sind schon mehrfach gerühmt; dieselben würden im Allgemeinen noch besser sein, wenn der Branntwein nicht auch hier — wie überall — zu viel Eingang gefunden hätte. Hob die isolirte Lage der Bauernhöfe einerseits die Moralität, so hat sie andererseits auch auf die Ausprägung des Characters einen entschiedenen Einfluß behauptet. Der Münsterländer ist ein ehrlicher, guter, zwar etwas derber, aber biederer Schlag Leute von altem Schrot und Korn, zuverlässig — ein Mann, ein Wort! — der neuern Abgeschliffenheit, aber auch der Aufklärung der Jetztzeit — des Vielwissens, daher Halb- und Nichtswissens — entbehrend. Die Geistlichkeit steht bei ihm überall in großem Ansehen; einige tüchtige Geistliche gebrauchen ihren großen Einfluß zur Beseitigung von Vorurtheilen und Abschaffung von Mißbräuchen, nachtheiligen Volksgewohnheiten, häufigen Tanzgelagen und nächtlichen Schwärmereien, unmäßigen Ausgaben bei Kindtaufen, Hochzeiten ꝛc.

Aus Allem, was man hier hört und sieht, ergiebt sich am Ende, daß die landwirthschaftlichen Fortschritte der Münsterländer vornehmlich durch zwei Grundursachen niedergehalten werden: einmal dadurch, daß, wie schon früher bemerkt, derselbe zu sehr an der Scholle klebt, daß der Vater seine Söhne nicht vom Heerde und in anderen Wirthschaften dienen läßt; dann aber, daß es im Ganzen an practischen Beispielen rationeller Wirthschaftsführung, an Gütern, wo ein rationeller Akkerbau betrieben wird, fast ganz fehlt. Wo dergleichen aber sind: da bemerkt man gleich einen entschiedenen Einfluß auf die verbesserte Praxis. Männer, wie v. Bönninghausen zu Drarup, von Martels zu Horst u. A. haben durch Vorbild und Lehre in einer Reihe von Jahren ungemein viel bewirkt.

Es gereicht uns zur besonderen Genugthuung, diese Sonderschilderung mit einer Darstellung der interessanten Wirthschaft des Letzteren abschließen und solcherweise zugleich auch das Bild einer intelligent geführten größeren Oeconomie in einer der Sandgegenden des Landes vorführen zu können.

Das genannte, im Amte Nienborg, Kreises Ahaus gelegene, Gut hat den nicht unbedeutenden Umfang von 750 Morgen, und zwar besteht dasselbe aus:

290	Morgen	Ackerland,
30	"	Wiesen,
60	"	Weiden,
10	"	Gärten,
30	"	altem Waldbestand,
60	"	jungen Holzpflanzungen,
20	"	Moor, und
230	"	Heiden und Marken.

Diese Länder bilden — bis auf die Heiden ꝛc. — ein zusammenhängendes Ganze; selbige liegen 5, 10 bis 12 Minuten um den Wirthschaftshof — der aus drei Wirthschaftsgebäuden (à 4000 Thlr.) und dem Wohnhause (à 6000 Thlr.) besteht — herum. Die urbar zu machende Heide, welche künftig ein selbstständiges Gut bilden soll, ist 50 Minuten vom Haupthofe entfernt;

— in neuerer Zeit sind mehrere, 20 Minuten entfernte Grundstücke angekauft. — Der Mittelpreis von Aeckern derselben Art als die Horster, wenn sie im Ganzen gekauft werden, ist 70 bis 80 Thaler. — Das Gut war früher eremt und steuerfrei, Lasten sind nicht vorhanden. Die Grundsteuer beträgt jetzt ohngefähr 100 Thlr. Die Gemeindelasten werden mit der Grund- und Classensteuer zu gleichen Procenten aufgebracht und betragen zuweilen sechs Extramonate.

Der Horster Boden hat die verschiedenartigsten Lagen und Mischungen: hohen Sandboden, fast ganz ohne Thontheile, daher nur Roggen, Buchweizen und Rauhhafer mit Sicherheit tragend; niedrig gelegenen lehmigen Sand, auf welchem die kleine Gerste fortkommt; sandigen Lehmboden, wo Klee und Hülsenfrüchte gedeihen; Thonboden, wo der Weizen Hauptfrucht ist, welcher nur stellenweise humusreich ist, unter welchem aber Kalkmergel liegt. Meistentheils besteht der Untergrund aus Sand und ist wasserdurchlassend; an einigen Stellen bildet der eisenhaltige Sand den sogenannten Ur. Die 200, der Urbarmachung unterworfenen Länder haben Thon und Kalkmergel im Untergrunde.

Diese Verschiedenartigkeit der Bodenbeschaffenheit hat eben so abweichende Bewirthschaftungsweisen hervorgerufen.

Auf dem hohen Sandboden wird nur Körnerwirthschaft, verbesserte Dreifelderwirthschaft (namentlich Roggen, Roggen, Buchweizen) betrieben; auf dem niedrig belegenen lehmigen Sande hat man Koppelwirthschaft, nämlich:

1) Hafer, ungedüngt,

2) Kartoffeln, gedüngt,

3) Hafer oder Gerste, worunter Klee gesäet wird,

4) Klee,

5) Roggen oder Mengkorn, darunter ein Gräsergemenge, besonders Timothe, engl. Raygras und wilder (weißer) Kleesaamen,

6) Mähegras,

7, 8, 9) Weide.

Auf dem Lehm- und Thonboden findet folgende Fruchtwechsel-Wirthschaft statt:

1) Brache, gedüngt, oder Bohnen,

2) Raps,

3) Weizen oder Roggen, darunter Klee,

4) Mäheklee,

5) Weizen oder Roggen,

6) Hafer oder Wicken.

Die mit Gras niedergelegten Aecker werden entweder vor dem Winter umgebrochen und im Frühjahre auf der vorgeeggten Fahre mit Hafer besäet oder abgeplaggt, tief gepflügt und im Mai mit Kartoffeln bestellt.

Herr v. Martels bedient sich vorzugsweise des verbesserten belgischen Pfluges; abwechselnd wird der landübliche (Kleipflug), namentlich zum Saatpflügen gebraucht. Außerdem sind in Anwendung: der dreischarige Wühler (eine Art Exstirpator), der Mineur, welcher dem Pfluge in derselben Furche, behufs der Auflockerung folgt, der Schaufel- und Anhäufelungspflug, und die Brabanter Egge. — Alle 4—6 Jahre wird vor dem Winter zu fast 1 Fuß Tiefe gepflügt, außerdem zuweilen der Mineur gebraucht; die sonstige Pflugtiefe ist 4 bis 6 Zoll. In der Regel pflügt man zweispännig, nur bei dem vorerwähnten tiefen Pflügen und bei Anwendung des Exstirpators (Wühlers) vierspännig. — Auf den hohen Sandäckern kann man schon im März mit dem Ackern beginnen und bis zum Eintritt des Frostes fortackern.

Der Plaggendung spielt auch hier eine wichtige Rolle. Außer dem animalischen Dunge werden noch Holzasche und Gyps — zum Ueberstreuen der Kleefelder — Kalk, der in zwei Oefen selbst gewonnen wird, Knochenmehl, zur Düngung des Weizens, angewendet.

Nachstehende Tabelle giebt eine Uebersicht der Feldbestellung und Erträge:

Fruchtgattungen.	Anzahl der Acker.	Anzahl der Fuhren Dünger.	Saatkorn. Metzen.
Weizen, nach Klee	1 F.	—	10—12
nach Bohnen, Wicken, Raps	2		
Roggen, nach Roggen und Raps	2	7—10	16—18
nach Klee	1		
Gerste, nach Kartoffeln . .	1	—	14—16
Hafer, nach Weide	1	—	20
nach Weizen	2		
Erbsen } nach Hafer od. Weide	2	9—12	6
Bohnen } nach Hafer od. Weide	"	"	16
Wicken } nach Hafer od. Weide	"	"	6
Raps nach Brache, auch wohl unter Bohnen, und unter Buchweizen, grün abgemäht	3—5	9—12	½ (gedrillt)
Rübsen, nach Roggen . . .	2	6—9	"
Mohn, nach Roggen . . .	3	12	⅓
Flachs, nach Kartoffeln . .	—	Asche.	2 Schffl.
Taback, nach Taback . . .	Spaten-Cultur.	12	—
Kartoffeln, nach Hafer. . .	3	9	6—9

Epoche der Saat.	Epoche der Erndten.	Erträge. Korn. Schffl.	Erträge. Futter. Ctr.	Bemerkungen.
Mitte Septbr. bis Mitte Oct.	Ende Juli und Anfang August.	8—11	8—10	
"	Zweite Hälfte des Juli.	9—11	15	
Mitte April bis Anfang Juni.	"	10—14	9	
Ende März bis Mitte Mai.	Anfang August.	18	13 11	
		6		
möglichst früh.	Anfang August.	8—14		
		"		
Von Anfang Juni bis Ende August.	Ende Juni.	10—15		
Von Anf. Aug. bis Anf. Sept.	Mitte Juni.	8—12		
Anfang April.	August.	5—8		Unter den Mohn Möhren.
Anfang Mai.	Juli.			Märzlein ausnahmsweise.
Pflanzung von Mitte Mai bis Anfang Juni.	Ende August bis Mitte September.	10—15 Ctr.		Ein Ctr. Blätter à 9—11 Thlr.
Ende April bis Anfang Mai.	Ende Sept.	70—100 Schffl.		

Der erste Schnitt der gewässerten Wiesen liefert 13 Ctr. Heu, der zweite 9 Ctr.; der erste Schnitt der trocknen, jedoch schwach gedüngten: 10 Ctr., der zweite 6 Ctr. Auf jenen kommen schmale und breite Rücken und Hangbau vor. — Drei Morgen Weide gewähren eine Kuhweide zu 9 Thlr. Außer 6 (Münsterschen Klei-) Pferden (à 80 Thlr.) und 2 Zugochsen (à 30 bis 35 bei 650 Pfd. Gewicht) werden 14 Stück Kühe Clevischer Race (bei 500 Pfd. à 25 Thlr.) nebst Stier und Jungvieh, und das nöthige Schweinevieh, aber keine Schaafe gehalten. Die niedrigen Weiden veranlassen die Fäule der letzteren; außerdem beschädigen selbige die jungen Holzanlagen. Die hiesigen Bauern haben schlechte Schaafe, die meistens auf den Heiden weiden — fast den sogenannten Heidschnucken gleich.

Jedes Zweigespann bekommt wöchentlich 3 Scheffel Hafer geschroten und täglich 20 Pfd. Heu und Strohhäcksel. Während der Sommermonate wird Klee, daneben Sauerteig-Wasser und Mehl gefüttert. Die Ochsen erhalten 1 Scheffel Kartoffeln mit Strohhäckerling und 20 Pfd. Heu. Bei den Kühen und Starken findet während des Sommers halbe Stallfütterung statt. Das Vieh wird früh Morgens zur Weide und um 10 Uhr Vormittags in den Stall zurück-, um 4 Uhr, nachdem es um 1 Uhr mit Klee gefüttert, wieder hinaus- und dann Abends abermals in den Stall zurückgetrieben, wo es noch Klee zum Nachtfutter bekommt. Während des Herbstes genießt es die Spergelweide. Die Winterfütterung besteht in Heu, Stroh, Kartoffeln, Rüben, Runkeln, Oelkuchen. Sämmtlichem Vieh wird Viehsalz gereicht. — Das Jungvieh wird einjährig auf die Weide getrieben.

Sowohl Getreide als Butter werden nach Holland, auch nach dem Bergischen verkauft. Die Preise sind hier, wie überall, seit den letzten 10 Jahren hoch. Durchschnittlich kostet:

Weizen	pro	Preuß. Schffl.	2	Thlr.	5	Sgr.
Roggen	"	" "	1	"	16	"
Gerste	"	" "	1	"	9	"
Hafer	"	" "	—	"	25	"
Buchweizen	"	" "	1	"	20	"
Raps	"	" "	2	"	15	"
Butter	"	Pfd.	—	"	5	"
Heu	"	Ctr.	—	"	15	"
Kartoffeln	"	Schffl.	—	"	10	"

Der Lohn der Knechte, deren hier vier gehalten werden, beträgt resp. 35 und 27 Thlr. (bei freier Station), der Mägde resp. 18 und 12 Thlr. Der Vorarbeiter (Baumeister) wohnt verheirathet auf dem Hofe und hat neben höherem Tagelohn besondere Vortheile. Der Tagelohn ist im Ganzen gering (männliche

Arbeiter 6 Sgr. 3 Pf. und 5 Sgr., weibliche 5 und 4 Sgr.), wird aber, wenn die in den letzten Jahren zahlreich gewordenen Auswanderungen nach Amerika fortschreiten, steigen, wie dagegen der Grundwerth der Güter sinken.

Gedruckt bei Julius Sittenfeld in Berlin.

FSC
www.fsc.org
MIX
Papier | Fördert
gute Waldnutzung
FSC® C083411

Kolibri 360 GmbH
Ferdinand-Jühlke-Straße 7
99095 Erfurt, Deutschland
produktsicherheit@kolibri360.de